现代家庭博览书屋

最新时尚休闲娱乐生活必备守则

四季钓鱼技巧一点通

◎实用、完美、生动、温馨给你更多关爱
◎知识广博，内容点点滴滴，关怀实实在在

超大容量
全年适用

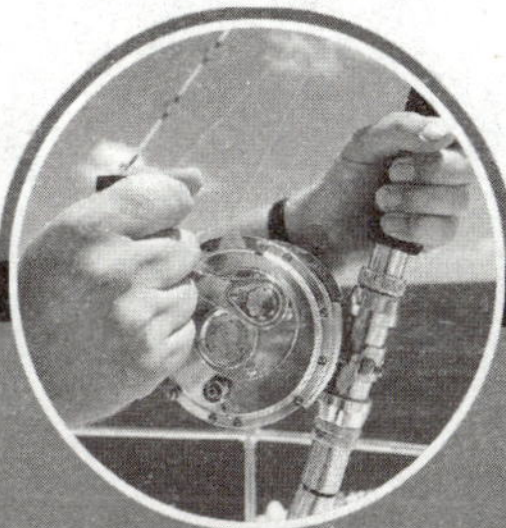

蒋红明◎主编

北京日报出版社

图书在版编目（CIP）数据

四季钓鱼技巧一点通 / 蒋红明主编. —北京：北京日报出版社，2013. 3（2020.11重印）

ISBN 978-7-5477-0854-5

Ⅰ. ①四…　Ⅱ. ①蒋…　Ⅲ. ①钓鱼（文娱活动）—基本知识　Ⅳ. ①G897

中国版本图书馆 CIP 数据核字（2013）第 048031 号

（同心出版社已于 2015 年 7 月更名为北京日报出版社）

四季钓鱼技巧一点通

出版发行：北京日报出版社

地　　址：北京市东城区东单三条 8 - 16 号东方广场东配楼四层

邮　　编：100005

电　　话：发行部：（010）65255876

总编室：（010）65252135

印　　刷：北京飞达印刷有限责任公司

经　　销：各地新华书店

版　　次：2013 年 4 月第 1 版

2020 年11月第 3 次印刷

开　　本：710 毫米 ×1000 毫米　1/16

印　　张：18

字　　数：313 千字

定　　价：36. 00 元

前　言

如今喜爱垂钓的人越来越多，为了使钓鱼爱好者学习钓鱼，更应该学习科学的新型钓鱼方法。要想掌握钓鱼要领、熟练钓鱼技术非容易之事，为了让垂钓者较快地掌握更多的钓技，本书以图文并茂的形式，尽量做到简练通俗、深入浅出，力图让初学者看得懂、学得快，尽早感受到钓鱼的乐趣。本书内容主要介绍钓鱼的基本常识与入门、钓具的准备和选择、钓具的组合与使用、天气与钓时的选择、垂钓技巧、垂钓技能的提高并详细的介绍了溪间垂钓、浅滩垂钓、江河垂钓等。并详细的解析了各种鱼的钓法及鱼具的使用。

希望此书能更贴近垂钓者的需求，为您的垂钓提供更多的帮助。让我们一起走进山清水秀的大自然，让垂钓带给喜爱垂钓的爱好者更多的惊喜和欢乐。

目 录

第一章 钓鱼常识与入门

第二章　常见的钓鱼技法

第三章　钓鱼的多种技法

第一章　钓鱼常识与入门

钓鱼常识与入门

一、鱼的食性与垂钓

1. 鱼的食性及可塑性

鱼类是食性广但摄食量不大的低等变温动物。淡水鱼类一般肠道细短。有的甚至无胃（鲤鱼、鲢鱼等），新陈代谢速度较快。因此，鱼的一个摄食特点就是少吃勤食、嗜吃含高蛋白的优质食物。另外鱼的消化功能同水温关系极大，温度适宜就特别能摄食，温度不适宜则不爱吃食。各种淡水鱼类，由于长期在不同的生活环境中形成了各不相同的习性和生理机能，因而养成了各不相同的摄食本领。大致可分为以下几种：

（1）草食性。又叫素食性鱼类，以草鱼、鳊鱼、鲂鱼为代表，以摄食植物为主，如水草、丝状藻类、黑藻、浮萍、狗尾草、狼尾草、苦草、马来眼子菜、菹草、稗草，以及嫩荷叶、茭白芽、菱叶、芦苇等水生植物和陆生植物，还有麦叶、野莴苣、蒲公英、菜茎叶、块根、块茎以及豆科植物和各类种子等。

钓这类鱼多选用嫩菜叶、嫩芦苇叶、瓜瓤果肉，以及嫩玉米粒、麦粒、薯块、柳叶、西红柿、桃李等水果，或者农产品加工的下脚料，如豆饼、花生饼、麦粉、麦麸、玉米面、大米饭团、熟薯和酒糟等为钓饵。

（2）肉食性。又称之为荤食鱼类。这类鱼多以水体中的其他鱼类和软体动物为食料，如鱼、虾、蚌、螺、蚬、青蛙等以及陆生昆虫或落水的禽、鸟、小动物和无脊椎软体虫及蚯蚓等，大型动物的碎屑、内脏等也都爱摄食。这类淡水鱼有鳡鱼、狗鱼、哲罗鱼、黑龙江鳇鱼、乌鳢、鳜鱼、鲇鱼、马鲛鱼等。这类鱼比较凶猛、力大，善于快速游弋，捕食时动作迅速，常追捕其他鲜活的小型鱼类而食。

垂钓肉食性鱼类应选用鲜活的软体动物或小鱼、虾为钓饵，用模拟饵，也可将其诱惑上钩。

（3）浮游生物食性。浮游生物食性鱼类也称为滤食性鱼类。中上层鱼类和许多小杂鱼，以及很多鱼类的幼鱼，大多以摄食浮游生物为主，鲢鱼、鳙鱼和鲮鱼即属此类。浮游生物包括浮游植物和浮游动物。浮游动物主要是有枝角类、桡足类等原生动物，轮虫和小型甲壳动物以及无节动物的幼体。浮游生物还包括许多浮游植物，主要是水生植物中的藻类，如绿藻、黄藻、平藻、硅藻、裸藻、黑藻等。

掌握了这类鱼的滤食性特征，把熟面团经过充分发酵后，做成酸臭的钓饵垂钓可获丰收。

（4）杂食性。杂食性鱼的食物范围很广，对动物性食物和植物性食物都能摄食，如甲壳类小动物、无脊椎软体动物、昆虫的幼虫、小鱼虾、藻类、蠕虫、贝类、米饭屑、面包屑、豆类食物的碎屑、植物的残屑等。

（5）杂屑物食性。这类鱼对某些食物的杂屑和残渣有特殊的喜好，它们被称为杂屑物食性鱼类，如鲮鱼、梭鱼、遮目鱼、鲻鱼等。

（6）底栖生物食性。这类鱼以淡水底栖动物，如螺、蚬、沙蚕、幼蚌、虾蟹及底栖昆虫的幼虫和水中的环节动物等为食。其代表是青鱼、鲽鱼和鳐鱼等，青鱼实际上也是肉食性鱼类的一种。因此可用底栖生物螺、蚬、幼蚌、小虾等为饵钓青鱼。

（7）人工饵料食性。所谓人工饵料，是指经过人为加工的天然食物，如豆饼、豆渣、米糠、酒糟、麸皮、饭粒、蚕蛹、酱糟、各种面食和经过蒸煮的薯类食物等。人工饵料，除了黑鱼、鲇鱼之外，各类鱼都比较爱吃。

（8）食性的可塑性。不同食性的鱼类以什么为食不是一成不变的，受它们的生态内在因素和自然环境因素（如地域、季节、饵料条件）的影响，其食性有一定的可塑性。通常钓者所说的“什么地方的鱼，爱吃什么地方的食”就是这个道理。例如在南方常用大米饭粒钓鱼，在北方多用面团钓鱼。此外，鱼在不同的生长发育阶段，其食性也有明显的差异。一般幼鱼在其摄食器官尚未发育完全时，都经过吃浮游生物（包括浮游动物和浮游植物）的阶段。草鱼虽然以草类植物为主要摄食对象，但秋后它也喜欢吃蚂蚱、油葫芦等昆虫。鱼对饵料的选择性较强，有择优去劣之倾向。如在春季钓鲫鱼用的蚯蚓有粗有细、有红有黑，实践证明用粗细适中的红蚯蚓上钩率就较高。

2. 鱼的摄食方式

钓鱼爱好者都有这样的体会，就是鱼吃食的时间是呈周期性的。一咬钩就可连续钓一阵子，一旦不吃食，你的钓饵再好鱼也不上钩。当然影响鱼类摄食的因素有很多，如季节、天气、水温、水质、水体溶氧量以及空间的声响等，但鱼觅食和恢复体力主要还是随其生理性周期变化而变化的。所以，垂钓时应注意掌握鱼类的这一规律，即钓鱼要选择时间，同时也不要因为短时内鱼不咬钩，就认为没有鱼。

鱼类在水体中游弋和觅食时，要消耗大量的营养物质和能量，其身体的生长发育也要消耗一部分营养物质和能量，没有足够的营养物质和能量，鱼就不能生存。因此，鱼游弋和觅食所消耗的营养物质和能量必须少于其所获取的营养物质和能量。由于鱼的品种不同，其摄食的方式也各异，主要有以下四种摄食方式。

捕食方式：以这种方式摄取食物的鱼，多为凶猛的肉食性鱼类。游弋能力强而且游动迅速，它们以捕食水中生活的动物（鱼类、虾类、螺蛳、小蟹类）。这类鱼有鲨鱼、狗鱼、哲罗鱼、鳡鱼、带鱼、鳜鱼、马鲛鱼、鲇鱼、乌鳢等。根据这种摄食方式，人们施钓时，总是用鲜活的小鱼或其他小动物作为钓饵。

吞食方式：采取吞食方式摄食的鱼，多属温和的杂食性鱼类，这类鱼大部分在水体的中下层和底部活动、摄食。如鲫鱼、鲤鱼、草鱼、鲂鱼和青鱼等就属于这类鱼。钓鱼爱好者想要钓这类杂食性的鱼，最好把钓线上的坠子定得与鱼钩稍有点距离，不要让装了饵的带铅坠的鱼钩沉入水中太深，否则，就不容易引诱这类杂食性的鱼儿上钩。

滤食方式：采用滤食方式摄食的鱼类，均为水体的中上层鱼类，即滤食性鱼类。它们在摄食时是张开大嘴，让浮游生物和水一并进入口中，然后把水从鳃孔排出，再把水中的浮游生物经过密集的鳃耙滤取出来作为食物吞下。这类鱼都比较温驯，如鳙鱼、鲢鱼等。在垂钓鲢、鳙时，多采用飞钩浮钓法，当它们吞食溶解后浮于飞钩附近的饵料时，常常误将飞钩与浮游饵料和水一起吸入口中。所以有经验的钓手制作的钓鲢、鳙的饵食，软硬适度、干湿合宜，钓饵入水后，慢慢溶解，浮于组钩周围。

诱食方式：属于这种摄食方式的鱼类，通常是采用引逗的方法将欲捕获的对象诱至身边，吞而食之。例如海水鱼类中有些底层鱼不善游动，常常潜卧海底，伸出它吻部丝状的鳍棘，摇动鳍棘尖端穗状的皮质，待周围的小鱼误将穗状皮质当做食物前来索食之际，再行捕获吞食。

3. 针对食性及觅食特点规律的施钓方略

知道了鱼的食性及觅食特点规律，选配饵料就要采取不同方略了。

（1）因时制宜。鱼类摄食有明显的季节性。草鱼摄食的季节性尤为突出，在早春时节，冰河刚解冻，此时蛰伏了一冬的草鱼会“饥不择食”，急需补充高蛋白，水底的红虫和泥里的蚯蚓，便成了它爱吃的饵料。所以，早春宜用红虫、蚯蚓做饵钓草鱼。到了初夏，水生植物刚吐出嫩芽，草鱼有了对口味的饵料，若再用蚯蚓、红虫去钓它，绝不上钩。这时，钓草鱼最好的钓饵是陆草的嫩芽、水草的嫩叶和芦苇心。到了盛夏，自然环境中各种植物都长老了，纤维硬化，草鱼也不爱吃了，这时用粮食加工制成的带微酸味的饵去钓它，可收奇效。到了初秋，自然环境中各种草虫活跃，在周围有农田的水域，落水的草虫成了草鱼捕食的天然饵食。此时用蚂蚱、油葫芦、蜻蜓做钓饵钓草鱼，效果最佳。其他鱼类也有类似情况。例如鲫鱼和鲤鱼，虽然食性很广，不挑食，但不同季节也有不同需求。早春和严冬凿冰垂钓，鲫鱼和鲤鱼非红虫不吃；初夏和晚秋，它们特别喜欢吃蛆、蚓、地蚕；盛夏，它们主要吃粮食类的鱼饵，如糟食和面食。所以，人们根据多年实践经验，对钓鲫鱼和鲤鱼，概括了两句渔谚“春虫夏面秋蚯蚓，冬钓唯独用红虫”。

（2）因地制宜。水域环境有什么天然饵料，对鱼的喜食性有决定性的影响。这就叫“什么地方的鱼，爱吃什么地方的食”。譬如，北方人的主食是馒头，北方鱼也爱吃面食；南方人主食是大米，南方鱼也爱吃米饭粒、年糕粒。四川多产红苕（白薯），重庆、成都一带用红苕为饵能收奇效；藏族同胞爱吃酥油糌粑，在藏族地区钓鱼，酥油糌粑是最佳的钓饵；海南岛产木薯，在海南岛钓鱼，木薯是上等饵料。鱼类因地区不同，往往对饵料有所偏爱。例如云南滇池的高背鲫，四川天然湖泊的野鲫，爱吃米饭粒、蚕豆粉饵；广东、广西的须鲫，喜吃水生昆虫和各种昆虫的幼虫；东北的银鲫和松花湖的野鲫，却喜食红蚯蚓和面食。

（3）因鱼制宜。按照鱼的食性配饵，这是多数钓者都懂得的道理。但是同样一种鱼，食性一样，在甲地用这种饵上钩率很高，而换了一个地方，一条鱼也钓不到。这一点，在钓鲢鱼和鳙鱼的配饵方面尤为突出。从食性来说，鲢鳙鱼是以浮游生物为主要食物。但是养殖它们的鱼塘水质肥瘦不同，使它们的口味也不一样。以养殖鲢鱼、鳙鱼为主的鱼塘，若是肥水养鱼，则施放大量粪肥，肥料充足，浮游生物生长繁茂，成了鲢鱼、鳙鱼的天然饵料。这种池塘水有一股腥臭味，用普通的酸味钓鲢鱼饵是钓不到的。必须增强饵酸臭味的浓度，才能奏效。可是，换一个地方，那里投放的饵料不是以粪肥为主，而是投以粮食类饵料喂鱼，水不肥，没有很浓的腥臭味。如果仍用酸臭味很浓的饵去钓鲢鱼、鳙鱼，即使把饵投放在鱼嘴边，它也不上钩。

二、鱼类的生活环境与钓鱼的关系

温度和钓鱼的关系

1. 温度与钓鱼

钓鱼谚语："春钓滩、夏钓潭、秋钓阴、冬钓阳。"就是指各个季节适宜钓鱼的温度条件。"春钓滩"，是说在春天晴天有太阳的日子里，尤其是在正午，水域中浅滩部位的水温适中，在这个地方很容易钓到鱼。例如在江淮流域，人们常说："惊蛰鱼开口。"就是说到了三月份，也就是农历正月底，鱼儿就开口吃食了。仲春的温度在20℃左右，正是鱼儿食欲旺盛、生理机能旺盛的时候，鱼儿要产卵，要繁殖幼鱼，常常是"饥不择食"。所以这时是江淮流域钓鱼的最好季节；"夏钓潭"，是指夏季特别是闷热的天气，无风、水无波浪，水中氧气不足，鱼儿缺氧，自然活动量减少。这时，它们多栖息于深水区、阴凉水域不动，因为水深处比较凉爽，在这样的水域下钓鱼较有收获；"秋钓阴"，是指秋季的阴天，温度最为适中，宜于垂钓；"冬钓阳"，冬天气温低于0℃以后，鱼儿在深水区的水底或钻入泥中栖息，准备过冬，很少游动。只有天气晴朗、气温回升较高时，鱼儿才到水温相对较高的浅水区"晒太阳"觅食，造成垂钓的时机。

另一方面，在自然水域，因水深且域广，故水温的分布是不均的、变化的和分层的。钓鱼人悟出了"鱼也分层"的环境背景，不但掌握了"底钓鲫鱼"的方法，还创造出了"离底钓鲫"、"半水钓鲫"和"浮钓鲫"的招术。

2. 气温与水温的关系

钓者怎样才能知道水温是多少呢？一般来讲，知道了气温，也就知道了水温，这两者之间是互相联系、互为影响的。气温升高，水温也随之升高;气温降低，水温也随之降低。以一日计，早晨6时，气温10℃，则表层水温约12~15℃;中午12时，气温20℃，则表层水温约15~18℃;下午2时，气温24℃，则表层水温约18~22℃;下午6时，气温16℃，则表层水温约18~20℃;子夜零时，气温下降到8℃，则表层水温约12~18℃。总之，水温的升降要略滞后于气温变化。

因水传递冷热的速度比空气要慢，水表和水底存在着水温差，水越深，温差越大。夏日，最好在上下温差小的水域垂钓。如表层水20℃，底层水10℃，鱼儿皆上浮，底层就钓不到鱼，只得浮钓或悬钓；如表层水18℃，底层水35℃，水底缺氧，鱼儿便浮头，甚至不食，底层钓不到鱼，而浮钓也很难钓到。冬日与夏日相反，最好在水温上下差别较大的水域垂钓。如上层水结冰，仅0℃，底层水仅2~4℃，鱼儿不食，逃往深而暖的水区，在这样的底水中就钓不到鱼；如表层水结冰，为 0℃，底层水 10~15℃，则鲫鱼、鲤鱼、鳊鱼、草鱼、青鱼、鲴鱼等皆食饵，就可以钓取；如再遇上鱼窝，则上钩率不会比春、秋季差。这就是许多北方钓者为什么喜欢冰钓，并能取得很好的垂钓效果的重要原因之一。

气候和钓鱼的关系

1. 晴天钓鱼

当气温、水温为 10~25℃时，鱼儿食欲旺盛，生长快。夏秋时连续晴天，气温、水温在 25℃以上，甚至超过 30℃，在烈日暴晒下，水中反而缺氧，鱼避入深水中低于 25℃处。冬日晴天，无风或一二级风，气温、水温在 10℃以下、4℃以上时，鲫鱼、鲤鱼，甚至鳊鱼、草鱼仍贪吃；如风力为三四级时，鱼吃钩率则大大降低。如气温在 0℃以下，底层水温在 10℃左右，无风或一二级风，在中午及下午四时半时冰钓最佳；如晴天，风力大于四级，气温在 0℃以下，冰下水底温度虽在 10℃左右，但鱼吃钩率却差。夏日、秋日时，如吹西南风加晴天，则闷热难当，白天是很难钓到鱼的。

2. 雨天钓鱼

雨天钓鱼比晴天复杂。在春季、夏季、秋季，雨天比晴天的气温要低，而且是由热到凉的降温。下雨时，空气新鲜，水中的溶氧量增加，鱼儿就格外活跃，食欲大增。钓鱼人常常有这样的体验：有些塘口，平时很少钓到鱼，尤其是多年未干涸过的塘口，若是在下雨天来这里垂钓，往往会有意想不到的收获。下雨过程一般可分为间歇性雨、连续性雨和阵性雨三类；按雨量大小又可分为小雨、中雨、大雨、暴雨和雷雨五种，局部地区还得加上梅雨和雨季两种特殊情况。就下雨过程来说，在下间歇性雨的间歇时间内，鱼吃钩率高。阵雨前因气压低，鱼浮头不食，不可垂钓；阵雨之后大量新水带着氧气和食物进入水中，使鱼活跃，食欲增强，是垂钓的好时机。在刚下连续性雨时，鱼吃钩率低，须待几个小时以后，水里新水增多，使鱼活跃，皆趋近水边觅食，此时在雨中垂钓效果很好；当阵雨过后，钓鱼效果也不错。

就雨量大小而言，小雨指 1 小时内雨量少于 2.5 毫米，或 24 小时内雨量在 10 毫米以下。下小雨后期，鱼儿食欲增强，一些大鱼也靠近水边抢食，此时穿着雨衣垂钓，效果很好。中雨指 1 小时内的雨量在 2.5~8 毫米，或 24 小时内雨量在 10.1~25 毫米，此时垂钓效果好；雨后突晴，则垂钓效果更佳。大雨指 1 小时的雨量在 8.1~16 毫米，24 小时内的雨量在 25.1~50 毫米，除鲇鱼、黄颡等野鱼外，一般鱼类不肯进食，垂钓者也看不清浮标，难以掌握提竿时机，且雨大导致身上的雨具多，不灵活，故不宜垂钓；但雨后如水色不太混浊、水流速度不太快，则可垂钓。暴雨指 1 小时内雨量超过 10 毫米，24 小时内雨量在 50 毫米以上，一般雨中不可垂钓。雷雨也称雷阵雨，此时易遭雷击，禁止垂钓；但雷雨一过，天晴气压高，水中溶氧丰富，鱼类食欲旺盛，倒是垂钓的好时机。雨季指低纬度热带地区在一年中降雨比较集中的时期，在此期间，水温适宜鱼类生长，当雨停歇以及雨较小时，皆为垂钓的好时机。

溶氧和钓鱼的关系

在夏天天气闷热或气压较低时，在一些小型水体中的鱼类会把头露出水面来呼吸，鱼类专家称为“浮头”，如果情况继续恶化时，会发生鱼类大面积死亡，称之为“泛塘”。发生这些情况的主要原因是水体里的溶氧量不够，鱼必须被动地吸呼空气中的溶氧以维持生命，这时鱼是没有摄食欲望的，这就叫“鱼浮头，不咬钩”。首先受害的是鲢鱼、鳙鱼，它们耐缺氧的能力最差，只要天气稍为闷热，它们就不爱摄食。这时鲤鱼、鲫鱼也都会浮在水面上，它们比鲢鱼、鳙鱼耐缺氧能力更强一些，但只要天气闷热，虽不马上浮在水面，却不会咬钩吃食。鲇鱼、黑鱼耐缺氧的能力更强一些，别的鱼不咬钩时，唯独它们照样咬钩进食。

钓鱼的人如遇上这样的天气，或见到鱼儿浮头，就是再好的鱼食，它们也不会领情。怎么办？一是收竿不钓；二是耐心地等闷热消除后再钓。

但是，水域中的溶氧量不都是均匀一致的，局部水域的自然条件不同，溶氧量的多少也有差异。例如：在池塘的进水口附近的流动水的周围就好些；在一堆腐败植物旁边下钩，可能就不如在池塘中茂盛的水生植物的水旁边垂钓效果好；天气闷热、气压较低的无风天气，就不如有风天气好，尽管水面波动，垂钓效果仍较好；久雨初晴、雷雨之后和大风之后的天气均宜垂钓。

判别溶解氧的含量

判断水中溶解氧含量的高低需“二看”：一看鱼情。前面讲到水中缺氧，鱼就浮头，这样的水域不宜垂钓。如果没有鱼浮头，但有鱼特别是鲫鱼在半水或草下悬浮不动，那也表明水中含氧量不足，亦应果断转移。不同种类、不同大小的鱼对缺氧的忍耐力也不相同。鲫鱼的忍耐力最强。在溶解氧极其稀少的情况下仍能坚持较长时间。其他鱼种的耐氧力依次为鲤鱼、青鱼、草鱼，鳊鱼的耐氧力最差，水中含氧稍微下降，它逃得最快。不论哪种鱼，鱼体越大，耐氧力也越大、浮头最晚，但当缺氧达到一定限度——低于 1 毫克 / 升时，鱼越大，死得越快。二看水情。与空气接触的水的面积越大，溶解量也越多，如果风吹水面，波浪连绵，不但接触面增加，而且波卷浪翻，把空气搅拌于水中，溶解氧会成倍增加。如果水面被水草大面积覆盖，水与空气的接触面积小，这种水域的溶解氧含量就微乎其微。氧气溶解于水与水温也有关系，水温越高越难溶解。遇到气压很低、无风或风很小的闷热天气，阳光直射水面，热量不易散发，水面温度上升很快，不但造成蒸发，使上层水域中的氧分子逸出，而且沉积水底的腐殖质受热迅速分解，在分解过程中一方面消耗了中、下层水体中的溶解氧，另一方面产生了沼气等有毒气体，水面便冒出一串串水泡。

就时间而论，早晨和晚上水中的溶解氧含量比中午高，但在养鱼池，早上水中的溶解氧含量比中午低，下午3时左右为最高；就水面而言，明水面比水草下含量高。风浪水面比静水面含量高；就深浅说，浅水比深水含量高。当然，这是指一般情况，如遇特殊天气、特殊情况则另当别论。

水的透明度与水色和钓鱼的关系

“水至清则无鱼”。一般池塘水的透明度在30~35厘米比较理想，适于垂钓；呈黄褐色或油绿色，且混浊度小的水域，是鱼喜欢栖息和觅食的水域。

水的透明度受诸多因素的影响。浮游生物量多，透明度小是肥水的标志；反之，浮游生物量少，透明度大则是瘦水的反映。水的透明度除受浮游生物量的影响外，还受泥沙、天气、鱼类本身的影响。如风浪大，水被搅混，透明度就低；阴天，光线差，透明度也低。鲤鱼喜在池底拱泥找寻食物，故也可使水变混浊，使水的透明度降低。

如水呈淡黄色，透明度在30~40厘米，这种水域的鱼类食欲一定旺盛，尤其喜食动物性钓饵。如水呈淡绿色，透明度在20.30厘米，鱼类食欲旺盛；如果鱼类多的话，不论用植物性钓饵，还是动物性钓饵，均易钓到鱼。如水呈黄绿色，透明度在20厘米左右，鱼多且食欲旺盛，用各种钓饵均可，是垂钓的最佳水质。如水呈深绿色，透明度在10厘米左右，说明水质肥，适合鲢、鳙、非洲鲫鱼生长；在天气晴朗、气温适宜时，这种水色中鱼吃钩率高，但遇阴天、气压低，或天气转变、温差过大时，就会缺氧，鱼浮头不食。如水呈淡褐色，透明度在20厘米左右，鱼食欲旺盛，沉底钓、悬钓、浮钓效果均好。水呈深褐色，浓厚，透明度不到10厘米，水质肥，遇阴雨、气压低、长期阳光暴晒时，鱼多因缺氧而浮头不食，难以钓取。

水的颜色是由水中浮游生物的色泽决定的。褐色水说明水中多为硅藻，绿色水以绿藻和隐藻为多，暗绿色水中以团藻、裸藻为主。工业污染水，水色有红、褐、乳白等颜色，水中成分较复杂。硅藻、隐藻、金藻等浮游生物，以及轮虫、枝角类、桡足类浮游动物易被鱼类消化。这些浮游生物含量高，则鱼类生长快。反之，水色清淡，水中浮游生物少，则鱼无食，自然生长缓慢。到河边钓鱼时，须首先注意水色。

观察水色一是为了判断鱼情，另一目的是为了选择适宜的垂钓水域。水色太浅，鱼儿容易见到水面的竿影人动，不敢在钓区水域洄游觅食；水色太深，则鱼儿又不易发现钓饵。因此适宜垂钓的水色应该是清中有浑，这样既可模糊鱼儿的视线，不易发觉岸边的活动，又不影响鱼儿找到钓饵。一般在30厘米以下的水草、石头等物隐约可见，则说明水色适宜。另外，还要根据不同季节来选择水色，“春钓浑，冬钓清”，就是指不同季节而言。春天和初夏，鱼儿活跃喜游，活动能力强，反应敏锐，如水不混浊，水面和岸上的活动易将鱼儿惊跑；而冬天鱼儿活动能力低，反应迟钝，只有水色清澈，多撒些诱饵，增加招引力，才能使鱼儿发现食饵。

风和钓鱼的关系

风与垂钓也有密切的关系。钓鱼人常常可以看到，若水面起风，水中有波纹，鱼儿就十分活跃，这时钓鱼效果就好。俗话说“风动水动，水动鱼动”，风会使水面起波浪，扩大水与空气的接触面，有效地增多水中的溶氧；风又会将陆地、空中的生物吹入水中，使鱼类得到食物。

风包括风向和风力两大要素。风向指风的方向，垂钓者习惯上采用8个方位来表示，即东风、东南风、南风、西南风、西风、西北风、北风和东北风。

刮东风天要下雨，这时空气的湿度增加，鱼儿不活跃，伏在水底不动，食欲自然不好。有经验的钓鱼者常说：“刮东风，要扑空。”如果只刮东风不下雨，或者东风初起，雨过天晴，钓鱼也会有收获。西风暴烈，空气干燥，鱼也烦躁，常浮到水面。刮西风时外出钓鱼多数要扑空。南风、北风都是适合钓鱼的天气。夏季刮南风，气温降低，天气凉爽，水中碧波荡漾，氧气充足，鱼儿活跃，特别是3~4级的风最适宜钓鱼。秋、冬季多北风，有些肥水塘的鱼最喜欢刮北风的天气，鱼儿也显得活跃。特别是多年未干涸的水质较肥的水塘，若有较强烈的北风，钓鱼会有意外的惊喜。这些塘口的鱼平日很少游到近岸处，常常在塘的中央深水区生活，因有了异常的气候才格外活跃，游到浅水区。

刮东南风、东北风、西北风这三种偏向风时，鱼在四季吃钩率皆较高；唯有刮西南风时，鱼在春、夏、秋三季吃钩率均较差，甚至不吃钩，而冬季严寒季节吹西南风时，天气暖和，鱼吃钩率反而高。当然，冬季吹西南风时，鱼上钩率还与天气的阴晴、气温的高低、水位的深浅有关。

风力即风的强度，常用风级来表示，0级风适宜海钓，在内陆大水面如江、湖、水库上垂钓（包括冬钓）亦佳。但春末夏初及初秋晴朗天气时，0级风天气闷热，水面（尤其是小水面）易缺氧、闷热，鱼浮头不食，吃钩率差，特别是中午前后不宜垂钓。一级风适合海钓和内陆大水面垂钓，尤其是春秋季节鱼吃钩率高，夏日如不是吹西南风，内陆小水面上也可垂钓。二级风是垂钓的好时机，无论是海钓还是陆地淡水钓，除特殊情况外，一般鱼吃钩率均高。三级风无论海上还是陆地，均为垂钓的好时机。海上船钓可选近岸背风处下钩，海滨迎风处以投钓吃钩率高；内陆各水面（除溪流外）如无水污染、鱼病、水面结冰以及鱼池底部因天气、水温均热而使食物残渣与鱼类粪便发酵，而造成水中缺氧等特殊情况，鱼均活跃，食欲旺盛。四级风海上船钓有危险，宜停止，海滩垂钓应选背风或避风处；在陆上大水面的风尾处难以用手竿垂钓，但背风、侧风处则鱼吃钩率仍高；在池塘小水面及侧风沟渠处垂钓效果也很好。五级风海上船钓应停止，但海滩背风处尚可垂钓，但鱼吃钩率差；在内陆中、小水面上也仍可垂钓，但举竿困难，钩砣难以抛入垂钓点，且波浪起伏，难以看清浮标，而风力会使线及浮标不断移位，鱼吃钩率差。五级以上的风称之为大风，一般应停止垂钓。十二级台风所到之处鱼类及水生动物则惊慌失措纷纷避难。但风暴大都伴有降水过程，除寒潮外，其他风暴过后皆是垂钓的好时机。

潮汐和海钓的关系

海洋潮汐通常每天两次，白昼的称为“潮”，夜晚的称为“汐”。每月朔望时，月亮、太阳和地球成一直线，这时引力最大，潮汐也最高，称为“大潮”。每月上下弦时，太阳、月球和地球的位置构成直角，互相之间引力抵消不少，潮汐也低，称为“小潮”。每次涨潮最高时为“满潮”，最低时为“落潮”，从满潮到落潮约需 6 小时；从上次满潮到下次满潮，约需 12 小时。

涨潮时海钓最好，因鱼类活跃，纷纷随潮水到近岸觅食。此时无论滩钓、矶钓、船钓，均最佳。大潮的涨潮时期，潮位较平时高，海水汹涌，升得快，流动快，鱼类吃钩率高，但因潮流大，易出危险。中潮是介于大潮与小潮之间的潮位，为海钓的有利时机；大潮后的中潮涨潮时更佳，鱼吃钩率既高，又不至于因潮水太大而发生危险。小潮引潮力小，涨潮时潮位低，海水升得慢，流动缓，仅有小型海鱼吃钩，难以钓到大中型鱼类。

不论大潮、中潮、小潮，落潮时均不能钓鱼。因潮水退得快，鱼儿有预感，不再近岸觅食。当然，船钓远离海岸，效果要好些，但鱼儿吃钩率不如涨潮时高。

另外还有几种潮：一是“涨潮”，即潮水退后，水位差小，潮流不稳，鱼不食，不宜垂钓。二是“干潮”，即潮水退到最低处时的水位，此时鱼群游往海中，海边钓不到鱼。三是“潮满”，即潮涨到顶峰，此时潮水不动，鱼类食欲转差，一般也钓不到鱼。四是“赤潮”，即海水呈赤紫色，这是由于微生物（藻类）繁殖过快所致，此时水中缺氧，鱼类食欲减退或停食，严重时成群死亡，不宜垂钓。

水流和钓鱼的关系

古话说“流水不腐”，只有流水水质才清纯、氧气多，鱼儿食欲旺，静水则多是死水，水质常因各种原因而腐败，故即使选静水垂钓，一般也都拣风口处，由风把水吹起波浪，引起局部流动，使鱼聚拢过来，以提高吃钩率。

无论大海还是江河、溪流，可分为流水和静水两大类，而钓鱼多选流动水域。那么，在多大的流动水域中钓鱼为佳呢？

在海上，随船定点手竿钓或抛竿钓，潮流流速超过 10 海里 / 时，就难以使钩、坠定位；但如水平如镜，水流不动，也难钓取，因此时鱼的食欲不佳。最佳流速是 2~5 海里 / 时，此时海水中氧气丰富，鱼的食欲旺盛，吃钩率高，各种钓法均可使用。海滨垂钓，涨潮时的流速不可超过 5 海里 / 时，最好是 2~3 海里 / 时，此时潮向岸边流涌，人边钓边退，既不会发生危险，且鱼吃钩率高。如流速在 1 海里 / 时内，效果就差。退潮时在海边是难以钓到鱼的。

在内陆江河，如河面为 50 米左右宽的水域，河中心流速为 2 米 / 秒以上，便无法垂钓；如河中心流速为 1~2 米 / 秒，可在河边转弯水流缓处浮钓或悬钓，也可在离岸 3~5 米处拖钓或刷滩钓；如河中心流速为 0.5~1 米 / 秒，可在离岸 3~5 米的湾处沉底钓或拖钓，但铅坠要重；如河中心流速为 0.1 米 / 秒左右，可将抛竿抛至河心垂钓，或将手竿伸出 6 米沉底钓。由于流水可带来新鲜食物和氧气，鱼的吃钩率会很高。

溪流钓由于钩不沉底，随水漂流，即使在 2 米 / 秒的溪流中也可垂钓，且效果好。但溪流一旦临深谷，变成瀑布，飞流直下，流速在 3 米 / 秒以上时，不可垂钓，容易发生危险。

水草与钓鱼的关系

钓鱼人常说：“钓鱼不钓草，等于瞎白跑。”其道理就是因为水草与鱼儿的生活有着密切的关系。垂钓者每到一个地方，总是找有水草的地方或有树枝倒入水中的地方下钩。

水草、浮萍、藻类都是鱼类喜欢吃的饲料，尤其是以食植物性饲料为主的青鱼、草鱼等更喜欢生活在有水草的水域。水草在光合作用下吸收二氧化碳，释放出氧气。水草多的地方自然氧气充足。水草可以遮阳，水草丛中夏天的水温较没有水草的地方略低，鱼儿为了“避暑”，常常在水草丛中歇息。水草的茎叶上常常有小昆虫生活，这些也是鱼儿的食物来源。波浪会把水面浮游物送到水草丛边，因水草的阻挡，这些浮游物不会再漂到别处，鱼的食物来源自然较其他无水草的水域丰富。

但是，水草并不是越多越好。有些塘口的整个水面全被水草覆盖，这样的水面并不好。一方面是因为水草太多，无处下钩，鱼上钩后会游到水草丛中，难以提竿；更重要的是水草太多，影响空气与水面接触，水的含氧量少，不适宜鱼儿生存。若是水草成片，但未满塘，垂钓者可以用扎钩或其他工具在水草中打个“洞”，空出一片无水草的水域，在这地方下钩，钓鱼效果肯定会好。

三、鱼的栖息和活动习性与钓鱼的关系

“近水知鱼性”就是说近水钓鱼，首先要了解鱼的生活习性，才能钓到鱼。但鱼的种类不同，其生理特性、生活习性、所需的食物和觅食规律、产卵时间、活动的环境、水层均不相同。只有了解它们的生活习性，掌握了它们的活动规律，钓鱼才会有满意的收获。

1. 不同的栖息水层

常钓鱼的人都知道，即使是同一时间、同一水面、技术同样熟练的人钓鱼，收获却往往大不一样，有的水域或钓点鱼爱上钩，有的水域或钓点鱼则不爱上钩；有的地点这种鱼易上钩，有的地点则那种鱼爱上钩。这是因为各种鱼类，由于它们对食物的需求不同，经常栖息和活动于不同的水层。鲢鱼、鳙鱼主要捕食浮游生物，所以经常栖息活动于浮游生物较多的水体上层。草鱼和团头鲂爱吃水草的根、茎、叶，则经常栖息活动于水的中下层。鲤鱼、鲫鱼则主要取食底栖生物，则通常栖息活动于水的底层。鲇鱼和黄颡鱼，不仅喜食底栖动物，而且怕光，白天钻进洞内，只有在阴天和夜间大量出游，在水底层觅食。

我们常钓的鱼类，大多数主要分布于水体中层以下，并且越是接近水底，鱼的密度越大。因此，钓者在垂钓时，除非个别鱼类需用特殊钓法，一般是采用底钓法。

2. 逐暖习性

在自然水体温度较低时，各类鱼都喜欢到向阳的水域活动觅食。初春与晚秋，背风向阳的浅水处白天在日照下较为温暖，鱼儿爱到此处来游弋觅食。而早晚夜间温差大，浅水处水温下降快、降幅大，鱼儿便通常要龟缩到水体相对温暖的深水区去。在夏天高温季节里，早、晚、夜间浅水区凉爽，鱼喜趋之。而白天随着气温、水温升高，鱼儿则逐渐移向深水处。烈日当头、酷暑难耐的盛夏正午，鱼儿一般在池塘最深处龟缩不动。晚春、初夏、仲秋前后这一段时间，水温

和气温大体上都保持在 23℃左右，是一年中钓鱼的有利时机。

3. 洄游习性

A．鱼类在水体中做具有一定时间、范围、方向、距离的迁移称作洄游。洄游规律和水温、饵料、产卵都有直接的关系，养殖学上把它称为“适温洄游”、“索饵洄游”、“产卵洄游”。适温洄游就是原来栖息场所的温度高于或低于它适宜生活的温度时，它们会离窝远游，寻找适合生活温度的地方。例如春暖花开，它们会从深水区游到水浅的地方活动、觅食，盛夏浅水温度高，寒冬浅水温度低，鱼儿会游回深水区避暑和越冬。索饵洄游就是离窝寻找食物。在天然水域里，鱼是四处觅食的，在河川、湖泊、水库里生活的鱼，都喜欢栖息在靠近岸边有水草的环境。早晨日出以后，开始活动，在草边觅食；到了中午，逐渐向深水处游动、觅饵；傍晚，又逐渐往栖息场所洄游。渔谚“一日三迁，早晚溜边”，讲的就是这个科学道理。产卵洄游是离窝寻找生儿育女的地方。在产卵期，如果它们的栖息场所附近有水草茂密、无流速的浅滩，可作为“产床”，它们便会在附近就地产卵，产卵后就在附近觅饵育肥。

B．鱼类的洄游方向和距离各有差异，有的从深海到浅海，有的从浅海到深海，有的从南向北，有的则从北向南。因此，有人根据鱼类的洄游方向和距离划分为：

（1）完全洄游：由海洋到河川，或由河川到海洋的长距离洄游。完全洄游分两种：①溯河洄游：成鱼生活于海洋中，等到性成熟时便上溯到河川进行繁殖。如鲑、鳟、鲥、鲟等鱼类。②降河洄游：幼鱼生活在河川中，将成熟时游往深海进行繁殖，如鳗鲡等。

（2）不完全洄游：终生生活在海洋之中，仅在深海和浅海间洄游，有的到河口为止，有的根本不到河口。这类洄游可分为：①向陆洄游：指由海洋深处向浅处进行的洄游，一般鱼类的生殖洄游均属于此范畴。②离陆洄游：指由近海向深海进行的洄游。一般海洋鱼类的越冬洄游均属此类。

（3）垂直洄游：不少鱼类有在水体中上下移动的习性，称为垂直移动或垂直洄游。各种鱼类垂直移动的时间往往是固定的，在昼夜 24 小时内有一定节律性，其垂直移动达到的水层则各有区别。

鱼类垂直移动的原因，一是追随浮游生物所致；二是鱼类白天移到水底层是为了避开光线，而夜间上浮索饵是出于逃避鸟类、海豚等天敌；三是许多鱼类垂直移动的幅度受温度的影响，如黄海、东海的鲐鱼。总之，鱼类的垂直移动除其本身的生理状态之外，还取决于环境、水温、风浪、海流等因素。

正确掌握了鱼类的垂直移动规律，便可以按其所在的水层进行垂钓，这对垂钓活动是十分重要的。

4. **逐波习性**

水域宽阔的池塘，一遇到刮风天，水面往往掀起较大的风浪，风浪推动表层浮游生物和其他一些食物积聚于下风口处，并且这些饵物又被浪头打入水中，于是这一带成了鱼类的天然觅食场。

5. **集群习性**

除鲇鱼、黑鱼之外，大多数鱼类喜群居。集群行为与鱼类的生态学类群、属性、种类、个体发育阶段及生理状况有关，与鱼类的生活机能，如繁殖、索饵、防御、洄游等也有密切关系。此外，集群行为与鱼类的栖息环境也有关。

鱼类到哪种水域环境中生活，是由生物性因素及非生物性因素决定的，集群行为与这两种因素亦有密切关系。集群的生物性原因有以下几种：因生殖需要而集群，称生殖集群；因营养需要而集群，称育肥集群；冬季因寻找适温环境而集群，称越冬集群；为便于找到洄游路线而集群；因防御敌害的需要而集群。

在垂钓活动中，我们应根据鱼类集群的特性选择钓场、寻找鱼道、确定钓点，这样才能够提高上钩率。

6. **趋氧、趋静习性**

鲫鱼、鲇鱼等耐缺氧的能力相对强一些，鲤鱼则不行，一般要求溶氧度每升5毫克以上。无风天气溶氧慢，波浪大则溶氧情况好。哪一处缺氧，鱼便很敏感地向含氧高的水域转移。这就是鱼喜草、喜流、喜波、喜浅滩的主要原因。此外，喜静也是鱼类明显的特征之一。当然鱼类避声仅是一般而言，它们对某些自然声响——如瀑布声、风浪声、流水声、淘米洗菜声、昆虫落水声等，非但不惧怕，反而很喜欢。若是高密度精养池塘，那么抛撒颗粒饲料的声音甚至会使鱼儿争相麇集、趋之若鹜。

7. **趋光习性**

光对鱼类的生活方式和习性有明显影响。同种的鱼类在不同海区对光具有不同的反应，这是环境的差异所致。因此，在某海区很有成效的诱鱼方法，到另一海区诱捕同一种鱼时，不见得同样奏效。

鱼类对光谱中各种不同颜色的反应也不相同。枪乌贼对紫色光线反应强烈；在光诱捕鱼时，用强功率的橙、黄色光诱集针鱼，效果非常显著；而笛鲷、刺鲍、河鲀和鳟类对绿光的反应良好，对青色反应最好；鳗鱼对青、绿色光没有反应，而对紫色光有强烈反应；带鱼对蓝色、红色有趋光反应。沿海渔民常采用灯诱的方法捕鱼或钓鱼，现在有些地方已采用把灯直接装在钓具上的方法，简便实用。一些垂钓爱好者在夜钓时采用集鱼灯、荧光漂、夜光钩，这都是利用鱼类的趋光性提高钓获率的措施。

综上所述可见，鱼类活动是有一定规律性的，活动范围和方向因地而异、因时而别。钓者必须在实践中更多地摸索各类鱼的活动特点，善于分析和把握各个不同情况下的变化规律，以便选择最佳钓点。

钓具的准备和选择

一、主要钓具

钓竿

钓竿是指钓鱼的竿子，属钓具之一，是钓具重要的组成部分。它的重量、长度、弹性、韧性、质地与垂钓效果密切相关。从古代以竹、苇或竹苇混合材料为主，到 20 世纪 60 年代以玻璃纤维、碳素纤维及玻璃纤维与碳素纤维混合的材料为主，到今天的电脑全自动钓鱼器等高科技产品的出现，钓竿出现了前所未有的发展，各种新颖的专用钓竿层出不穷。下面介绍不同分类的钓竿。

1. 钓竿的种类

钓竿的种类繁多，通常分为以下几种：

（1）按竿的材质可分为：竹竿、芦竿、玻璃钢竿、碳素纤维竿。

①竹竿：竹竿是使用历史最长的钓竿，是传统的钓竿。根据文字记载，竹竿在我国至少有 2500 年的历史了。竹竿有单节和多节之分，市售竹竿以直插式多节为主。竹竿价格低廉，强度较好，但重量较重，体积较大，竿体不够平直，弹性也较差，现被多数垂钓者所弃用。由于竹竿取材制作方便，也有人喜欢自己动手做。

在自己制作竹竿时，最好选用紫竹、斑竹、文竹、水竹、小毛竹等。竹子一要充分成熟；二要充分风干；三要管薄、重量轻；四要节短通直；五要富有弹性，具有一定的负荷能力，最好是两三年的竹子。竿梢用山竹，有虫蛀裂缝的不能用。遇到弯曲的竹竿，先将竹竿置于火炉上温烤，由粗至细顺节慢慢转动烘烤扳直，节疤上的倒刺不要削得太深，以免失去外皮而伤竿。每节竿的长度以 1.75~1.80 米为宜，然后用砂纸打光，不要把竹皮去掉，尤其在两节竿的插头处，要细心打磨，直到互相吻合紧凑为止。套头处用细线或细铁丝缠绕，至少缠绕 10 厘米以上，竿的内节打通，细竿可分别插入。如需钓大鱼，可在钓竿的末节竿上装上渔轮。经久耐用的钓竿就制作好了。每次垂钓后，要用布将钓竿擦干净、晾干，放入布袋内，平放或挂起以防止变形和受潮。

②芦竿：芦竿是用芦竹制成的钓竿。芦竹是芦苇科中的大型品种，具有生长快、当年成熟、笔直滚圆、竿长、节短、体轻和不易倒伏等特点，它又有竹的壁厚、强硬、坚韧、弹性大的特点。因此，用它做钓竿称得上是物美价廉。刚收割的青芦竹水分大，竿体沉重易折断，需经半年时间的风干后才可使用。风干后的芦竹呈金黄色，富有油质和光亮，夏天要除去叶衣，置于室内高处收藏。但梅雨季节易生霉斑，应常拿出来暴晒一两天，或用柴油、猪油、植物油等将其抹一遍，以防虫蛀。

用芦竹制竿一般多制成长两节竿或长三节竿，但也有制成四节竿、五节竿或六节竿的。制作方法与竹竿相同。芦竿的使用比较省力，将竿梢放在水面或水草上，不会沉入水中。在钓到鱼时，可以立即提竿。钓到大鱼时，可先与其“周旋”，然后再用抄网去抄鱼。

芦竿除了人为因素外，一般不易折断，折断处多为套接处的水渍经久不干、霉变腐朽所致。芦竿也有硬竿和软竿之分，这主要表现在竿梢的粗细上，有的钓者还用相应的干芦苇做梢，这也属于“软竿”之列。

③玻璃纤维竿：玻璃纤维竿是用酚醛树脂和玻璃纤维加工而成的。玻璃纤维竿比竹竿更加轻巧结实，富有弹性、韧性，美观大方，竿体挺直，携带方便。多系内藏伸缩式结构。竿长 3~9 米，节数由 3 节到 10 节不等。玻璃纤维竿的价格适中，是世界各国垂钓者使用最多的一种钓竿。

④碳素纤维竿：又称碳素竿。碳素纤维是由聚丙烯氰纤维（PAN）或将沥青抽成丝经过高温碳化后制成的。碳素纤维钓竿是目前性能最好的钓竿，它比玻璃纤维竿更轻、强度更高，耐磨性和耐腐蚀性更好，深受广大垂钓者的喜爱。但碳素纤维竿导电性很强，雷雨天气和高压线周围不宜使用。

（2）按竿梢的软硬程度可分为：软竿、中硬竿、硬竿。

①软竿：软竿是指软梢占竿长的 2/5 的钓竿。其弯曲部分从竿尖起可达竿体中部，它具有轻盈、柔韧、弹性好、不易跑鱼、灵敏度高、通体受力均匀、有较好的钓力等特点。软竿适宜于钓中小型鱼，多用于初春、深秋时节。由于抛投省力，也适合中老年人及体弱者使用。它的缺点是遛鱼时略显无力，不利于主动领鱼；对初学者来说，不好掌握；不宜在水草茂密处垂钓。

②中硬竿：中硬竿是指软梢占竿长的 3/10 的钓竿。该竿软硬适度，强度弱，弹性亦好，调性及手感适中，适用于多种垂钓水域和钓法。鱼上钩后竿尖反应灵

敏，是一种兼用型钓竿。

③硬竿：硬竿是指软梢占竿长的 1/5 的钓竿。该竿强度大，竿身挺拔有硬度，具有较强的钓力，有利于定位浮钓钓组的抛投。在钓到鱼时仅竿尖弯曲，在抖竿时易于将钓钩刺于鱼唇。它适宜比赛钓大鱼和定位浮钓中上层鱼，多用于夏日。其缺点是灵敏度低，需有较好的体力抛投，竿体过硬，钓到大鱼时抬竿过猛易断竿。

（3）按竿的长短可分为：长竿、短竿、中长竿。

①长竿：长竿是指长度在 6 米以上的钓竿。长竿可远投，有利于放长线钓大鱼。由于轮大线长，更利于近距离遛鱼、领鱼。适合身强力壮者在水域宽阔处、前面有障碍物处垂钓。缺点是抛投时要有较大的空间，受钓点避免受到岸边树枝、电线等物的制约。

②短竿：短竿是指长度在 2.5 米以下的钓竿。短竿操作灵活，携带轻便，对钓点岸上空间要求不高，适用范围广，是钓近水鱼或养鱼塘中的鱼的适用钓具，尤其适合老年钓友在水域窄小处垂钓。其缺点是不利于远投，不利于近距离遛鱼、领鱼。

③中长竿：中长竿是指长度在 2.5~6 米的钓竿。中长竿兼有长、短竿的特点，施钓范围广，老年、中年、青年垂钓者都适用。

（4）按垂钓的水域可分为：手竿、海竿、两用竿。

①手竿：指不装渔轮的钓竿。多用于淡水垂钓，长度一般为 3~8 米。竹钓竿多由两年生的壮年水竹、紫竹、楠竹或苇竹制成，竹子成色要一致，竹节最好一样齐，应充分风干，节短通直，富有弹性。制作竹鱼竿通常用锉刀、砂纸和削刀，手工加工。不直的地方要用文火慢慢烘烤、拉直，竹节处要平滑，插口缠线要紧密，涂漆均匀，并应长于插入深度，防止垂钓时受力折断。每节插入深度要不少于 5~6 厘米。拔开插节时能听到“嘭”的一声，证明插口严实。

竹竿多为 3~6 节，每节长不宜超过 40 厘米。竹竿的套接方法，除自然竹材套接之外，还有三种接法：a. 套插法：鱼竿的上下两节之间以无缝铅管、铜管、玻璃钢管或塑料管相衔接。套管的一半紧固在下一节上，另一半口朝上供插上和拔下。b. 插心法：鱼竿上下节以插心连接。插心长 16–18 厘米，以粗细与鱼竿内径相似的结实竹节制成。先用塑料带细绳或胶布将上下竿口缠紧加固，然后把插心的上半截插在上一节上，用时再与下一节插紧。c. 插头、套管和插心兼用。

手竿按受力强度大小分为软、中、硬三种。竿体的软硬程度为竿的调性，调性的区分方法是：将钓竿全长划分为 10 等段，水平持竿，以竿体自然弯曲形成的弧度的切线点所在位置，为判定调性的依据。如弧的切点在前一段为超硬调竿，也称为一九调性；在前二段为硬调竿（二八调性）；在前三段为中调性竿（三七调性）；在前四段为软调性竿（四六调性）；在前五段为超软调性竿（五五调性）。选择好竿的调性，对于充分发挥钓竿的性能和垂钓有针对性的鱼类及选择适宜的钓法十分重要。

②海竿，也称抛竿、投竿、甩竿等。有长短软硬之分，目前在材料上基本是玻璃纤维和碳素纤维两大类。海竿一般不长，1.6~2.4 米，多为两段。这种竿弹力好，价格便宜，坚固耐用，可将鱼钩抛出很远，以钓获较大鱼类，主要用于在海水或较大的江、河垂钓。海竿的用材与手竿相似，多节竿也有伸缩内藏式和插接式两种。海竿以甩线远点垂钓，一般较短，以硬尖和中硬尖为宜，便于将较重的坠子投远。海竿中的长竿抛线远，短竿抛线较近。海竿的关键部件是过线圈和绕线轮。

选择海竿，一要竿身浑圆无裂纹；二要整竿插上或拉出后要挺直，插口深度要适中；三要受力时全竿均匀；四要过线圈内光滑无毛刺，以免刺坏渔线和收线时受阻；五要手柄柔软坚固，以免钓到大鱼后或抛出去用力大时竿柄折断，磨破手掌；六要安置放线器的卡口牢固，无上下左右移动并与竿合为一体。

海竿的优点是：抛得远，可钓大鱼，可进行夜钓。因为海竿尖上装有警铃，鱼一上钩铃就响；可在有风时垂钓，只要海竿上下颤动就知道鱼上钩了；不需用眼盯漂，可保护视力（有警铃）；又因为远抛有一定运动量，可锻炼身体，可放松神经，垂钓时不用全神贯注；海竿有缓冲装置，大鱼很难挣脱。

海竿的缺点是：不适宜在小河、小溪、小塘、小池及水草茂密的水域中垂钓，出钓时携带不方便，要带多根竿，配件也多，价格也较贵。

（5）按钓竿的节数可分为：单节竿和多节竿。

①单节竿也称独龙竿，即由竹或其他材料制作完整的一种钓竿。竿长一般 4 米左右，具有不易断裂、柔韧、经久耐用等特点，它的缺点是携带不便。

②多节竿是有 2~20 个接口的钓竿。一般钓竿多为多节竿，具有携带方便的优点，缺点是接口处易断裂。多节竿又分插接式和抽出式（亦称天线式）两种。插接竿是由数节竿体相互插接组成整体钓竿，在安装时是由细到粗一节一节插接起来。它的特点是接口严密，钓竿受力后的整体性能好。抽出式钓竿的竿体为空心，可将数节竿收缩于底柄的竿管内，使用时一节节拉出来，用毕从底柄一节节退入。这种竿便于携带，但坚实性不如插接式好。

（6）按垂钓鱼类可分为：鲫竿、鲤竿等。

（7）按垂钓水域和环境可分为：竞技竿、台钓竿、船钓竿、溪流钓竿、矶钓竿、冰钓竿等。

例如，溪流钓竿是指专门在山涧溪流、水流较急的浅滩等水域使用的一种钓竿，主要用于钓马口鱼、长吻鱼、短须颌须鱼、油鱼等中小型鱼类。溪流竿的特点是钓竿收缩后的长度多为 58 厘米或 37 厘米，便于携带；钓竿的前节竿尖为实心体，细而又具有良好的韧性。竿的长度一般为 2.7 米、3.6 米、4.5 米、5.4 米。我国的垂钓者十分喜欢使用溪流竿，并把它扩展到池塘钓使用。为适应远钓点施钓，也有 6.3 米、7.2 米的溪流竿供应。

2. 钓竿的选购

各种钓竿虽具有专用性，但在实际使用中也往往有它相对的通用性。如钓鲫鱼竿也可以用来钓鲤鱼，矶钓竿也可用于淡水垂钓。在购买钓竿时，通常应根据垂钓的水域和环境，以及习惯钓法、常钓鱼种等因素来选择。

不论购买哪种竿都应注意：①长度与轻重。手竿的长度与垂钓水域、环境和鱼种关系极为密切。在淡水垂钓时，常用长为 3.6~5.4 米的竿。远钓点施钓时可选用 6.3 米 ~7.2 米的钓竿。钓竿的轻重，以轻为好。②竿体。要求整竿挺直，浑然一体。竿壁均匀，厚薄一致，无虫眼、硬伤、裂纹和烤焦痕。③竿口。选择多节式、抽出式手竿时，要求竿的插接处既不过浅，也不过深。以全长 5 米的五节竿为例：第一节插接深度为 4~4.5 厘米，第二节 6~6.5 厘米，第三节 7.5~8 厘米，最底一节 8.5~9 厘米。无论哪种竿，各节插接后必须与竿口紧紧咬合。检查插接深度时，将底端的保护帽拧下，取出各节仔细检查，便知其深浅，凡插接部位松动、易脱节并存在潜在裂缝的不能要。④受力。整个钓竿受力后，要求各节受力均匀，呈自然弯曲状态。选购时，将钓竿各节拉直，在竿尖顶端系一根绳，依次做悬垂一定量的重物试验。看其受力是否均匀，竿的弓形力点是否在全竿前半部的 1/2 至 1/3 处，去掉重物后是否能均匀，是否能恢复原状。如某节出现弯曲角度过大，说明钓竿受力不均。此外，对钓竿的制作工艺，材料质地都应考虑。

3. 鱼竿的使用与保养

鱼竿的使用和保养应注意下列三点：

（1）选配好钓线和鱼坠：买到一支称心如意的鱼竿后，自然要配渔线。鱼竿是有一定的承受力的，渔线的拉力若大大超过了鱼竿承受力，则极易造成断线跑鱼。在竿体与地面成 30 度角时，20 型的最大吊起重量约为 3 千克，30 型（60 型）的最大吊起重量约为 4 千克，成 40 度角时则各减少 1 千克，也就是说角度越大，吊力就越小，成 90 度直角时吊力最小。目前市面上的进口渔线的质量越来越好，直径 0.30 毫米（3.5 号）的进口渔线实际可拉起重量为 6 千克的鱼，远远超过鱼竿的承受力，因此在给鱼竿配线时，20 型不要超过 0.28 毫米（3 号），30 型（60 型）不要超过 0.30 毫米（3.5 号）。海竿的竿尖直径为 0.8 毫米以下时，钓线直径不超过 0.25 毫米；竿尖直径为 1~1.8 毫米时，钓线直径为 0.35 毫米；竿尖为 2~3 毫米粗时，钓线直径为 0.25 毫米；竿尖为 3 毫米时，配直径为 0.4 毫米的钓线。钓坠的配置与海竿的锤负荷相一致。如 5~10 锤负荷表明鱼竿要用 5~10 号的鱼坠；标准 1 号可坠 0.375 克，每大 1 号加 0.375 克，5~10 号分别用 2~4 克的坠。

（2）防止钓线与障碍物相挂：这是造成折竿的重要原因之一。在选择钓位时要避开树木、电线、水草和碎石等易挂物体。在垂钓过程中若遇到鱼钩挂底现象，要沉着冷静，不急不躁，不要用力向上挑，这样很容易造成断竿，而应将竿放平，使竿、线、钩形成一条直线，手握鱼竿慢慢向后退，直至将河底异物拉出，这样最多把线扯断，而不会损坏鱼竿。

（3）保护好鱼竿：垂钓结束收竿时应按插竿时的相反程序依次将竿逐节收回，若不注意，极易出现自动滑下某一节的前口，正好顶住还未收下的倒数第二节的现象，如果将竿使劲向地上撞，以试图收回，结果会使两节鱼竿像劈竹竿那样相互撕裂，造成不应有的损失。还有一种情况是梢子先滑下后，再收后面几节，结果造成梢子错位，钻到后两节的夹层中，这样也会造成鱼竿损坏。另外，在收竿时要把水擦干，擦净泥沙，取下底节胶盖，涂上一层薄蜡。竹制鱼竿使用前，由接口处向竿体内灌入一些变压器油或机油，也可防止爆裂。

还有一种情况就是钓鱼时常常由于鱼竿沾水，或由于某种原因鱼竿使用时拉的力量太大，导致收竿时某节退不回去，如何解决？①先试将竿的底盖旋开，取出卡住的两节，在木板上垂直下蹾，用力应适当，特别注意保持下墩时竿体垂直。②用温水自竿的粗端灌入然后擦干。再用力旋转两竿连接处，使之松动。③向卡住的连接处注入少许机油，等一两小时后用力旋转松动。④用开水浇卡住的粗节上部使之受热膨胀，但勿浇到细节上，然后旋动上节退入下一节内。⑤如果不行，切勿勉强，可将鱼竿置于干燥环境静放十几天后，此节就会很容易地退进去。

4. **钓竿检查**

（1）检查竿身表面的色泽。

钓竿的颜色有多种，有银色、黑色，也有棕色，随消费者的喜好而定，但以透明原漆的涂装较好，其硬度强，不易掉色。

钓竿每节涂色要均匀，不能有色差，也不能有气泡或杂质，否则钓竿容易断裂。

（2）检查钓竿的强度。

把每一节竿子抽出逐节检测，方法是用两手抓紧竿子两端使竿子形成一定的弧度，如果弯曲的弧度不均匀，或弧度作用点在后半节，这种竿子就容易断裂，这种方法用于检查较细的前几节。而后面较粗的几节因强度较大，弹性相对小，不能也不易弯曲，这时可用另一种检测方法：用两手压迫竿体，如果竿壁太软或发出“吱吱”的撕裂声，这种竿子的硬度就太低或脆性太强，容易断裂，均不是好钓竿。

检查钓竿两端的切口，前端较细的一端因在钓鱼时容易受到鱼的拉力而裂开，所以要特别检查强度是否达到要求，切口要整齐划一。后端竿壁太厚，虽然强度有保证，但会增加整支钓竿的重量，而且各节衔接不易紧密，会影响钓性。

（3）检查钓竿配件。

①第一节头尾要固定，不能破裂或松动。②前塞、后盖、导环、卷线座不能有裂痕或松动。③手把处的止滑漆要牢固，尼龙线要绕紧，绕线轮要收放自如。检查导环、卷线座是否有裂痕或松动。

钓线

钓线是鱼竿上的干线，用来系结支线。支线是用来连接干线和钓钩的细线，也称作钩线。以前，使用蚕丝线涂上动物胶制成钓渔线，现在多使用尼龙线。真丝线虽然不比尼龙线牢固，但现在仍使用真丝线做毛钩的钩线，用来钓鱼。因为真丝线光滑不会卷曲。

1. 钓线和钩线的一般应用

（1）钓鲫鱼使用的渔线涂有特殊药品，能沉入水中。浮在水面上的渔线会受风的影响，这种沉水钓线能防止风的吹动。

（2）毛钩很轻，使用一般的钩线很难将毛钩抛向远处。为了增加钓线的甩力，将钓线制成上粗下细的鞭状，便于使毛钩投向远处。从前是使用马尾毛捻制成鞭形线，现在通过研究，可使用尼龙线加捻成鞭形钓线，上粗下细的支线（钩线）市场上有出售，很受欢迎。

（3）在湖中用船拖曳钓具，以钓捕体大、游速快的鱼类，如鳟鱼、石斑鱼等，应使用拖曳钓线。这种钓线，线芯为铅丝，在拖曳过程中不会浮扬，可使拟饵钩沉在水中。打结的钓线，比原来的强度会降低 20%~50%，特别是在冬季，钓线受冷硬化，打结处的牢固程度更差。在扎结钓渔线时，先轻轻打结，再蘸入热水中乘热系紧，可以防止损伤接头，并能系牢。

弯曲打卷的钓线，可以通过煮沸水的水蒸气，一边加热弯曲部，一边用力拉伸，将打卷的钓线校直。绕线手轮用的钓线，有的按 10 米、20 米、25 米等染成不同颜色，便于按颜色判断钓鱼点的距离。

2. 钓线的种类和特点

好的钓线一是要细，颜色与背景反差小，隐蔽性好；二是要牢固，强度大。目前常用的钓线有两种：透明胶丝和不透明的尼龙线。

透明胶丝不吸水、耐腐蚀、柔软、坚韧、隐蔽性好，但易卷曲，低温时易变硬，放置久了易老化发脆。透明胶丝的质量标准有两种：一是 1 米长的胶丝在测力器上拉断时的磅数，即磅线（1 磅 =0. 4536 千克）；二是线的直径（毫米）。

钓线种类很多，过去多用生丝线，也有用野蚕丝制成的。尼龙材料问世以后，尼龙线已成为应用最广泛的钓线。

淡水钓鱼一般选用 20 号以内的线，海钓选用 20 号以上的线。渔线越细，反应越灵敏。在养鱼塘、河道钓鱼选用 3~5 号的线为宜。

钓线规格依钓竿的规格、垂钓方式、所要钓的猎物大小、活力及垂钓者的经验等而定。一般来说，以钓鲫、六线鱼等小型鱼类为主的鱼竿选用直径 0.2 毫米的线即可；以钓鲤、草鱼等大型鱼类为主的钓竿选 0.4~0. 45 毫米的粗线尼龙线，其由多股合成，柔软，入水后不卷曲，拉力大、弹性强，但水分含量高，有粘连性；起水时震动性大，易惊散鱼群。因此，尼龙线不宜做主钓线，而宜做拴钩和坠线及钓甲鱼的线。

为了提高钓线在水中的隐蔽性，常采用蓝、黄、绿、灰等带色的胶丝线。依钓线在鱼竿上的位置和作用不同，可分为护竿线、风线、水线和脑线。护竿线是缠绕在鱼竿上的线，防止渔线从竿梢脱落和断梢时鱼把线拖走，并作备用线。风线是指从竿尖到水面间的空中线。水线（主线）是指从鱼漂至鱼钩的一段线。主线末端直接拴钩的，没有脑线。有的主线末端是一个连接环，另一个是一头带环、一头拴钩的线，再与主线上的环相套，可根据需要随时更换鱼钩。这段带钩、带环的线叫脑线。

还有一种钓线是陶瓷线，它是一种高强度的钓线，采用高分子聚合材料，在线体成型时填充特别树脂。特点是表层的保护膜无毛细孔，耐侵蚀、耐磨、质硬，线的品质稳定，拉力值不退化。其次，这种线柔软、强韧、不卷曲，可减低鱼食饵的警戒心，使用时得心应手。

3. 钓竿和线的连接

海竿的钓线主要由绕线轮固定，穿过每一节的过线圈连接到竿尖上，线鼻有几种。手竿的线直接连接到竿尖上。手竿竿尖上的拴有的是一截线织的空心带，有的是独根圆环拴线鼻。钓线与竿的几种连接方式（图 1–1）。

有一截空心带的竿梢，使用时可将该带的头拴在竿梢上，形成一个小圆环，钓线从环中通过再缠在鱼竿上。也可将软带剪去，另用一个小号别针拴在竿梢上，将圆环朝外。圆环有两个作用：一是钓线从环中通过再绕在鱼竿上，起到梢尖固定钓线的作用；二是可以通过连接环将钓线和竿梢连接，使用时可以根据需要，随时更换钓线和鱼钩，节省更换时间，提高钓鱼效率。

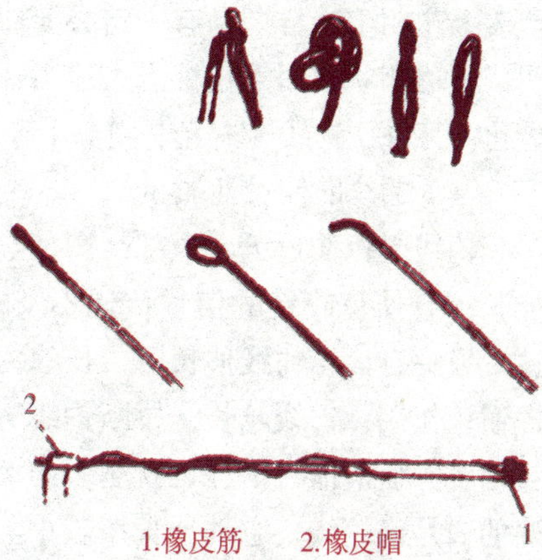

图 1 – 1　钓线与竿的连接

4. **钓线的几个问题**

（1）钓线和钓丝

从钓线的外观看，钓线可以分为“线”和“丝”两种。线是用两股或两股以上的单纱或丝一次或多次合并加捻而成，而丝则是独此一根。钓线的制作方法通常是将原料熔化后，从特制的喷丝孔中挤压出来，经冷却、牵伸、卷绕等加工后制成。这样制成的钓线为透明状，伸长率较小且具有较强的拉力，特别适于做钓线使用。另外，此种钓线的内部结构比较紧密且内外一致，因而其强度是与钓丝的截面积是成正比的。我们平时用的钓线，绝大多数是用熔化法制成的单丝。

（2）钓线的号数和强力

钓友们都知道，钓线的号数是用来表示钓线粗细的，号数越大，钓线就越粗。需要注意的是，并不是说钓线的号数相差多少倍，其直径就相差多少倍。实际上，钓线的号数是和钓线的截面积成正比例关系的。一种钓线的号数是另一种钓线号数的多少倍，这种钓线的截面积和强度就是另一种钓线截面积和强度的多少倍，而其直径却只有另一种钓线号数的倍数开二次方。

（3）钓线的老化问题

所谓老化，是指高分子化合物的性能逐渐变坏的过程，几乎所有的钓线都存在老化的现象。尼龙钓线的耐日光性能较差，它们的老化程度主要是随日光照射强度和时间而定。据资料介绍，尼龙材料在日光照射 200 小时以后强度会下降 36%。在避光、室温下，钓线也有一定程度的老化。从这个意义上来讲，钓线的包装上注明生产日期是有一定必要性的。钓线只要外观光洁度好，是很正常的透明或半透明状，用于拉扯强力适当，触摸折绕有较好的柔软性，就可以认为尚未老化。另外，钓线在避光、室温下存放5年以内是没有什么问题的。

（4）钓线的伸长性能

钓线受拉伸过大，内部会产生空穴，线表面发白，直径变小。尼龙钓线容易伸长，会使鱼咬钩的信号传递不及时、不清晰，因此伸长率大的钓线不适合海钓。另一方面，钓线伸长后，长的钓线就像一根长长的弹簧，自动地协助钓者发挥遛鱼作用。钓线越长，拉断钓线所需的移动距离就越大，拉断钓线所需做的功就越多，鱼的体力消耗也就越多。海竿用线以伸长率较小为好，日本的海钓最普遍的线是涤纶线，它的伸长率较小。对于手竿用线，在线的抗拉强度、线径、透明度和柔软度相同的情况下，有一定伸长的比完全没有伸长的线好。

鱼漂

鱼漂又叫浮、浮子、浮漂。垂钓时它穿在鱼线上，为垂钓者传递信息。

1. 鱼漂的常识

浮漂是指底钓和浮钓时用以传递鱼儿吞钩的情况和控制钓钩悬浮于水中位置的工具。它具有多种用途：在它浮于水面时，通过钓组向钓者显示鱼类吞食钩饵的信息，人们通过鱼漂的动作，不但可以判断鱼儿吃食的情况，决定提竿的时机，还可以通过鱼漂的动作判断出是什么鱼在咬钩，这是关系到钓鱼成败的重要环节；借助浮漂的浮力配合，使入水的钓组中的坠、钩、饵等悬于水体中的某一水层，以垂钓栖息于不同水层的鱼类；以浮漂的自身重量，可起到坠、漂兼有的功能，钓者可将其连接的钓组投向钓点。

鱼漂不仅要能及时反应鱼吃食的动作，而且还要易于识别，防止环境的干扰，如风、水流的影响等。因此，鱼漂的选择应考虑到所钓鱼的水域的情况、主要垂钓对象的情况、环境的情况，以及与钩、坠组合的情况，有针对性地加以选择，主要考虑以下几点：①材质要轻、坚韧、不透水；②密度要小，比较灵敏；③颜色鲜明，便于识别；④浅水用小漂，深水用长漂；⑤形状以上下尖、中间大的流线型为好。钓友可根据自己的视力与钓点的远近加以选择。

目前较为流行的孔雀羽根浮漂，如达摩浮漂，大小号齐全并有以下优点：灵敏度高、稳定性好、视觉清晰、制作精细。

需要特别说明的是，不管哪种浮漂，其与钩坠的组合恰当最为重要。

浮漂的浮力与其密度和体积相关，体积越大浮力越大。相同体积下，空心的浮漂浮力大，但往往不太稳定，会误传猎物的吞钩信息，拖钩时阻力较大；实心的浮漂稳定性好，但不太灵活，因此，选择浮漂时应综合考虑。

钓坠常受浮漂的制约，只有坠重和浮漂的浮力相等时，猎物吞钩的瞬间，浮漂才能作出灵敏反应。浮钩钓时常用较轻的钓坠，浮漂的浮力也要小些。要使坠、钩、饵既不沉底，又能悬在不同水层，饵、钩、坠重量之和应小于浮漂的浮力，若两者相等，钓钩会立在水底。

浮漂的形状要使目标明显，便于观察，传递吞钩信息快。浮漂的形状有平卧水面的卧漂（碎漂、蜈蚣漂或七星漂）和立在水中的立漂（图 1–2）。

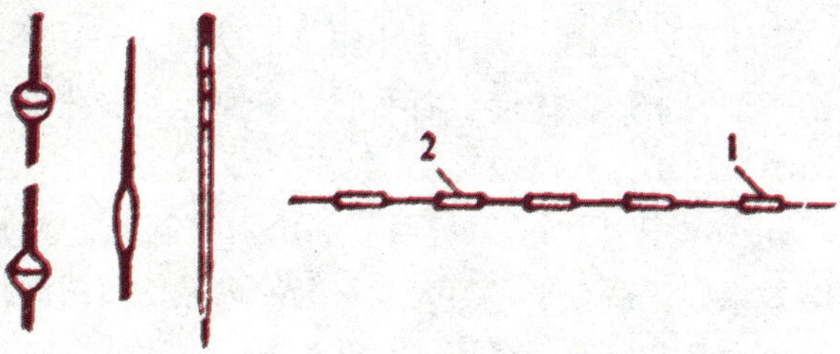

图 1–2　卧漂和立漂

卧漂是把鹅、鸭或鸡的毛管中段用刀片除去边羽，切成 3~5 厘米的小段，中心穿孔串接到钓线上而制成的。一般每竿间隔 3~5 厘米，拴 8~10 个卧漂，漂太多提竿时会溅起水花。立漂有棒形、锥形、辣椒形、圆形、陀螺形或纺锤形。同种材料的立漂，形体不同，排开水的体积和浮力也就不同。垂钓时要根据需要选择不同形体的浮漂。浮钩时，多采用圆形或中部体积较大的陀螺形浮漂。要钓钩快速下沉的，多采用棒形浮漂，减少水体阻力；反之，用辣椒形浮漂。

为使浮漂更明显，常将其上端染成红色或红白相间，或涂上荧光粉。为使其发光强而持久，现在的夜光浮漂（图 1–3）装有夜光棒、灯泡型大头夜光棒和夜钓立标灯等，亮度高，目视距离远，发光时间长（10 余小时）。适于风浪中垂钓的立漂根部有 3~5 厘米的线，其另一端有 3 ~ 5 厘米长的插头，插头上套有小橡皮管。

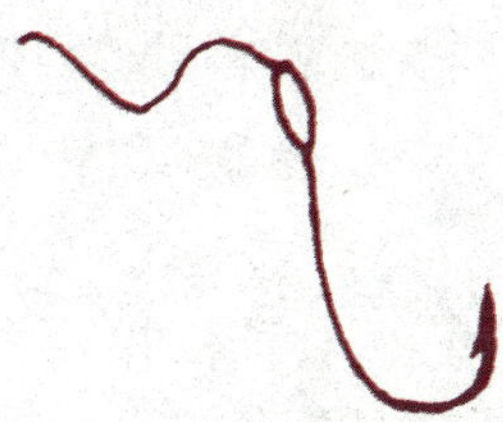
图 1–3　夜光漂

2. 各种鱼漂的特点

现在的浮漂多为化学制品或用禽类的羽翎、木材、竹材制作，性能常有差异，形状更是多种多样。有直漂、立式漂、风漂、球形漂、锥形漂、散子漂、荧光漂等，下面简述几种常用漂的特点。

①通草漂：指采用通草（一种植物的茎）制作漂体的一种浮漂。通草纤维含量高，浮力大，定位速度好，有利于竞技钓。其缺点是通草干燥后，易产生裂缝，不耐碰撞挤压，使用时需小心。

②球形浮漂：指一种呈圆形或椭圆形的浮漂，可用木材或竹材制作，入水后接触水体体积大，浮力大，视觉效果好，通常在水流缓慢的水域或在海钓中使用。其缺点是收藏时占体积。

③巴尔沙漂：指采用巴尔沙轻木制作漂体的浮漂，又称轻木漂。质地轻，浮力大，广泛用于淡水钓。其缺点是过于纤细，容易损坏。

④立式浮漂：指在水中呈立式状的一种浮漂，是最常用的浮漂。有辣椒形、纺锤形、伞形、棒形、羽毛形等多种。灵敏性较强，适用于垂钓吞饵动作较小的鱼类。

⑤单子：也称“大浮标”。由木头制成，入水后竖直浮于水面，目标大，视野效果好，适宜于风浪大、开阔的水域钓鱼或海钓。其缺点是灵敏度差，提竿时对水的震动较大，容易惊走鱼群。

⑥蜈蚣漂（图 1–4）：也叫七星漂，可用干蒜杆制作，坚固、灵敏，而且漂的反应清晰，一般穿 6 个，均匀散开，钓鱼时沉 2 浮 4。其缺点主要是：钓钩远或风大时不易辨认、深度调整时麻烦，需一颗一颗地移动，每到一处，钓点需重新调整。

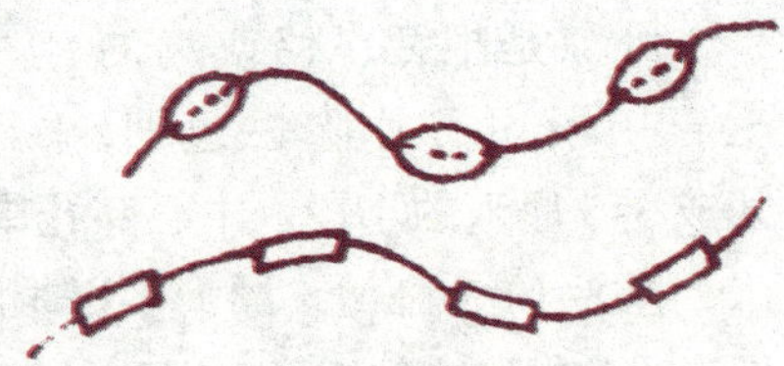

图 1 – 4　蜈蚣漂

⑦浮漂座（图 1–5）：指外形为一圆管，在底端附着一个圆圈体，在圆管内插入漂尾竿后，其底端的圆圈体可自由地沿着钓线滑动的一种漂套。它采用橡塑材料制成，是由台湾传来的“台湾钓鲫鱼”的方法而引进的一种新漂座。

3. 鱼漂的作用

（1）传递鱼吞食钓饵的信息：鱼漂反应十分灵敏，当鱼触碰、吞食饵钩时，饵钩的位置会发生变动，这种变动能马上通过渔线传至鱼漂。

（2）表明钓饵的位置：广阔水域里，鱼漂醒目地处于水面，能准确地显示出钓点位置。

（3）使饵钩处于不同水层：调整鱼漂与铅坠间的配重关系，可使饵钩随意停留在不同深度的水层以垂钓生活在不同水层的鱼类。

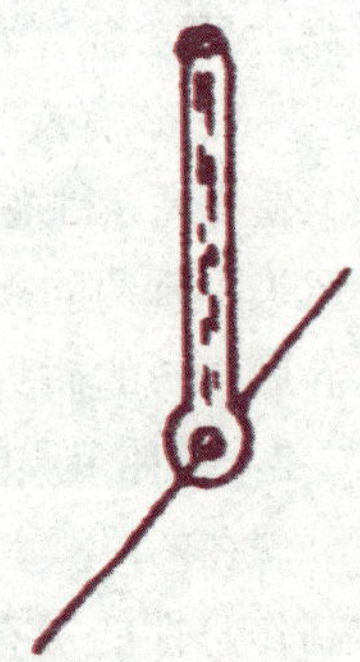

图 1 – 5 浮漂座

（4）显示水的深浅：底钓时，鱼漂至饵钩的长度即为水深。

（5）显示咬钩鱼的种类：不同的鱼摄食习性不尽相同，反应到鱼漂上的动作也不一样，根据鱼漂的不同反应，大致可判定是什么鱼咬钩。例如：鲫鱼、鲤鱼、鳊鱼等体侧扁而近似椭圆，当鱼体贴近河底平面或水平状态时，由于腹底凸起成椭圆形，鱼嘴与沉至河底的饵钩存在距离无法吞食饵钩。因此鲫鱼、鲤鱼、鳊鱼等在河底寻食时，必须成半倒立状态俯冲吞食。当鱼对饵钩进行试探性尝试时，因鱼嘴的连续张闭，使鱼漂呈现出摆幅不大的上下点动。当鱼吞食饵钩时，鱼体由半倒立状态还原成水平状态，这时鱼漂的水面部分则斜向水中下沉。

铅坠

铅坠，又叫鱼坠、沉子、坠石、千斤、铅花等。铅坠起配重的调节作用，使浮漂有适合的配重。当鱼咬钩饵时，它会敏感地反应到浮漂上。采用无浮漂的看尖钓法时，铅坠还可拉紧钓线，有助于将钩饵甩到良好的钓鱼水域和位置上。它主要由铅或铅锡合金制成，形状各异，分量有几克至几百克不等。

1. 铅坠的功能

铅坠具有多种功能：

（1）借助坠的重量可将钓组远投到钓点。

（2）与相应的浮漂配合可使钓线与钓组垂悬于不同的水层或使钓组落入水底。

（3）坠还可使钓线张紧，有利于传递鱼吞饵的信息。

（4）在沙底水域沿水底拖钓时，坠传动可使水变浑，起到诱鱼的作用。

2. 铅坠的分类和特点

（1）铅坠可分为两大类：手竿坠（图 1–6）和海竿坠。

①手竿用的坠较小，多为枣形、球形，由铅皮卷成。使用时只要对准钩上端的脑线夹入坠体压紧固定即可。

②海竿坠分两种：坠体分为可在钓线上滑动的活坠和坠体固定在钓线上的死坠。前者适于底钩钓，后者适于浮钩钓或串钩钓。海竿的坠形状多样，有茄子形、球形、吊钟形、片状角形等，其重量为 5~50 克不等。圆、球形坠受水阻力小，下沉快，广为钓友采用，但水较浅、淤泥较厚的水域，为避免坠陷入泥中，应选用阻力大些的片形坠。多钩的海竿上常采用带舵的舵坠来防止钓线在流水中卷捻。

（2）开口的弹丸形铅坠，按大小分 11 种，与开口偏圆形的坠均适合钳在钓线和钩线上。在急流中圆形弹丸铅坠不会因水流而转动，较扁圆形钓坠更常用。

（3）带环的铅坠有茄形、六角形、圆盘形、球形等，用于手竿钓，这是一种不使用浮漂直接用铅坠甩入急流中使钩饵静置于水底的钓法。六角形铅坠在水底较稳定，圆盘形则抛得远。

（4）通芯铅坠也叫活动坠，鱼吞食钩饵时直接牵动钓线便于察觉鱼已上钩。

铅条可用剪刀任意剪切，便于调节立式浮漂浮于水面的高度。将铅条剪切成三角形，用缝衣针做轴，卷成通芯活动铅坠。小型铅坠用于钓鲫鱼、丁斑鱼等溪流鱼，大型铅坠用于钓鲤鱼等。因此，可根据钓法和目的选用不同的铅坠。

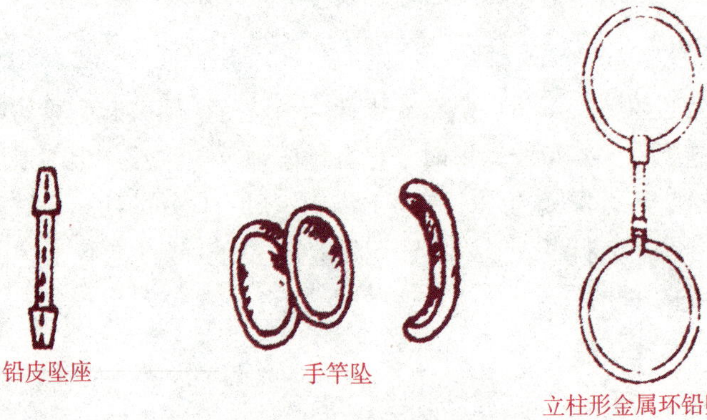

图 1－6　各种钓坠

3. **铅坠的安装和使用**

一般，铅坠的安装位置在钩的上方，但也有将铅坠装在钩下方的。其方法是在拴好鱼钩之后，多余的线不要剪断，要保留线长 10~15 厘米。然后将铅坠夹在多余的线上即可。铅坠的重量要稍小于漂的浮力。为了防止铅坠伤线，可用一段空心细软管，线从软管中穿过，在细软管上夹紧铅坠。其优点如下：

（1）便于因地制宜地调整铅坠与钩之间的距离。

（2）钩饵不易埋入水底的杂草或淤泥中。

（3）铅坠在水底被卡住时，可稍用力将钩拉起，徜使铅坠脱落，另换一坠再钓。

4. **坠的重量与竿尖的硬度、钓线的粗细和抛线远近的关系**

若竿尖硬、钓线粗、抛得远，坠（图 1–6）就要重一些，反之，坠就轻些。一般实心玻璃钢海竿，竿尖直径 3 毫米左右，坠分量为 50 克以下；4.5 米以上的长海竿，竿尖细于 1.5 毫米，坠分量不超过 60 克。垂钓者也可根据需要，用黄泥、砖或石膏模具和熔化的铅水自制钓坠。

绕线轮

绕线框（图 1–7）是最原始的绕线轮之一，可使钩和线不乱，可用金属丝、竹片或塑料制成。

图 1－7　绕线框

绕线轮（图 1–8）是钓竿上的辅助装置，是用于放线或收线，以缓冲鱼的反抗力的工具。绕线轮的使用是现代钓鱼技术发展的一个重要标志，在垂钓大型鱼类时，绕线轮通过放线或收线，使其不易挣脱，从而体现其优越性。

1. 绕线轮的种类

图 1－8　绕线轮

（1）根据要钓的鱼和鱼竿的不同，可以分为以下几种：

①绕线手轮：抛掷拟饵钩的专用手轮，带有滚珠轴承，性能良好，经久耐用。

②横转式手轮：主要用诱饵笼钓鲤鱼、鼈鱼等。投抛钓具时将手轮旋转到横向，其缺点是会使鱼线缠绕在一起。

③抛拟饵钩手轮：与偏置鱼竿配合使用，适合用拟饵钩钓大型鱼。

（2）根据构造特征可分为绕线轴转动型和绕线轴不转动型两种：

我国钓者传统使用的叉形齿槽式手拨轮、双轴承和单轴承绕线轮都属于绕线轴转动型绕线轮；旋压式绕线轮、纺车轮和封闭式绕线轮则属于绕线轴不转动型绕线轮。

①叉形齿槽式手拨轮。其结构简单，重量轻，直接用手指拨动轮齿即可，收放线自如，速度可随时掌握。其缺点是拔竿时绕线轮容易乱线。为了改变上述缺点，可改装绕线轮，线盘直径加大到近 40 厘米，能缠绕 1000 余米的钓线，可采用自行车的齿轮和链条带动绕线盘。

②旋压式绕线轮。这是钓者普遍使用的一种绕线轮，投竿时出线阻力小、速度快、不易乱线，齿轮传动比大多为 1：1.5~1:3。传动比越小，缠绕线速度越慢；反之，则越快。一般轮体越大，钓力越大。其优点是钓到大鱼时，能自动收线和放线。

③双轴承绕线轮。亦称鼓形绕线轮。它用途广泛，性能优良，结构精密，钓力大。轮的轴心两侧均装有轴承，两侧固定有轴心盘，类似鼓形，一般用于深海垂钓和船钓大型鱼类。其缺点是在抛投时绕线轮的回转速度往往快于出线速度，也容易造成乱线。

④电动式绕线轮。其优点是钓力大，操作灵活，自动化程度高，反应灵敏，有微型数字显示器，鱼上钩后的挣扎力，能使绕线轮自动接通电源，自动旋转收

线。其缺点是价格昂贵，体积较大，不便携带，常用于海钓和船钓。

⑤密封式绕线轮。其优点是不乱线，泥沙不易进入，有利于保护渔线和绕线盘。其缺点是绕线量有限，不适宜远钓。

⑥封闭式绕线轮。绕线轴由一个护罩罩着，钓线通过护罩孔进出。其优点是体积小、重量轻且稳定，投竿时不易乱线。其缺点是钓力小，容线量小，投线距离近，不适宜海钓。

⑦盘式绕线轮。形状像圆形马蹄表。其优点是钓力大、重量轻，坚固耐用。其缺点是制作粗糙，投竿阻力较大且不灵活。

⑧袖珍式绕线轮。其优点是体积小、重量轻，适宜与手、海两用竿匹配。其缺点是宜钓小鱼，不适宜垂钓大鱼和凶猛性鱼类。

⑨自制绕线轮。钓者可以选择木料或其他材料，自制个人喜欢、适用的绕线轮。其优点是造价低，形状适合个人口味。其缺点是精密度低，会乱线。

2. 怎样选择绕线轮

（1）要回答这个问题就要知道在选择绕线轮时要根据垂钓水域、所钓鱼类、垂钓方法和钓竿性能来选配绕线轮。

①首先考虑钓组的匹配性。一般是长竿配大轮，短竿配小轮，高、中档竿配高、中档轮，低档竿配低档轮。

②其次是考虑传动比和容线量。传动比越大越好，传动比大收线就快，有利于起鱼和收线。容线量大，可用的线就长，适宜海钓和远钓。

③再次是在选购时选用名牌产品，这样质量和性能有保证。

④最后是检查轮的外观，要平整光洁，没有损伤及裂痕。

（2）具体的选购方法如下：

首先拧紧绕线轮的摇臂，用手正向或反向摇动摇臂使之正向或反向空转，检查传动部位的转动情况；其次是检查开关开闭的准确性和可靠性，只能正转不能反转；再次是检查卷线轮与飞轮之间的松紧程度；最后是检查并调整刹车钮，当刹车钮向小数拧动（松放）时，卷线轮此时可用手转动，调向大数（拧紧）时，卷线轮紧死时应转不动。

3. 绕线轮的使用方法

（1）毛钩手轮的使用方法

毛钩先于钓线落入水域，使钩自然垂落，鱼竿立于后方，利用其弹力使左手放出的钓线甩向前方，使鱼钩落入水域。

（2）密封式手轮的使用方法

①握住鱼竿的手轮柄，用拇指压下扳钮。

②使鱼竿倾向 11 点的位置，对准钓鱼点甩出。

③鱼竿到达 2 点位置时，鱼钩投入水域后，转动手柄，收回松弛的钓线。

（3）绕线轮的绕线方法

①检查绕线轮（图 1–9）的绕线量，选择适宜的渔线型号。

②将绕线轮装在鱼竿上，关闭绕线轮逆止开关。

③将线的一端打结，穿过鱼竿的一个导环，翻开绕线轮出线环，将线系在绕线轮上，关合出线环，拉伸鱼线，检查并保证其牢固性。

④保持渔线直紧，开始匀速转动摇竿缠线。

⑤当缠线高度低于绕线轮边缘 1.5~2 毫米，保持渔线直紧，停止绕线，剪断渔线，并别在绕线轮的别线片上。

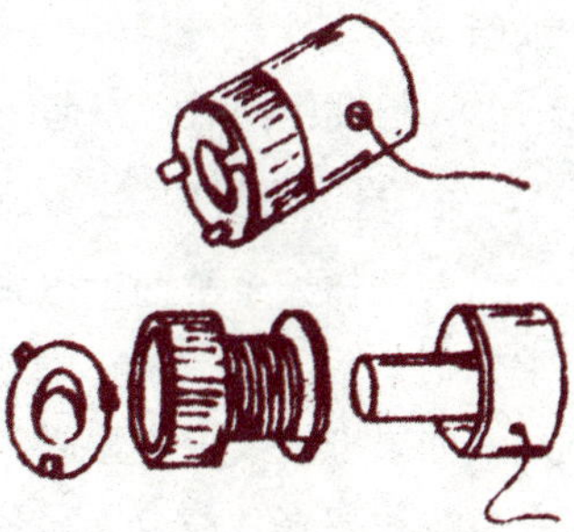

图 1–9　绕线轮及其分解图

（4）绕线轮的装轮方法

①将绕线轮装在鱼竿上。

②打开绕线轮逆止开关，翻开绕线轮出线环，将线拉出，合上出线环，将线依次穿过鱼竿导环。

③系上坠线，扯紧鱼竿各节，关闭绕线轮逆止开关。

（5）绕线轮的抛线方法

①打开绕线轮逆止开关，转动摇竿，调整线坠于适当位置，关闭逆止开关。

②用食指钩住钓线，侧身扭头，将竿后送，竿与地面距离以线坠触地为佳。

③将竿侧上前送，当竿于侧前方与地面保持 45° 角时，抖动松线，弹出线坠。

④当线坠落水，送线结束后，摇动摇竿，关合出线环，拉紧渔线，放竿于竿架上。

（6）绕线轮的收线方法

①提竿时渔线保持绷直，竿和地面成 45° 角。

②匀速摇轮，以鱼量的大小，调整绕线轮松紧旋钮。

③鱼收上后，将竿放于架上，绕线轮勿触地弄脏或划伤。

（7）绕线轮的卸轮方法

①关闭逆止开关，将线坠取下。

②以手指紧线，摇动摇竿。

③将线别于绕线轮别线片上。

④卸轮、擦净、装好。

（8）绕线轮的保养方法

①每次垂钓后，均应将绕线轮擦净、干燥。

②定期拆开维护齿盘、螺旋齿、定位齿、滑块、摇竿轴、轴承等处，加润滑油脂。

③长期停钓时，应彻底保养一次，放于干燥处。

4. 自制绕线器

自从伸缩手竿面世以来，一直受到广大钓鱼爱好者的青睐。但由于它在到达垂钓地点后要绑线挂钩才能垂钓，收钓后又要折线，给外出垂钓带来了一些麻烦。如果把绕线板直接固定在竿的末尾一端可使收线和放线比较方便，但是每次在绕线后要将鱼漂取下，否则，在携带鱼竿时稍不注意就很容易损坏鱼漂。在长期的实践中，有人自制一种带漂筒的绕线器，使用起来非常方便。

取小型海竿的塑料帽一个（渔具店有售），将顶端的整钩用钢锯锯下，将帽端突出部分和开口一侧锉平,并在封死的一端锯下一个5毫米左右的小口。用砂纸打磨光滑,以备绕线用。然后把制作好的绕线器开口的一侧向竿的方向平贴其上,封死的一端朝向把端方向，用胶布分别将两端固定在竿末尾一节的顶部三分之一处。其使用方法是：收线时先将各节竿缩回，将鱼漂退回到鱼钩附近，然后开始绕线，最后将鱼钩、铅坠、鱼漂一同插入绕线器内，放线时，把鱼漂拉出，将线解开即可实施垂钓。这样的绕线器有以下两大长处:第一，可以为垂钓者的放线和收线提供很大的方便；第二，由于绕线器为半圆柱形，手贴竿上，手感光滑，没有异物感。

钓钩

钓钩也叫鱼钩，其种类有很多，从古代的骨质钓钩发展到今天大约有数千种之多。目前市场上出售的钓钩一般分为国产、进口、合资三类。品种有：伊势尼、伊豆、千又、丸世关东爆炸钩、串钩、海夕、小矶鲤钩、朝天钩、异形钩等。

1. 钓钩的种类

钓钩的分类方法有很多：

（1）按钓钩钓把的长短可分为：长把钩与短把钩。

①长把钩。柄长约为钩尖至钩弯长度的两倍。主要用于淡水2米以上、海水50米以上的深水垂钓。

②短把钩。柄长约为钩尖至钩弯长度的一倍。主要用于淡水2米以下、海水50米以下的浅水垂钓。由于短把钩钩柄短，装饵钩后不易露出钩柄，所以上钩率比长把钩高。但使用长把钩不易脱钩。

（2）按钓钩形状可分为：圆形、袖形、角形三种（图 1–10）。

图 1–10 钓钩的形状

①圆形钩前端呈圆形，容易被鱼类吞食，钓到的鱼也不易脱钩，只是钓柄短，不便于拴结渔线。

②袖形钩的钓尖前端呈近似直角形，这种钩容易被鱼吞食，鱼脱钩的机会少。袖形钩有长短两种。长袖形钩容易装饵，但鱼吞钩却不如短袖形钩容易。

③角形钩一般很少使用，它的钩尖十分锋利，从钩尖到钩底部呈死角状，没有倒刺，便于装虫类等活饵。由于没有倒刺，用这种钩钓到的鱼容易脱钩。

2. **钓钩的结构**

钓钩是直接与猎物接触并使之无法逃脱的重要部件。完整的钓钩有 7 个部分：钩柄、钩高、前弯、后弯、钩尖、倒刺和钩门（图 1–11）。钓钩的结构一般由 18~24 号钢丝制成，号数越大钩越细，细而韧的钩质量好。常见钓钩的形状有圆形、方形、角形和混合形四大类。铁锚钩有鹤嘴、胡弓、袖、环、伊势尼、江芦、丸袖、龟、丸、芦江十种钩形，依次编号为 1~10 号。如伊势尼为 5 号、龟形为 8 号。在每一种型号数后面，又有两个数字，是钩形大小的序列号，数字越大，钩形越小，如 518 号伊势尼钩就比 517 号小。

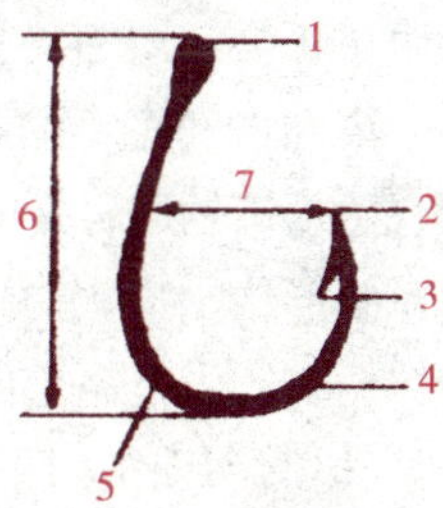

1.钩柄　2.钩尖　3.倒刺
4.前弯　5.后弯　6.钩高
7.钩门

图 1–11 钩的结构

目前国内外还有许多特殊形态的鱼钩，如切割、下弯、上弯、中枢牵引、隆起、环形、三角形、单钩、双钩和三钩等。

无倒刺钩：指在钩尖内侧下端没有倒刺的一种新型钓钩。其特点是对鱼的伤害小，摘钩方便，提高垂钓效率；不小心钩着人，容易解脱。许多国家开放娱乐性钓池，采取计时收费，所钓获的鱼要放生，因此要求使用无倒刺钩，以防伤鱼。在制造中不加工倒刺，这样使钩条更细，钩尖的灵敏和锋利性进一步提高。无倒刺钩的品种有：关东、改良、伊豆油、海拉、竞关东，主要用于钓鲫鱼、鲤鱼、鲫鱼等小型鱼类。

角形钩：指钩体弯处呈一定角度的钩。其特点是抗拉性强，不易被拉直，角度对挂饵有利，饵料不易脱落，常用来钓凶猛鱼类或用在流速大的河流中。

三叉钩：三叉钩正如其名，是由 3 枚钓钩合为一体而成，通常是用于体育性垂钓。它的优势是拥有 3 个钩尖，中钩率较高。它的缺点是：即使遇上颚部并不特别强壮的鱼类，也很容易把它压扁。

拖钓钩：这些钓钩具有较阔的钩弯、较深的钩颈、较长的钩柄和较窄的豁口，钩尖与子线较为一致。此钩的钩弯能够比较有效地“抓稳”上钩鱼的颚骨。这种钩适用于当饵（拟饵、裙带、活或死饵）和鱼两者都是处于移动的情况，例如拖钓（图 1-12）。

图 1－12　几种钓勾示意图

双叉钩：这种钓钩一般也是用于拟饵，但它只有两个钩尖，也就是具有双倍的中鱼机会。跟三叉钩比较，双叉钩的优势是不易被鱼嘴压扁。这是一种拥有浅颈、窄豁口和短矛的长柄钩，用于饵和鱼两者皆静止不动的情况，尤其适用于使用自然钓饵钓取轻轻咬饵的鱼。

圆形钩：指从钩尖到后弯部分略呈圆形的一种钓钩，钩尖是完全向内弯进去的。此钩是配合自然钓饵使用，适用于鱼攫取饵后游走或攫饵、吞饵，然后游走的鱼类。其特点是：钩门较宽，钩尖内倾，钩柄粗细适中，鱼易吞食，上钩率较高，脱钩率低。它不适用于轻轻咬饵的鱼，也不适用于拖钓，而只适用于卷线器的线轴是处于不固定的状态，以让鱼进一步吞饵的活或死饵拖钓法。使用真饵作钓时，圆形钩的效果极佳，研究显示中钩率高于 90%（图 1-13）。

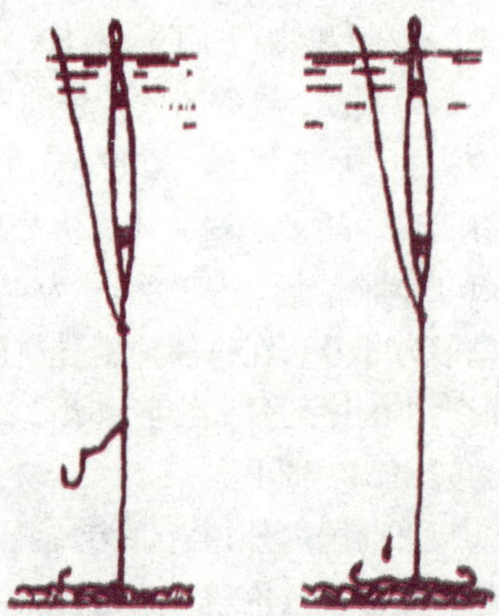
图 1－13　双钩旋转方法示意图

圆形钩尤其擅长于稳稳“抓”住跃出水面摇摆头部试图甩脱钓钩的鱼类，如旗鱼、金目鲈、关刀等。用圆形钓钩钓获的鱼几乎每次都是仅钩到颚部，而不会钩到鱼的内脏或鳃，鱼没有受到严重伤害。圆形钩也非常适合在布满石头或珊瑚的水域进行沉底钓时使用，因为圆形钩向内弯进去的钩尖不易因钩到东西而挂底。

袖形钩：指形状呈衣袖状的钩。有金袖、白袖、赤袖、流线袖、秋田袖、万能袖等几种。其特点是钩尖长而细、钩门较窄。因而鱼易吞食、易挂饵、易摘钩，适于钓小鱼。其中秋田袖钩为歪嘴钩，容易刺入鱼喉深处，使凶猛鱼类很快失去抗争力，但是鱼死亡快。

立钩：又称朝天钩，其特点是在钩柄上端焊有坠子，钩落水后，钩尖朝天，而且不易被水草、淤泥掩盖，从而增加了诱鱼觅食钓饵的机会。同时，当鱼吞饵后，对钓线的反应也十分灵敏。这种朝天钩，目前在钓友中广为使用。

狐形钩：指形状类似泥塑狐狸的钩。如丸六、秋田狐、三越狐、白狐等。其特点是：钩柄较长，钩门较窄，因而易吞食、易上饵、易摘钩。其中丸六钩尖斜倾（歪嘴钩），就更突出以上的优点，对敏感胆小的鱼尤为有效。其不足之处是：狐形钩易使重心紊乱，弹性小，过于用力时易折断。丸六还有一种带背刺的（1 个或 2 个）钩，适用于在急流的河域或海流中垂钓。因有背刺（钩柄上有倒刺），饵料不易脱落。

3. **钓钩的选择**

（1）按钩的种类和特点选择

鱼钩的种类很多。一般可分为普通钩、爆炸钩、锚钩和模拟钩。就日本鱼钩来说，号越小钩越小。钩的质量是以材料和技术决定的，而不是看涂了什么颜色。但钩的颜色、气味等因素对鱼儿的上钩率略有影响，要准确区分出其间的差别，需长期实践观察。

为了适应不同鱼的生态、吞食特点和便于挂钩，不同型号鱼钩的钩柄、钩门、钩尖和倒刺的形状各异。主要用钩门大、钩柄长、倒刺长的鱼钩来钓齿尖且口裂大的黑鱼。反过来若钓鲤鱼，要拴蚯蚓、螺、蝗虫等为钓饵，就要选用钩柄稍长、钩背有倒刺的鱼钩，可以选用 2、3 号鱼钩，即袖形或环形钩为宜。若以米粒钓比较小的鱼，就要用钩柄短、钩条细的袖形钩。若以面食为饵，则以 5、6、7、8、9 号鱼钩为宜。我国铁锚鱼钩的钩柄长与钩齿长的比例为 3：1~4：1，既不影响鱼的吞饵，也不会碰到手钓的鱼线，上钩率相对较高，还兼顾了海水鱼和淡水鱼的共同特点，所以能畅销国际市场。

有些鱼钩没有倒刺，鱼咬钩后，扎进鱼嘴方便，取鱼也适宜，鱼受伤小，成活率也高。但钓 0.5 千克以上的大鱼，在鱼挣扎时，渔线一松，极易逃鱼。在水草多的地方使用更易逃鱼。有倒刺钩，摘鱼困难，其优点是鱼受伤重，成活率很低，不易逃鱼。

（2）根据垂钓的鱼的不同，选择的鱼钩也不同

在鱼塘或沟汊钓鲫鱼、鳊鱼等小型鱼类，选用小号袖形和圆口形居多，型号有 4 ~ 7 号，伊势尼 3 ~ 5 号，千又 0.8 ~ 1 号。竞技钓选择关东 5 ~ 8 号，伊豆油 5 ~ 8 号。在挑选钓钩时，可用钩尖在大拇指指甲盖上轻轻拖划，要选那些在指甲

上不容易拖动、好似发涩，或稍有拖力能在指甲上划出白色印记的钓钩。钩条在同类型钩中尽可能选择细一些的，韧性要大，富有弹性。至于钩的颜色，则可根据每个人的爱好不同选择黑色、绿色、蓝色、白色及红色的钓钩。在河流、鱼塘、水库等大水面，钓鲤、草、青、鲢等大型鱼，就要选择千又 2 号、伊势尼 9 号、丸世 12 号、国产黑鲤 8 号、长海 921 号以上的大钩，这些钩倒刺分明，钓钩尖端到倒刺的距离不要太长；如果垂钓的对象是罗非鱼、白鳍、红梢等肉杂食性凶猛鱼，就应该选用稍大些的长柄钩。如：长海 312~315 号、丸世 13~19 号、溪流 9 ~ 12 号或伊势尼 12~14 号及千又 3 号以上的大钩。

在鱼塘、湖泊、水库用炸弹钩及组合钩或串钩时，一般选用伊势尼钩，可根据需要选用伊势尼 7~12 号。小一些的钓钩如果使用得当，上鱼率要比大钩高一些。钓海水鱼类，一般都采用长柄大钩。因为海中鱼类多数都是肉食性鱼，捕食凶猛，吃饵时往往连饵带钩一起吞入腹中，给垂钓摘钩带来许多不便。所以，宜采用长柄鹤嘴形钩，如长海 312~315 号、丸世 12~17 号等。

（3）单钩与双钩的选择

在选择鱼钩时，有的钓友喜欢单钩，有的钓友则喜欢双钩。

喜欢双钩的钓友普遍认为双钩的好处有：双钩双饵增加了鱼吞食的机会，两钩可用不同钓饵，增加不同吃食习惯的鱼上钩的机会；一个鱼饵被鱼吃掉或抖掉，仍有被鱼咬钩的机会；池底如有石块、瓦砾、杂草、淤泥等杂物，有时单钩被掩住，而双钩则可以有一个露在外面，增加上鱼机会；鱼群抢食鱼饵，双钩常常同时被两条鱼分别吞吃，从而同时钓了上来；钓到大鱼时常常一只钩被吞入鱼嘴内，另一只挂在鱼鳃或鱼身上，这样可减少大鱼脱钩的机会；如果双钩用面食作饵，鱼咬钩时，另一只钩的面饵常会脱落，无形中成为诱饵，吸引鱼群不离开；鱼钩掉入石缝被卡住，如是单钩则拽出较困难，而双钩常常在稍等片刻后，其另一只钩被鱼吞食，常会将被卡住的钩带出石缝；一只鱼钩脱落，而正是鱼咬钩勤的时候，不必急于换钩，仍可继续垂钓。

而有的钓友则认为双钩有它致命的缺点：当水中杂草、杂物多时，钓到了大鱼而另一只钩可能挂在革或杂物上，大鱼会乘机逃掉。再就是摘钩时不小心，另一只钩容易扎手或抄鱼时另一只钩会挂在抄网上增加摘钩的麻烦。

在实际的垂钓过程中，具体选择是单钩还是双钩，应视钓友的喜好及其他具体情况而定。

4. 优质钓钩的选择

（1）钩尖要锋利：不秃头，不虚尖，尖而圆正。挑选时用手轻轻接触，有粘钩的感觉才好。

（2）钩条要坚韧有弹性：硬度和韧性适宜，可以用手拉动钩尖，试一下它的弹性和硬度。

（3）钩条细：要有较好的防氧化层。在相同拉力的情况下，越细的钩越容易扎透鱼嘴，所以上钩率也越高。目前市售鱼钩一般都有镀成黄、黑、白三种颜色的防氧化层。一般认为，白色的防氧化层性能较好。

（4）倒刺分明，角度适宜：倒刺是由钩尖偏下部的钩条斜角开裂而制成的，因此制作工艺十分重要。开裂过深，则形成倒刺角度大或过翘；开裂浅，倒刺则不分离。有的鱼钩背部也有倒刺，其角度尤为重要。倒刺角度以 30° 为宜，钓钩角度以 48° ~ 50° 为宜。

（5）钩口弯度要适中：钩柄圆正，厚薄适宜。钩的弯度直接影响鱼的上钩率，过分内曲鱼不上钩，过于外弯又容易逃鱼。钩柄上端有扁形的、带环的和工字形的。它与拴结钓线有关，以光滑圆正、易于结牢钓线为准。

5. **防缠钩**

防缠钩的作用在于降低挂底的几率，其原理是在钩子上装一根细网丝，当钩在水中碰到障碍物时，障碍物会顺着钩子上的细网丝而弹开，就降低了挂底的可能，鱼来咬时不会被细网丝给弹开，因为鱼儿噬咬的力量是很大的。防缠钩的缺点就是增大了脱钩率。

防缠钩的制法：

（1）材料：0.1 毫米网丝、快干胶、布线、剪刀、尖嘴钳。

（2）制法：先剪下 4.5 倍钩长的细网丝，并把网丝对折。把对折好的网丝穿过钩子上的圆孔，并折成 L 形。再用布线把网丝与钩子绑紧。把突出部分的网丝倒折、剪短，并缠上布线。剪断布线并点上快干胶，风干即可。接下来用尖嘴钳把网丝折成弧形或其他形状就可以了。

（3）另外，钓鱼过程中遇到线打结，若急着用手解线，经常是越解越紧，最终成为死结。这时，用钩尖插进结里，向四周活动，死结便会被轻易打开，然后将打结的线拉伸几下，打结处就看不出弯曲了。

二、辅助器具

支竿架

支竿架是手竿和海竿钓的重要辅助工具，其用途是把钓竿支起来架设在垂钓水域的岸边。因为长久握竿会疲劳，也不可能同时拿几个竿，所以必须使用支竿架。

1. **支竿架的作用**

一是减轻钓者的体力消耗。因钓者长时间握竿垂钓很易疲劳，特别是水域中鱼儿稀少、咬钩很少时更感烦恼；

二是采用支竿架，可同时照看多根钓竿，从而提高了垂钓效率；

三是有些钓法，如海竿钓就必须采用支竿架。

2. **支竿架的种类**

支竿架的种类很多，材质有金属、塑料，以及竹、木等。就其形状而言，它有长有短，有单腿和双腿；就其工作原理而言，有承托型和别卡型两类。前者钓竿的重量大部分为托架所承托，而后者除承托外，还有一个别卡作用，将钓竿尾端别住。

我们大多把支竿架分为手竿架和海竿架两种：

（1）手竿架（图 1-14）长 60~150 厘米，由金属管或竹竿加金属插头制成。竿架下端呈尖形，可插入岸边泥土中，上端呈半眼圆 Y 形，可托住钓竿。海竿架较短，只有 30 厘米左右，由直径 6 毫米的钢丝或竹板制成，有活动、固定和折叠式 3 种。折叠式钓竿架（图 1-15）外观似回形针。为了保护钓竿，常在弯曲处裹以塑料布或涂漆。

1.可伸缩的支架　2.螺丝
3.挂鱼篓的弯钩　4.套管

图 1－14　手竿架

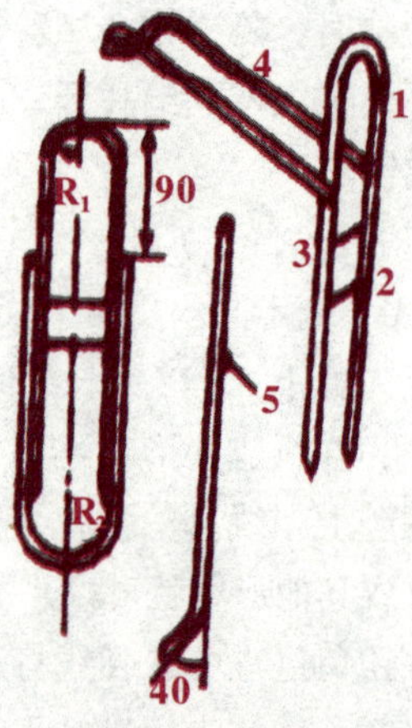

R_1=22.5　R_2=28.5

1.主体　2. 防倾板　3. 限位棒　4. 支撑臂　5. 焊接

图 1－15　折叠式钓竿架

（2）海竿架竿梢挂上铃铛，一旦鱼儿咬钩，铃声震动，即可提竿。

3. **支竿架的选用**（图 1-16）

在选用支架时主要应考虑它的稳定性，即稳定地支撑钓竿，抗风能力强；此外，还要考虑它的适应性，即一个支竿架能适应手竿、海竿、长竿、短竿等多种钓竿；另外，支竿架最好轻巧灵便，体积小，便于携带。

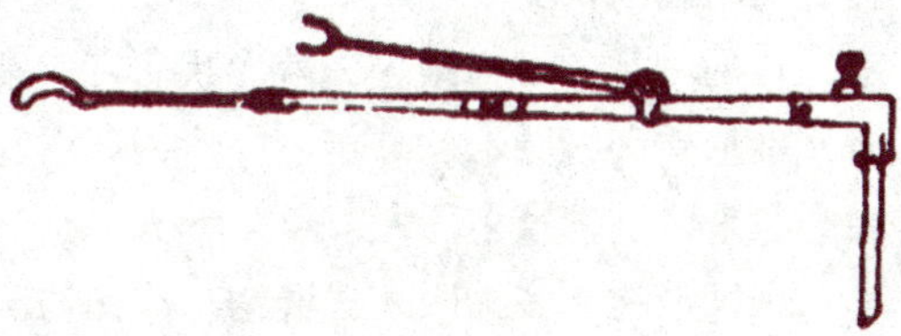

图 1－16　伸缩式（固定）支竿架

4. 制作竿架的简易方法

有一种简易自制竿架的办法，用 8 号铅丝弯成。架端挂上带弹簧的铃铛，鱼竿架插在土内，铃铛朝向水池。海竿甩出将线绷紧后放在架的弯曲处，再将线略紧，使竿尖微弯，鱼咬钩时鱼竿震动，铃即响动，非常灵敏。如回线，竿尖变直即可发现。此竿架有以下好处：一是极易制作；二是携带与使用方便；三是反应灵敏；四是铃挂在架上，甩竿时没铃声扰人。

抄网

钓到大鱼时，普通钓线难以提上岸，若硬拽则不是鱼脱钩，就是竿断，因此，必须有抄网（网抄、捞网）或抓钩（搭钩）。抄网有圆形、梯形和三角形，口径在 35 厘米以上，深度不小于 30 厘米，柄长 120 厘米左右，最好能伸缩，有 2~3 节，以便于携带。广泛使用的有铝合金和玻璃纤维材质两种，也有碳纤维的。随着台湾钓法传入大陆，特别是钓鲫鱼和池钓的发展，采用超强工程塑料制作的整体圆抄网也逐渐被钓者所选用。在矶钓中所使用的抄网要长于一般河川钓的抄网长度，有的达 4.5 米或 5.4 米。有的溪流钓的抄网则很短，只有 1 节短柄。抄网前端的网大都采用聚乙烯丝编织而成，有的亦采用真丝和人造丝编织。

有钓友用废旧的羽毛球拍制作小型短柄抄网，小巧玲珑而且美观大方，携带又方便。制作方法很简单，将旧拍子的网线去净，找一个野钓用的网兜，然后利用球拍上原有的穿线孔用尼龙细绳将网兜固定住，这样，一个袖珍的抄网就制作成功了。外出垂钓时可以很方便地放进渔具包或渔具箱里。

搭钩是指将钓住的鱼拉到岸边再提到岸上的用具。其用途与抄网相同，主要用于搭钩大型鱼类。搭钩柄有长短之分，这要根据垂钓水域而定。搭钩的柄一般不宜过长；但在海钓中，尤其是船钓中，搭钩柄均较长，以便双手使用。

钩环

钩环（图 1–17）是指用于主钓线与支线、钩线，以及其他钓组小件附属用具的连接工具。其作用有三：一是连接主线与钩线；二是使用通天活坠时，可把坠挡住并在环上拴死坠；三是先行备好钓饵，换饵方便，节省时间。连接钓组的金属圈可以自由旋转，起到钓组受力后缓解承重的扭力作用，避免发生由于鱼的挣扎而断线的状况。

环的种类、规格很多，就形状而言，常用的有别针形钩环、圆形钩环、三叶形钩环。其大小由号数来区别，号小环大，号大环小。

别针形钩环多为吸入式群钩（炸弹钓）所选用，即在环的一端装有一个采用弹簧钢丝制成的别针，将结成的线套直接挂入别针内，这样更换钓饵方便、简捷。

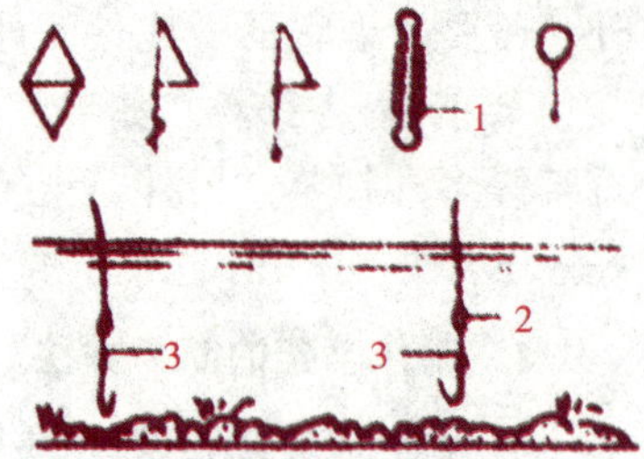

1.软胶皮管　2.坠　3.钩环

图 1－17　钩环

鱼护

鱼护（图 1–18）是一种盛鱼的用具。它种类很多，最开始的是竹制的鱼篓、笆笼。后来由于塑料工业的发展，用多股尼龙线编织的网兜广为盛行，还有用塑料打包带编织的鱼护、折叠式鱼护等等。在钓到鱼后，需要将鱼暂时养起来，使其不至于马上死亡，这便是鱼护的作用。

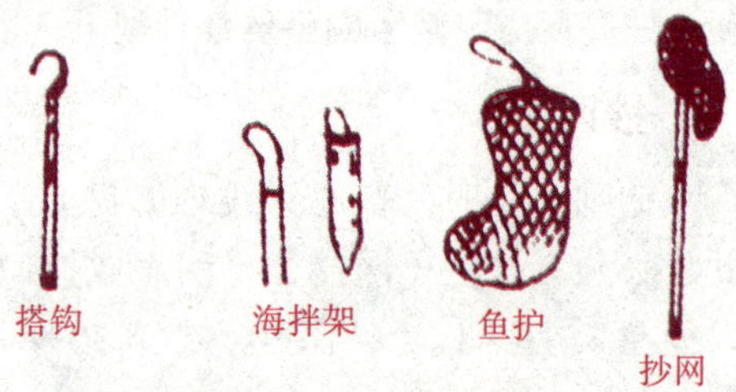

图 1－18　几种辅助钓具

鱼护多以铁丝为骨架，尼龙丝或胶丝线网为壁，用绳拴在木桩上，把它放入水中，保持钓到的猎物鲜活。网眼可大可小，网兜可长可短。有些钓者则使用由不锈钢丝、竹篾、藤条编织的鱼篓装鱼。

用鱼护养鱼的成活率高，特别是在夏天，鱼儿离水极易死亡。竹制鱼护里面空间大，鱼儿不易死亡，但是它体积大，携带不方便。使用最多的是尼龙编织网兜，但这种网兜空间小，鱼儿在网内活动余地小，特别是大鱼，放入其中易于死亡。因此，很多钓者在买回这种网兜后，回来可稍为加工，用铁丝做几个圆圈，置于口部、中部及底部，不使鱼护压着鱼，可提高鱼的成活率。每次垂钓以后，应用清水将鱼护洗干净，晾干后检查一下，下次再用。

撒饵器

撒饵器是指在淡水垂钓时投放诱饵所使用的工具。撒饵就是把诱饵准确地投到水体中的某个位置，吸引猎物到某个区域，又称做窝（钓窝）。撒饵的要求是准确、无声响。所以，用手撒无法做到这一点，必须借助撒饵器。其原理是将装有诱饵的容器用竿和线送到指定的地点，倾倒出诱饵。

可用饮料瓶自制简易撒饵器。用易拉罐的下半截做撒饵器的主体，用白色硬泡沫削成和易拉罐内径一般粗、高 3 厘米的圆柱体，将其装入易拉罐底部，再将罐口内叠 1 厘米，罐口安上提梁即可。由于泡沫塑料密度小，盛满诱饵的撒饵桶到达指定地点时，一松竿，便自然会翻过来，诱饵便会倒入水中。

1. 撒饵器的作用

（1）用撒饵器撒饵，可将诱饵准确地撒往钓点，这对在草丛中、水深处、远钓点钓鱼尤为重要。

（2）可使诱饵集中在一处，增强诱鱼效果。

（3）撒饵入水时，对水面没有冲击，声音很小，因此不会惊散水底鱼群。

2. 撒饵器的种类

撒饵器的种类很多，一般都是垂钓者自制的，有漏斗式、瓶式、簸箕式、乒乓球式等。常用的有以下几种：

（1）卫生纸撒饵器：用一张卫生纸折叠成双层，成正方形，把诱饵放在纸中，四角叠起用钓钩钩住，轻提至钓点水面，上下抖动，卫生纸遇水破裂，诱饵随即入水。

（2）方布撒饵器：用手帕等方布，先打湿，再折叠三个角成簸箕形（三角要相互压住），再往里卷入 2 厘米，装入诱饵，用钓钩钩住另一角，轻提至垂钩水面，抖动钓竿，三个折叠的角松散，诱饵即落入水中。

（3）夹持式撒饵器：取一筒状塑料瓶（如可乐瓶），剪去瓶颈。使用时把诱饵装入，用夹子夹在钓竿尖部，伸到钓点水面，翻转饵罐即可。

（4）倾覆式撒饵器：这种撒饵器是钓者使用最多的一种。盛饵容器可为筒形，也可为锥形，在口部两边用铁丝弯成弧形拎把，底部中心钻一小孔，系上一根多股尼龙线，线端拴一卡钩。使用时，先用钓钩钩住撒饵器提柄，卡钩与脑线联结件联结，将诱饵倒入容器，徐徐抬竿，将容器送到钓点，待其入水接触水底后，轻提竿尖，使钓钩脱离拎把，牵动底部小绳，使撒饵器倾覆过来，将诱饵倒在水底。这种撒饵器能将诱饵倒入水底，定点性好，操作很简单，使用方便，故为众多垂钓者所喜用。

上饵器

上饵器既有使用方便、上饵快捷的优点，又可广泛地适用于各种季节、各式钓组组合、各类垂钓方法以及各种垂钓环境（图 1-19）。

利用上饵器，可以节约垂钓时间，能将鲜活饵料及脱水固体、含水固态等饵料非常迅速地装上鱼钩。它方便束缚各种饼状、条状、颗粒状及其他异型形状的鱼饵，甚至也方便做窝时撒碎饵（如玉米饵、大米饵等）。使用时先用橡皮圈

（气门芯 1 毫米左右）穿钩，接着将上饵器插入橡皮圈，然后撑开缚饵橡皮圈，最后松开按压力缚住饵料，这是上饵器的上饵方法。

1.橡皮圈　2.土饵器（自制）　3.插上橡皮圈的目饵器
4.饵料装入上饵器　5.将上饵器上的橡皮圈上移并束缚信饵料　6.退出上饵器，装上钓钩

图 1－19　便捷上饵器上饵法

退钩器

退钩器是垂钓者所必备的钓具之一，在钓到一些摄食凶猛的鱼类，如鲶鱼、黑鱼等以后，钓钩多数被其吞入口内很深的地方，按常规方法无法退出钓钩，这就必须借用退钩器。

1. 退钩器的作用

（1）保护钓钩、渔线：在鱼儿吞钩很深时，不容易顺利退钩，在生拉硬拽时，又容易损伤钓钩、渔线。而退钩器就能很好地保护钓钩渔线。

（2）避免鱼儿受伤死亡：按常规法要把处于口腔深部的钓钩取出，势必会使鱼儿受伤过重导致死亡。如使用了退钩器就可避免。

2. 退钩器的种类和使用方法

退钩器的种类较多，主要有以下几种。退钩器结构较简单，所用的材料有金属、塑料、竹、木等，各种退钩器的共同特点是都有一个豁口。使用时，右手持退钩器，左手拇指、中指、无名指和小指握住鱼头，再用拇指和食指捏住渔线，将退钩器豁口套入渔线，并使其向内移动，直至钓钩钩弯处，再拉紧渔线使其贴在退钩器上，随退钩器向下轻轻推动钓钩，直到把钓钩退出鱼体组织。此时，退钩器不要离开钓钩而是向左或右轻轻移动，同时取出钓钩和退钩器。

挂钩器

挂钩器（图 1–20）可使系上脑线的钓钩整齐地排列其上，用时随手可取。它是高约 27 厘米、两头粗、中间细的圆桶。桶的一端有以自行车内胎剪成的一圈有弹性的小带，每个带头有一个小钩。各种钩缚好后，可以分别挂在带有小带的小钩上，利用弹性拉出一端，然后把钓钩挂在圆桶另一头的管口上。放钓钩的盒子要干燥、防锈。

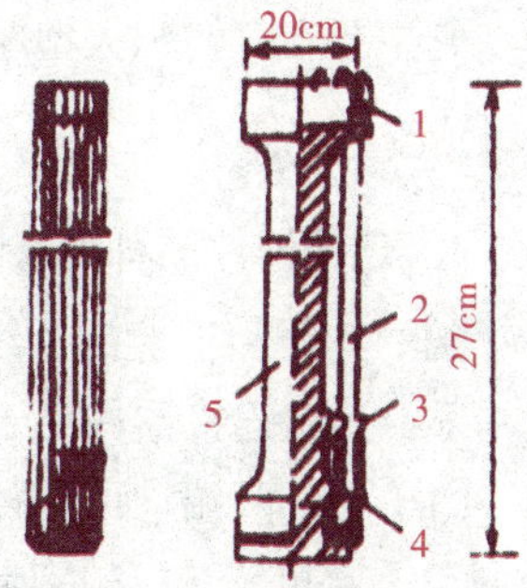

1.钓钩　2.钓线　3.小钩
4.橡皮筋　5.挂钩器主体

图 1－20　挂钩器

电动绑钩器又称为电动结构器，它是用电池为动力，插入钓钩和钓线后按动开关自动绕线。其操作灵活、方便，绑钩牢固。

偏振光眼镜

偏振光眼镜指垂钓者在钓鱼时用于观察水面浮漂时，可消除浮漂、水面反光的特种眼镜，它还可防止阳光刺眼，镜片颜色有茶色、灰色和墨绿色。其原理是：在光波中有自然光和偏振光两种，自然光的电磁波是向四面八方振动的，即所谓出现光线的漫反射。这样，垂钓者用肉眼和普通太阳镜观察水面上的浮漂时会出现倒影，加上水面波纹闪动反光，很难看清浮漂。而偏振镜片中间的胶膜内含有无数细小的杆状晶体，均朝一个方向顺序均匀地排列，故通过偏振眼镜后的光波只能朝一个方向振动，这样就容易看清浮漂了。

蛇口

蛇口指钓较大型鱼类的手竿竿尖端部拴结的空心软线环或金属圈。它专门为钓线与钓竿的连接所设置。空心软线环适合于不同直径的钓线连接，使用范围较广，而且很牢固。因为在空心软线环同竿尖连接时，软体多股线与竿尖固定，其多股线的外层都缠有细的丝线或尼龙线，同时涂强力胶黏接。金属圈蛇口多适于直径较粗的钓线连接，因为直径较细的钓线在其受力时易被金属圈蛇口切断。

铅皮管

铅皮管指缠绕铅皮用的专用品，亦称“皮大力”。它由工程翅料制成，长约20毫米，直径约2毫米，管体为空心，有粗于管体的梯形防铅皮脱落逆止装置。在使用时，将钓线穿过铅皮管，再将铅皮缠绕于管体上，以防止铅皮直接紧固于钓线使线受损，同时在垂钓时可起到活坠的作用。这是“台湾钓法”传入大陆后而开始采用的一种辅助工具。

鱼情探测器

鱼情探测器指采用声呐发送的接收原理，通过声电转换，在液晶显示屏幕上显示出水底状况及鱼的大小、数量、温度，是为自动搜寻鱼类提供直接信息的器具。它主要在海钓和大型船钓中使用。

连接器件

1. 连接器件的种类及特点

细的钩线和竿上的钓线之间的连接，使用转环、钩线卡、圆环等较方便，而且可靠。这些连接器件便于随时更换钓具。

（1）转环两端均可旋转，既不会使钓渔线打捻，又可挡住铅坠构成游动坠。

（2）卡扣呈开口的别针形，用于连接钓线或带环的铅坠等，特别是更换拟饵钩较方便。

（3）三向转环用于安装两根钩线。

（4）橡胶管套便于插接或调节浮漂。

（5）爆炸钩弹簧可用来拴接 5~8 个一组的钓钩。可以装上大团面食，具有诱鱼上钩的作用。

（6）在钓底层香鱼时，调线板用来卷绕钓线，随时可以调整钓渔线的长度。

（7）以竹片或塑料制成的卷线板，用来缠绕缚接好的钓线和钓具，钓溪流鱼，往往要沿流而上，一边钓一边移，从钓鱼场所转移时，一一卷好钓线很不方便，若在钓竿袋上下缝上两个纽扣，用以缠绕钓线，就很方便。

2. 连接器件的作用

钓具的拴接，应当是越简单越好，因此，钓具的连接器件也应以不装设在钓渔线上为宜。如果直接将钓线和钩线拴接在一起，这样的钓具可以减少水的阻力和风的阻力。但是，实际在钓鱼场上，常常要更换鱼钩，若每次都把钩线剪断，再一一拴接起来，这种操作不但相当麻烦，耽误了钓鱼时间，而且如果连续更换几次，钓线就逐渐被剪短。在这种情况下，使用钩线卡、小圆环等连接器件就会操作简便，不会使钓线被剪短。

另外，为了防止钓线的打捻，或为了防止钓线、钩线缠绕在一起，使用转环这一连接器件就具有良好的作用。三叉转环的大小和种类多，应根据对象鱼的不同，来分别选用。虽然它可以拴接两根钩线，但并不是钩越多，越能多钓鱼。有时装一只钩，也会有很好的效率。

自行车的气门芯橡胶管也是一种不可缺少的连接器件，它在钓线上可以固定浮漂，必要时又可上下调节浮漂的位置。带绕线板的连接器件，上端拴在钓线上，下端的孔眼穿通长的钩线，可根据水域的深浅不同，随时调节钩线的长度，把多余的钩线缠在绕线板上，使用起来很方便。

各种小器具

（1）磨石。用于研磨钩尖。

（2）剪刀和小刀。在接钩线修理钓竿时会使用，带上备用，剪刀以不锈钢制的为宜。

（3）挂钩包。缚有钩线的钓钩，有钓小鱼的，也有钓大型鱼的，分数种。为保存方便，将钩线按锯齿状夹在挂钩包上，可以保持钩线平直不乱。

（4）器具箱。便于携带小器具，用来盛放剪刀、鱼漂、钓钩、铅坠、鱼线等备用小件物品的盒子或袋子。

（5）防寒手套和手背套。冬季使用的手套，为便于装钓饵和缚接钓具，可将拇指套和食指套剪去一节；夏季使用手背套，可以防晒，用布制作而成。

（6）凳子。老年垂钓者，可带一个折叠凳，如站累了，可坐下垂钓。

（7）冷藏箱。用于盛鱼的器具，其原理类似冷冻箱，可使鱼保鲜。冷藏箱的形状有方有圆，并有背带式，在日本已很盛行。

（8）割草钩。即在水草密度大的水域中垂钓，打窝时用带有长柄的铁钩。

（9）饵盒。用来盛放蚯蚓等饵料的器具。

（10）绕线板。用来缠绕备用渔线，或缠绕备用的有钓钩的鱼线。有竹制的、塑料的，也可自制。

（11）信号铃。渔具商店可买到。用小铁夹子夹住竿尖，鱼咬钩时会发出铃声信号。垂钓者可根据不同的铃声信号，判断出提竿（或绕线）时机。此铃尤适用于投竿远钓。

（12）发光灯。由电池、电珠装配而成。鱼咬钩后会发光，用于夜钓。

（13）唤鱼器。又称声呐召鱼器。它的塑料外壳粗径约 2 厘米，内放一节电池，投入水中会发出“嘟嘟”声，对鱼有诱惑力。

（14）水底潜望镜。国外已问世，即伸入水中能见鱼群的“望远镜”。其可望深度为 3~5 米。

（15）鱼群探测器。即用于探测鱼群的小型探测器。这种探测器将声波发射到水中，声波碰到鱼体反射到接收的指示仪上，可探测水底鱼群的深度和密度，适用于海钓。日本等国的垂钓者已有使用。

（16）钓鱼望远镜。又称为钓鱼眼镜。它是钓鱼爱好者用来观察鱼漂、具有望远镜效果的配戴式眼镜。该种眼镜由两片目镜和两片物镜组成，外观与普通眼镜类似，两侧有镜腿夹戴在两耳上。在镜腿两侧有旋转调整焦距的旋钮，用来调整目镜与物镜之间的距离。为使眼镜起到太阳镜的作用，在其目镜镜架内藏有两片黄茶色滤光片，需要使用时推动滤光卡钮；不需要使用时推回卡钮。该镜的放大倍数为2.5~3倍。

（17）钓鱼服。日本特别流行，包括钓鱼外套、钓鱼背心（上方有擦手的海绵块）、钓鱼鞋袜、钓鱼帽、钓鱼背包、钓鱼腰包、钓鱼手套、钓鱼雨具等。

钓具的组合与使用

一、钓具的拴结方法

钓具是指从鱼竿的尖梢到最下部的鱼钩。为了适应钓捕各种不同习性的鱼，需要组合使用各种钓具，如浮漂、视标、气门芯、铅坠、转环、鱼钩等。这些渔具是通过渔线从鱼竿尖梢拴连在一起的。

虽然钓鱼的各种钓具在渔具店里都有出售，但一位精明的钓鱼爱好者，是不满足别人制作的钓具的，而是喜欢按自己的心意去拴结钓具的。钓具的拴结非常重要，也体现自己的一种钓技，必须自己细心琢磨和制作。

拴扣方法

拴结各种结扣在钓具安装中十分重要。由于尼龙线很光滑，若拴结不好，很容易跑鱼，或使钓钩、坠子等脱落。常用的结扣分为活扣和死扣两种。

1. 活扣

活扣是一种能根据需要随时可打开的结扣。常用的有8字扣、螺旋扣和拴牛扣三种。

（1）8字扣。将钓线折叠成双线，线头从环圈中穿过，再拉出，要超过拴8字扣的长度，用其双线拴成8字扣，再拉紧即成。

（2）螺旋扣。先将钓线叠成环圈，再将线头穿过环圈4~5厘米，在钓线上绕4~5圈，然后把余线拉向环圈处，把线头在环圈中对折成一个套，然后拉紧钓线，使套紧夹在里面即成。

（3）拴牛扣。先叠成环圈，再把线头从环圈中穿过，一手捏线头，另一只手把钓线绕线头1圈，从穿环的钓线中拉出，再穿入这个圈中，最后以穿入方向返回，留一个套拉紧钓线即可。

2. 死扣

死扣是一种在受力后反而越拉越紧的结扣。常用的有猪蹄扣、重复扣和单套插头扣三种。

(1) 猪蹄扣。先叠成环圈，将线头从环圈中穿过，连绕 2 圈，再将线头在两圈中间和线的另一端相互交叉成十字形，再在线上结一个普通套扣即成。

(2) 重复扣。将平等的两条线，双根绕成普通扣，再重复 2~3 次，互相拉紧即成。

(3) 单套插头扣。先叠成环圈，另一端在环圈内通过一个圈成普通扣，再把手指伸入小圈，另一只手把两条线拉紧，最后把挂有死结的钓线金属环插入其中，拉紧即成。

钓钩拴结

拴钩是把钓线和钓钩拴结在一起，使之成为一个整体。为了避免脱钩跑鱼，拴钩时必须拴得结实、牢靠。

钓钩很小，尼龙线又很滑，要想钓钩拴得牢靠，必须掌握科学的拴钩方法。按科学方法拴的扣是不会轻易松开的，而且会越拉越紧。

在挂钩的时候，使拴钩线处于钩柄内侧，这一点非常重要，而且不容忽视。拴钩线处于钩柄内侧，符合受力要求，使鱼咬钩时易于扎入鱼体。若拴钩线处于钩柄外侧，不仅容易脱钩，而且在钓钩受力时，拴钩线很容易被柄端部磨损，进而将钓线割断。

拴钩的方法有许多种（图 1–21），这里介绍一些简单的方法：

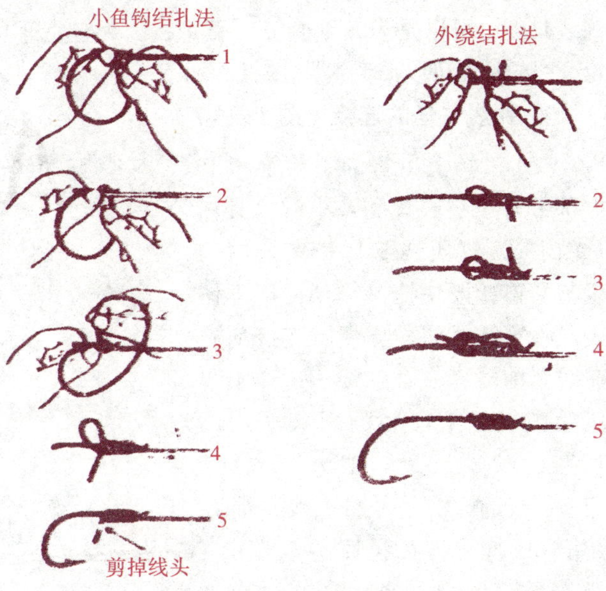

图 1 – 21　拴钩方法

(1) 外绕结扎法。这种方法适合拴连大的鱼钩，用来拴钩的钩线平行贴在钩柄上，留下线环，使钩线的一端整齐地向外侧缠绕 5 圈，然后将钩线的端头穿过留出的线环，拉紧钩线就将鱼钩结扎牢固。

(2) 实结。这种方法适合拴在小型鱼钩上，其要领是将拴钩的钩线两端按图 1–21 中 1 的方法结成环，将环套在钩柄上，由钩线根部整齐地缠绕 5 圈以上，最后拉紧 A 端，即完成鱼钩的结扎。

以上的拴钩方法，既能拴结牢固，又很平整，这是拴钩的原则。

（3）环头钩的拴接。将钩线的端头穿过钩的环头中，打一个结，把收缩环套扣从钩底套在钩柄上，拉紧钩线的另一端，即拴好环头鱼钩（图 1-22）。

图 1－22　环头勾拴接方法

二、钓线与手竿的连接

1. 钓线的长度

在通常情况下，手竿垂钓的线长与竿长相等，也就是常说的“齐竿线”，或钓线稍长于竿 30~40 厘米。如果太长了，持竿抛线就会很困难。但也不能一概而论，有些地区的钓友，手竿的钓线长于竿 1~2 倍，都是以手投抛钓线的。海竿的钓线长度，可以是十几米到一二百米，因为它是靠鱼坠远投，又有专门的贮线轮，线的长度可以灵活掌握。

2. 钓线与竿的连接（图 1–23）

（1）市场上出售的手竿竿梢上大都带着一小段线脑（小辫，又称“蛇门”），这段线脑比较粗，用钓线与它连接既快捷又简便，还不伤线，收竿卸线同样方便。连接前先在线脑前端打一个疙瘩，这样主线从竿梢线脑上滑脱的现象就可以避免。

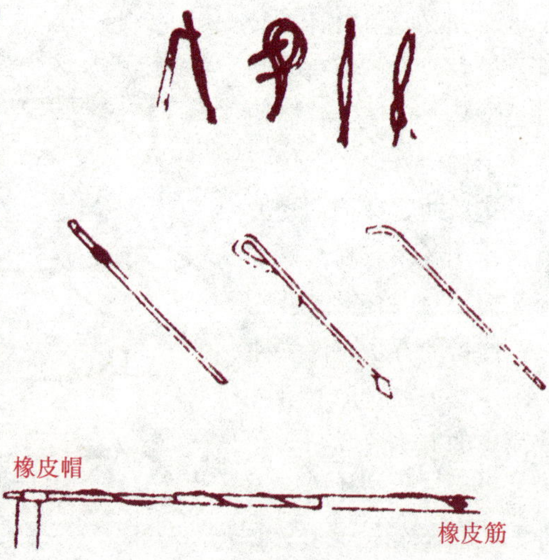

图 1－23　钓线与竿的连接

连接的方法是：将主线末端折回 14~15 厘米，在折回的末端拴 1~2 个结，形成一个大环，再在大环顶端 2 厘米处拴一个结，形成一个小环，拴竿时只要将拇指和食指从大环中穿入、下压，便形成一个双活套，然后套在竿梢线脑疙瘩后面，并将主线拉紧，因为是活扣，只会越拉越紧。卸线时，拉动活节上面的小环，即可松扣卸线。

对于竿尖带有钢丝圈或绳套的手竿，连接钓线时一种笨方法是将钓线末端直接拴结在钢丝上面，这种连接方法可在钓场现拴，垂钓完即将其剪断，其缺点显而易见。现在大多数钓手都不用此法连接，而代之以连接件如卡钩或带卡钩的返捻环。使用时将钓线拴卡钩的固定圈上，另一端卡在竿梢的钢丝圈中，操作极为简单、方便。其缺点是线的长短不能随意调整，用同一支竿做钓远、钓近变换时，需备有几套钓线。

（2）海竿主要由绕线轮固定，通过每一节的过线圈，连接到竿尖。手竿则由竿尖连接固定。但在手竿竿尖上所设置的拴线鼻儿有所不同，有的是一截线织的空心带，有的是独根圆环拴线鼻儿，竹手竿则没有拴线鼻儿。没有拴线鼻儿的应选一节 1.5~2 厘米的胶皮套，用一小号别针或截一段回形针制成小钩，将鱼线从胶皮套中穿过（胶套可以用眼药水瓶盖，剪去顶部制成），线头拴在小别针的圆孔中，用一根橡皮筋固定在鱼竿 2 米处，将带有小别针的线从竿梢向下缠几周后，再插在 2 米处的橡皮筋上，胶皮套套在竿梢即可。若有绕线板，则把绕线板插在橡皮筋上即可。

为了防止断线，可用一段松紧带（约 20 厘米，内芯是粗橡皮筋，外边线包），两头各用一只三角形回形针固定好，一头拴接在竿尖，另一头挂在钓线上，这样在钓到大鱼时，能起缓冲作用，遇鱼时既可减少脱钩，又安全可靠。

有一截空心带的竿梢，使用时可将该带的头拴在竿梢上，形成一个小圆环，钓线从环中通过再缠在鱼竿上。也可将软带剪去，另用一个小号别针拴在竿梢上，将圆环朝外。竿梢上的圆环有两个作用，一是钓线从环中通过再绕在鱼竿上，起到梢尖固定钓线的作用；二是可以通过连接环将钓线和竿梢连接，使用时可以根据需要，随时更换钓线和鱼钩，从而节省更换时间，提高钓鱼效率。

三、钓线与浮漂的连接

手竿鱼漂拴接方法

使用手竿垂钓，大多需要在钓线上配以相应的鱼漂。

（1）卧漂大多依其自身的紧密度，用钓线穿过漂体，连接固定。市场上有一种内有小孔的塑料球卧漂，它们中间的小孔，往往比较大，使用时，需穿过线后，插入细竹或木屑加以固定才能使用。

（2）立漂多为单体形的辣椒漂、棒形漂、球形漂。立漂漂体下端都较细，呈圆锥形。使用时，只要将漂尾插入，套在钓线上的橡胶套中即可，比较方便。

装在钓线上的套有两种：一种是渔具商店出售的硬橡胶漂套，规格齐全，固定牢靠，比较适用。另一种可以自己用自行车气门芯，剪下一段套在钓线上使用。此法简单省事，但因松紧度不能适合不同漂尾粗细，所以其牢固度略差。

海竿鱼漂拴接方法

海竿一般不使用鱼漂。有时为了垂钓需要也拴漂，拴的是一种活漂。活漂的拴法是：在鱼钩、坠子以上的钓线上穿两个有内孔的小型塑料浮球，在两个球中间再穿一支尾部有一个小圆环的鱼漂，使小球和环漂可沿着钓线自由活动。然后再选定由钓钩至固定漂点的水线深度（比如 10 米），即可在钓线 10 米处，用胶丝缠一个小结，使有孔小球不能通过。在投竿抛远时，漂子和小球会自行落到坠子上端，甩竿十分方便；投竿后，在钩、坠入水后的瞬间，小球鱼漂又会沿着水线上升至小球受阻为止，这样钩正好垂在水下 10 米处。

（1）立漂用气门芯与钓线的连接方法（图 1–24）：此法适用于尾部有插接杆的立漂。连接时，先在钓线上穿入一节或两节长度为 1.5 厘米的气门芯，然后将插接杆插入气门芯中，立漂即固定于钓线上。

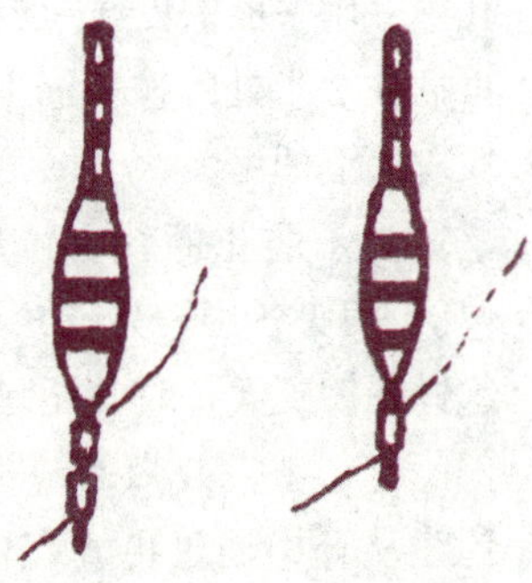

图 1－24　立漂用气门芯与钓线的连接方法

（2）立漂与钓线直接连接的方法（图 1–25）：此法适用于漂体较大，尾部有一圆孔或金属环的立漂与钓线的连接。方法是：先将长约 20 厘米的一段尼龙编织线叠成双线，形成一个线套。将线套从立漂尾部圆孔或金属环中穿过去，再将两个线头从穿过去的线套中间拽过来，在靠近线头处打一死结，然后用钓线在选定固定鱼漂的位置上绕一双环活结，再将打好死结的线头放入此双环活结中，扣紧钓线使鱼漂固定。

图 1－25　立漂与钓线直接连接的方法

（3）星漂与钓线的连接方法（图 1–26）：星漂是将钓线穿过多个羽毛梗或小椭圆塑料球所组成，粗漂配粗线，细漂配细线，每个漂体之间保持一定距离，此种漂的反应灵敏，为众多钓手所喜用。

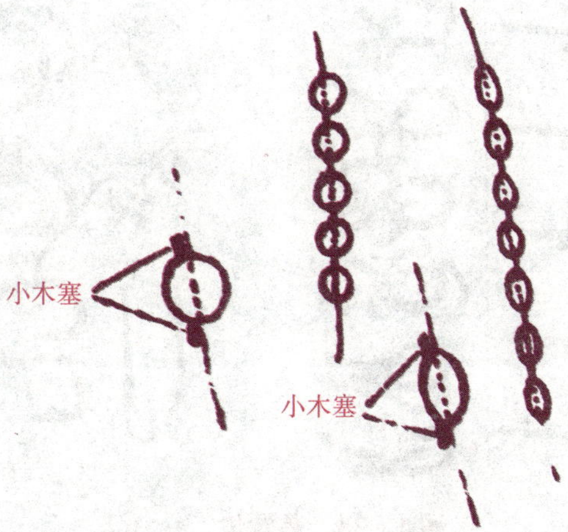

图 1－26 星漂与钓线的连接方法

四、鱼钩与钓线的连接

拴钩又称扣钩，看起来是件很不起眼的小事，但如果方法不当，造成滑钩，使本该上钩的鱼逃脱而走，这会很可惜的。所以用单胶胶丝、多股尼龙线或不锈钢钢丝线，把鱼钩和钓线牢牢地拴结起来，就十分重要了。

1. **单钩结线法**

（1）扁钩结法。用一根 20 厘米的钓线，先将线弯成一圈，然后将圈置于钩柄处，将线的一头在钩柄上绕五六圈，把线头穿入线圈，再将另一头拉紧，剪去多余部分或用火柴烧一下，断头即成。旋绕和扣结的方向要朝向钩尖，绕反了钩容易旋转，鱼也容易挣脱。还有要注意的是上出线的打结点，必须在钩柄的内侧（图 1–27、图 1–28）。

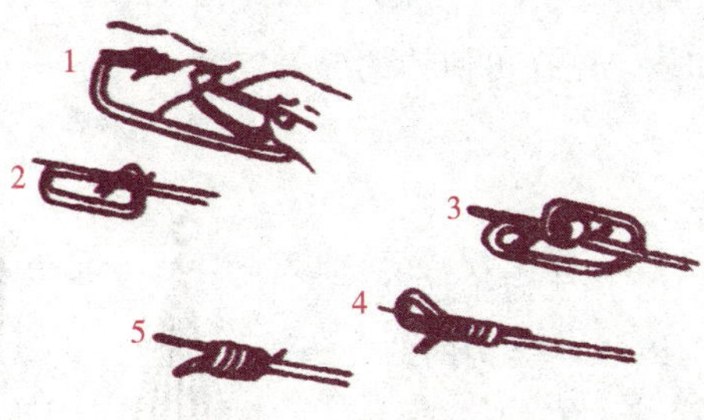

图 1－27 单钩扣

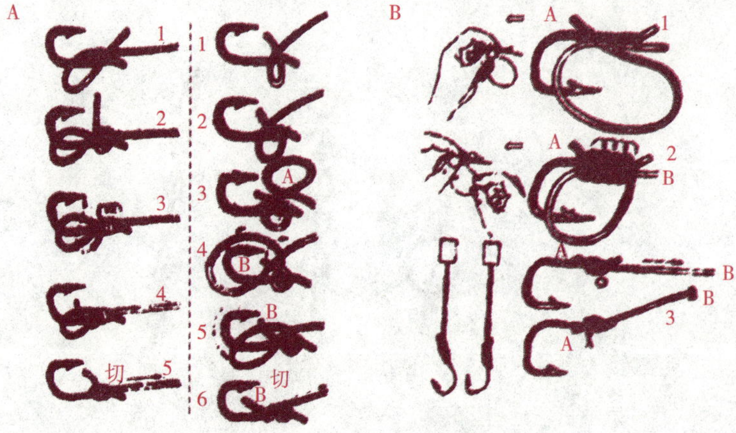

图 1－28　单钩扣（A、B）

（2）环柄钩结线法。环柄钩多用于海钓，通常有两种结法：

一种是直接在钩环内绕缠结线，另一种是先将线结成死套，然后在钩环内套接（图 1–29）。

2. 葡萄钩结线法

葡萄钩（图 1–30）多用于海竿远点钓，一般由 4~6 个单钩组成，均匀地挂列在钓线上。结线方法与单钩相同，但横钩的线宜用胶丝，脑线以 8~12 厘米为宜，过长易因钩多把线绕乱。

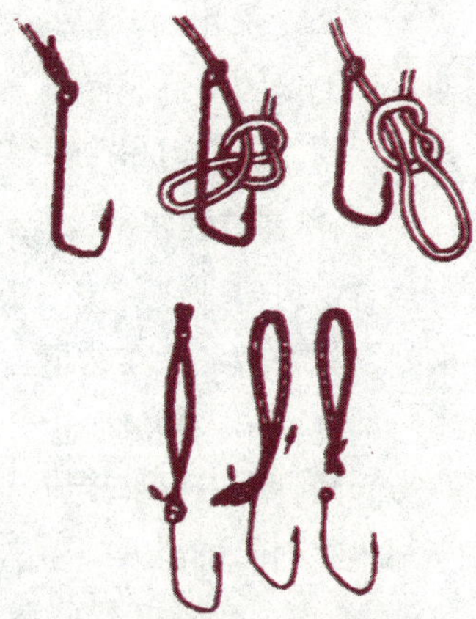

图 1－29　环钩纬线

绑钩时要注意：不管采用什么样的钓线，都应把钓线上下的两个抽头绑在鱼钩的内侧，以保证起鱼时提拉用力的方向正确，不致使鱼脱钩。若用多股丝线做脑线或自绑炸弹绑钩时，缠绕不要超过 4 圈，绕多了反倒不易绑紧，丝线容易从钩柄脱出。也可以打“8”字双扣线，这样可使钓钩绑得更紧、更结实。

3. 炸弹钩的结法

炸弹钩（图 1~30）多用于海竿远点钓，一般由 8~10 个钩组成。拴钩的线宜用单股胶丝，在 30 厘米左右的钓线两头，各结一个钩，然后把 4 根两头拴钩

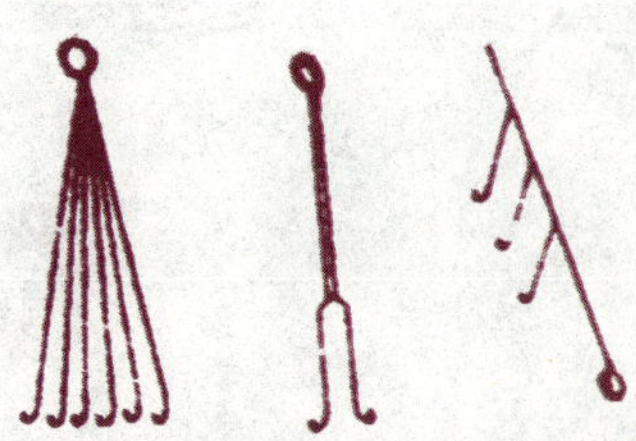

图 1－30　葡萄钩、双钩、炸弹钩

的钓线，在二分之一处拉成相等，在最上端系一个 8 字扣拉紧即成。

4. 单线绑钩法

即左手食指、拇指捏着钩柄和线。线在钩柄内侧，线头留出 15 厘米左右。用右手拿着短线的头由钩柄自上而下绕 3~4 圈，将剩余的线头从线的弯曲处穿过，然后将长短线拉紧，剪掉剩余线头即可，若是锦纶线可用烟头烧一下。

5. 朝天钩拴结法

朝天钩就是将鱼坠焊接在鱼钩钩柄末端，上留有穿线孔。采用带鼻子扣的钩最为合适。具体扣法是（图 1–31）。

图 1 – 31　朝天钩拴结法

（1）在穿好鱼漂的鱼线下端，把一小段线回过头来并拢，在双线上打一个死结。死结外边留一个小黄豆粒大小的环。死结上的线头再绕鱼线一周扣紧，便可以从死结旁剪去多余的线头。

（2）剪一段 16 厘米长的鼻子线（粗一点），一端穿进钓线上的小环，然后并拢成双头，一齐从坠孔的小端穿入坠下。把鼻子线向坠孔下方拽紧，在双头并拢处打一个死结，然后把鼻子线以麻花结扣紧到坠旁的钩柄上，这样一个朝天钩便拴好了。

在拴好的钩上吊上几千克重物校验一下，扣结不松动，证明扣牢了。带鼻子的朝天钩是最灵敏的一种钓钩，它落底后，钩尖外张向上，不论从哪个方向，都能使鱼灵活地把钩尖部摄入口腔内；而当鱼咬住钓钩，捧起鱼漂时，只要一拎钩，整个钩体会迅速调整方位，钩尖锋芒就能立即刺入鱼上颚，将鱼嘴钩住。

然而，钓鱼高手普遍采用一钩二线即主线与脑线。而一般钓鱼者多采用一钩一线。用脑线的好处是可以保护主线和钓竿，鱼不易发现钓钩。脑线的粗细必须小于主线的粗细，一般小于 0.2 号。用尼龙线拴钩称为硬脑线，用锦纶线拴钩称为软脑线。硬脑线反应灵敏适合钓小鱼，软脑线易弯曲、伸缩性强适合钓大鱼。

脑线拴钩的方法很多，主要是将钓钩拴牢，并在拴钩时要用剪刀和小钳子。切忌用手和牙齿来咬拴钩。拴钩时要注意，不管采用什么样的渔线，都应把渔线上下的两个抽头绑在钓钩的内侧，以保证起鱼时提拉用力的方向正确，不至于使鱼脱钩。

常用的渔线与钓钩的连接方法有 7 种（图 1–32）。

从钩柄到铅坠的距离称为脑线的长度。脑线的长短，要根据所钓鱼类的大小而定。鱼大，脑线应留长些，一般为 4~6 厘米。采用软脑线拴钩应比用硬脑线拴钩的线短，脑线留得过长，鱼吃饵时反应的灵敏度就差。脑线留得过短，鱼吃食时铅坠若到鱼嘴容易造成脱钩。

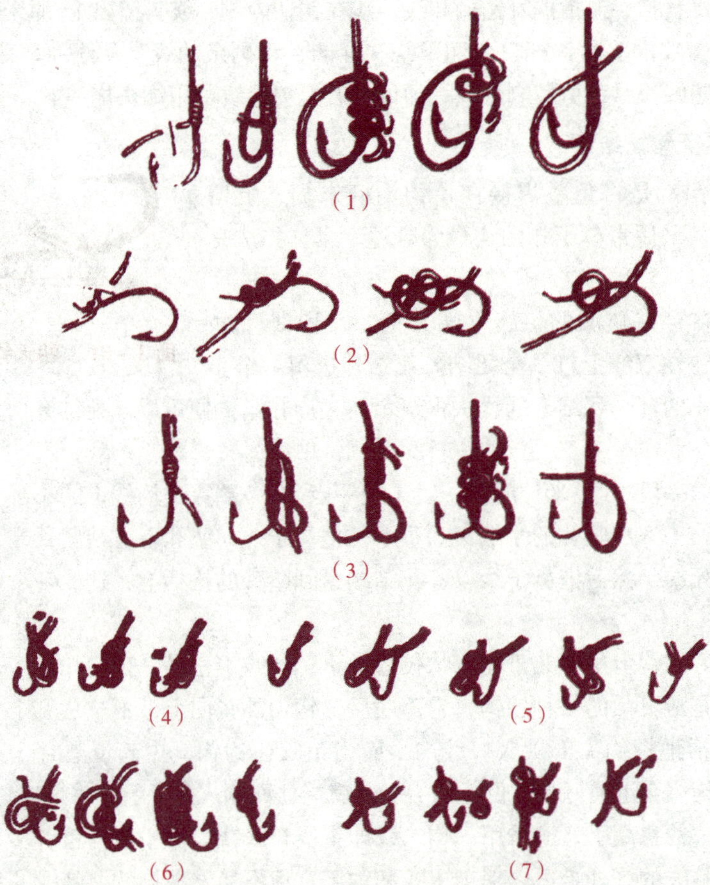

图 1–32　渔线与钓钩的连接方法

五、钓线与铅坠的连接

鱼坠在钓线上的位置，和钩的关系最密切。钩和坠除朝天钩是焊在一起外，一般都相隔一段距离，钩坠间的钓线，俗称“脑线”。“脑线”的长短，在垂钓中很有讲究，脑线过短，鱼吃饵时会碰着鱼坠，鱼儿会敏感地逃离，影响鱼儿上钩；若过长？鱼漂的反应会不灵敏，因为鱼吃食时，鱼钩虽动了，但坠子迟迟不动，鱼漂也就不动，因此常会错过提竿时机。可见鱼坠配置得合适才利于垂钓。

根据一般规律，是小钩、小坠、短脑线，脑线长为 1~2 厘米的，适合在小水面钓小鱼。要是在大水面钓大鱼，就应该是大钩、大坠、长脑线了，长脑线一般以 3 厘米为宜。

在进行手竿垂钓时，有时采用立钩，即钓钩立在水层的一定位置，有时又采用卧钩，即钓钩平卧在水底。要达到预定要求，就必须配置好鱼坠和鱼漂的大小比例。一般钓友在配置漂坠时，都采用实际试验的方法：先把插在胶套内的漂，沿着钓线下落到靠近坠子的上端，然后放入水桶中，使钩、坠悬于水中，如漂露出水面，即说明坠轻，应该加大坠子；如果漂下沉未露出水面，说明坠太重。这样反复调试多次，直至漂的顶端与水面完全在一个水平面上，而钩、坠又悬浮于水中时，说明坠、钩的重量与漂的浮力相等。垂钓时，再根据水深，把漂固定在适当位置，只要漂露出水面，即说明钩已落到一定水层了。若是卧钩，也可以用这种方法在水桶中反复试验，直到满意为止。

有些钓友垂钓时喜欢用双钩，双钩坠的安装有以下几种：

1. 双立钩坠的安装（图 1–33）

双立钩坠子可安在钩的上方，然后在坠的上方 1 厘米处，再拴一个鱼钩。挂钩的短线长约 2 厘米以上，再将短线拴在主线上。双钩的钓线以胶丝为宜，因为这样主、支线不易缠绕，一般支线应比主线粗一些，以免两个钩相互碰撞，使鱼儿便于上钩。

2. 双卧钩坠的安装（图 1–33）

双卧钩坠沉底，主线上系左右两根支线，在支线上分别装钩。也应以单股胶丝作主、支线，支线宜粗，以免鱼钩与主线缠住。

另外还有一种方法是在线端拴上一鱼钩，再在钩端上方 3~4 厘米处加坠，然后再在坠上方 4~6 厘米处另拴一鱼钩。这样的好处是上钩钩尖朝上，只要鱼咬住了钩就不会脱钩，鱼漂的反应也灵敏。

图 1 – 33　双立钩坠和双卧钩坠的安装

铅坠在钓线上的安装

坠在钓线上的安装有两种：活坠和死坠。活坠可沿钓线自由滑动；死坠则固定在钓线上。

钓线与活坠的连接很简单，只需将主线从通心孔（或金属环）中穿过即成。钓线与死坠的连接方法有几种：板式铅皮需将其卷压在脑线上（用手钳捏紧）；

使用保险丝时，则是缠绕在脑线上；开口式坠子，可按压使其变形，压紧于脑线上；如是固定式坠砣，上面大都有一个金属小环，先用一小段线穿过环孔，下结死扣上留一小活套，再与主线连接。

六、铅坠与脑线的连接

铅坠一般缚在脑线上端，距钩把大约 2~4 厘米处即可。它的大小取决于鱼漂的浮力和渔线的粗细，鱼漂的浮力越大，铅坠应越重。渔线越粗，铅坠则应越大。

铅坠与脑线的连接方法有两种：

一种是在脑线上安装活动铅坠。在脑线上装活动坠的方法是：将渔线从坠上的通心孔或从坠上的金属环内穿过即可。

另一种是安装固定铅坠（死坠）。装固定坠的方法有以下几种：板状铅皮要卷压绑在脑线上；开口坠直接按压绑在脑线上；较大的固定坠则利用脑线与坠体上的金属环连接的方法与脑线连接，或者采用连接件与脑线连接（图 1–34）。

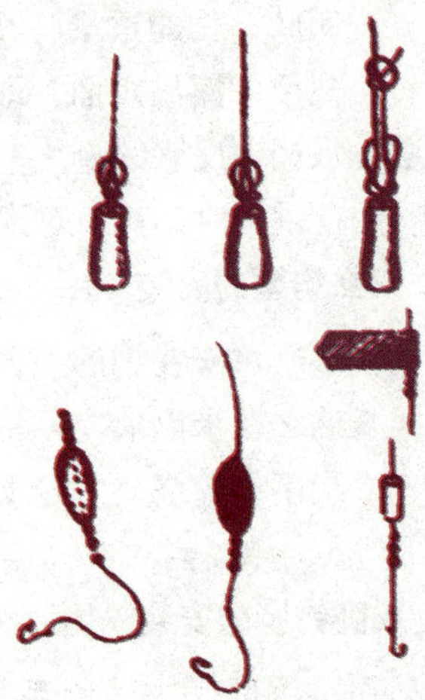

图 1 – 34　铅坠与脑线的连接方法

七、漂、坠、钩的匹配

调漂的目的就是使漂、坠、钩的比例合适并匹配。漂、坠、钩的匹配极为重要。匹配，则浮漂反应灵敏，上鱼率高；不匹配，则浮漂反应迟钝或不反应，上鱼率低，空竿也在所难免。

漂、坠、钩的匹配，分钓浮匹配、钓底匹配和台钓匹配三种情况。

（1）钓浮匹配：铅坠、饵的重量小于漂的浮力，以使饵钩悬吊于一定的水层，但又不能过小，浮漂立不起来也不成。究竟多少合适，应视垂钓水层而定，钓上层则轻，钓半水稍重，钓底浮再加点重量。

（2）钓底匹配：铅坠的重量应略小于浮漂的浮力或与浮漂的浮力相等。前者是指用多股锦纶丝做脑线的情况，以使饵钩入水时呈缓慢下降；后者则指使用单股脑线的情况。但如果是传统钓法的卧底钩，则要求钩、坠的重量稍大于浮漂的浮力，以获得较好的稳定性。当然也不能大得太多，否则浮漂就会严重失灵。

（3）台钓匹配：正常情况下，大都采用“调四目钓二目”。所谓“调四目”，即空钩状态下，浮漂露出水面四目（此时钩、坠半浮于水中），如多于四目，则增加坠重（表明铅坠轻）；若小于四目，则减掉一些坠重（表明铅坠重），直至露出四目（匹配）为止。

“钓二目”就是当两只钩都挂上钓饵后，浮漂露出水面的部分恰好是二目。这时水下一只钩擦底，另一只钩则处于悬浮，两钩间距约为3厘米。这样的调法，可使浮漂具有很高的灵敏度，同时稳定性也能靠得住。

八、线、钩、坠子的组合

将钓线、钓钩、坠子等钓具有原则地组合成适宜于垂钓的钓组，它需要考虑鱼类的不同生活习性、钓场的具体情况、钓竿的种类等多种情况。一般有如下三种组合：

第一，坠下钩的组合。

将拴钓钩的支线系于坠子下方，手竿垂钓时使用最多。适用于用手竿带浮漂进行底钓或浮钓、海竿活坠底钓或死坠浮钓。其钓钩用单钩、双钩和组钩均可。

第二，坠上钩的组合。

在坠子的上方系拴钓钩的支线，用单钩、双钩和多钩均可。在水底淤泥较厚的水域中，底钓和浮钓都比较适用。

第三，坠上和坠下混合钩。

在这种组合中钓钩较多，坠子的上面和下面均有钓钩，所以垂钓高度大，适应面也较广，浮钓时使用较多。

钓鱼时天气的选择

一、适宜钓鱼的天气

（1）春天：在风和日丽时，鱼儿的摄食欲望特别旺盛，是垂钓的黄金天气。到晚春至初夏，水温上升至20℃左右时，则出现摄食的高峰。

（2）秋天：是“全天候”的垂钓季节，尤以秋高气爽之时最为适宜。因为这时气温、水温均最适于鱼儿活动，鱼儿到处觅食，且又贪食，这时垂钓，自然容易上钩。

（3）多云好钓鱼：如果天气是阴转多云，此时气温由低至高逐渐增加，水温凉爽，适宜鱼的活动和摄食，鱼儿表现异常活跃、贪食，这时候是非常容易钓到鱼的，尤其是在春秋季节；如果是晴转多云，鱼儿也较平时活跃、贪食，这时候也很容易钓到鱼，尤其是夏季更是如此。

（4）斜风细雨：当有轻轻的和风和细细的毛毛雨时，是垂钓的好时候。这是因为细雨打在水面上，使水中溶氧量大大增加，和风吹拂水面，也促进了水面溶解氧的增加，鱼儿得到充足的氧气，摄食欲望会非常强烈，因此看到鱼饵就会不顾一切地扑上去，很容易上钩。

（5）雷阵雨后：这种情况多发生在夏季，当一阵雷阵雨后，气温会降低，水中的高温也会随之下降，加上雨水的作用，水中溶氧量充足，同时雨水将陆地上的许多垃圾、杂物带到水中，饵料充足，所以鱼儿觅食特别活跃，这时鱼儿容易上钩。

（6）久雨初晴：这种情况通常发生在梅雨季节，长期下雨后，雨水为水域带来大量饵料和溶解氧，但刚刚晴空万里，会促进气温渐渐升高，水温也非常适宜鱼的生长和摄食要求，因此这是垂钓的好天气。

（7）久晴初雨：这种情况在夏季最明显，长期的烈日晴空，鱼儿很少摄食，都躲藏在水底深处，一旦下雨，这时的鱼儿避开烈日高温的干扰显得非常活跃，十分贪食，也是垂钓的好时机。

（8）夏季：若遇有雷雨并刮北风的天气，气温突降，则会使高温缺氧情况暂时得到缓解，鱼儿又开始觅食，这是钓鱼的好天气。一般来说，夏季要在早、晚垂钓，或在阴凉的地方下钩才会有所收获。

（9）冬季：在冬季垂钓，垂钓的时间选在初冬水温尚未降至10℃以下，或翌年二月以后气温开始回升的时候为宜。

二、一天中理想的钓鱼时机

钓鱼不仅要注重季节、气候，还要注重时间。一天之中钓鱼最理想的时间可以这样说：不冷不热全天钓，烈日炎炎早晚钓，夏末秋初阴雨钓，寒冬腊月中午钓。

在一日之内，有早钓、午钓、晚钓、夜钓之分。天亮之后至上午9时之前为早钓，上午10时之后至下午5时为午钓，下午5时之后至天黑之前为晚钓，天黑至黎明之时为夜钓。钓鱼的时间很重要，因鱼儿咬钩同水温、水溶氧量以及光线等条件变化关系极大。

早钓：水温由最低点迅速上升，清早5~6时后，靠近岸边的水体明显增温；经过水生生物一夜的氧气消耗，水体深处的含氧量在日出前后达到最低点，而较之深水，靠近岸边的浅水区含氧量高；近岸水体光线较深水处充足；多数鱼一夜未进食，腹中空空，急于到岸边觅食，形成“早餐”高峰。由于以上原因，鱼儿一到早晨就纷纷游到岸边，造成垂钓的大好时机。

午钓：“早餐”高峰刚过，鱼儿腹中已无饥饿感，且阳光刺激过强，鱼儿多入深水。因此，在这个时间几乎钓不到鱼。

晚钓：下午5时之后，气温、水温下降，氧气增多，鱼儿预感夜晚的到来，便纷纷游至近岸进行“晚餐”。容易上鱼。因此时水温适度，溶氧量最多；太阳斜射，光线柔和适中；大风趋小，水面波动适中。另外，多数鱼经过大半天的停食，开始摄食，形成“晚餐”高峰。

这时，鱼儿十分活跃，或在水面穿梭腾跃，捕食低飞的昆虫，或游至岸边觅食。有的草鱼甚至把头探出水面，啃食岸边的青草。鲫鱼、鲤鱼、鳊鱼、团头鲂等，也纷纷来到近岸边的水域索取各种食物。所以，日落前的3~4个小时便成了垂钓的最佳时辰。

夜钓：天黑以后，各种鱼的摄食量仍然较大，活动频繁。这是因为除了这时水温和水溶氧度仍然适中外，还有别的原因：一是夜静人少，各种噪声干扰消失，大鱼或机警的鱼趁机到岸边觅食：二是此时各种昆虫在水面低飞，甚至大量落于水面，为鱼类捕食造成较好的条件；三是白天穴居鱼种和惧暑鱼种此时多出游觅食。因此，夜钓收获较为理想。但夜钓也不是没有时限。过了晚上11时，就和午钓一样很难再钓到鱼了。

春天一天中垂钓的最佳时间：春天垂钓要从早春、仲春、暮春三个不同时期来选择最佳钓鱼时间。早春3月，早、晚的气温还比较低，一般上午8时以后下钓为宜。仲春4月，春暖花开，是钓鱼的“黄金季节”，无论什么天气都可以出钓，尤以阴天为佳。

在早上6时至10时这段时间内，由于气温还比较低，应朝阳而钓。10时以后，水温升高，此时宜在阴凉处下钩。“大麦黄，钓鱼忙”之时，这时鱼儿产卵后需大量食物补充营养，所以极易垂钓。暮春5月上旬，仍是钓鱼的好时间，阴雨天更适合下钩。而且一天中钓鱼时间较长，从早上一直可以钓到傍晚。

夏天一天中垂钓的最佳时间：夏天垂钓，要以初夏、盛夏来选择钓鱼的最佳时间。初夏是钓鱼的好季节。中午水温较高，鱼儿多游至深水处“乘凉”，然而早、晚气候却凉爽宜人，鱼儿在水草区和岸边觅食，故宜早、晚钓。盛夏天气炎热，钓鱼的最佳时间在下午3时至傍晚8时之间。

秋天一天中垂钓的最佳时间：金秋时节，正是钓鱼的好季节。初秋9月，早、晚气候凉爽，钓鱼的最佳时间为上午6时至9时，9时以后水温升高，鱼儿游至水深1.5米左右的阴凉处，因而宜在阴凉处下钩。中秋10月，一天之中均可垂钓，上午6时至11时以朝阳钓为宜。11时至下午6时，到阴凉处下钩更佳。深秋11月，早上7时至下午5时均可下钩。

冬天一天中垂钓的最佳时间：11月中旬至12月份，为初冬季节，应选择风和日丽的天气出钓，特别是晴天的上午10时至下午3时，宜在朝阳处下钩。寒冬腊月，鱼儿多在深水处“避寒”。因此，冬钓必须选择深水处下钩。

三、四季垂钓

1. 春钓

春季是一个冷暖过渡性的季节，气温由冷向热转换，在转变的过程中，经常会出现冷暖不定的情况，所以钓友们应避开寒潮、大风、降温等阴冷天气，要在风和日丽的晴天出钓。

春季鱼儿的行动也是避寒冷而就温暖，所以垂钓时应根据这一特点去选钓点。如刚化冻，鱼尚未活动，就应以钓深为好。随着光照增强、浅水处被晒透，鱼儿会循温而游动到这里来，这时的钓点选择应由深而浅，逐鱼下钩。因为浅水区易被阳光晒透，水温上升较快，对水温特别敏感的鱼，自然就会游到浅岸边来。这时出钓，也应循温找鱼，选在背风向阳的方位，哪里的水温高，就往哪儿下竿，逐鱼下钩，所以每到春天，水域的北岸总是春钓者的首选方位。

在初春时节，一日之中应避开早晚钓中间，以后随着气温的升高，垂钓时间就可逐渐向早晚扩展。春末，深处的水虽然也在上下对流中缓慢升高，但升温的速度远远赶不上浅水处。春季要用诱鱼力较强的荤活饵和质地松软的香甜饵，用红虫、蚯蚓作饵，如用面食，应取香甜疏松、易于上口的。在钓具上应尽量选用反应灵敏的，如小钩、小漂和细线，海竿要选软尖短竿，或者用海竿带漂，只有这样才能捕捉到鱼儿咬钩的轻微信息。

2. 夏钓

夏季的特点是水温高，水中各种水生物生长快，给鱼的生长提供了适宜的水温和充足的食物。这段时间鱼儿特别活跃，摄食积极，适宜垂钓。夏天垂钓，只有把钓位定在钓场的深水区，才能丰收在握。

一般来说，水库的大坝处，江河的回水湾、大桥下，呈锅底状的池塘中间，都属深水区域，是夏钓的佳位。夏日里的鱼食欲欠佳，且大多近素远荤，所以垂钓时应多用素食为饵，糠饼、饭坨、红薯、豆饼、混合饲料、嫩草，都是鲤、草、鲂、鲢、鳙等鱼的钓饵。

夏钓的钓场多，如池塘、河道可以下钩，水库、湖泊等亦可垂钓；较浅的静水坑塘，水温依然适合鲫、鲤等鱼生存的需要，尤其是多云和小雨天气，其摄食更加旺盛。这个时节，无论钓深钓浅，钓远钓近，钓草洞钓亮水，均会有所收获。对象鱼多，除鲫鱼和鲤鱼外，青、草、鲂、鲢、鳙、黑、鲇等鱼也进入了摄食旺季。垂钓方法丰富多彩，既能用手竿，也能用海竿；既可钓底，也可钓浮；既可垂钓小鱼，更是专攻大鱼的绝好时期，白天如嫌气温高，还可进行夜间垂钓。

3. **秋钓**

鱼类在秋天择食非常活跃，荤素不拒，频频上钩。从9月中旬至11月下旬寒潮初临之前，是一年中最后的垂钓旺季。用青虫做饵须配大钩、大漂，整条穿挂，钩尖外露，宜用底钓法。蚱蜢是秋钓的特效钓饵，水中的青蚯蚓也极受鲫鱼、鲤鱼的喜爱。

秋天，按垂钓对气候的要求来说，大致可以分为四个阶段。

第一阶段：虽立秋已开始，但仍是暑气逼人，应沿用夏钓方法进行垂钓，在钓饵方面，仍可以粮食类饵料为主，如面食、糟食等。

第二阶段：从8月下旬开始，一直到9月底，正值秋高气爽，水中含氧量充足，鱼儿食欲旺盛，会大量摄食，鱼儿膘肥体壮个头大，这正是垂钓的好时节。手竿、海竿都可大派用场，钓深钓浅，钓浮钓底都会有收获。

第三阶段：过了国庆节，进入“寒露”，气温下降，水中的深、浅处，向阳与背阳岸的水温，有明显不同，鱼儿游向它适宜的水温区，如向阳背风的地方，水能被太阳晒透，水温会高于深水区，当然这是最佳钓点。钓手应跟踪而去，将竿伸向深水，长手竿以及反应灵敏的软尖海竿，是大显能耐的时候。

第四阶段：秋钓的最后阶段大致从每年的10月下旬开始，按节气说也就是从“霜降”起，霜降是秋季的最后一个节气。鱼儿游入深水区，摄食动作很轻，出现“拱食”和“含食”，只含不吞，只有用漂子才能捕捉到鱼儿咬钩的轻微信息。此时小杂鱼已很少闹钩，钓饵可使用蚯蚓、红虫这些爱招鱼的活饵，才有上鱼的可能。

4. **冬钓**

冬季鱼类摄食少，是钓鱼的淡季。一般来说，水塘的深处、背风的角落，有枯草、洞穴的地方，都是冬钓的理想钓位。在初冬季节如遇上太阳高照的晴朗天气，在上午10时至下午3时这段时间，就应该把钓位定在水位较浅的地方，下午3时后才逐渐向深处移动。冬钓以钓鲫鱼为主，此时的鲫鱼近荤远素，非红虫、蚯蚓不吃。

冬天的鱼窝，有天然的、人工的和鱼儿自已造的三种。天然鱼窝在河流的转角，流水缓慢、向阳水深的地方；向阳水深的桥头脚和桥柱脚；农村淘米洗菜、水深的埠头边。人工窝，在夏天挖塘泥时，有意在向阳的塘岸边挖深一些，有些甚至挖的比塘中间还深，便于冬天钓鱼。在挖抽水机的引水沟时，有的引水沟延伸到塘中心，沟岸用石块垒起来，这样的沟底水深、风浪小，无形之中成了鱼儿过冬的温室。

而自造的鱼窝在水深1米左右的平底湖塘，鱼儿在比较松软的塘底用嘴拱、鳍划、尾扇将中间的泥沙弄到四周。形状似汤盆，深度一般在10~15厘米左右，大鱼要深一些。

冬季鱼咬钩吃食，动作很轻，用手竿一定要配小钩细线，只有增加了钓具的灵敏度，才能捕捉到鱼儿咬钩的轻微信息。由于海竿反应迟钝，抓不着微弱的钓鱼信号。当然，如果到有大鱼的水域去冬钓，用海竿带漂也是可取的。

冬天垂钓应"钩找鱼"。冬天水温低，鱼儿不爱动，基本上停止觅食，有对口的食物，送到嘴边，就咬一口。所以冬季用诱饵招不来鱼，垂钓时要少打或不打窝子。冬季用手竿进行水面垂钓时，可采用一种"拖底钓"的方法找鱼，即用手竿配齐竿线的一种底钓法。拖底钓不是将钩饵下到一个固定的钓点上，而是将钩坠贴底拖移找鱼。具体操作方法是将钩坠抛向最远处，停一两分钟，如不动，就可逗鱼；钩坠原地不移动位置，仅上提10~20厘米，连提两三次，如无鱼，还可再逗一次，不咬钩时则将钩坠回拖30厘米左右。如此不停地拖、逗。待钩坠已拖到跟前，则提钩出水，再抛投至最远处。每次抛投时，可或左或右移动30~50厘米，在竿线可及的水面，形成一个扇面形的覆盖面，凡在此水下如有鱼，均可能碰到，这就可以大大地提高上鱼率。

四、刮风天垂钓

1. 不同风向钓鱼

在早春时节，若刮西北风，冷空气南下难以使水温回升，对钓鱼不利。若刮东南风，气温回升，这对钓鱼有利。夏季东风湿、南风暖，对垂钓不利。西风、西北风，对钓鱼有利，主要指早、晚（中午除外）。早、晚刮这样的风，天气不仅不燥热，反而使人感到凉爽。生活在水中的鱼儿，活动、觅食会更加活跃，故垂钓上钩率高。深秋时分，西北风挟着冷空气南下，鱼就难钓。若是刮东北风、东风和东南风，则鱼儿好钓。冬天刮南风和西南风，鱼儿较为活跃，咬钩勤，也能钓上鱼。

另外，相同方向吹来的风对钓鱼不一定产生相同的结果。首先要看季节，在北方早春或深秋，水温一般偏低，刮北风或西北风往往使水温进一步降低，对钓鱼不利。其次要看地区，冷空气在向南推进的过程中，因受地面影响，气温、空气中的水汽均有所增加。而风速则逐渐减小。在这种情况下，北风对钓鱼有利。

2. 不同风力钓鱼

风力的大小不同对钓鱼的影响很大。有风天气，水面在风的吹拂下形成波浪，有利于空气中的氧溶于水中，但是风力过大，会引起水体剧烈运动，给鱼类带来威胁感，促使鱼趋向于深水中躲避，不敢大胆觅食，自然难以垂钓。

风力在两三级以下，鱼儿摄食活跃，是理想的钓鱼天气。若是四级风，宜在傍风或背风处施钓。到了五级以上，就不宜出钓。若出外垂钓时，突然遇到大风、大雨天气，风大、雨急、浪高，鱼儿受到惊吓，早避于深水中潜伏起来，此时不宜继续垂钓。

3. 转风钓鱼

风向变换时，有时要立即变招才能取得更好的钓鱼效果。变招主要有三种：一是钓远。在上风可以换长竿，借风力任漂将钩带到远点。如钓位在侧风处，宜改用海竿，加漂钓浮，也可以用串钩，但要尽量使竿竖起，以使悬钩的钩位提高。二是钓浅。相对于转风前的深度，要转移钓位到较浅的水域。三是钓饵试探，还要适时改换钓组。细线、小钩、轻坠，是应付转风最常用的钓组。

4. 风天垂钓的要点

注意对浮漂的调整：当风小时，将浮漂调到露出水面一个红点。鲜红醒目的漂尖浮在水面上，只要浮漂出现一些变化，钓者就能看得清楚，当漂尖消失，或漂送上来即可提竿得鱼；当风大时，将浮漂上调，使浮漂一小半在水中，一大半在水上斜着（即钓钝），任由风浪摆动。当浮漂突然平躺在水面或直立起来时，立即提竿，便可得鱼。

注意对钓饵的调制：钓饵的调制，要调得稍微硬一些，装钩的颗粒要比平时稍微小一些。

注意对钓位的选择：钓位应选择在下风口。一是风将各种天然饵料都刮到下风的岸边，鱼儿自然就会游来此处觅食。二是逆风便于看漂，在风浪的推动下，漂往往随顺风倾斜（漂向钓者倾斜），鲜红的漂尖看起来更为醒目，浮漂一有变化，便看得很清楚。注意对季节的变化；当初冬水还没有结冰时和早春冰刚融化不久，鱼儿吃食的动作很轻，拱漂的幅度也小，再加上有风浪，这就增加了观察漂的难度，因此只要浮漂一动，钓者必须立即提竿。

注意对漂的观察与正确判断：刮风天垂钓，观漂与正确判断，是垂钓的关键。浮漂在风浪中摆动与鱼咬钩时浮漂的反应是有区别的。浮漂在水中，当浪来到时，水面会一高，浮漂露出水面的部分会减小，像是漂向下一沉；前浪过后，后浪来到前，水面会一低，漂露出水面的部分会增多，像是往上一送，这似乎与鲫鱼低头摄食时漂往下一沉，抬头吞饵游走时漂往上一送很相似。实际上并不一样，当鱼摄食时漂是猛地往下一顿，是上下抖动；而风浪只是使漂前后或左右晃动。

五、闷热天垂钓

1. 钓浮不钓底

天气闷热，深水中氧少，此时不能钓底，而要钓浮，把钩饵下到有鱼滞留的水层中，要注意钓浮的深度调整。在垂钓过程中，这种深度调整是随时进行的，及时进行深度调整，是钓浮成功的关键。

2. 钓流水不钓静水

流水和静水相比，流水溶氧度要高一些。因此，天气闷热鱼不咬钩时，要及时寻找流水处下钩。比如有流动水的溪河、水库的进水处或放水闸门之下、正在加水的塘泵水管旁或增气机旁、山涧瀑布的落水处都可继续垂钓。

3. 钓下风不钓上风

闷热天有时也有风，这时最好到下风处试钓。风吹水动，波浪增加了上层水的溶氧，并向下风处汇集，下风处岸边水域溶氧量相对高一点，有利于鱼的存留和觅食。在转闷前期和气压回升之后的一段时间内，钓下风较为有效。钓下风时竿和钓线不宜太长，出竿也要侧向一些。钓点不要离岸太远。如果岸边池水过深，也可钓浮。

六、雨天钓鱼

春天多降小雨，若下雨时气温不高，且伴随冷空气南下，则鱼儿食欲降低，不宜垂钓；若气温已到适宜温度，又无冷空气入侵，这时水中溶氧量大，鱼全天爱吃食，最适合垂钓。若降雨前期连续几天刮北风或西北风时，则气温明显降低，不宜垂钓。

夏季降雨往往阵雨居多。若降雨前期天气闷热，雨前气压很低，水中溶氧量减少，是很难钓到鱼的。如果降雨伴随着北风，这时气温明显降低，在风和雨的作用下上层水温迅速降低，上层溶氧量高的水传播到下层，使下层水中溶氧含量增加，因而底层鱼类表现活跃，爱吃食，适宜垂钓。若降雨前期气温高、气压低，而降雨时吹偏东或偏南风时，则降雨时表层水温仍偏高，这样就形不成上层水与下层水的对流，下层的缺氧状况得不到改善，底层鱼类仍不爱吃食，此时不宜钓底。值得注意的是：只要不是下雷雨、暴雨，一般下雨时，上层水温迅速降低，密度增大，而下层水的密度较小，形成上层水与下层水的对流流动，水中溶氧量充足，鱼儿食欲旺盛，正是垂钓的好时机。

秋季，中秋前降雨，一般气温、水温仍比较稳定，较适宜鱼类活动。加上降雨向水中补充了氧气，鱼的进食情况随着降雨而逐渐好转，而降雨时间越长，其进食情况会越好。但若是中雨偏大，又不间歇，雨点落在水中，点点水花使人难以看清浮漂，这时不宜用手竿垂钓，用海竿垂钓效果较好。但中秋以后，气温大幅度下降，水温已明显降低，在这种降雨过程中，鱼很少活动，自然也就不好钓了。

七、晴天钓鱼

一年四季中，只有夏初、秋末的大晴天，才能全天钓鱼，垂钓时间随季节不同而有所区别，一般水温在 15~30℃时为最佳钓鱼时间。

对于春、夏、秋三季的晴天应作具体分析：若是久晴不雨天，水的透明度高，鱼也比较机警，这种天气垂钓必须用长竿、长线，向河中心或池塘的深水域投饵。也可以把钓位选在水草的外围或水草丛中开洞，作窝下钩。提竿时间应尽量迅速、稳妥，才可获得较大收获。若是久雨放晴，空气中水分较多，水里溶氧量也高，可在浅滩岸处作窝下钩。夏日晴朗的中午，一般不易钓鱼，此时的鱼儿游至深水区，底层鱼不沉底，大都聚集在离塘底 4~15 厘米处，只要掌握好这一垂钓深度就能钓到鱼，成为“全天候”垂钓。

垂钓技巧

一、垂钓的选位选点

养鱼池垂钓怎样选位选点

人工养鱼池的形状大都比较规整，或方或长或近似圆形。水深多在 1.2 米 ~ 2 米之间，水底一般都比较平，也许少数呈锅底形。它们的共同特点是鱼的密度大，多有偏食性，因此，垂钓池鱼的难点显而易见，主要在用饵和技巧运用上。相对来讲，选位选点要容易一些，但也存在着好差优劣，各处上鱼情况毕竟不会一样。

下面介绍池钓选位选点的一般经验。

（1）方钓角长钓腰，圆筒形往中间抛

方塘的四个角落，滞留食物较多，鱼儿沿四条边巡游必定经过四角。由于这里食物丰厚，加之角落处对鱼产生一种新鲜感，既有吃喝又感觉新鲜，鱼儿自然乐于在此逗留，故是下钩的好钓点。

长方形池塘的腰，是鱼儿巡游的必经路线，即鱼道。故选择腰部下钩，上鱼率要比其他部位明显高。

圆筒形池塘（包括月牙形）中的鱼，平时大都活动于中间地带，原因是中间似乎比较安全，尤其那些个体较大的鱼，轻易不肯溜边（夜晚、下雾、阴雨天除外）。因此，在圆形池塘垂钓，适合用长竿长线，若钓近，除非在夜晚或是阴雨天。

（2）增氧机周围鱼成堆

静水池塘在夏秋季节的湿闷天气容易缺氧，鱼儿打蔫无心进食，懒得动弹。增氧机一开形势立刻大变：波浪滚滚，水花飞溅，溶氧量得到补充。沉闷难受的鱼儿顿时活跃起来，围着增氧机欢腾跳跃转个不停，贪婪地吸吮着新增的氧，先前那种无精打采的神态一扫而光。这时将竿打到增氧机附近，一尾尾活蹦乱跳的鱼儿便会连连进入鱼护中。

需要注意的是这时要用蚯蚓等荤饵装钩，不要用素饵，荤饵不易被水流冲散，素食则不行。再就是要避开电线与绳索等障碍物，一旦碰上既麻烦又危险，后果不堪设想。

（3）进水口，钓两旁

新水从进水口向塘中注入，水流不仅带来了新增的氧气，给静水增添了生机与活力，还带来了鱼儿喜吃的饵料——籽实、碎屑等。加之鱼类本性喜欢溯流而上，纷纷从四面八方涌向流水口争相摄食、嬉戏、畅游不止，久久不肯离去，大有在此“定居”的势头。这时将饵钩下到流水口的两侧（当中水流急，稳不住漂），便会接连不断地有鱼上钩。

（4）喂食台，鱼常来

塘主天天投放饵料喂鱼的料台附近，鱼群按时来这里“就餐”，已经养成了习惯。到时候必来，黑压压的一大片，一个个伸出嘴巴等待主人施舍，那场景颇为壮观。即便不到喂食的钟点，这一带的鱼情也比别处要好些，常有一些“散兵游勇”在此耍欢。

再者说，水中的鱼儿原本就“等级森严”，各自的“地位”不同，饥饱状况注定不会等量齐观。那些处于弱势的“小不点”群体，“开饭”时大都抢不上槽，或是根本就不敢上前，只有“靠边站”。等到“跋横”者们吃饱喝足扬长而去之后，它们方敢过来，拣些“残羹剩饭”。这就决定了喂食台附近常有鱼儿来往不断，没大还有小，所以是不可多得的好钓点。

（5）岸边树成片，水下鱼目见

经常钓鱼的人都有这样的经验：凡是岸边树木成荫的地方，水下的鱼儿就比别处多一些，尤其是夏秋炎热的季节，更是这样。因为在日照强烈的天气，鱼儿怕热，不是游向深水区，就是躲在草丛中或树阴下乘凉，特别是倒伏于水中的树木，绝对是鱼群藏身、“避暑”的好地方。

同时，许多树虫、树叶落入水中，为鱼儿提供了天然食粮。倘若有桑树、桃树、豆棚、瓜架则更佳，会吸引更多的鱼群来此觅食，甚至出现“疯抢”。因此，岸边树木成片，水下便是下钩的好地方，选择这里做钓点，一般来讲不会白忙。

野塘沟渠垂钓怎样选位选点

（1）洞穴坑洼，钓点最佳

野塘沟渠本是自然水域，其特点是大小不等，深浅不一，形状各异。由于种种原因使得水底形成许多坑洼洞穴，滋生着大量的浮游生物，吸引周围成群的小鱼小虾来此集聚。加之鱼类本性趋阴避阳，喜欢在阴暗之处栖居，尤其那些底栖类的鲫、鲤、鲶、黄颡等鱼，更是以此为家不肯远离。既有大量的美味可供食用，同时又便于藏身隐蔽——这里才是真正的鱼窝子，在此下竿，岂能钓不到鱼?

钓洞穴坑洼，季节上应加以注意：冬季水底温度高，夏季水底温度低，这两个季节鱼儿喜栖深坑洞穴，垂钓正合时宜；初春与深秋气温偏低，鱼儿也多在深处活动，钓洞穴坑洼也很有利；而春末和夏初时节，水表温度上升较快，底层鱼趋温上浮觅食，坑洼洞穴处基本上无鱼，此时不宜在这些地方钓底。

寻找水下坑洼洞穴，可通过以下几种方法：

一是从地形上识别，这是一种最为简便的方法。如果该坑塘有进、出水口，通常在它的前方就有沟槽存在；若是抽水浇田的坑塘，则水龙头的前端必有一深坑。再就是农民浇窑挖的土坑，或抽水捉鱼挖的“聚鱼坑”，里面的存鱼都少不了。

二是从水的颜色上识别，这也是一种行之有效的方法。如果水面普遍较混浊或发黄，而某处水色清亮，明显地与众不同，则水底必是一深坑，往往藏有大鱼。

三是借助钓竿进行测试。水面狭窄时，可用手竿拴一重坠挂上浮漂抛入水中，待坠子沉底后持竿前后左右缓慢移动，通过观察浮漂的变化，即可判断水底的地形地貌、深浅凸凹。若水面宽阔，欲放长线钓大鱼，就得靠海竿测试了。方法是重坠空钩抛向远处，待沉底后缓慢往回收线，让铅坠贴底滑行。在滑行过程中，若感觉钓线突然变轻，则表明该处是深坑或深沟。

（2）退水渠道鱼好钓

一些较大的河流，沿河两岸大都有农民灌溉农田挖的沟渠，纵横交错，深浅、宽窄不等，天旱时用来引水浇田，雨水大时则成为退水渠道——田里的积水往河里回流。这种渠道不论多宽多窄，只要有尺把深的水，鱼就少不了。尤其在退水之时，河中的大小鱼儿涌向沟渠，争相逆流而上，甚至能看见鱼在游。这时将饵钩下在渠道的转弯处或是尽头，用不着撒窝，伸竿就一条。

（3）草密选稀处，无草选凸凹

如果钓场的水草稠密，应选择草稀处做钓点较为适宜，或是临近有大片水草的明水区，饵钩下在挨草的一边会很得利。因为鱼儿一出来必经过这里，上鱼率高于别处是毋庸置疑的。

在无草的水域垂钓，应选择河岸的凸凹部位下竿方为合理。突兀部的前端是鱼儿巡游的必经之地，凹窝处滞留食物较多，容易存住鱼。找到了凸凹部位就等于找到了鱼道鱼窝，在鱼道和鱼窝处下钩，岂能钓不着鱼？

垂钓者应留意观察岸线的几何形状，在笔直的河岸上哪怕只有半米之差的凸尖或凹窝，也不能轻易放过去。要知道在寸草不生的光水域垂钓，凸尖和凹窝是上好的钓点——容易上鱼。

（4）地形复杂好下钓

地形复杂通常有二指：一是指岸线的曲折突兀，二是指水底地形结构，诸如水底有乱石、树桩、沉船、沟坎、塄及其他障碍物。上述地方，不仅为鱼儿提供了隐蔽性的栖身之所，同时又有大量的小鱼、小虾和微生物等美味供来享用，鱼儿自然会在这里聚集，特别是大鱼，好在此等地方居住，故成为众多钓手企盼的下竿之处。

此种地方鱼虽多，但有挂钩之忧。须采取相应的对策，如钓边缘，使用舍弃坠等方法，以减少钩、线的损失并获得丰收。

（5）涵洞口、草石边，歪树下面好下竿

有些野水坑塘、沟渠距天然河道很近，或者是汛期涨水时相通，退水后断开，成了孤水一潭。在塘、渠与河流之间如有过水涵洞或沟渠口（一般水都较深），里面往往存鱼数量可观。不仅有鲫、鲤、鳊、红眼儿、黄颡、鲶鱼，也有涨水时从鱼池中逃出来的草鱼和鲢鱼，故涵洞口、沟渠口常常是野钓的理想钓点。

鱼类恋草自不待言。石头旁可遮阳挡风，并有许多浮游小动物攀附其间，鱼儿自然乐于在此栖身。

岸边有歪树（包括倒伏于水中的树木、树枝），水中有树阴，天热便于鱼乘凉，平时便于鱼藏身。还有树虫与树叶是鱼儿的天然美食，这许多优势的存在，决定了歪树下面是难得的好钓点。

（6）郊野小水体，莫要瞧不起

城乡四郊有些看上去很不起眼的小水体，不被人们注意，却往往是“卧虎藏龙”之地——里面的鱼还真不算少，切不可轻易放过去。例如有的断了流的死河道，规模不过百十平方米，但日久天长，积水越来越多，深度不下一两米（甚至更深）。这样一处僻野荒塘，大都杂草丛生，水色有点发绿，打鱼者无法张网，钓鱼者不愿答理，几乎成了“被遗忘的角落”，实在太可惜。殊不知，这里正是难得的好钓场，里面生长着为数可观的鲤、鲫、鲶、黑等野生鱼，而且不乏大家伙，那是汛期涨水时流下来的。你如能设法开辟钓位，伸竿准能让你惊喜。

上面所述小水体，下竿一般不会放空，但若被人炸、药、电过，那就另当别论了。不过你不妨伸竿一试，有则钓，无则走人。另外，观察水色也能大致判断个八九不离十：有鱼水发浑，无鱼水则清。当然，若是刚被人用拖网拉过的塘口，水也会混浊。所以还需结合观察鱼的睡眠动静：有无鱼儿打花、顶浪，还可询问当地农民，弄清情况。

水库垂钓怎样选位选点

我国的大中型水库多被崇山峻岭包围，地势险要，水的深浅悬殊，库底复杂难料。加之受气候、地形、水域流速、水的涨落等诸多因素的影响，都形成了自身独有的特点与风貌。可想而知，在这种烟波浩渺、水阔鱼稀的水面垂钓，要想选得一个好钓位、钓点，是何等不易，但却又是何等的重要。下面仅就水库垂钓选位选点的方法和经验作一些介绍，供钓友们参考。

（1）浅滩深潭不存鱼，库湾沟汊好下竿

水库的库尾区，大多为沙石底的漫坡浅滩，平时除白鲦或某些产卵的小型鱼，大鱼实在是难得一见。而那些陡峭的山崖和大坝附近，通常水深都在十数米、几十米甚至上百米开外，水下温度很低，食物匮乏，鱼儿岂肯待在这种地方忍饥受寒。因此，水库垂钓一般不应选择最深和最浅之处作钓点。

库区的湾子和沟汊，水深多在一两米或两三米之间（最深不过三四米），这些地方往往水草丛生、溶氧量充足、食物众多、水温适宜，大量的小鱼、小虾和水生动物都聚集在此，是颇为理想的下竿地点。这些地方即使没有大片水草生长，鱼儿也少不了，仍不失为好钓点。

（2）两山峡谷钓沟缝，山岗、山脚钓凸出

水库的四周，常有相邻的两座山包或山脖同时伸向水域，形成一道夹沟，其延伸到水中的部分，便是很理想的钓点，将竿打在这里，准能丰收。夹沟处最容易滞留腐殖物，滋生出大量微生物，同时又是下雨的流水口——雨水顺着山脖往下流，带来新鲜的氧气和昆爬虫、籽实、碎屑等鱼儿喜吃的美味佳肴。既有丰富的食物，又有隐蔽的环境，鱼儿自然乐于集聚、逗留（图 1–35）。

山岗、山脚的凸出部伸入水中，其前方必是鱼儿洄游的必经之路，选择凸出部位做钓点，获取好收成自然不必发愁。

（3）梯形台阶钓内侧，废墟乱石钓边缘

垂钓者如能细心观察，便会发现在许多水库的岸边常有一些因水涨水落而形

图 1－35　西山峡谷钓勾缝

成的梯形台阶，下竿甚是有利。这些一面靠山、宽窄不均的台阶，大都比较平整有序，其内侧多有被水流冲刷出的缝隙，容易存鱼，成为手竿垂钓很理想的下钩之地。当然此处不宜用海竿，因为有挂底之虑。水底有废墟乱石的地方，小鱼小虾众多，微生物聚集，给鱼儿提供了美味佳肴，鱼儿自然会在此聚集，故也是很好的下钩之地。不过这种地方有利也有弊，同样会带来挂钩之虑。钓手需采取钓边缘、钓浮或采取舍弃坠等对策，方能兴利除弊。

（4）暗河半岛，大鱼不少

水库中有许多伸向纵深处、大小不等的半岛。半岛前沿是鱼儿的巡游通道；半岛两侧极易形成环流，滞留食物较多，吸引鱼群在此停留。选择这些地方做钓点，自然易获丰收。我国许多水库都是依山傍水、筑坝截流而成，因此库底均有一条或几条旧河道（即暗河），首尾贯通，成为大鱼们上下洄游的交通干线。若能将竿打在旧河道的斜坡或边缘处，钓获量一定可观。旧河道中又常有一些转弯和深坑，是大鱼们的藏身之所。垂钓者可根据沿岸的地形、坡度仔细察看，便能大致判断出旧河道的走向及位置（旧河道一般是随山就谷曲折前进），采用海竿远投，钓取大鱼并不难。

（5）深水钓边，不钓中间

前面说过，水库的沟汊库湾是理想的钓点，但有时候找不到怎么办？这就要另想办法——例如钓浅钓边，不要钓中间。这是因为一般来讲岸边的水不是很深，但食物却比较丰富可观：各种昆爬虫、植物籽粒、落叶、碎屑等被风雨吹打，大都存于此间，吸引鱼群来此“会餐”。相比之下，那些深达数十米的坝头和中间，水底温度低得可怜，且食物奇缺，鱼儿岂肯在那里忍饥受寒。它们会随着水温的变化，游向水温适宜、食物充裕的上层或岸边，故应有汊钓汊、有湾钓湾，无汊无湾则钓岸边。倘若将海竿投向数十米的深潭，无异于大海里捞针。

（6）进水道，鱼好钓

每个水库都有若干条大小不等的进水口，不断地有新水流入，溶氧量充足，饵料丰厚，各种鱼儿都逆水而上，聚集在这里觅食、畅游。钓手将饵钩下在支流进水口两侧的缓流地带（如有水草则更好），定会有鱼儿接连上钩（图 1–36）。

图 1 – 35　进水道，鱼好钓

（7）网箱周围鱼成堆，淹没农田好下竿

养鱼网箱大都为悬浮式，养殖户每天都定时向网箱中投饵喂鱼，一些“残羹剩饭”从箱底的孔眼中漏出，随风飘散于四周，吸引众多的野鱼前来光顾。如能取得养殖户的允许，将竿打在网箱附近，准有好收获。水库周围被水淹没的农田和草滩，更是鱼儿的群集之处。这里有吃不完的嫩草、黍粒、昆虫等食物，不仅有草鱼，鲫、鲤、鳊、鳃和红眼儿等也前来光顾，故是理想的下竿之处。

（8）涨钓河口枯钓潭

所有水库的水位都会有涨有落，汛期更是变化万千。鱼对这种变化极为敏感，水涨时，它们异常活跃，纷纷溯流而上，或涌向河口，或游向岸边。如涨速不是很快，可选择支流进水口或岸边为钓点；若来水过大，或已成浑水，鱼则惊慌失措，不肯咬钩，再好的钓位钓点也是枉然。

落水的情况亦不容乐观。如果水位下跌缓慢，在中、下游较深的水域下竿，一些较大的鱼仍有机会出现；若水位跌落很快，大一些的鱼出于本能，便纷纷向深水区逃窜——生怕被“搁浅”。这时它们“逃命”要紧，对一切食料视“饵”不见，想钓上中等以上的鱼难之又难。

但若是小型水库，放水后留下一些深潭，在这里下钩，一般不会空手而归。还必须指出，水库垂钓，选择一个好钓位固然十分重要，但若不去投饵招鱼，要想取得好的钓绩依然很难。因为水库的突出特点是水阔鱼稀，远不像钓池鱼那么好办。因此，预先打窝子是水库垂钓的重要手段，而且投饵量要大，时间要长些，这样聚鱼效果才能明显。

河川垂钓怎样选位选点

（1）大直流莫要钓，穿道内侧好下钩

笔直的河段，由于流速过大，鱼儿无法停留，况且也站不住漂。即便拴重坠、下卧钩，也难以奏效（水下无食可吃），故不宜在此下钩。弯道的内侧，大多有洄流，水流比较平稳，从上游漂下来的食物大都在这里滞留。流稳鱼省力（在此“歇脚”）、有食鱼自投，选此做钓点，上鱼何用愁？

（2）“龙口”、凸角、下哨最好

“龙口”——河面狭窄之处，这里水深流急，是鱼儿上下巡游的必经通道，更有一些凶猛鱼类喜欢顶浪冲刺，好在这里“大显身手”（图 1–37）。而“龙口”的下哨，水面宽阔，流速缓慢，逆水而上的鱼游至此处，大都会稍事休息，“打尖”带“歇脚”，体力恢复后再继续向前游，故在这里下竿，定会收获好。凸角，如同伸向水域的半岛，鱼儿平行于河岸游动时，要在凸角处拐弯，故在凸角的下哨打窝，收获错不了。

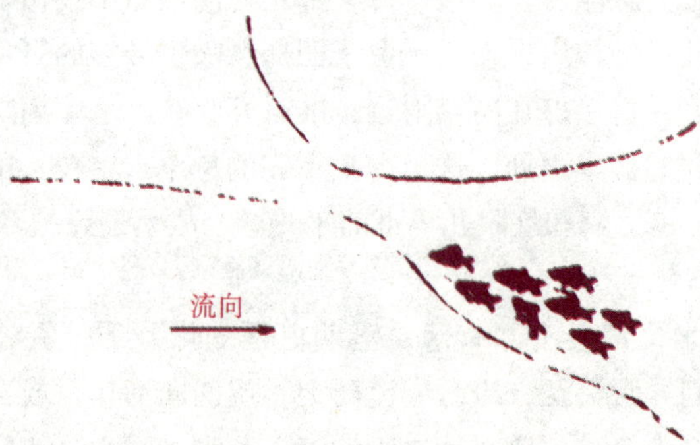

图 1–37　“龙口”下哨，钓位最俏

（3）翻花流，垂钓难；“二道流”，好下竿

翻花流处，从水底不停地向上翻花打旋，把水面搅得团团转，且水下大都有浪柴或草团，无论钓底或是钓浮都十分艰难。笔者曾在辽河与黄河垂钓多年，无数次试钓过翻花流，均无法如愿。

“二道流”（又称“二流水”）乃是急流与缓流的分界线。只要风浪不是很大，站在岸上老远就能看见，河面上一道白亮亮的水印，宽约 2 米上下，顺着河床蜿蜒向前，这便是“二道流”。二道流一般距岸二三十米远，有的还要远些，甚至位于河中间，但即使再远也能望得见。凡“二道流”处水底的地形必定是慢坡浅滩的终点，再往里面便是深潭。这里是大鱼们的洄游通道，有的则干脆在此栖身。因为此处的地形十分有利——水流不快不慢，距岸不近不远，既可随时到岸边索食，又可在遇险时立刻往深水逃窜。若能将海竿（或拉砣、卧钩）抛到这里，不愁没有大鱼被拎上岸。

（4）缓流钓急，急流钓缓；急流钓边，缓流钓中间

在流速缓慢的河段，要选择流速快一些的地方为钓点；在水流湍急的河段，则要选择流速慢一些的地方下竿。如整个河流流速很快，则应选择岸边；若整个河流流速都慢，则最好的钓点莫过于河中间。之所以要如此选择钓点，其中很重要的一个原因，是鱼类偏爱在有异于周围环境的地方栖息游弋——这是鱼类普遍的习性特点。故应缓流钓急，急流钓缓；急流钓边，缓流钓中间。

（5）悬崖峭壁，对岸有戏

凡是悬崖峭壁，对岸必是浅滩无疑（只有“瓶颈”处例外）。悬崖峭壁，水深流急，根本存不住鱼，鱼大都在对岸的浅水区活动，此乃普遍规律。同理，上游是陡崖，下游是浅滩，则中间的接壤地带，便是很不错的下钩地点。这里深浅适中，流速较平缓，溯流而上的鱼群游至此处，因体力消耗较大，会停留下来“歇脚”、“打尖”，逗留一段时间。正如钓谚所说：“上游陡崖下游滩，接壤地带好下竿。”许多有经验的钓手都会选择这样的地方做钓点，实践证明，大都收获可观。

（6）流中流，好下钩

流水河川中的进水口，如小溪、小沟中的水以及城镇的生活废水，流到较大的河川中去，其进水口处便是鱼儿喜欢聚集的地方。生水给鱼儿带来了可口的食物，供之享用，同时也符合鱼类逆水而上的习性，在此下竿，往往收获颇丰。

但如属城市排污管道流出的工业废水，必将对河川造成严重污染，故不宜在管口及其下游垂钓。

（7）涵洞口、桥墩旁，“裤裆汊”处鱼成行

涵洞口、沟渠口，因其靠近河道，曾经有过沟满壕平的时候，落水时总会有一些未来得及顺水游走的鱼在此存留。只是小的多，大的少，多数是些小野鲫、小野鲤、黄颡、红眼儿与白鲦。用软竿、细线、小钩。无须撒诱饵，用红蛆、小虾等装钩，伸竿就咬，上鱼率颇高。河川中常有一些铁路和公路桥梁，其桥墩的背流一侧，水流较平缓，并时有环流形成，滞留许多漂浮物，且隐蔽性较强，常常是大鱼栖息藏身的地方。“裤裆汊”是一条河道分成两股支流的交叉点，有时是两股河流的汇合处。这里水情生动、流速平稳，且多有漂浮物

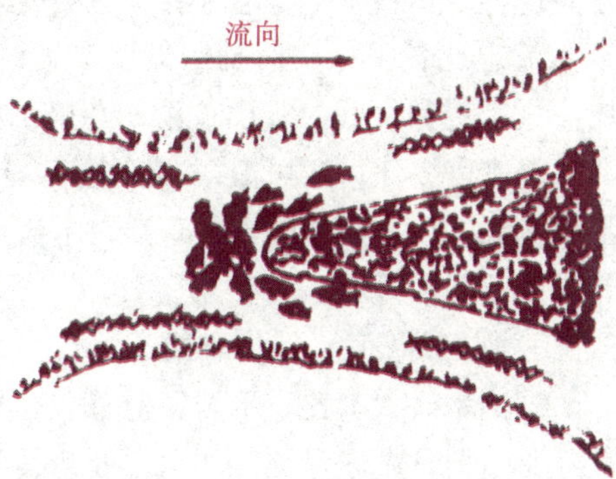

图 1－38 “裤裆汊”处好下竿

聚集，逆流而上的鱼儿大都在此觅食、游弋、久久不肯离去，故是理想的下钩之地（图 1-38）。

（8）小涨小落，下钩可钓；大涨大落，回家睡觉

河川中的鱼，涨水时同样很活跃，四处游动，不停地奔跑。涨速不大时，基本上照常摄食，这时可将钓点选在贴近深水的岸边，仍会有鱼儿咬钩。但当涨速很快时，它们只顾疯逃，无心进食。这时钓竿已失去作用，用挂网挂效果特好，一片网有时可挂上数十条。落水时也有规律寻找。跌落缓慢时，小鱼们照常摄食，而中等以上者却很少把钩咬。当跌落很快时，它们则惊恐万状，拼命往深水区潜逃——跑慢了就会被浅住，那可不得了。此刻它们顾不上饥饱，逃命最重要。你即使占据最佳钓位，用上最好饵料，使尽浑身招术，也是徒劳。笔者先后在东北的太子河、四川的金沙江、内蒙古的黄河等地垂钓几十个春秋，得出的结论是：凡是大涨大落，大一点的鱼干脆钓不到，与其"苦熬岁月"，还不如回家睡觉。河川中最适合钓鱼的水位是大半槽。水太小，河中鱼儿少；水太大，钓位不好找。最佳水势为不涨也不落（稳定期）或涨完停下来的一两天内水稳之际，下钩最好。

湖泊垂钓怎样选位选点

（1）湖湾港汊，钓位最佳

湖泊大都与溪流及自然河港相通连，水面宽阔，四周多有湖荡、洲滩。湖湾连着湖湾，河渠、港汊、沟塘遍布其间。水静流缓，湖底沉积淤泥，水质肥沃，水草茂盛，饵料丰富，堪称各种鱼类的乐园。湖湾与港汊，水不太深，即使在汛期水流也比较平稳，而且傍近城市集镇，各种落叶、籽实、虫类被风雨吹落湖中，大都滞留此间，吸引成群的鱼虾前来聚餐。若湖湾、港汊背靠山谷则更佳，其环境幽静，还可避风浪，有安全感，更是理想的钓点。此外，那些纵横交错的灌溉沟渠，以及岸边的大片草滩，水流平稳，食物丰盛，小鱼小虾成群，在此下钩，收获同样可观。

（2）花尖凹角，钓位难找

湖泊水底大都比较平坦，但总会有些高低不平、坑洼沟坎。如何得知？主要凭经验：但凡湖岸呈局部凹角之处，其前方水底多半为沟槽洼陷，这里沉积食物较多，且适合鱼儿隐蔽藏身，尤其在有风浪的天气，洼陷处更便于鱼儿"避难"，故凹角的前方水域是难得的好钓点。花尖是指湖岸突出的部位，鱼儿沿岸上下巡游要在这里拐转。钓手将竿打在此处，可以前后左右自由地施展，开拓钓点，这样就能增加回旋余地，为提高钓获量创造了条件。

（3）岛屿堤坝，好把竿下

天然湖泊之中，多有岛屿和巨石耸立，有的还筑有堤坝。这些天然或人为的建筑物，一般都离岸较远，水也比较深，环境安静，少受惊扰，又有食物可吃，成为大鱼的栖身之所。常见一些垂钓老手乘坐橡皮船来此下钩，大都颇有收获。

（4）人工河道，枯水期好钓

在湖泊的周围，大多有若干条与之毗邻的自然河港或人工河道。若属于季节性吞吐型的湖泊，汛期必是一片汪洋，无法垂钓。但在枯水期，河港或河道的水面一般都不很宽，也不很深，甚至与湖泊断开，形成一汪“孤水”。切莫小看了这些“无源之水”，里面常常会留下大大小小的鲫、鲤、草、鳊、鲢、鳙等鱼，数量可观，在此下竿，不会空手而回。

溪流垂钓怎样选位选点

溪钓不同于河、湖、塘、库钓，它具有以下几个特点：

第一，走钓是溪钓的一大特点。而溪水各段的流速均不相同：平、缓、急相差悬殊，还有浅滩的散流以及稳定的深潭，加之受气候与地形的影响，时而枯竭断流，时而飞洪瀑泻、变化万千。在这样复杂的溪流之中选好钓位与钓点，是溪钓的重要前提，也是成败的关键一环。

第二，水下情况复杂。水面有宽有窄，水体有深有浅，有的地方有障碍物和暗草，如不熟悉地形地貌，很难作出判断。

第三，水面相对狭小，回旋余地受限，鱼的密度稀疏，分布极不均匀。

第四，水色清澈透明，人鱼相互可见，鱼的警觉性高，受惊立即逃窜，且逃窜时常常会带走一串儿。

第五，鱼的种类多，食性杂，且个体普遍较小，一些大型鱼主要栖居于深潭。还有一点，所有溪鱼都没有固定的食物来源。

第六，山溪上游为泉源，细流涓涓，无鱼可企盼；中段水流湍急，变化万千，虽然好看好玩，但鱼儿难得一见；只有下游靠近平原，且与大水系相连，岸边坡度不大，水流比较平稳——这才是溪钓的好去处，多种溪水鱼，不论大大小小，都会在这里出现。

溪流的上述特点，决定了溪钓选位的一般原则与要点。众多野钓高手常会选择下列有利部位下钩，其经验可供借鉴。

（1）贴近主流，上鱼不愁

贴近主流一带，流速相对缓慢，容易滞留食物，鱼儿会在此“会餐”。顺主流而下的溪鱼，一旦嗅到饵料气味，折向缓流，再逆水上行，来到饵物近前，边游边吃。一有险情出现，随时进入主流快速逃遁。

（2）疏密相间好下竿

水草向来是鱼类的乐园，栖息、藏匿、觅食，但草若过密，则水底光线暗淡，饵料不易被发现；较近，人畜干扰甚多，故鱼儿并不喜欢。距岸较远的密草之外，水草疏密相间处，水底光线无阻，距岸较远的饵料易于发现且距深水又近，鱼有安全感，摄食也更加大胆，聚于此，是相当理想的钓点。

（3）两头水面宽，中间狭窄好下竿

溪流中，两头水域宽阔、中间狭窄的地段是溪鱼上下巡游的必经路线，也就是鱼道，这里鱼儿往来穿梭不断，自然是下竿的好钓点。前提条件是水流不能太急，若流急时选择下游流缓处方为胜算（图 1–39）。

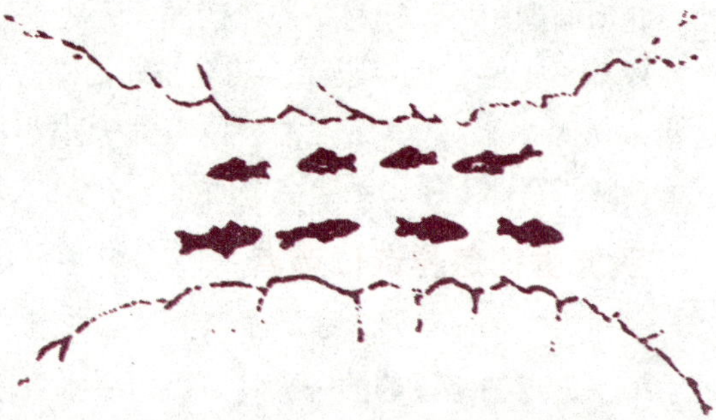

图 1－39　两头水面宽，中间狭窄好下竿

（4）亦深亦浅，绝好钓点

亦深亦浅——衔接两头深水域的浅水首尾处，这里才是绝佳的钓点。深水区比较安全，鱼儿自然喜欢在此栖息、藏身，为了觅食起见，它们又不得不到浅水区游转（浅水处草多食丰）。可是水浅容易暴露自己，很不安全，有时候鱼刚一露头，见人影、竿影晃动，立刻又被吓得逃回深水里边。所以它们总爱在深水区的边缘——亦深亦浅的地方转悠、试探，垂钓者如在此处打窝投竿，获得佳绩又有何难。

（5）障碍物边缘是好钓点

溪流中堆积的乱石、废料，倒塌的建筑物以及树枝、杂草等处无疑是鱼儿聚集之地，莫要轻易放弃。这些地方不仅鱼多而且个体较大，令人欣喜。但必须探明情况，在其边缘下钩，否则会有挂钩断线之虑。

（6）溪钓出水口，伸竿就会有

许多溪流都与平原大水系相连，当它靠近平川之后，最终流入河、湖、水库，其汇合处即溪流的出水口，便是钓手们争相占据的绝好钓点。这里有溪流带来的各种美食：谷物籽粒、植物茎叶、碎屑、动物碎骨、昆爬虫及虫卵。各种淡水鱼纷纷逆水而上，群集于此畅游不止，觅食、撒欢，倘能有幸占得出水口一席之地，准保你的鱼护沉甸甸。

（7）急流钓“流脚”，上鱼错不了

所谓“流脚”，是指急流的下段。这里河面较宽，流速缓慢，食物较多，鱼儿留恋。不像“流头”（急流的上段），河面狭窄，水深流急，食物难得一见。溪鱼除少数“坐地户”如柳根外，大都遵循“七上八下”的洄游习惯。每到夏末秋初，常会出现群鱼竞相溯流而上，蹿跃于水面的壮观场面。当它们一旦顶不住急流之时，便会退回来，向“流脚”处折返，稍事休息一下再继续向前。而游过大流的鱼体力消耗很大，一旦接近缓流区域，便会迫不及待地进入其间。也就是说，“流脚”处是鱼儿洄游的歇脚之地，也是补充食物的场所，故是溪钓的理想钓点。而“流头”处水流湍急，只有溪哥、马口、红翅等少数鱼种，喜高氧、善冲浪，但大多数钓手对这些“佼佼者”望而生叹。经验告诉我们，一些个体较大的鱼种，如鲤鱼、草鱼、鲢鱼等喜欢在缓流区域活动，所以钓“流脚”是最佳选择，这也是众多野钓高手的经验。

（8）静水湾中钓白鲦，石洞石缝钓石斑

除冬季外，静水湾子中常常有成群的白鲦等溪鱼，在水面上畅游不止、追捕飞虫，荡起圈圈涟漪，发出“啪、啪”的击水声。选择风不大的天气，用蝇钩钓浮，不会让你的鱼篓空空。石洞、石缝——石斑和鲶鱼最爱在这里藏身，既有食物可吃又隐蔽安全，尤其迎水流一面的大石旁边（包括石缝）是下钩的极好钓点。只要饵食对路，钓获量往往相当可观。

（9）春末夏初钓草滩，夏秋季节钓深潭

山溪中既有浅水滩，也有深水潭，常规钓法中的“春钓滩”，应用于溪钓照样灵验。春季万物复苏，天气逐渐变暖，春末夏初时节，浅水草滩处水温适宜，虫、虾聚集，为鱼类提供了觅食和繁殖的便利条件。它们成群结伙游往草滩，觅食、嬉戏、交配、产卵，成为溪钓的理想钓点。

夏秋之季，柴鱼大都栖居深潭。除柴鱼外，也有为数不少的鳖和鲶，白天极少露面，夜晚活动频繁，有的潭中还有鳗鲡，它们都很贪食。采用长竿、粗线、大钩、鲜白练鱼段为饵，钓获量会十分可观，而且个体均较大，让人喜欢。如专钓甲鱼，可不用竿，采用横钩钓法。

季节转换，钓点随着变

从垂钓的角度来讲，季节的转换，就是气温的改变，而气温的改变，必然导致水温的同步改变。鱼类乃是变温性动物，水温、氧气和食物是它们赖以生存的三大支柱，绝对受其控制与调遣。其中水温相当关键，什么地方水温适宜，它们就游向什么地方，毫不含糊，否则便难以生存。

因此，作为一名钓手，就要用心研究季节的更替对鱼类的活动规律以及摄食状态的影响，做到适天时而钓，追鱼踪迹下钩，丰收方有企盼。一位善钓者，不单要掌握在不同的水域环境垂钓选点的方法，更要积累在不同的季节气候条件下选点的经验，这样才比较全面。最忌将钓位钓点绝对化，一年四季抱着老套路不变，到头来，必适得其反。试想，一个不按客观规律行事的钓手，鱼儿已游居别处，他仍旧死守老窝点，又怎能不吃“白板”！

春季垂钓如何选钓点

1. 春和暖，钓边浅

春季，气温逐渐上升，阳光首先把 1 米左右深的向阳浅水区域晒暖，使这里的水生植物和浮游生物较早地萌生与繁殖，为鱼儿提供了适宜的水温和可口的食物资源。蛰伏了一冬的鱼儿急需补充养料，纷纷从深水区游向岸边觅食、取暖，快乐非凡。不过早春和仲春时节乍暖还寒，鱼儿大多在中午前后暖和的时段才肯露面。所以，春天垂钓应选择水面较小、水深在 1.5 米以下的坑塘或水面虽大但有大片的向阳浅滩的地方。如有水草或苇茬则更佳，这样的钓场，最适合春季下竿。

春钓的特点是跟着水温走，钓边浅无疑是经验之谈。倘若把钓点选在好几米深的地方，阳光势必照射不透，钓底层鱼岂不等于空谈。

2. 春钓滩，选北岸

仲春之前的天气特点是乍暖还寒，鱼儿虽已开始觅食，但它们避寒趋暖，总是游向水温相对较高的那一岸——北岸。北岸由于受阳光照射的时间较长，水温相对高于南岸。水温高的地方鱼必多，所以，有经验的钓手春季都爱把钓位选在北岸，实际是追着太阳下钩，此乃春钓选位之胜算（图 1–40）。

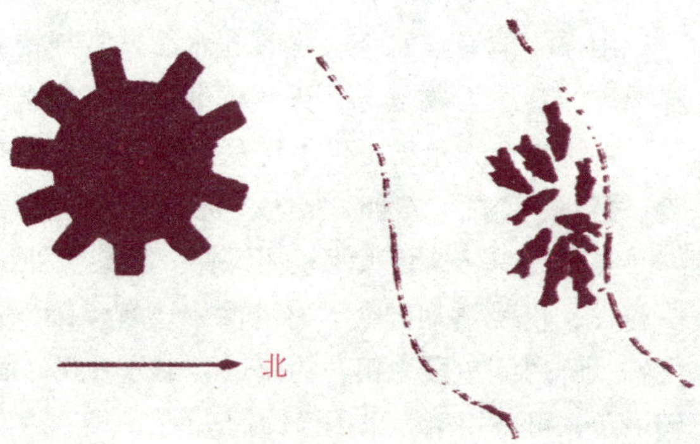

图 1–40　春钓北岸

3. 初春和末春，选位有区分

初春时节，鱼儿刚从严冬中缓过来，加之低水温的影响，食欲很不旺盛，碰到可口的饵食就咬上一口。这时垂钓，须选择晴好天气的中午前后，将窝打在大约 1.5 米深的水域才可能有鱼咬钩。太深太浅的地方都无鱼可钓。末春时节，正值阳春三月间。此时，气温上升较快，水草丛生，浮游生物大量繁衍，小鱼小虾聚集，鲫鱼面临产卵。它们成群结伙游到岸边浅水区觅食、嬉戏，追逐寻偶，准备产卵。这个季节应选择水草边和草空处为钓点，如无草则要找石头旁撒饵投竿。除鲫鱼外，鲤、鳊、鱼白、白练等鱼也积极摄食，只要选点合适饵料对路，常常会满载而归。

夏季垂钓如何选钓点

1. 初夏鱼活跃，深浅远近都可钓

初夏的天气与暮春相差无几，实际上是春钓旺季的继续。此时，水生植物和浮游生物等饵料丰厚，水温适宜，非常适合鱼类的生长发育。可钓鱼的品种增多，鲫、鲤、草、鲢、鲩、鳊、鲶等鱼，都频频咬钩，是池塘垂钓的大好时机。无论深浅远近，草边还是亮水区，都可以选钓窝，几乎伸竿就得鱼。除此之外，初夏时节，江河湖畔的稻田、草滩、空地被水淹没，稻粒、草粒、昆虫等美食将成群的鱼儿吸引到这里。还有水库这时也开闸放水、灌田插秧，水位骤降，但江河水势较急。这时应将钓位选在水库的沟溪小进水口、江河流速较缓的拐弯和湖湾，铧尖前的深水近岸等地，会取得不错的收益。

2. 盛夏骄阳照，六钓六不钓

（1）钓深不钓浅

7 月盛夏，骄阳似火，浅水区在阳光的直射下水温高得烫手，鱼儿怕热，纷纷躲到草丛中或深水区，除清晨和傍晚外，白天其他时间很难见到它们的踪迹。深水区阳光不易晒透，适合鱼儿乘凉、栖息，盛夏时节钓深不钓浅，就是这个道理。当然，也并非越深越好，水太深静压大，食物匮乏，含氧量低，鱼儿肯定不愿待在这里。一般在坑、洼、沟、槽或深浅交汇处选窝为宜。如钓场普遍为平底，则选水深 2 米左右处下竿较为有利。

（2）钓大水面不钓小水面

高温季节静水体，小水面的含氧量不如大水面充裕，鱼儿到处躲藏，摄食也不太积极。而大水面鱼儿活动空间不受局限，基本不影响食欲。所以，盛夏季节应尽量弃小求大，到水库、湖泊、河川等大水域垂钓，有望钓到较多的鱼。

（3）钓活水不钓死水

同样是高温燥热的天气，静水水域中如有小流量的进、出水处，就是理想的下竿之地。水流为静水带来了饵料和氧气，带来了生机与活力。尤其是进水口附近氧足食丰，更是鱼儿竞相夺食和畅游之所，久久不肯离去。而此时在其他死水处，一般很难钓到鱼。

（4）钓瘦水不钓肥水

肥水塘大都投放禽畜粪便和化肥等有机物喂鱼，水下微生物奇多，鱼儿终日饱腹。加之水生植物的枯萎腐烂、生活垃圾和废水的流入、长期不清淤等因素，致使藻类、菌类大量繁殖，水体溶氧不足（盛夏尤甚），能见度低，鱼儿懒洋洋的，食欲差又挑剔，故而难有收获。

而水质清亮的瘦水域，含氧量较高，鱼儿食欲旺，也很活跃。尤其是江河湖库、野水溪塘等自然水域，因没有固定的食物来源，鱼儿逮着啥吃啥，上钩率自然要高。这便是夏季钓瘦水不钓肥水的缘由。

（5）钓阴不钓阳

盛夏天气炎热，火辣辣的阳光直射水面，使水面温度高得烫手，鱼儿大都躲进深水区或遮荫处栖息，这时选择近岸阴凉处下钩方为有利。例如大树下、水草边、阴坡、桥洞、木排、码头、沉船、木桩旁以及建筑物倒影处等。这些地方光线较弱，水温较低，适合夏季鱼类休养生息，故是夏季垂钓选窝的理想之地。

（6）钓下风不钓上风

盛夏季节刮风对钓鱼有不可忽视的作用。风吹浪涌，使水体变活，溶氧增多，鱼儿活跃，四处游动；风浪将表层的浮游生物、藻类植物；以及落水昆虫、残屑、草籽、花粉等推送到下风口岸，供鱼儿享用；风浪使鱼的“安全感”得到加强，它们放心大胆地在这一带摄食、嬉戏、畅游，颇感“轻松”。故刮风天（以3～4级为好）的下风口岸是夏钓的极佳钓位，上鱼相当地“冲”。正如鱼谚所说：“宁钓下风，不钓上风”、“钓鱼迎风，鱼竿弯动”。

秋季垂钓如何选钓点

1. 初秋时节“伏”末了，选位仍不离“五找”

初秋暑气未消，气温依然很高，除清晨和傍晚外，白天其余时间鱼儿多在深水处栖息、漫游。这个季节选钓位仍离不开“五找”，即：找深、找阴、找水草、找活水两侧、找下风角。这些地方水温偏低，溶氧量较高，符合鱼儿夏日避暑乘凉的要求，故选这些地方做窝点，才会有望收获好。

2. 仲秋是旺季，深浅远近都有戏

仲秋时节，天高云淡，金风送爽，温度适宜，食丰氧足，是一年当中第二个垂钓旺季。此时各种淡水鱼都十分活跃，膘肥体壮，食量大增，摄食积极。江河湖库，溪塘沟渠，各种水域均可垂钓；手竿、海竿、拉砣都有用武之地；无论钓底钓浮，钓深钓浅，都会有不错的收益。尤其像河、库近岸水稍深的乱石周围，水草边缘与空隙，更是群鱼聚集，几乎是伸竿就咬，甚为得利。

3. 深秋天变冷，岸边尚可钓

寒露以后，气温急剧下降，天气日渐寒冷。这时鳞、鳊、草、罗非等鱼相继闭口，一些适温性较强的鲫、鲤、青鱼等还在摄食，但活动能力已明显减弱，早晚天凉时躲进深水区栖息少动，已经很难钓到。只有在中午前后气温较高的时段，才肯游到向阳岸边，边觅食边晒暖，这时在近岸 1~2 米的深处打窝下竿，尚可有鱼咬钩。鱼儿之所以游往岸边，一是因为秋风秋雨将岸上的谷粒、草籽、昆虫等食物吹落水中，大都滞留在岸边；二是由于岸边水较浅，经阳光照射后升温较快，水温相对较高。鱼儿避寒趋暖，寻找食物准备越冬，便纷纷从深水域游向这里。故近岸浅水区便成为深秋下竿的首选之地。

深秋时节外出钓鱼，一定要选择一个好天气。例如抓住冷空气过后的气温回暖这个短暂的有利时机，就会有收益，再就是要选择昼夜温差小的日子出钓（昼夜温差在 10℃以下），有助于提高上鱼率。

冬季垂钓如何选钓点

冬季草枯水寒，鱼也变得迟钝，潜伏于深水底部或枯草丛中，闭口不食，处于冬眠或半冬眠状态。其中只有少数耐低温能力较强的鲫鱼，其次是鳊鱼、鲤鱼尚有食欲，在好天气、温度较高的时段，游向背风朝阳的地方觅食晒暖，只是动作轻微，挑挑拣拣。如能选准位置，钓法得当，一般不会空返。碰上鱼儿集中之处，来个小丰收，也是常事一件。以下是冬钓选位选点的一般经验，可供借鉴。

（1）选好天气、时间。要选择无风或微风、艳阳高照的晴朗天出钓，于中午前后，气温较高的时段选窝下竿。不钓风雨或寒潮到来的“变脸儿”天，这种天气水温太低，鱼儿不动不食，下钩也是白搭。

（2）选好钓场。冬季水冷鱼难钓，选择钓场更重要。一要水面小，以静水坑塘为最好，二要鱼的密度比较高。具备这两条，才会见成效，水面小吸热快，水温相对高，鱼儿避寒趋暖，就会向这里游；只有鲫、鲤、鳊鱼等数量较多，才会有鱼可钓。

（3）选好钓位钓点。冬天鱼儿避寒趋暖，选位选点就要抓住这一特点。通常窝风、向阳、不深不浅的北岸，当为钓位之首选。有了好钓位，就不愁找到好钓点。

经验告诉我们，下列各处是比较理想的钓点：高崖、堤坝下；枯草、洞穴间，洄水湾；浅水域水下的坑洼沟槽，深水域水下的凸棱坡坎；障碍物的边缘；断流河道和池塘每条边的腰间，这些地方既温暖又有安全感，且有大量的可食之物存留其间，鱼儿自然乐于来此聚集，故是冬钓的理想钓点。

如果是冰钓，除在上述各处凿洞外，还有坑塘、水库的斜坡，冰缝两侧都是好钓点。斜坡是鱼儿由浅入深或由深入浅（目的为“避寒趋暖”）的必经之“门槛”，而那些因剧冷膨胀而炸开的大小裂缝，成了冰下鱼儿经常透气的集聚点。若将冰洞凿在这些地方，你一定不会无功而返。

春夏秋冬四季并不是截然分开的，相邻季节之间并没有一个明显的界限。更何况我国疆土辽阔，东西南北中，各地四季的区分也不一样。因此，我们在各季节中选位选点时，要采取分析的态度，分清地域性，因地制宜、因时制宜，灵活变通，才能取得好的垂钓效果。切忌墨守成规，生搬硬套。

二、几种常见鱼的垂钓方法

鲫鱼

鲫鱼属鲤科，又称喜头，是我国数量最多、分布最广的一种鱼，是垂钓的主要对象。鲫鱼个头小，非人工饲养的鲫鱼单尾重量多在500克以下。鲫鱼性情温驯，又不太挑剔食饵，荤、素皆食，加之适应环境的能力强、繁殖快、数量多、易于钓获。鲫鱼特别适合台湾钓法，是“台钓”的主要垂钓对象鱼，在“台钓”比赛中大多以钓鲫鱼为主。钓鲫鱼的方法是钓其他鱼方法的基础。为此，在这里对鲫鱼的钓法作一重点介绍。

1. 鲫鱼的生活习性

我国国内的普通鲫鱼属于水底层鱼类，分布广泛。东北的黑龙江，西部的新疆、云南、贵州，江淮流域、珠江三角洲的水域均有鲫鱼。这说明，鲫鱼适应环境的能力较强。无论是清水、浊水、深水、浅水、静水、流水、江河、湖泊、溪流、水库、池塘，均可存活；在零度以下的寒冷季节，在酷暑高温季节，均可熬过。鲫鱼也属于定居性鱼类，不随流水做长距离洄游。喜欢在水草丛中、水边的石堆中、树枝空隙间“安家”，也可在浅水河湾处、湖泊的沿岸处栖息。鲫鱼的繁殖期在江淮流域为4~5月份，温度在20℃左右。其繁殖力较强，生长在2 ~ 5年的雌性鲫鱼产卵量为2000~7000粒，产出的卵有黏性，常黏附在水中的草棵、树枝上。因此，钓鲫鱼应选有水草丛、乱树枝的地方。鲫鱼在产卵期食欲极旺，生命力最活跃，这时正是钓鲫鱼的最好时期。

虽然鲫鱼的种类很多，但生活习性却基本相近。它习惯生活在水体下层，是底栖性鱼类。它生长缓慢，个体超过1千克的极少。古人用“过江之鲫”来形容鲫鱼数量之多。在我国，凡是有水的地方几乎就有鲫鱼的踪迹，故其家族庞大。

鲫鱼的嗅觉、味觉和听觉发达，觅食主要靠嗅觉和味觉；鲫鱼喜合群；好活水；有强烈的趋草性；性情文静、胆子小。鲫鱼是杂食性鱼类的典型代表，荤、素皆食，很少挑剔，摄食的最佳水温为15~25℃，但水温在10℃以下时仍有摄食要求，故冰钓也能钓到它。

2. 钓点的选择

尽管鲫鱼分布广泛，但到了水域，也不能盲目下竿，要仔细观察地形、地物，根据季节、天气、时间选好钓点，其基本原则是：春季，宜选浅水、岸边、水草间、石头旁；夏季，早晚宜选岸边，中午宜选阴凉的深水处，雨天宜选洄水湾、进水口；秋季，晴天宜选深水处，阴雨天宜选岸边、水草处；冬季，宜选深潭、河湾、向阳处。

3. 鲫鱼的食物特性及鱼饵

鲫鱼的食物广泛，荤素皆食，属杂食性鱼类。

在使用蚯蚓时，有的钓友总是把蚯蚓拍死穿钩，为的是穿钩方便，死蚯蚓不会动。实际上这样很不好。活蚯蚓穿钩，蚯蚓在钩上可以扭动，在水中可增加对鱼的诱惑力，同时，蚯蚓应留出一段，吊在钩尖外面，这样，蚯蚓的动作范围更大，诱惑力更大。用蚯蚓时可以掐出一段，让蚯蚓的体内黏液向外流出，这种黏液流入水中，对鱼格外有吸引力。再说，因蚯蚓的身体遭损伤刺激，在水中扭动的动作更大。下面我们来看一下钓鲫鱼的鱼饵：

（1）诱饵。鲫鱼尤喜香甜饵食，故诱饵应具香甜味。诱饵的主料主要有玉米粉、麦麸、豆饼、糠饼、混合饵料等。辅料为增味料，主要有香油、炒芝麻粉、炒豆粉、鱼粉、蚕蛹粉等。

（2）钓饵。鲫鱼荤素均吃，尤偏爱荤饵。常用的荤饵是蚯蚓和蝇蛆。面饵是用得最多的素饵，它以面粉、玉米粉为主料，辅以曲酒、蚕虫粉、黄豆粉、芝麻粉、蚕蛹粉、鱼粉等增味料，揉搓成软硬适中的面团即成。现在市场上有很多鱼饵出售，如“龙王根”、“魔力”等鱼饵，它们配方独特，垂钓效果相当好，并可避开小鱼干扰，钓友们不妨试一试。

4. 钓具的选择

钓鲫鱼多用手竿钓，很少用海竿。手竿的基本特点是：轻、小、细、软。这是适应鲫鱼个体较小且又多疑的特点。

钓竿要轻巧、苗条、弹性好，长5 ~ 8米，玻璃钢竿或碳素竿均可；钓线要细，直径一般在0.15毫米以下；钓钩要钩条细、钩尖锋利，可选用小号鲫鱼钩；浮漂应便于观察，反应灵敏，一般用立漂或星漂；坠子用轻坠，反应灵敏。

台湾钓法使用的钓具最适合钓鲫鱼。注意，脑线应长一些（20 厘米以上），这是因为鲫鱼寻找食物时，首先是用身子触及，如见了鱼饵，也多半是用身子试探、甩尾巴试探。鲫鱼生性胆小，警惕性高。脑线要长，因为鲫鱼首先触及的是脑线而不是主线，脑线又比主线细，线上面还有连线环、铅坠，脑线触动时，不会带动主线，这时浮漂不会有反应。只有当鱼儿吞进鱼钩，上下方向用力时，浮漂才会有反应。这就是说，脑线长，浮漂反应鱼上钩的信息较准确；若脑线短，鱼儿身子、尾巴触及脑线时，甚至触及了主线，都会引起浮漂的反应。浮漂有了反应，钓鱼人以为是鱼上钩了，若是提竿，则会是空竿，实际上鱼儿并未上钩。

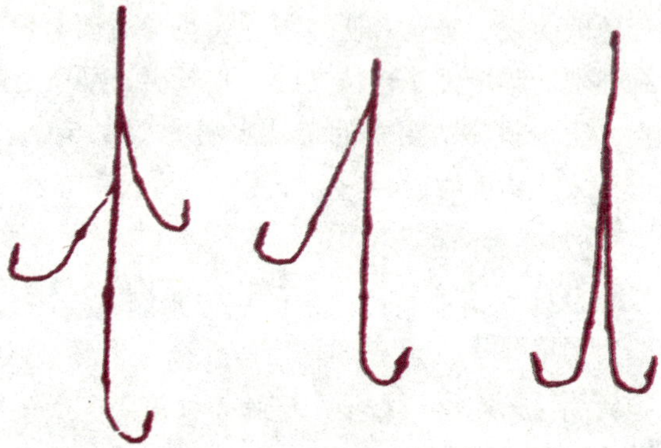

图 1－41　双钩、多钩钓鲫鱼拴钩法

因鲫鱼个头不大，单尾多在 500 克以下，加之水中鲫鱼的密度较大，又有群居群游的习惯，不少垂钓者便采用双钩或多钩钓鲫鱼，尤其是台湾钓法，全部用的是双钩，钓鱼效果比单钩效果好。双钩、多钩钓鲫鱼拴钩法如图 1–41 所示。

5. 钓鲫鱼的最佳时间和钓位

一年四季，均可钓鲫鱼。即使在水面结冰以后，若将冰打个洞，将钓饵、钓钩投进去也会钓到鱼。“千山鸟飞绝，万径人踪灭。孤舟蓑笠翁，独钓寒江雪。”正是在冰雪覆盖的江面上垂钓的写照。但是，钓鲫鱼的最好季节还是春季和秋季，若夏季只有在早晨 9 时前和下午 4 时后钓鱼才会有收获，夏天的黄昏是钓鲫鱼的最佳时间。

由于鲫鱼多生活在近岸边的浅水区，离岸 10 米以内是钓鲫鱼的最佳距离。若有水草，在离水草边 1 米以内的距离是最好的钓位。若岸边有打谷场、菜园、大树、灌木丛，离这些地方的近处钓鲫鱼效果好。若是养鱼场，管理人员在岸边经常投放饲料的地方也是好地方，因为鱼儿习惯在这里迎接主人的“恩赐”。有细流缓缓流进或流出的地方垂钓效果也不错。若是有风，下风口是好地方。牛经常卧水、饮水的地方也可以垂钓。因为牛经常在这里排泄粪便，粪便也是鱼儿的饲料。若是在湖泊、水库钓鲫鱼，也应选在水库的上游泊、湖的浅水区、有洄水湾处、水面相对较小的地方，若有水草更好。

6. **鲫鱼的垂钓方法**

鲫鱼是钓者们垂钓最多的鱼类，其垂钓方法也最多，下面介绍常用的几种钓鲫鱼的方法。

（1）手竿漂钩底钓

这是最常见的鲫鱼钓法。它又可分为齐竿线底钓和长竿短线钓两种。前者竿线与竿身长度相近，竿长 5~6 米，多使用立式长浮漂，这种钓法多适用水面开阔、水草稀少、水体较深的水域；另一种的钓竿长达 8 米以上，浮漂到竿尖处的“风线”较短，一般只有 0.5 ~ 0.8 米。这种钓法多适用于水草茂密、水底障碍物较多的水域。

在利用漂钩钓鲫鱼时，鱼吞饵的信号完全通过浮漂来显示，提竿时机与浮漂反应密切相关，因此，如何根据浮漂反应来确定提竿时机很重要。由于鲫鱼胆小多疑，因此吞食时总是迟疑再三，这样，浮漂的反应也有多种，现以常用的立漂反应来说明提竿时机。

其一，逗漂，浮漂在水面上下以较快速度升降，幅度多在 1 厘米之内，这是鲫鱼在试探，这时提竿，难以钓到，可再等待时机。

其二，顶漂，又叫送漂。浮漂从水下缓缓上升，多是鲫鱼含饵于口中，随之抬头，使浮漂缓缓上升，这种顶漂现象是鲫鱼咬钩的典型现象，见到顶漂提竿，十拿九稳。

其三，拖漂，又叫领漂。浮漂往斜方向被拖走，说明饵钩已被鲫鱼含在口中，并往窝点外面游去，应立即提竿。一般鱼体越大，倾斜越大，移动越快，拖漂现象一般出现于浅水中。

其四，黑漂，又叫闷漂。鲫鱼摄食时拉黑漂的时候较少，但拉黑漂时提竿必有鱼。鲫鱼吃钩时浮漂的动作比较独特，浮漂动作一般不大。因此，必须准确地掌握提竿时机，否则，难免提竿落空。

（2）钓拱草

又叫钓拱堆、戳拱钓。很多水域中有浮水植物，在其叶片背后与茎上附有鲫鱼喜食的浮游生物，使鲫鱼趋食而至，摄食时将叶片拱起，形成一个突起的小包，同时发出“叭叭”的响声，这时要及时下竿。钓竿用 5~7 米的硬调竿，钓线直径为 0.3~0.4 毫米，线长为 0.4~0.6 米，小号钩，不装漂坠，钓饵用红蚯蚓、蝇蛆均可。发现拱草时，即轻步赶至，将钓饵准确地送至拱草处（鱼嘴处），鲫鱼见到美味钓饵，哪有不吃之理。吞了就跑，而后要线，可稍松竿给线，钓线随之下拉，及时提竿得鱼。拱草的鲫鱼多是个体较大的，有时也有鲤鱼。

钓拱草时，要求迅速、准确，轻步趋进，当鱼咬钩后，要挺住钓竿，不使之逃逸。

（3）钓撞草

水草上附有许多水生生物，是鲫鱼极好的饵料，在它们前去觅食时，水草便会晃动，这也告诉钓者，水下有鱼。这时准备好与钓拱草相同的钓具，轻步前往。到位后把饵钩顺着水草轻轻放入水中，在其附近轻提缓放饵钩，幅度为 20~30 厘米。若感到钓竿绷紧，竿尖下沉，或饵钩在下沉时再也不下去时，说明鲫鱼已吞饵，应立即提竿，提竿要果断，若稍迟，上钩的鱼会带饵钩窜游，使钓线缠绕在草茎上，应避开密草，挺起钓竿，将鱼迅速提至水面，挑鱼上岸。

（4）漂钩浮钓

鲫鱼是底层鱼，一般用底钓，在特殊情况下也可浮钓。所谓特殊情况，是指当气温高、水温高、气压低、水中溶氧量减少时，鲫鱼难以承受水中的缺氧状况，便浮到水体的中、上层。这时若还是底钓，则收效甚微，可改用浮钓。

浮钓方法很简单，就是把坠子减轻一些，并根据天气及鲫鱼在水中游动的层面，调整其浮漂在钓线上的位置。浮钓时浮漂在鲫鱼吞饵时的反应，一般是下沉，此时提竿便可得鱼。

（5）海竿串钩钓

用海竿可把饵钩甩至远处，那里大鲫鱼较多，有可能钓到大鲫鱼。钓具以小巧为主，短海竿，小绕线轮，钓线直径 0. 25~0.35 毫米，坠子重 20 克左右，钓钩为小号钩，5~8 只钓钩拴成 1 串。钓饵多用荤饵，如蚯蚓、蝇蛆、小虾等，也可用粕饼粒，但一般不用面饵。将钓饵装钩后，甩至三四十米以外的水域，支好海竿，收紧钓线，挂上小铃，即可静候，待铃声响而提竿。

7. 河内鲫的钓法

我国的鲫鱼大多是普通鲫和银鲫两个品种。普通鲫分布地域较广，黄河、淮河、长江、珠江流域都有。银鲫多生活在黑龙江水系流经的地区。20 世纪 80 年代，我国的南方地区从中国台湾引进一个新鲫鱼品种，外形似银鲫，名叫河内鲫。而来自中国台湾的河内鲫鱼又是从日本引进中国台湾的。河内鲫目前在我国黄河以南的许多地方都有养殖。这种鲫鱼与我国原有的普通鲫在体形上、食性上、生活的水层上均有所不同。普通鲫体形较长，颜色较河内鲫白；河内鲫脊背较高，身子较宽，头部也没有普通鲫长。

（1）河内鲫鱼的生长特征

河内鲫鱼大多生活在水的中层，喜成群觅食和成群成片地栖息，其生长速度较普通鲫鱼快得多，一年可长到250克，在人工喂养的池塘，生长速度更快。繁殖力也较普通鲫鱼强，每年3~5月份产卵，产卵后就在鱼卵的附近觅食。冬季在水的底层越冬。

河内鲫鱼的食物特征与鲢鱼相似，多在水的中层生活，喜食水的中、上层的浮游生物和藻类植物。夏季气温高时，它也会游到水底"避暑"，若天气晴朗，水中溶氧量大的时候，也会到水的上层游弋觅食。

（2）钓河内鲫的钓具及使用

因河内鲫多是生活在人工喂养的池塘中，鱼的密度高，容易钓获。台湾钓法的钓具最适合钓河内鲫。河内鲫普遍比普通鲫鱼个头大，鱼钩可选用中、小型钩。若是钓鱼比赛，自然要用无倒刺鱼钩。钓河内鲫鱼也是采用双钩，脑线长度在20厘米左右。由于河内鲫通常在水的中层生活，钩、坠就也应沉在水的中层，而不是像钓普通卿鱼那样，沉到水的底层。因此须先试漂，调四目钓二目。至于钓竿，则视水面的大小而决定。

（3）钓河内鲫使用的钓饵

河内鲫与普通鲫的明显差异就在饵料的适应性上。普通鲫是杂食性鱼，无论是荤饵还是素饵，都"来者不拒"，有啥吃啥。而河内鲫鱼却是以素饵为主要食物，不吃荤饵。钓河内鲫，用的是自制的饵料。饵料原料以土豆粉（马铃薯粉）和炒黄的麦面粉为主。市场上出售的供人们使用的淀粉多半就是土豆粉，所以，饵料来源丰富，取之方便。调配饵料时适当加入香料，如山奈粉（中药材）、丁香粉或香精，也可加虾粉、蚕蛹粉。钓饵团要松散一些，便于在水的中上层就溶化。也可以在饵粒团上再蘸一些粉子，粉子入水就分散，漂浮在水的上面，以起到诱鱼的作用。

（4）河内鲫的钓法

河内鲫不像普通鲫鱼那样，始终生活在水的底层，而多是生活在水的中上层。但也不是绝对如此，因气象、季节等原因，也可能沉入底层觅食或栖息。所以钓河内鲫应在哪一层水中垂钓，不妨先做一试探。再说，有河内鲫的池塘，不一定就全是河内鲫而没有普通鲫，垂钓者可以先把钩、坠下到水的底层，做一试探。若在底层有鱼上钩，不管是河内鲫还是普通鲫都行。若水的底层无鱼上钩，那就说明河内鲫是生活在水的中上层了，然后再调整线、坠，减轻坠的重量，从铅坠上去掉一些铅皮就行了。无论是底层钓，还是在中上层钓，开始下钩以投放诱饵为主，让鱼饵溶入水中，雾化，然后再垂钓。有时，在一天内，河内鲫生活的水层也会有变化，垂钓者也应灵活机动，适时调整垂钓方法。

8. **鲫鱼的钓饵配方**

（1）素饵

①马铃薯粉（即土豆粉，人们食用的淀粉，也叫粉面）为主，加蛋黄、鱼粉或虾粉搅拌，然后添加米酒酿、蜂蜜制成。

②麦麸片、炒黄的面粉、山奈粉，加水搅拌。

③玉米面粉、饼粉、鱼粉拌和后蒸熟，用时加曲酒或蜂蜜或白糖。

④炒熟的黄豆粉，加少量的豌豆粉拌和，用时可加香精。

⑤用酒泡小米一周以上，然后加面粉（炒出香味）、马铃薯粉拌和。

⑥鸡蛋 1 个，白糖（或蜂蜜）适量，加糯米面粉拌和，用时可添加酒。豆粉蒸熟，加饼粉、曲酒调和。

⑦玉米面、炒黄豆粉、麸皮（细的）拌和后蒸熟，生用亦可。

⑧面粉、熟鸡蛋黄、水果香型的牙膏（适量）拌和。

⑨红薯粉（或土豆粉）、虾皮碎末、适量豆粉，蒸熟，生用亦可。

⑩芝麻酱（或榨过油的芝麻油渣）、面粉拌和。在钓饵上再蘸芝麻酱也可。

（2）荤饵

红蚯蚓、小虾、蚕蛹、红虫、火腿肠等。

鲤鱼

鲤鱼，古称赤鲤。现多称拐子鲤、鲤毛子，在我国分布很广，约有十多个品种，是一种主要的垂钓鱼类。从东北的黑龙江，到西南的澜沧江都有鲤鱼。同鲫鱼一样，几乎有水生生物的所有水域都有鲤鱼，有些地方水质较差，但鲤鱼也能生存。

1. **鲤鱼的生活习性**

鲤鱼，多栖息在水底的水草丛中或松软的泥土中，这种鱼还有喜欢拱泥寻食的特点，特别喜欢肥沃的水底层和有乱石、腐烂的植物茎叶的地方。家畜、家禽经常下水的地方，会有排泄的粪便，鲤鱼常来觅食、栖息。水库及湖泊中的缓坡和较深的水湾、涵洞、闸门附近也都是鲤鱼生存的地方。鲤鱼还有避强光、喜阴暗、隐蔽性强的特点。鲤鱼喜欢逆水而上并有跃波的习惯，民间曾流传“鲤鱼跳龙门”的故事。

鲤鱼繁殖力强，一条鲤鱼的年产卵量可多达 10 万粒。鲤鱼生长速度快于鲫鱼，雌性鲤鱼两年就达到性成熟。鲤鱼属杂食性鱼类，荤素皆食。幼小的鲤鱼以水中的微生物、藻类、植物等食物为主。长大以后吃水蚯蚓、蚊的幼虫、小螺肉等。鲤鱼对甜味特别喜好。春、夏季食欲旺盛，秋季多食虾等动物性质的食物。

人工饲养鲤鱼，多以榨过油的饼类（花生饼、芝麻饼、菜籽饼、豆饼）为主要饲料。

2. 钓点的选择

鲤鱼的钓点应选择在鲤鱼的栖息区、觅食区及鲤鱼鱼星多的水域，在这些水域垂钓鲤鱼，收获一定很大。

（1）栖息区。鲤鱼喜弱光，喜在水域中水色深暗、透明度较低，水底有乱石、沟坎、枯树等障碍物处，或是水域边有建筑物、陡岸、绿树成荫而带来的一片弱光区栖息。

（2）觅食区。在水草茂盛之处、码头旁、畜禽场、厕所旁、有流水流入的进水口两旁，江河的洄水湾、大水流的缓流区等地方，那里食物丰富，是鲤鱼觅食的好场所。

（3）鲤鱼鱼星多的水域。鲤鱼鱼星的特点一般是成片状、多而密，凡是在水面上见到这种鱼星泛起，就能断定水底有鲤鱼。

3. 鱼饵种类

鲤鱼食性很杂，食谱也较宽，它喜香味和甜味，微酸味次之，诱饵和钓饵应根据上述原则进行配方。

（1）诱饵多为素饵，就其形状来说，有粉末状、颗粒状和块状三种。粉末状诱饵主要是各种粮食类粉末（若炒香，效果更好）；颗粒诱饵为粮食粒或颗粒饵料、酒糟等；块状诱饵主要是各种粕饼。在粉末状或颗粒状诱饵中，可加入些增味料，如曲酒、药酒、香精、香油等，诱鲤鱼效果很好。

（2）钓饵主要分素饵和荤饵两类。常用的荤饵有蚯蚓、红虫、蚕蛹、螺蛳、小虾、昆虫蛹、蝇蛆等。素饵有面饵、糟饵和颗粒饵三种。面饵是以玉米粉、面粉等为主料，加入曲酒、香油、鱼粉、蚕蛹粉等增味料拌匀而成。糟饵是用于炸弹钩的钓饵，它以糠饼粉、豆饼粉、玉米粉、麦麸、土豆泥等为主料，再加入增味料制成，糟饵若经低度发酵，效果更好。颗粒饵有糠饼粒、豆饼粒、嫩玉米粒、半熟土豆丁、红薯丁、米饭粒等。这里介绍几种钓鲤鱼的钓饵：

①将红薯、土豆蒸熟捣成泥，加入虾粉或鱼粉。

②鲤鱼特别喜欢食小麦粒。用红糖、麦粒，加适量水浸泡，作诱饵。因台湾钓法不用诱饵打窝，可把麦粒弄碎，成细颗粒，加入面粉揉成团即可。

③用臭豆腐乳拌入面粉揉团。

④用果酱、奶粉、面粉混合揉团。

⑤黄豆粉、羊油、蜂蜜（或白糖）拌和成团。

⑥阿魏加水化成浓液，加入面粉中，揉成团。此饵夏天用在肥水塘中效果尤佳。

⑦细玉米粉加白糖拌和后蒸熟，用时添加香料（曲酒或香精）。

⑧豆饼粉、玉米面炒出香味，加鱼粉和少量马铃薯粉，拌和水揉搓成团。也可加白糖。

⑨玉米面粉、豆粉、麦麸炒熟，加山奈粉、曲酒、红糖调拌成团。

⑩黄豆粉、玉米面、白面，加芝麻酱或蜂蜜调拌成团。

⑪ 饼粉、麦麸炒出香味加丁香粉、山奈粉，用水调拌成团。

⑫ 红蚯蚓切成碎块，用阿魏水、面粉拌和成团。

4. 垂钓鲤鱼的钓具

鲤鱼个体较鲫鱼大得多，重量通常多在 500 克以上，加之鲤鱼的蹿劲大，无论是竿、线、钩都应有针对性地选用。竿可以用硬调，长度在 4.5 米以上。线应选用拉力强的鱼线，主线的直径不小于 0.4 毫米，脑线不小于 0.3 毫米。鱼钩可选用 7 号以上的伊势尼钩。钩的弯部应宽一些，用有倒刺的钩最好，以防脱钩。浮漂相应地与钩、线型号匹配，选用稍大的浮漂。

5. 垂钓方法

（1）提竿时机的恰当性

鲤鱼吃钩后，在浮漂上的反应往往比鲫鱼吃钩后浮漂的反应要强烈、要猛。鲤鱼性格机敏、狡猾，警惕性高，挣扎力大，逃窜迅速。遇到食饵后不是马上咬钩，而是先用头拱、嘴唇碰、身子触及，若鱼饵对口味才咬钩。反应在浮漂上是先上下沉浮几下，然后突然沉没于水中，鱼线被鲤鱼拖走。送漂的情况较少。偶尔还有漂子在水面转圈圈的现象。比较大的鲤鱼咬钩后往往伏在水底不动，这时提竿的感觉像是钩被树根、草茎挂住似的，这正是大鱼卧住不动的表现，这时要沉住气，把竿子斜着拉紧（斜度为 60° 左右），然后慢慢顺着鲤鱼的劲遛鱼。由于鲤鱼力大、狡猾，易脱钩，一定要沉着镇静，慢慢把鱼遛到水边，尽量用抄网抄鱼。在中原一带，专门饲养鱼的塘内饲养的鲤鱼远没有饲养的鲫鱼、草鱼多，鲤鱼密度不大，垂钓时不妨多试几个钓点，见机行事，也可来回轮流垂钓。

（2）钓法要灵活，随机应变

鲤鱼性格较鲫鱼活泼，游动性大，又有拱泥的习惯，钓鲤鱼不要仅限于定窝钓法，还应灵活掌握，随机应变。因鲤鱼拱泥时会在水面出现鱼星的现象，所以可以跟着鱼星用追星钓法。

①逗钓。有时明知此处有鱼，可鱼就是不咬钩，此时可用逗钓法。就是每隔

3~5 分钟，将钩轻轻地上提 10~20 厘米，然后再沉下去。也可以在提起后向前后左右移动钩饵，其目的就是让饵料动起来，以引起鱼儿的注意。

②轮钓。在一片水域打多个窝子，每个窝子之间相距 2~3 米，在各个窝点轮流垂钓。当然，不是落下不久又移走，而是每个窝点至少应等待 10 分钟以上，不应过于频繁的换窝。

③游钓。游钓不必打窝，垂钓者走走钓钓，就水中鱼情而定钓点。通常在开始垂钓时用游钓法。因对水中鱼情不太熟悉，对水底状况不太了解，用游钓法可以起到试探侦察，熟悉情况的作用。一旦在哪个水域钓获了鲤鱼，就应该在此处打窝定点钓。

（3）具体的几种垂钓方法

①手竿漂钩钓。与手竿钓鲫鱼一样，钓鲤鱼也有齐竿线钓和长竿短线钓两种。由于鲤鱼力大，手竿线短，难以与鱼周旋。现在很多钓者在竿身前端安装一个小绕线轮，可贮存钓线 10~20 米，这样在垂钓鲤鱼时就不会断线跑鱼了。垂钓鲤鱼前先打窝子，一般打窝子 2~3 个。撒饵量要多一些，相当于钓鲫饵量的 4~6 倍，饵料应点、面结合，即粉末、颗粒状、块状同时使用，在选定的钓点内下窝。

撒饵时，不要把诱饵捏成团状，应松散些，使鲤鱼不至于马上吃光。因鲤鱼为底栖鱼类，以底钓为主。应仔细调整好漂、坠的重量，使漂露出一定高度。鲤鱼性格机警，其摄食的特点是将食物含在嘴里，尝尝味道，吞进吐出，那时浮漂的反应是上下抖动，但升降幅度不大，这时不能提竿。若浮漂徐徐上升或缓缓下降，就要及时提竿，提竿的姿势与钓鲫鱼一样，但用力应稍大，因鲤鱼嘴比鲫鱼嘴厚实，力小难扎入鱼嘴。当鲤鱼上钩后，若个体较大，手竿钓线又短，需要用高超的技术才能使其就范。关键是要立即站起，紧握钓竿，与地面呈 45° 左右的斜角，保持弓形，借用钓竿的弹力与鲤鱼周旋，直至耗尽鲤鱼体力而将它提出水面。

③海竿钓。这是钓鲤鱼的常用方法，钓竿应用竿长 3 米左右的中调竿，钓线直径 0.4~0.45 毫米，中号绕线轮，贮线 100 米以上。根据钩组的不同，又有以下几种钓法：

其一，炸弹钩钓。这是海竿的主要钓法。炸弹钩用 6~8 枚中、大号钩拴成。炸弹钩上挂糟饵，具有香、甜、散的特点。饵团应具鸭梨般大小。钓钩可斜插或深埋，钩多浅插，钩少深埋。然后将饵钩甩入钓点，静候鲤鱼咬钩。

其二，饼钩钓。像糠饼、豆饼类的粕饼，有浓郁的清香，既是好诱饵，又是好钓饵。粕饼组织致密，入水难化，一块饼钩用一天也化不完。饼钩上的钓钩贴近饼块，当鲤鱼趋近吸食粕饼时，容易将空钩一起吸入嘴中而被钩住。

其三，串钩钓。串钩一般采用 4~6 枚钓钩，主线直径为 0.3~0.35 毫米，脑线长 8~10 厘米，两钓钩间距离应大于两倍脑线长，以免缠绕。钓饵可用蚯蚓、螺蛳、小虾、红虫等荤饵，也可用糠饼粒、豆饼粒、玉米粒等素饵。海竿挂饵入水后，绷紧钓线，在竿尖上挂小铃，看竿尖反应，或一旦铃响，或竿成弯弓，或钓线回线，都应及时提竿将鲤鱼钩住。对于 1 千克以下的鲤鱼，比较容易提鱼上岸。而对于大鲤鱼，就要费一番工夫了。大鲤鱼力大劲猛，逃窜本领强。鲤鱼上钩后一般有以下四种表现：

其一，窜。鲤鱼在觅食中突然被钓钩钩住，疼痛异常，便负痛狂窜，方向不定，1 秒钟便能窜出几十米。这时钓者要冷静、沉着，充分发挥曳力装置作用，缓冲鲤鱼的冲力。窜，也是消耗鲤鱼体力最大的时候。

其二，跃。鲤鱼在狂窜中，因疼痛受惊，便跃出水面，这时钓者要有充分准备，切勿绷线过紧，以免拉断钓线，而要迅速判明鲤鱼的逃窜方向，采取相应措施。

其三，卧。大鲤鱼还有一绝招，就是“卧”。在窜、跃均未奏效时，它又会猛然沉底，把前半身扎入泥中，卧着不动，任你怎么用力，它也一动不动。这时，钓者应发挥竿尖弹力作用，时松时紧，引它游动，不给它以喘息之机。

其四，绕。大鲤鱼还有一个“绕”的本领，就是它会牵着钓线在原地打转，钓线也就一松一紧，有时它还会围绕水底障碍物转圈，这时钓者应绷紧钓线，阻止其绕圈。鲤鱼是一种机警而又有灵性的鱼类，要想钓起它，必须与它斗智斗勇，故应沉着冷静，随机应变，尽快消耗其体力，待其力尽后将鱼钓上岸。

草鱼

草鱼又称草鲩、草鲍、草混子，是我国的主要鱼类之一。其生长范围广，草鱼鱼苗的繁殖地分布也广，从黑龙江到珠江，都可以繁殖草鱼苗，生长草鱼。

1. 草鱼的生活习性

草鱼体长，呈圆筒形。体青黄色，头较扁平。它以喜食草而得名，是典型的草食性鱼类，贪食，消化能力强，生长快，个体大，最大个体可达五十多千克。草鱼在静水中不能产卵，只在江河流水中产卵，故需要人工放养鱼苗。

草鱼主食草类，尤喜食禾本科植物，食量大，在水温 25~30℃时摄食量最大。草鱼也兼食动物性饵料，如蚱蜢、青虫、蟑螂、蝇蛆、蚯蚓等，喜酸味、甜酸味的饵料。它栖息在水体的中、下层，多在中层活动，有时也至上层游弋。它抗温、耐寒，适应能力强，几乎四季皆能进食，但摄食强度不同。

但是，草鱼多生活在水的中下层，水草丰盛的地方是草鱼的最佳栖息场所。它行动迅速，不太温驯，窜劲大，食量大，发育快，形体大小不一，刚放养的鱼苗小到数克，成鱼重达数十千克，生长期在4~9月份，5月份繁殖力强。夏天常在水的中上层吃水中的青草、浮萍、菱角叶，以及草棵中的小昆虫、蚱蜢。进食时水中会发出“咂咂”的响声。雨天非常活跃，食欲也特别旺盛。每到一个塘口，若见水中的嫩草有被咬断、草叶漂浮水中的现象，就表明水中有草鱼。若见水呈绿颜色，呼吸时感到有鱼腥味，也说明水中有草鱼。因草鱼吃青草后，排泄的粪便是绿色，粪便多了，水色自然也是绿色，由此也可以判断该塘多草鱼。草鱼对高温也有耐力和适应力。在夏天的中午，草鱼照样游动、觅食。所以在夏天的中午，用花瓣、嫩叶、蚱蜢就可以钓到草鱼，但需在水的上层用浮钓法垂钓。

2. 钓点和钓位的选择

（1）钓点的选择

草鱼的行踪与其食物有很大关系，食物多草鱼多；反之，则少，由此而寻觅草鱼的钓点。在江河流水处的洄水湾、浅滩处，涨水时被水淹没的草丛处，饵食丰富，均是草鱼的好钓点。

在产卵时节的产卵场附近，草鱼群集于此，那里也是较好的钓点。

在静水水域，若是定点喂食区、有流水注入处、水域中水草较多处、岸边树木杂草丛生处、靠近庄稼地或草地等处，这些地方有草鱼喜食的丰富饵食，均可作为草鱼的钓点。

（2）钓位的选择

草鱼，离不开草；钓草鱼，也离不开草。钓草鱼，应选择水中有草的地方。有些塘，仅靠岸边有些水草，有人认为离岸太近，不会有草鱼。其实，在近岸的水草处垂钓比在无水草的地方垂钓效果好。

为了引诱草鱼，可用“抛草打窝法”。方法是：在岸边拔一些青草，尽量选长得高的嫩草。先用钩线测试水的深度，若是草的长度超过水的深度，就把草扎成捆，草捆中夹一块大石头直接抛到准备垂钓的地方。若是草的长度没有水深，可用两个办法：一是将草尽量捆得长一些，也就是参差不齐地捆；二是在草下面系一块大石头，草的上面系一块泡沫塑料。如没有泡沫塑料，用普通塑料袋也行。它的作用是：泡沫塑料漂浮在水面，显示草捆在水中的位置。

夏天和初秋，草鱼喜欢在有风有浪的地方游弋觅食。池塘的进水口和出水口的地方，因有活水，氧气充足，也是草鱼喜欢的地方。下风口，浮游生物多，食料丰富，更是草鱼觅食的好场所。有菜园、灌木丛、打谷场的水边，垂钓效果也好。若天气由晴转阴，气压低闷时，草鱼也会浮到水的上层，尽管胃口不好，若用草、嫩叶、花朵仍然可以钓到草鱼。

夏天，湖区、库区涨水后常常会淹没附近的菜园和庄稼，被淹没的浅水区因食物丰富，也是钓草鱼的好地方。

3. **鱼饵种类**

（1）诱饵

钓草鱼的诱饵主要是青草和素饵，青草使用的铁性草、芦苇、嫩玉米叶、菜叶等均是好诱饵，将它们用绳子捆成一捆，投放至钓点即可。

素饵主要是粮食类饵料，如豆饼、糠饼、麦麸、玉米粉等，将它们混合投放，或进行轻微发酵，使其略带酸味，再略加曲酒，即成好诱饵。

（2）钓饵

草鱼虽属草食性鱼类，但喜食的饵料却很多。素饵有鲜嫩草尖、轮叶黑藻、南瓜花、桑葚等；荤饵有各种昆虫。素饵包括面饵和糟饵，一般用于钓鲤鱼的素饵也可钓草鱼，带酸味的饵料很受草鱼青睐。此外，嫩玉米粒、麦芽、半熟的红薯丁和土豆丁也是钓草鱼常用的钓饵。

市场上有专门钓草鱼的钓饵出售。除此之外，自己完全可以配制钓饵。

草鱼以素食为主，荤素皆食。蚯蚓、小昆虫等也是草鱼的食物来源。

素饵的配制

①用麸皮、饼粉作原料，加啤酒或曲酒、甜米酒泡制，再适当发酵。夏季隔天可用，春、秋季 2~3 天可用。

②饼粉、米糠、碎麦粒混合后，加香料和水揉成团。

③红薯蒸熟捣碎，拌入面粉或豆腐粉揉成团。

④臭豆腐乳（以北京“王致和牌”为最好）加面粉，揉搓成团。

⑤将韭菜叶揉碎取其汁拌入面粉中，适当加些麸皮和水揉成团。

⑥将菜叶揉碎取其汁拌入面粉中揉成团。

⑦将番茄捣碎，加入面粉揉拌成团。

⑧把养鱼场的喂鱼饲料捣碎，加些面粉、玉米粉和水揉成团。

⑨用酒泡嫩玉米粒。

⑩草莓酱、带酸甜的果酱拌入面粉揉成团。

荤饵的使用

除了用红蚯蚓外，各种小昆虫均可用来钓草鱼，如蚱蜢、蟋蟀、青虫、飞蛾、蜻蜓、油葫芦、面包虫、红虫、螳螂、蝼蛄、苍蝇、小虾等。在钓场也可以摘取植物的叶、花、果实用作钓草鱼的钓饵，如黄瓜花、南瓜花、嫩玉米粒、嫩稻穗、麦穗、芹菜、苇芯、荷花瓣、瓜瓤、槐花、茭白芽等。

4. **钓具**

草鱼个体较大，数千克的草鱼很常见，钓具应与此相适应。一般草鱼钓具和鲤鱼钓具相类似，但草鱼可以浮钓，漂、坠配合又稍有不同。

5. **垂钓草鱼的方法**

由于草鱼既生活在水的下层，有时也生活在水的中层或上层，所以垂钓者必须“因鱼情施钓”。草鱼到底在水的哪一层，主要因为气温、季节、时间的不同而有所不同。在初春和秋季，气温不高（10℃以下）时，草鱼多在水的底层生活，这时就应该用底钓的办法，钩、坠必须接近水底。

夏季、初秋，气温较高，草鱼多在水的中层生活，这时就应用浮钓法，首先减轻铅坠的重量，使钩、坠不入水底，浮漂仍是调四目钓二目，或是调五目钓三目。

若是有风有雨的天气，夏天的上午 9 时前、下午 4 时后，草鱼因水中的氧气不充足而在水的上层呼吸新鲜空气，吸吮水面的浮游物，这时就在水的上层钓。钓饵离水面 30 厘米最好。若是用花朵、蔬菜嫩叶、嫩草作钓饵，自然也是应当在水的上层钓。若是人工喂养草鱼的渔场，因鱼的密度较大，容易钓获。但也有个选择钓位的问题，这就是主人经常投放饲料的地方。

另外，尽量使用喂鱼的饲料，再添加自备的饵料。若用水调拌，应当用当地养鱼池中的水。若水中有水草，应选择靠近水草的地方钓。草鱼由于体大、性格活泼，咬钩不像鲫鱼那样“谨小慎微”，而是实实在在，浮漂的沉浮幅度大，仅三两下，浮漂就会拉入水中，送漂的现象较小。草鱼的个头较大，重量通常在 500 克以上，所使用的钓具应和上面介绍的钓鲤鱼的钓具相似。因草鱼较鲤鱼凶猛，窜劲大，鱼线应长一些，便于遛鱼。若有绕线轮，应事先多放出一些线。钓钩应用 7 号以上的钩。若是个头较大的草鱼（1500 克以上），应做好遛鱼的准备，顺着鱼的窜劲放线，竿子始终保持弯弓状，线必须是绷着的，竿与水面有 60° 以上的斜度。草鱼窜劲虽大，但耐久力不大，挣扎不了多久就会精疲力竭，拉到水边时可能翻肚，这时正是用抄网抄鱼的恰当时机。下面介绍几种常见垂钓草鱼的方法：

（1）手竿底钓

与钓鲤鱼方法基本相同。可齐竿线钓，也可长竿短线钓。钓前，在选定的钓点打窝子，草窝、饼块窝、糟饵窝均可，也可混合使用。钓钩可用单钩，也可用双钩。

钓饵的选择要根据水域、季节、喂食情况而确定。将钓饵装钩后，投于钓点，饵钩沉底，浮漂处于直立状态。

草鱼贪食，性格愚钝，食量又大，它们被诱饵引来，常不分青红皂白，张口就吃。它摄食较文静，浮漂的反应是先上下抖动，接着缓缓上升，再稳稳下沉，在这两种情况下，都应及时提竿，基本可以得鱼。

（2）手竿浮钓

热天，草鱼常到水体中上层游弋，这时就应进行浮钓。浮钓时多打草窝，使其半浮于水中，离岸 5~7 米。钓钩多用 2~3 枚钓钩拴成串钩。钓饵可用嫩草、荤饵、素饵等，应根据季节而定。浮漂用浮力较大的短漂。坠子的重量应能使漂悬浮并直立于水中。而后，钓者可在几个窝子处巡视，若见某草窝处有草茎上翻，即说明该处有草鱼，即可将饵钩顺此下落，草鱼见之即会张口吞饵，这时浮漂先抖动，再被拖入水中，待浮漂入水后，心中默念一二三，再猛提手竿，使钓钩刺入鱼体，草鱼就难逃厄运了。

（3）海竿底钓

一般有炸弹钩底钓和串钩底钓两种钓法，均不用浮漂。

①炸弹钩底钓较普遍，与钓鲤鱼的钓法相类似，但饵料有所不同，草鱼对酸饵感兴趣，故饵料最好经轻微发酵，具微酸或中酸味。

②用串钩底钓时，一般钓钩为 3~5 枚，坠子为 20~30 克，钓竿长 3~4 米。钓钩多，则竿身长，各钩上可装不同钓饵，如粕饼粒、青虫、嫩草尖、蟋蟀、蟑螂等，草鱼可择饵而食。将饵钩甩入钓点后，支好海竿，绷紧钓线，挂上小铃，就可静候鱼儿咬钩了。

（4）海竿浮钓

草鱼喜在水体中上层活动，特别在炎炎夏日，草鱼还喜在水体上层活动，这时采用浮钓的效果好，因海竿可甩远，故效果甚好。海竿浮钓，浮漂宜大，可用浮力大的球形、伞形、棒形等短漂，钓钩用 2~3 枚钩拴成的串钩，钓饵多用草饵或昆虫饵。浮钓时，饵钩会顺着水流、风力而移动，因此，钓位应选在顺风、顺水的方向，使饵钩越漂越远。海竿浮钓，饵钩一般离岸较远，这里大草鱼较多。草鱼性愚，发现饵料一般不肯放过，这时浮漂会一边抖动，一边慢慢斜向没入水中。看到草鱼咬钩，应及时持竿在手，先将松弛钓线基本收紧，待浮漂全部没入水中后，再奋力向身后扬竿，即可将草鱼钩住。

青鱼

1. 青鱼的生活习性

青鱼，又叫乌青、螺蛳青等。南方较多，北方较少，是我国四大家鱼之一。青鱼体色青黑，鳍呈灰黑色，故曰青鱼。它生长快，个体大，是一种大型鱼类。青鱼为近底层鱼类，多栖息在水体中下层。成年青鱼以软体动物中的螺蛳为主，也食虾、蚌等。

青鱼力大，窜跳力极强，号称“鱼中之王”。它韧性好，耐力强，在与青鱼搏斗时极富刺激性。青鱼数量较少，钓到较难。

青鱼生长速度快，当年孵化的鱼苗到年底就可长到 1 千克以上。性格没有草鱼活跃，但力量比草鱼大得多。人们若钓到大青鱼时，人与鱼的较量别有一番情趣，会留下长久的记忆。鱼在水中挣扎、窜游，人在岸上把着弯弓状的钓竿，只见鱼线忽地一下往左，又忽地一下往右，有时人不得不随鱼在岸上奔走，这时钓友们在岸边助阵。待青鱼被钓鱼人遛得疲惫不堪时，不得不随着鱼线被拽到水边，岸上的人们无不欢呼雀跃，其情其景令人兴奋不已。在台湾，钓鱼爱好者尤其爱钓青鱼，其原因就是比钓鲫鱼、罗非鱼等小型鱼过瘾。

青鱼的食物特征：青鱼以水底层的软体动物为主要食物来源，尤其喜食螺蛳肉，所以青鱼又被人们叫作螺蛳青。青鱼也吃蚌、虾、蜻蜓幼虫、水虫等。在人工养鱼场中，青鱼自然以人工投放的颗粒状植物饵料为主。麸皮、糠粉、熟红薯、豆粉、米粒、青草也是青鱼的饵料，用熟红薯拌面钓青鱼是江淮一带人们常用的钓饵，而且效果非常好。

青鱼有牙齿，牙齿位于口腔的咽部，也叫咽齿。遇到螺蛳、蚌、蚬之类的有壳动物，它可以用咽齿咬碎硬壳，并将硬壳吐出吃壳内的肉。春、夏、秋季青鱼食欲旺盛，特别是秋天，青鱼特别贪食，在江淮流域，农村收割水稻的季节正是钓青鱼的黄金时期。青鱼多生活在湖泊、水库、河湾等大水面的水域中。人工养鱼的小池塘青鱼较少，而且个头不大。因为蚌类、螺蛳类等多生长在自然的水域中，这些又是青鱼的主食来源。

2. 钓点的选择

青鱼多栖息在深水中，平时喜静不喜动。因此，在岸陡水深及环境僻静的山崖下、深潭处、水库的坝根处，均是青鱼喜欢栖息的地方。在水底地形复杂、且有一定深度的地方，也是青鱼出没之处。此外，在青鱼饵食充足的地方，螺、蛤、蚌等将诱引青鱼前来觅食。夏秋时节，青鱼也时常游到浅水区觅食，常泛起青鱼特有的鱼星。上述这些地方，均是青鱼的钓点。

3. **鱼饵的种类**

（1）诱饵

青鱼对腥味，尤其是对螺、蚌肉味很感兴趣，因此，这类软体动物是很好的诱饵，可就地捞取，将其砸碎后投于钓点。由于青鱼食量大，因此，诱饵用量也多。此外，也可将软体动物砸烂后，与糠饼、豆饼、麦麸、米饭等青鱼常吃的饵料混合后捏成团，大团大团投于钓点，或把平时经常投放的饵料取来投于钓点，都可取得很好的诱鱼作用。

（2）钓饵

钓青鱼的最佳钓饵是田螺肉，其次是蚌、蚬肉。装饵的方法有两种：一是去壳取肉装钩，应把钩装满；二是将壳稍敲碎，连壳一起装钩。在人工饲养的环境下，青鱼的食性有较大改变，因此，含高蛋白的素饵也成了钓青鱼的好钓饵，可在粮食类饵食中掺入鱼粉、蚕蛹粉等腥味剂，效果也很好。现介绍几种钓青鱼的钓饵：

①将红薯蒸熟，捣碎，与面粉拌揉成团。40% 的红薯，60% 的面粉，也可加曲酒。

②麸皮、玉米粉、虾粉（或鱼粉）加水揉拌成团。

③豆腐粉、糠粉（或饼粉）、面粉加少量水拌匀，蒸熟，晾凉，加酒曲拌匀，密封。夏天 1~2 天可用。春、秋 3 ~ 5 天可用。用时可略加香精。

④玉米面、红薯泥、少量小米加水揉拌成团。

⑤用养鱼人喂青鱼的颗粒饲料再加入自备的豆粉或面粉揉搓成团。

⑥螺蛳肉或蚌肉穿上钩后再蘸豆粉糊、红薯泥糊，钓鱼效果非常好。豆粉糊入水后即溶于水中，起到诱鱼作用。糊中还可加酒或香精，以增加气味。

⑦将螺蛳肉、蚌肉剁碎，用面粉、玉米粉、虾粉搅拌，揉搓成团。

⑧将红薯蒸到七分熟，切成小块，穿钩。也可在红薯块外面蘸面糊、酒或香精。

4. **钓具**

（1）竿：用 6 米以上的硬调竿。

（2）线：用直径 0.6 毫米的线。脑线也应在直径 0.4 毫米以上，脑线不短于 30 厘米。最好使用绕线轮，竿梢上的风线应留长一些，以作遛鱼用。

（3）钩：用 8 号以上的钩。钩的弯部应宽一些，应用有倒刺的钩。还可以将双钩（或另外增加一个钩）三钩合在一起，外边用饵料包住，类似炸弹钩，因钩多，钩在青鱼嘴中扎住多个部位，钩得更牢。

若是事先有目的地准备钓大青鱼，还应准备扎钩。因为抄网抄大鱼不如用扎钩扎稳妥。抄网的柄较细，易折。抄大鱼时，特别是在岸边与水面有一定的陡坎时，不如用长柄扎钩。

5. 垂钓方法

青鱼的个头通常比草鱼大，力量也大。咬钩时干净利索，连连几下就将浮漂拉入水中。提竿时若提不动，有钩被水底障碍物挂住似的感觉，则千万不能慌，也不能死拉硬拽，应镇静，稍等片刻，若感到鱼线在动，就证明是鱼上钩了。此时钓鱼人既要紧握钓竿，将线绷紧，又应顺应鱼的挣扎窜游方向适当放线，但主动权必须由钓鱼人掌握，绝不能“放任自游”，而应有放有收，人在岸边还要随着鱼走动。若是十几千克以上的大鱼，至少遛鱼要遛十几分钟以上，直到感觉鱼的挣扎力不大了，而人的控制力增大了，再慢慢将鱼向岸边拉。此时岸边要保持安静，切忌大声叫喊，以防止鱼害怕而向水中做垂死挣扎，最好能遇到鱼到水边时已经肚朝上，这表明鱼儿已经有气无力了。以下是几种垂钓青鱼的方法：

（1）手竿底钓

青鱼多在水体下层活动，故一般仅用底钓。由于青鱼力大、性猛，当水域中的青鱼超过 4 千克时不宜选用手竿钓。钓竿可用 6~7 米的中调竿或硬调竿，钓线直径 0.4~0.5 毫米，钓钩用钩门宽、钩苗长的短把钩，拴成单钩或双钩。手竿钓青鱼，诱饵很重要，可将上述诱饵集中而大量地撒入钓点，再将钓饵装钩送入钓点。青鱼摄食时将饵食吸入口中，利用咽齿将食物碾碎后吞咽。浮漂的反应是平稳而缓慢地沉入水中，待其全部沉入时即可提竿。青鱼上钩后，要稳住心态，迅速下蹲，竿尖上扬成弓形，利用钓竿的弹性与青鱼周旋，决不能将竿身放平。用手竿钓青鱼，若无绕线轮，则只能对付 3~4 千克重的青鱼，再大的青鱼就难以制服了。

（2）海竿底钓

要想钓上大青鱼，非用海竿不可。钓竿采用 3~3.6 米的中调竿或硬调竿，钓线直径 0.5~0.6 毫米，线长 100 米左右，绕线轮和钓钩均用大号且结实耐用的，多用炸弹钩。挂上炸弹饵后投入钓点。饵钩入水后，绷紧钓线，静候鱼儿吞饵。青鱼吞饵后，一般是竿尖慢慢下弯成弓形，这时应大力扬竿，即可将鱼钩牢。青鱼嘴皮厚，刚上钩时还不感疼痛，故多伏地而拉拽不动，这时要紧握钓竿，时松时紧，引鱼游动。当它游动时，就会负痛狂窜，一次可窜出数十米，其速度之快，力量之大，是其他鱼类都难以比拟的。因此，钓到青鱼时要有打持久战的思想准备，掌握好方法，把握住姿势，让青鱼在一次次狂窜中耗尽体力，待其再也无力反抗时，将它抄上岸。

鲢鱼、鳙鱼

鲢鱼，又叫白鲢、白胖头、水鲢等。鳙鱼又叫花鲢、麻鲢、胖头、大头鲢等。是我国四大家鱼中饲养最广泛的两种鱼，在我国各大水系中均能生长繁殖，分布极广。

1. 鲢鱼和鳙鱼的生活习性

鲢、鳙鱼的生活习性相似。它们同属于上中层鱼类，喜合群，常混游在一起，喜温。夏季高温时节也是它们最活跃的时候。鲢鱼较鳙鱼性躁，时常在水面跳跃。而鳙鱼肉味较鲢鱼更为鲜美，市场上常将鳙鱼头切开单独卖，鱼头比鱼身的价格还高许多。在全国许多地方，沙锅鱼头都是最受欢迎、最实惠的一道菜，鱼餐馆的主菜也是以鲢鱼、鳙鱼的头为主料，川菜中的酸菜鱼也是用鲢鱼制作。鲢鱼、鳙鱼以植物性食物为主，又生活在水的中上层，污染少，不食蚯蚓之类的较脏的物质，所食物质较洁净，因此肉质细腻鲜美，受到人们的喜爱。鲢鱼似乎“洁身自好”，不像鲫鱼那样对任何食物都来者不拒，所以鲢鱼、鳙鱼比鲫鱼难钓得多。鲢鱼、鳙鱼是我国淡水养殖的主要鱼种，其产量最高，数量最多。养鱼人多把鲢鱼、鳙鱼同草鱼混养。在淮河流域，有些地方不养鲤鱼，池塘中的鲤鱼往往被认为是“野鱼”，钓到鲤鱼可以拿走。

它们的摄食方式是用鳃耙滤食，喜食浮游生物，但鲢鱼喜食浮游植物，鳙鱼喜食浮游动物。它们生长较快，最大个体可达 40 千克以上。从它们的食性来讲，鲢鱼喜酸味，而鳙鱼尤喜酸臭味，鲢、鳙鱼均不耐低氧，一旦水中溶氧减少，它们会首先浮头。

鲢鱼和鳙鱼的主要食物是水中的浮游植物，如各种藻类、浮萍。小昆虫类有时也吃，如蜻蜓幼虫、水蚊虫等水面小虫。人工喂养鲢鱼、鳙鱼多用玉米粉、豆饼粉及麦麸加工成的颗粒饲料。鲢鱼、鳙鱼如饲料对口味，则生长迅速。若水面光照差，阴冷（如山谷中的池塘）则生长缓慢。鲢鱼对氧气的需求至关重要。若气压低、水质不好、水中缺氧时，鲢鱼常游到水面张嘴呼吸，甚至死亡。有些鱼塘因为这些原因，鲢鱼常常大批死亡，漂浮于水面，农村把这种现象称为“翻塘”。鲢鱼生性胆小，遇到大的响声或水中因人为原因产生的波浪常常跃出水面，在用网捕鱼时常常会看到这种现象。

2. 钓点的选择

鲢、鳙鱼多喜在水体上中层游弋、觅食，故对钓点的选择并不严格，一般水底平坦，水深 1.5 米以上，浮游生物丰富，有漂浮草鱼粪便的水面都是钓鲢、鳙鱼的好钓点。

3. 鱼饵的种类

鲢、鳙鱼的摄食方式与其他鱼类不同，故采用常规钓法很难钓到，后来由于饵料的改进，鲢、鳙鱼已变得比其他鱼更为好钓了。如前所述，鲢鱼好酸，鳙鱼喜酸中带臭，这就是钓鲢、鳙鱼所用饵料的基本口味。钓鲢、鳙鱼的诱饵和钓饵可用同一种饵料，但诱饵应比钓饵软而松散，入水易于漂散、悬浮，且成本低廉。

钓鲢鱼鱼饵可用粮食类原料发酵，可加发酵剂发酵，也可自然发酵。钓鲢鱼的酸饵是酸而不臭，或略有酸臭，绝对不能发霉。

钓鳙鱼鱼饵可以用钓鲢鱼的酸饵为主饵，再添加臭味剂，如臭鸡蛋、臭腐乳、生大蒜泥、臭肉等，均匀拌和即成。

现介绍几种钓鲢鱼、鳙鱼的钓饵配方：

（1）面粉中加少量麦麸、玉米粉，加水揉成团，面团外面再蘸些干面粉或玉米粉。钩、饵入水后，面团外面的干粉会溶化在水的中上层，起到诱鱼的作用。

（2）玉米粉（60%）、面粉（40%）拌匀，用开水冲烫后捏成团蒸熟，再掰碎，加酒曲（或酵母粉）拌匀，放入容器密封，或放入塑料袋中扎口，热天可放置一周以上，若春、秋气温不高，可放在太阳下晒，使之产生酸味、香味，然后取出待用。

（3）将适量红薯蒸熟，捣成泥，加入米糠、豆粉、糖或蜂蜜、少量水或酒，拌成团。此饵为香甜味。若用甜米酒代替水和酒也行，其味更醇厚。

（4）黄豆粉、麦麸粉、臭豆腐（或臭豆腐乳）调和。

（5）臭水拌面。将骨头、鱼肠、家禽内脏等放入罐中，加水浸泡，上面加盖密封。半年以后，罐中水变臭（这也是养花人用来浇花的肥水），用这水加入面粉、米糠调拌面团。此饵有酸臭味，是专门钓鲢鱼、鳙鱼的饵料。

（6）用阿魏（一种中药）一小团，黄豆粒大即可，加水 150 克左右溶化。然后加入面粉、豆粉揉成团使用。

（7）各种饼粉加麸皮，文火炒出香味，用甜酒酿拌入其中，密封发酵，半月后即成酸味、香味很浓的钓饵。

（8）将马铃薯粉或红薯粉和玉米粉拌和，再加入甜米酒或酒曲，捏成团，密封半月使用。

（9）淀粉、玉米粉加入食用的酸奶，密封数日使用。

（10）将果糖话梅浸泡成水，加入面粉、麸皮拌匀。

从上述饵料及其配制方法可以看出，主要目的是使饵料有酸味、臭味。主料成分中有黏合剂——面粉，松疏料——麸皮、玉米粉，添加剂——酒、酒曲、臭水、带酸味的食用糖果等。制作方法：一是揉拌，生用；二是蒸熟用；三是密封发酵后使用。三种方法均行，尤其是密封发酵后使用效果最佳。掌握了这些原则，掌握了鲢鱼、鳙鱼的食物特征，可以调配多种饵料，不必对上述配方生搬硬套，因各地气温的不同，鱼的食物成分不同，养鱼场所投放的饲料不同，所以应灵活掌握，以用之有效为准。

4. **钓具的配置**

鲢鱼、鳙鱼其体重通常与普通草鱼的体重差不多，所用鱼竿、钩、线，都可用钓草鱼的竿、钩、线。不同的是，钓鲢鱼、鳙鱼在水的中上层垂钓，所以铅坠自然不用重的沉底的铅坠，也无须使用双钩。饵料应适度掌握其黏松度。太黏了，饵料的外层不易溶化水中。鲢鱼吃饵是张开嘴让饵料随水流吸入口中，所以应松软一些。但是，若是太松散了，饵料入水即散，很快脱钩也不行。配制饵料既要有细粉状物质，也要有小片状、颗粒状物质，以保持饵料的黏度适宜。钓鲢鱼，配制饵料是关键的环节。

5. **垂钓方法**

鲢鱼咬钩在浮漂的反应上同草鱼咬钩的情况近似，浮漂稍动几下就会被鱼拉入水中，此时要立即扬竿。鳙鱼较草鱼老实，其窜劲也小，只要饵料对口味，鳙鱼是比较好钓的。鳙鱼在一般塘口的数量没有鲢鱼多，吃饵又比鲢鱼谨慎，没有鲢鱼易钓。由于钓鲢鱼的钓饵松软一些，在水中几分钟之内可能溶化，所以每隔几分钟就应提竿，看钓饵是否已脱钩。

（1）手竿空钩

钓这种不用钓饵而空钩钓鲢、鳙鱼的钓法，是一种独特的垂钓方法。钓竿可用中调竿，竿长 5 ~ 6 米，钓线直径 0.4~0.5 毫米，浮漂用小漂，不用坠子，钓钩较独特，叫锚钩，用中号即可，可作坠子使用。

空钩钓鲢鱼、鳙鱼时需打大窝子，将准备好的酸饵大把撒向钓点，鲢鱼、鳙鱼闻味便会立即游来抢食。这时可将锚钩轻轻垂于钓点，使浮漂直立于水中。钓者应严密关注浮漂，若发现浮漂略有下沉或上下抖动，说明鲢鱼、鳙鱼在钓线周围活动并撞动了钓线，这时应猛力提竿，钓钩便会快速刺入挨近钓线的鱼体，从而将鱼钩住。如一次钩不住，可如此反复，总能钩住的。当鲢鱼、鳙鱼被钩住后，会负痛狂窜，这时应抬竿绷紧钓线，使成弓形。鲢鱼、鳙鱼的冲力虽大，但耐力不强，几个回合后就力竭了，这时可从容抄鱼上岸。

（2）手竿漂钩钓

鲢鱼、鳙鱼有时为了觅食需要，也游至底层，这时可用手竿底钓。垂钓时打窝子很重要，可将酸饵或酸臭饵大把撒向钓点，鲢鱼、鳙鱼对酸或臭饵十分敏感，会很快游来。这时可将钓饵搓成栗子般大小包住钓钩投于钓点，当鲢鱼、鳙鱼嗅其美味而前来钓点处觅食时，它们口大，又贪食，很容易将饵钩一起吸入口中，当浮漂连续上下抖动或黑漂时，应及时提竿。

（3）海竿浮钓

海竿长 3 ~ 3.6 米，中调竿，钓线直径 0.4~0.45 毫米，中型绕线轮。坠子用通心大坠，重 100 ~ 120 克。饵钩盘成圆环状，用泡沫塑料制成，形状如 25 千克握力器大小，中间开孔，孔径 1~1.5 厘米，钓钩 6~8 枚，安装在直径为 2 厘米的铝片上，其边缘按钓钩数量钻出相应的孔，孔径 1 毫米，钓钩脑线长 2~3 厘米。

组合时，钓线依次穿入坠子、泡沫圈和饵钩盘。在泡沫圈上涂些黏性饵料，饵钩盘上也堆放饵料，再把钓钩均匀地扎入饵料中。这种饵料黏性大，又有鲢、鳙鱼爱吃的味道，随后将饵钩甩入钓点。饵钩入水后，泡沫圈会因浮力而露于水面，这时可摇动绕线轮，绷紧钓线，使泡沫圈沉于水中，没入深度为离水面 30~50 厘米处。调好后，挂上小铃。当鲢鱼、鳙鱼闻到饵料的美味，便会趋近于泡沫圈，大口吸食泡沫圈周围的黏性饵料，很容易连同钓钩一起吸入口中而被钩住，拉动竿尖抖动而使铃响，大力扬竿即可钓住。用这种海竿浮钓，由于坠重，鲢鱼、鳙鱼在窜跳时难以窜至水面，要带动重坠窜跳也不易，因此，窜跳力大为减小，为起鱼带来方便。

（4）海竿飞钩钓

这是一种钓鲢鱼、鳙鱼的新方法，即将钓钩裸露于饵团之外的装钩方法。装钩时，取 1 团似乒乓球大小的饵团，将 8 ~ 10 枚大号长柄钩拴成组钩，脑线长度相等，钓钩均布于饵团之外，距饵团 2~3 厘米，饵团上面为空心坠。饵团料应黏而稍硬，耐水浸泡，可在水中泡 1 小时也不散开。鲢鱼、鳙鱼闻味前来觅食，在吸食时会将裸露在饵团外的钓钩一起吸入口中而被钩住。那时，鱼儿咬钩信号，便是牵动钓线传至竿尖，使竿尖下弯或铃响，这时便可大力扬竿。

（5）海竿埋钩钓

与飞钩钓的不同是要把钓钩埋入饵团中，钓点可选择在离岸 10 米左右，以便于打窝子，可将诱饵甩至此处，使鲢鱼、鳙鱼闻饵群集于此。钓钩一般用炸弹钩，中型偏大，饵料要较松散，入水即会散开，当鲢鱼、鳙鱼大口吸食组钩周围成黏性的饵料时，便将钓钩一起吸入口中而被钩住。鲢鱼、鳙鱼被海竿钩住以后，由于海竿有绕线轮，故对付鲢鱼、鳙鱼的窜跳要容易多了。“三窜”之后，其窜跳力大为减弱，只要顶住前三窜，被钩住的鲢鱼、鳙鱼就难逃掌心了。

鳊鱼

鳊鱼也称长鳊、山鳊、锅扁、武昌鱼。另有一种和鳊鱼极其相似的鱼——鲂鱼，因鲂鱼的外貌特征及生活习性、食性均与鳊鱼相似，常把这两种鱼都统称鳊鱼，还有人称之为长春鳊。鳊鱼属广布性鱼类，从黑龙江的中上游到珠江水系都有鳊鱼，因武昌附近的长江出产此鱼较多，加之毛泽东主席吃过武昌鱼后又写了词，所以武昌鱼在江淮流域很有名气。

1. **鳊鱼的生活习性**

鳊鱼形体不大，体重通常在1000~2000克之间，头小、身子宽扁、尾小、鳞密且小、皮色发白，所以也有人叫鳊鱼、锅扁。鳊鱼属于在水的中上层生活的鱼种，在流动的水域和池塘湖泊的静水中均能生活。每年的4~6月份为鳊鱼的产卵繁殖期。幼鱼两年成熟，体重到1000克以后生长缓慢，3000克以上的鳊鱼在淮河流域较少见。鳊鱼因肉质细嫩鲜美受到人们的喜爱。20世纪末人工繁殖鳊鱼增多，成为水域中和市场上不难发现的新鲜鱼种。鳊鱼以素食为主，主食水中的水生植物、藻类浮游物和很小的浮游小动物，其食性和草鱼近似，但也食蚯蚓类的软体小动物。气温升高，水面有风有浪氧气充足时，鳊鱼也到水的上层吸食植物的碎屑和浮游生物，并喜好在草丛中寻觅食物。

2. **钓点的选择**

在静水中，鳊鱼多集中在水草丛生处、水底较清处，或水底有障碍物、有木桩、石柱的地方，或厕所、牲畜圈附近水域。在流动水域，鳊鱼尤喜欢在水底有岩石处活动，但水流应平缓，这些地方都是好钓点。在每年的繁殖季节，鳊鱼会选择水深1.5~2米的洄水湾、湖汊，且水草茂盛、水底有软泥之处产卵，这些地方，也都是鳊鱼的好钓点。

3. **鱼饵的种类**

（1）诱饵

鳊鱼虽是草食鱼类，但对香味有偏爱，故诱饵中要突出香味。主料可用粕饼粉、玉米粉、麦麸、米糠等；增香料有香油、芝麻粉、豆粉、曲酒、酒糟等，将它们均匀拌和，干湿适度，即为好诱饵。

（2）钓饵

分荤饵和素饵两类。素饵有面饵、草饵、饭粒、粕饼粒、半熟的土豆丁和红薯丁以及市售钓饵等。荤饵有蚯蚓、蝇蛆、红虫、小虾等。

4. **垂钓方法**

钓鳊鱼对所用的钓具没有特殊要求。用4号、5号钓钩，钓钩应钩尖锋利，钩的弯部不要太大，因鳊鱼的嘴小，用长柄钩最好，如挪威钩，不但是长柄，而且弯部也小，钩尖部分较长。线：脑线可用直径0.2毫米的线，主线用0.3毫米、0.4毫米的均可。鳊鱼咬钩较鲫鱼猛，干脆利落，浮漂的表现有送漂现象，但是拖漂、沉漂现象更多。鳊鱼上钩后也较文静，没有草鱼、鲤鱼那么大的窜劲。鳊鱼因肉质细嫩，又易钓获，现在是海峡两岸钓鱼者主钓的鱼种。

常见的几种垂钓方法：

（1）手竿底钓

鳊鱼个体不大，钓具主要考虑轻便、灵敏即可，一般钓鲫鱼的钓具都能用。底钓可用单钩，也可用双钩。钓前需打大窝子，窝子应用量多，面积大，可打窝子2~3个。随后挂上钓饵垂于钓点，垂钓时轻提缓放钓竿，以引起鳊鱼注意。若浮漂出现逗漂或送漂，应及时提竿。

（2）手竿浮钓

在气温较高的夏日，鳊鱼多离开水底，这时可进行浮钓，饵钩离水底20厘米左右，要注意调整漂、坠、饵钩间的重量关系，使饵钩能漂浮在水中。鳊鱼吞钩时的动作很轻，一般是逗漂或小顶漂，这时应及时提竿。鳊鱼喜结群活动，因此，在钓到鱼后要尽快向左或向右侧拉离窝点，再提鱼上岸。不能让鱼在窝子内挣扎，那样易于惊散鱼群。

（3）海竿底钓

用海竿钓鳊鱼也应打大窝子，若海竿甩得太远，就无法打窝子了，因此，钓点一般应选在离岸10~15米所能及之处。打窝时，将诱饵搓成团甩向钓点，饵团要尽量集中。钓钩可用串钩或炸弹钩，挂好钓饵后将饵钩甩向钓点，要求甩得准。饵钩入水后，绷紧钓线，若竿尖出现为连续点头时，则要及时提竿。

鲶鱼

鲶鱼，又叫胡子鲶，它嘴巴的两边长有长长的胡须。野生的鲶鱼只有2根胡须，人工饲养繁殖的鲶鱼有8根胡须。野生的自然比人工饲养的珍贵，因为它食用的是纯天然的野食，不含任何化学物质。

鲶鱼在我国分布很广，因其肉质细嫩、味道鲜美受到人们的喜爱。在淮河流域，鲶鱼炖水豆腐是一道十分受人欢迎的菜。

1. 鲶鱼的生活习性

鲶鱼属生活在水底层的鱼。如坑塘的底层、涵洞的阴暗处、水里树根边、水底岩洞沙砾中、腐烂的树枝树叶草根中、江河的近岸处及流水缓慢的地方、洄水湾、多水草的地方。鲶鱼有逆水游动的习惯，在下雨天尤为活跃。

鲶鱼属杂食性鱼类，以荤食（动物）为主，水中的小鱼、小虾、小虫、小泥鳅、蚌肉、螺蛳肉都是鲶鱼的食物来源。糠粉、麸皮、面粉、饼类做成的饵料也吃。

鲶鱼在夜晚比白天活跃，觅食的食欲也旺于白天。因为鲶鱼的视力已经退化，眼睛小，而且畏光，猎取食物主要靠听觉和触觉。夜间因为光弱，又安静，所以鲶鱼尤为活跃，此时也是钓鲶鱼的好时机。鲶鱼喜流水，常结群逆水而上，它的适应能力和繁殖能力均强，故水域中数量较多。鲶鱼好群居，有时在一个洞穴中可聚集数十条鲶鱼。

2. 钓点的选择

（1）日钓钓点

鲶鱼喜欢昼伏夜出，但白天也会有所活动，选择钓点必须先寻找鲶鱼的栖息地，如水底有树根、乱石、木桩、涵洞等隐蔽物处；江河中的桥墩、堤堰附近；码头木排；岸边陡峭、水深之处。另外，饵料丰富且较为隐蔽的地方或茂密的水草中，以及水色混浊之处等亦是鲶鱼的好钓点。

（2）夜钓钓点

夜晚是鲶鱼主要的觅食时间，也是钓鲶鱼的黄金时刻。夜钓鲶鱼应寻找鲶鱼觅食之处，以及鱼去觅食区的必经之路。静水中有流水注入处，岸边水草区、牲畜圈旁水域、生活污水流入处等水域饵料丰富，均可选作钓点。另外，在水域的狭窄处和凸出部，是鲶鱼游动的必经之路；流水中水势平缓，水草较多处；水底较平坦、无杂草的水域，都是鲶鱼多逗留之处，可选作钓点。

3. 鱼饵的种类

鲶鱼是典型肉食性鱼类，吃荤不吃素，故鱼饵也应是动物性饵料。

（1）诱饵

鲶鱼尤喜腥味，可将各种动物内脏、动物骨头等用纱布包裹，扔于钓点。另外，也可用炒香的粮食类饵料作诱饵，将它撒于水面，小鱼、小虾闻味前来抢食，它们都是鲶鱼的好食物，也就起到间接引诱鲶鱼的作用。

（2）钓饵

常用的钓饵有小鱼、小虾、蚯蚓、泥鳅、小青蛙，以及鸡鸭肠、螺蛳、蚌肉、禽肉等，在这些钓饵中，活泥鳅是最好的钓饵，因它不易死，且能钻洞，鲶鱼又爱吃。钓饵应以动物性饵料为主，但素饵也可用面粉、鱼粉配制的面团（以增加腥味）、卤豆腐干，用碎韭菜配制的面团，还可在面粉中加些阿魏水调制面团以及含酸臭味的面团。

4. **垂钓鲶鱼的钓具**

鲶鱼的重量多在500~1000克之间，钓线不必过粗，和钓鲤鱼用的线近似即可。但鲶鱼的嘴特别大，所以钩也应大一些，可用6号以上的长柄钩。

5. **垂钓方法**

鲶鱼咬钩的特点：鲶鱼属较为凶猛的鱼，窜劲大，吃食利索，见了饲料猛咬一口，拖着就走。漂子的反应是先动几下，然后就沉没水中，送漂上浮的现象少见。此时鲶鱼已咬着饵料游走了，应迅速提竿。鲶鱼还有一个特点，就是喜欢"扎堆"群居，只要钓上一条鲶鱼，还会有鲶鱼接着上钩，成双成对地钓获鲶鱼是常有的事。

因此，垂钓者不应离开钓点，应继续"守候"。鲶鱼夜间比白天活跃，夜间用夜钓法钓鲶鱼收获很大。除了手竿单竿钓外，还可以用插竿钓、小木板多钩钓、串钩钓、拉花钓等钓法钓。下面介绍几种典型的垂钓方法：

（1）手竿底钓

鲶鱼一般个体不大。可用5~6米的玻璃钢竿钓竿，钓线直径0.35~0.4毫米，若在江河中垂钓鲶鱼时钓线可稍粗，钓钩用中、大号，浮漂可用立式长浮漂，坠子稍重。钓时，先将诱饵投于钓点处，再装钓饵于双钩上，钓饵宜大不宜小。因鲶鱼视力差，饵钩入水后应随时提动。鲶鱼贪食，口又大，见食物出现，便会猛扑上前将饵钩咬住，这时浮漂很快出现黑漂，可及时提竿。鲶鱼上钩后会猛烈挣扎，但它的窜跳力远比鲤鱼、草鱼差，并不难将其制服。

（2）海竿底钓

海竿可将饵钩甩至手竿达不到的钓点，如桥墩、深水区，这些位置常有大鲶鱼出没，可采用较结实的钓具，装上体积较大的钓饵甩至钓点。当鲶鱼前去咬钩后，竿尖会猛力下弯或铃响，这时便要及时提竿。

（3）插竿钓

夜晚是鲶鱼觅食的时候，也是钓鲶鱼的好时间，而夜钓鲶鱼最简单易行的方法就是插竿钓。钓饵要选用鲶鱼喜吃的泥鳅、小蛙、小鱼、大蚯蚓等，这些钓饵一定要鲜活，并要注意装钩方法，才易于引鱼上钩。由于鲶鱼夜间多近岸边觅食，见到这样的美食，就会大口吞下。鲶鱼吞食很猛，一旦吞饵就会钩牢。插竿钓鲶鱼，除夜钓外，也可日钓，一次可插上10~20副，十分简便。

黑鱼

黑鱼俗称乌鱼、火头、财鱼、乌棒等，喜欢生活在水草茂盛的静水域，也常潜伏在草丛中。气温较低的早春和冬天生活在水的底层，气温较高的暮春和夏天常住在水上层的草棵中游弋觅食。

1. 黑鱼的生活习性

黑鱼为底栖鱼类，平时多在石缝、水草、乱石中栖息或觅食，是典型的肉食性鱼类，性暴而凶猛，喜食鱼类、小虾、青蛙等，一旦发现食物，便像闪电般猛扑过去，吞而食之，故有“水中老虎”之称。黑鱼听觉十分敏锐，凭听觉觅食。黑鱼适应能力、耐低氧性、繁殖能力均很强。冬天，它们潜伏于深水，停食越冬。

在淡水鱼中，黑鱼的繁殖过程是最独特的，一般要经历筑窝、产卵、护仔等几个阶段，在从筑窝至小黑鱼独立生活的两个多月时间内，黑鱼总是寸步不离，若受到侵扰，它们会奋不顾身，即使丧生也毫不后退地去保护它的“儿女”们。

为了保护它的幼苗鱼，黑鱼常常与成群的蝌蚪状的小乌鱼在一起游动，寻找食物，有时游到水面晒太阳，人们在岸上可以十分清楚地看到这种现象。黑鱼比较耐高温，可以在40℃的水温中生活，适应环境的生存能力也较强，即使池中少水只有湿泥的话，它也能继续生活。

黑鱼常在25℃的水温中产卵，产卵前先筑巢，把草咬断，使水草丛中形成一个无草的“洞”。待卵长成幼鱼后，黑鱼仍寸步不离地呵护着自己的后代。钓黑鱼多用短竿、粗线、大钩。垂钓前先仔细观察，寻找黑鱼。然后捉一只小青虫或小青蛙穿到钩上，悄悄将钩、饵伸到有小黑鱼的窝中间，此时要注意自身的隐蔽。大黑鱼见了青虫或是小青蛙，以为是来伤害自己的“子女”的，为了保护它们，便凶猛地张开大口去咬住青虫，随后沉入水中。这时应迅速提竿，准能钓住一条大黑鱼。当你钓住了第一条黑鱼后，或许还能钓到另一条黑鱼，因为雌雄黑鱼常常也是形影不离，共同保护“子女”的。

黑鱼有时也“单独行动”，自己觅食，它们在水草中咬草，水中会发出响声，垂钓者仔细观察，可能会发现黑鱼，也可伸钩施钓。

2. 钓点的选择

黑鱼的栖息和觅食区是首选钓点，如水草丛中的空隙处，水底地形复杂处。在春夏之交、乍暖还寒之时，可选择避风向阳的地方作为钓点。入秋后，黑鱼为越冬需要而大量摄食，这时可选择饵食丰富又便于隐蔽的场所垂钓。在黑鱼繁殖期间，它们总是死守在窝附近，因此，这些“窝”旁也应是黑鱼的好钓点。

3. 鱼饵种类

钓黑鱼一般不打窝子，故不用诱饵。所用的钓饵有活饵和拟饵。活饵主要有小蛙、小鱼、小泥鳅、大蚯蚓、小虾等；拟饵主要采用黑鱼喜食的小动物，如小鱼、小蛙等，效果也不错。

4. **垂钓方法**

（1）手竿蹾窝钓

这是钓取在繁殖期间守窝护仔的黑鱼，它要经历青窝、黄窝和黑窝三个阶段，这段时期它是不离窝的。钓竿宜用结实的中调竿，竿长 5~6 米，钓线直径 0.4~0.5 毫米，用大号长把钩，不用漂、坠。钓饵可用中等大小蛙，将它们的后腿拴在一起，钩于背上。在发现黑鱼窝时，即把饵钩伸到窝旁，蹾拍水面，护窝的黑鱼发现入侵者，会猛扑上前，狠狠咬住入侵的饵蛙，此时应压竿、松线，使其将钩咬牢。然后用力将其挑至岸边。若个体较大，则须将鱼头拎出水面，再拉离水草区，以免被水草缠住。一般在窝旁有雌雄黑鱼各 1 条，钓起 1 条，另一条不会游远，可抓住机会钓另外一条。

（2）手竿对嘴钓

这是钓黑鱼的独特钓法。黑鱼常有晒鳞的习惯，在天气晴好的时候，它常头朝外浮于岸边水面晒太阳。若发现晒鳞的黑鱼，可持挂饵手竿，悄悄接近黑鱼，并缓缓地将饵钩落在鱼嘴前方，黑鱼发现送到口边的美食，大喜过望，张口吞食，随之转身潜入水中吞饵，水面上泛起串串气泡，这时要松线，待气泡渐少时，提竿便可得鱼。

（3）手竿探钓

这是一种试探钓黑鱼的方法。黑鱼喜欢生活在岸边水草茂密，或水底地形复杂之处，在这些地方觅食。可用 7 米以上中调竿，直径 0.5 毫米以上的钓线，长 3 米左右，大号钩，以小蛙、活泥鳅、大蚯蚓作钓饵。然后以饵钩拍击可能藏身黑鱼的水面，稍停片刻后使饵钩下沉，如此反复。若无回应，取回饵钩再探。若水底有黑鱼，必会应身而窜出捕食，当它咬饵的瞬间，应松线，任其将饵钩拖走，稍停片刻，待其将饵钩咬牢时，即可大力提竿得鱼。

（4）无竿手线钓

将钓线缠在木板或竹片上，无漂，钓线长 10~20 米，上拴大钩，坠重 15~20 克，用小青蛙作钓饵。然后将饵钩甩至黑鱼常去的水域。可将钓线固定在岸上或持在手中，当黑鱼吞饵时，必然拉动钓线，那时即可收线得鱼。

（5）海竿活饵钓

用 2.5~3 米的硬调钓竿，钓线直径 0.45~0.5 毫米，中型绕线轮，坠重 35~50 克，活饵可用青蛙或活泥鳅，随后将饵钩甩至钓点，支好钓竿，绷紧钓线，挂上小铃。若钓点处有黑鱼，即会上前捕食，当听到铃响就提竿。若一段时间无动静，则换点另钓。

（6）海竿拟饵钓

又叫拖钓。要在有黑鱼活动、水草稀少或无水草的广阔水域中垂钓。可用蛙形、鱼形的拟饵。将拟饵装于海竿上，甩至数十米以外，然后转动绕线轮徐徐收线，使饵钩在水体中上层活动，犹如活动的小鱼、小蛙，水底的黑鱼见到“美食”前来觅食，就会急速趋近拟饵食之，这时竿尖会突然下沉，可猛力扬竿，以扎牢鱼嘴。

鳜鱼

鳜鱼，又叫桂鱼、鳌花鱼等，为广布性鱼类，大的个体可达5000克以上。

1. 鳜鱼的生活习性

鳜鱼为定居性底栖鱼类，活动区域较小，喜清水、流水，更喜钻洞和单独行动，还喜逆水而上。它为典型肉食性鱼类，终身不吃素，食量大，性贪婪，消化力强。鳜鱼以吞食小鱼、小虾为生，觅食方式有如“守株待兔”，平时卧着不动，以自身的保护色隐蔽自己，若鱼、虾误入此处，便突然窜出，噙而吞之。它夏秋摄食多，昼夜均摄食，冬天则入深水洞穴中生活，活动少，但仍有摄食要求。

2. 钓点的选择

鳜鱼为定居性鱼类，因此，钓点的选择更重要。根据鳜鱼的生活习性，可选如下水域为钓点：在活动水域、水底凸凹不平、有乱石、陡坎处，或在陡峭的岸边，水底地形复杂处，码头、木排附近均是好钓点。在静水中，可选择有活水流入，或水底地形复杂的地方为钓点。

3. 鱼饵的种类

鳜鱼为定居性鱼类，很少远游，因此，钓鳜鱼一般不用诱饵，只用钓饵。又由于它是凶猛肉食性鱼类，常用钓饵有如下两类：

（1）活饵

这是钓鳜鱼的主要钓饵，主要是活的鱼、虾，如鳌条、麦穗鱼、鲫鱼、泥鳅、鲮鱼、小虾等，必须要保持其鲜活。

（2）拟饵

合适的拟饵也可骗过鳜鱼，如模拟小鱼，其效果也很好。

4. 垂钓方法

鳜鱼性凶猛，但个体多在1千克以下，具体的垂钓方法有如下几种：

（1）手竿钓

钓竿长5~6米。中调竿，钓线直径0.35~0.4毫米，大号钩，大浮力浮漂。

钓时将钓饵装在钩上，将饵钩投入事先选好的钓点，浮漂浮力应大，以免被活饵拖入水中不便观察，装钩时要尽量少伤饵鱼、饵虾，保持其活性。当活饵在钓点处游动时，若其附近有鳜鱼，鳜鱼是不会放过它的，即会猛扑上去一口吞掉。当浮漂显示出黑漂时，可立即提竿，一般均可将鳜鱼钩住。

（2）手竿拟饵钓

这里用的拟饵多是小鱼，将其装于钓线上，投于钓点，钓者将拟饵左右拖动，如该处有鳜鱼，它们难辨真假，也会因上当而上钩。用拟饵钓鳜鱼时不用漂，可持竿于可能有鳜鱼处引逗，若手感有明显的拉拽动作时，即可用力提竿。若引逗无反应，应更换钓点。

（3）海竿钓

用长 2~2.4 米的中调竿，钓线直径 0.3~0.35 毫米，大号钩，拴成上下双钩，钩距 20 厘米，脑线与主线间用母子返捻环连接，使活饵游动时不会与主线缠绕。活饵装钩后，将其甩到距岸 10~15 米处的钓点，绷紧钓线，挂上小铃。一人可照看数副海竿。若鳜鱼发现饵食，便会猛扑上去吞食，这时铃响，竿尖猛弯，那时鳜鱼已被牢牢钩住了。

（4）插竿钓

钓竿长 1 米左右，钓线直径 0.4 毫米，长约 1.5 米，大号长把钩，无坠无漂，钓饵用小活泥鳅、小活鱼，但以泥鳅为最佳。每次可插十多根乃至更多钓竿，钓竿相距 4~5 米，在鳜鱼经常出没的水域，这种钓法既省时省力，效果又好，可夜钓，又可日钓。

鲈鱼

鲈鱼，又叫花鲈、鲈板、鲈子等，是大中型经济鱼类。

1. 鲈鱼的生活习性

鲈鱼是一种海水、淡水都可垂钓的鱼种。它是凶猛肉食性鱼类，不挑食，鱼、虾、乌贼、蚯蚓、沙蚕等均喜食，食量大。生长的适宜水温为 8~18℃，在 0~4℃的水温下仍能生存，冬天也有摄食要求，可以冬钓或冰钓。每年 4~5 月份是鲈鱼的繁殖季节，它们会千里迢迢赶到河流的入海口处，在这里相亲相会，交配产卵。鲈鱼多游弋在中上层水域，最大个体超过 20 千克。它嗜清洁，喜流水。

2. 钓点的选择

因鲈鱼嗜清洁，喜流水，故水清、流急的深水处是其聚集之处。在 4~5 月份，鲈鱼汇集于河口处交配、产卵，那时食量极大，最容易钓到鲈鱼。产卵后，鲈鱼溯江上游，觅食育肥，这时，沿江堤坝附近的清水江段是好钓点。入秋以后，气温渐低，钓点可选在深水的江段区和湖泊的深水区。

3. **鱼饵种类**

鲈鱼是凶猛肉食性鱼类，吃荤不吃素，垂钓时一般不用诱饵，只用钓饵，钓饵又分真饵和拟饵。

（1）真饵

鲈鱼的饵食种类很多，如鱼、虾、蚯蚓、沙蚕、乌贼鱼片等均是好饵料，但鲈鱼吃食很刁，不鲜、不活的饵料不吃。

（2）拟饵

钓鲈鱼的拟饵宜选择鱼形、乌贼形、泥鳅形，长度在 8 厘米以下，拟饵最好能在水中旋转前进。

4. **垂钓方法**

鲈鱼个体较大，又力大凶猛，必须用钓力大的钓具，且结实耐用。

（1）手竿钓

在咸淡水交汇的河口区域的码头、堤坝、护岸堤下，是垂钓鲈鱼的好钓场，这里离岸较近，鲈鱼个体多在 1 千克以下，结实的手竿是可以应付的。钓竿为 5~6 米的硬调竿，钓线直径 0.4 毫米，线长超过竿体长，中号钩，大漂，钓饵用小活鱼、小泥鳅等。装钩时，可用鼻挂式或背挂式两种。将饵钩投入钓点后，要不断地提动钓竿，使钓饵有节奏地抖动，以引起鲈鱼注意。一旦鲈鱼发现了活饵，会猛扑上来吞食，这时会将竿尖拉弯，此时可猛力提竿，使钩刺入鱼体，鲈鱼因负痛，有时会跃出水面，这时应把握好钓线松紧度，依靠钓竿弹力与鲈鱼周旋，待它筋疲力尽，再拉近岸边，用抄网捞起。

（2）海竿活饵钓

海竿是钓鲈鱼的主要钓具，为要对付大鲈鱼，需用钓力强的钓具，长 3~3.6 米的硬调竿，中号绕线轮，钓线直径 0.4~0.45 毫米，线长 100~120 米，坠重 20~30 克，钓钩用中号或大号钩，拴成串钩形式。钓饵用小活鱼、小泥鳅等，将饵鱼甩至钓点，任活饵自由游动，绷紧钓线，当竿尖抖动或突然下弯时，即可用力提竿。

（3）海竿死饵钓

死饵是乌贼肉、虾肉等，它们自己不会游动，因此，将饵钩甩入钓点后，可摇动绕线轮，使饵钩在水中以一定的速度，在中上层水域中游动。在拖动时，当手感到竿尖猛然下拽时，应及时提竿。

（4）海竿拟饵钓

将适宜于鲈鱼的拟饵装于钓线上，甩至钓点后，即摇轮收线，拖着拟饵在水体中上层活动。若无鲈鱼咬钩，可反复甩投，摇轮收线，诱使鲈鱼前来咬钩。

（5）冰钓

鲈鱼在隆冬季节仍能摄食，因此可进行冰钓，冰钓钓具与钓狗鱼相同，钓饵可用真饵或拟饵。垂钓时，可带漂，也可不带漂。鲈鱼的摄食要求比狗鱼、哲罗鱼旺盛，因此钓获率也高，是十分有趣的垂钓活动。

甲鱼

甲鱼，又叫王八、团鱼，学名叫老鳖、脚鱼。甲鱼严格地讲并不是鱼类，属脊索动物类。鱼的显著特征有三点：有鳞，有鳍，用鳃呼吸。而甲鱼并没有这些特征，它是用肺呼吸，有四肢，无鳞。因为甲鱼也生活在水中，人们可以钓到它，又因为它含有丰富的蛋白，据说还有抗癌、防癌作用，所以它也是人们餐桌上的佳肴。钓鱼人都希望在钓鱼中钓到它。

1. 甲鱼的生活习性

甲鱼食性较杂，荤素皆食，但以动物类食物为主。它对环境的适应能力较强，可以在几十天甚至上百天内不食饵料仍能生活，寒冷、酷暑对它的生活影响都不大；但是怕蚊子叮咬，咬后往往会死。甲鱼对各种水质都能适应，多在靠岸边的水域生活，树根系中、水草丛中、乱树枝乱石块堆中、水下的洞穴中都能栖息。夏天中午甲鱼有晒太阳的习惯，往往会从水中爬到树杈上或岸边的沙土上晒盖，若见有人来便迅速潜入水中。甲鱼的听觉异常灵敏，警觉性高，稍有响声便潜入水中。钓甲鱼常用的饵料：以家禽的内脏、猪肝、碎肉丁类为主，青蛙、泥鳅、螺蛳肉等也可作钓饵。甲鱼喜食带腥臭味的食物。

2. 钓甲鱼的方法

钓甲鱼的方法各地有所不同，方法较多。

（1）手竿钓

这种方法同钓其他鱼的方法一样，有时在钓其他鱼的时候，会突然钓上一只甲鱼，只是所用钓饵要以荤饵为主。

（2）拉砣钓法

这是一种短线的拉砣，线长 10 米左右即可。钓钩可用普通鱼钩（5 号以上的大钩），当然用歪嘴钩最好。还可以用缝衣服的大号针，用钳子剪断穿线的一端，使两端均尖锐，针的中间拴线，针上挂猪肝、碎肉丁，将钩线抛到水中，线的另一端固定在水边，一次可以使用数个拉花。此钓法钓甲鱼效果十分好。线可缠在线圈上。

一、如何对付小杂鱼的打搅

所谓小杂鱼，是泛指那些小船丁、小麦穗、小虾虎等混子。手竿垂钓中（尤其是陈年老塘野钓）遇“混子”打搅会令人大失钓趣，明明看见窝子里有“鱼星”上冒，可是饵钩放下尚未沉底，即被这帮小东西半路抢劫，把浮漂拖得滴溜乱转，不消几下钩上的饵食即被啃得精光，影响大鱼上钩。这时可采取以下方法来排除干扰。

（1）吓唬

“混子”捣乱时，可把钓竿猛地一顿，将它们吓跑。不过这种招术效果很难长久，这些“混子”往往过上一会儿又会回来再闹，没完没了。

（2）引开

当几条“混子”被钓仍不见收敛时，可在窝子上风头（或上游）两米左右水面上撒一些干麦麸、米糠、草籽或其他带香味的粉类饵料，一般即可将其引走。

（3）隐藏

故意将饵钩下到离窝子 1 米以外的地方，待沉入水底后，再慢慢移到窝子里，不让小杂鱼们察觉。

（4）改变诱饵

小杂鱼们对炒豆粉、炒芝麻粉等香味饵料兴趣很浓，闻香即来，来即闹腾。如发现这种情况，应断然改变诱饵配方，投大鱼爱吃的饵料，少加或不加香味饵料，诱使大鱼进窝，就可迫使小杂鱼逃之夭夭。

（5）变换钓饵

小杂鱼对红虫、蚯蚓等荤腥饵特有兴趣，而对面团等素饵兴趣甚少。为此，可将红虫、蚯蚓、蝇蛆等，改成小面球、饭粒、豆饼粒等素食，就能减少干扰。钓友们可在野塘钓鲫时，在面饵中掺入少量麝香小米，采取搓饵方法加大饵的比重，下沉速度增快，穿透力较强，很快招来鱼群。“大鱼到，小鱼逃”，有效地减少了“混子”打搅。还可以采取加大饵粒和硬度的方法，也比较有效。小杂鱼嘴小，吞不下、啃不动，就会悻悻游走。同时饵粒大，下沉速度就快，便于底层大鱼很快发现饵料。

（6）弃浅钓深

钓谚说“深水钓大鱼，浅水钓鱼苗”，此言不谬。当“混子”围攻时，应就近寻找离岸稍远的深水域重新下窝，深水处大鱼较多，小杂鱼因惧怕大鱼，不敢涉足深水，浅水区成了它们经常聚居的场所，故用此法可收到明显的效果。

（7）游击战术

“打一枪换一个地方”，须多打几个窝子，且相距稍远些。当在某个窝点钓上一两条鱼后，如见“混子”开始闹腾，便立即舍弃此窝，另换一个。这样有选择地轮番施钓，甩掉小杂鱼的干扰，收获自然就会多。

（8）强小杂鱼所难

办法是选个头较大的红蚯蚓放进白酒里浸泡 10 分钟，蚯蚓便酒醉昏死，身体变粗变短，富有弹性，装钩后很结实，小杂鱼难以啃动。如用此法钓鲫，最好用酒泡小米喂窝，使诱钓饵味相同，不愁没有好的收获。与此法有异曲同工之妙的是将颗粒鱼饲料用气门芯套住，挂在钩上，小杂鱼无可奈何，此法钓养鱼池比较灵。此外，尽可能选用稍大一点的黑色鱼钩，而不用白色的镀锌亮钩（包括亮坠），并尽量选择水色较浑的水域，也可减少“混子”打搅。

小杂鱼捣乱是一件令人头疼的事，想要完全避免也很难做到，只能是略施小计将其“调”走或赶跑。另一方面，小杂鱼进窝往往是一种预兆，一般规律是“小鱼打前阵，大鱼随后到”，一旦它们停止闹腾，离大鱼进窝也就为时不远了。正如鱼谚所说：“大鱼到，小鱼逃。”因此，遇有“混子”打搅，不必心烦气躁，也不要急着换地方，看看情况再说，说不定是一个好兆头。如若持续时间很长，没完没了，说明该处无大鱼，挪窝换地非常必要。

二、有鱼就是不咬钩

多人同在一个水域垂钓，别人不断上鱼，唯独你的漂子纹丝不动，出现这种情况，就不能一味地“傻等”，必须仔细查找原因，找找症结所在，采取相应对策，才能变被动为主动。

（1）如果你的窝中压根就没有“鱼星”迹象，毛病很可能出在诱饵上——你的诱饵不对鱼的口味，自然鱼就不领情，也不排除垂钓位置不当——窝子打的不是地方。这时当务之急应是首先更换诱饵或调整饵味，将自己所带的饵料分别试用，看哪一种管用。最好是查访一下临近上鱼钓友的配方，这样更便当，倘若人家不愿“透底”，切不可勉强。若换饵后半小时（最多 1 小时）仍不见起色，说明问题可能并不在饵上，这时就该断然放弃此窝点，另选别处打窝，方有希望。

（2）如果你的诱饵、钓点都没有什么问题——窝子里不时有“鱼星”泛起，说明窝中有鱼，但抛钩后就是无声无息，这时就要考虑下述问题：

①是否钓具组合不匹配，饵钩没有沉到水底？（钓底时）或是坠子太轻，致

使饵钩悬空？还是底下有草、有树枝等障碍物将钩子托起？抑或铅坠过重将饵钩拖入淤泥里？

②是不是钓线过粗鱼儿害怕？鱼钩、鱼饵偏大，小型鱼吞不进去？或是诱钓饵味不一？还是炸弹钩的钓饵已分离？

上述环节存在其中之一，必然会影响上鱼。若属坠子过轻或过重，应立即更换重新调试；鱼钩号大，钓线过粗，均应换成合适的；钓饵偏大，诱钓饵味不一致，就要重新换饵；饵钩分离则应将黏、散度调得适宜；如是水底有障碍物，就得另换地儿，当然采取舍弃坠的办法也并非一概不可以，但这样一来只能是钓浮鱼。采取上述措施后如还不见漂动，那一定是钓饵有毛病，应立即更换钓饵，只要有一条鱼上钩，就说明钓饵基本对路。倘若上了一两条又没了动静，切不可又生怀疑，应耐心等待，或许因为气温、风力、风向的暂时影响，人影、竿影、外界干扰都有可能构成鱼不咬钩的因素之一。这时不妨先到别的窝子去钓，过一段时间再回来，说不定会有好戏。

三、提竿时机未能因鱼而异导致跑鱼

草鱼咬钩，一般先“点动”一下，接着边吞钩边离开窝点，此时浮漂缓缓下沉，一般沉入 4~5 厘米时提竿，时机恰到好处，钩得深、钩得牢。若浮漂刚下沉 1~2 厘米就提竿，则为时过早，此时饵钩刚进入口腔，甚至鱼还未闭嘴，即使已衔饵闭嘴，也只含钩在较浅部位，极易拉豁嘴皮，造成跑鱼。鲤鱼胆小谨慎，咬钩之前有一个窥探、品味的过程，浮漂反应是小幅起伏点动，此时提竿，十之九空，即使钩上，也钩得较“嫩”、一拉就豁；当探尝后觉得钩饵合乎口味开口吞食时，浮漂开始斜向下沉，只有待浮漂呈稳定状态徐徐下沉时，提竿才比较稳妥保险。提竿过早过迟都易跑鱼。鲫鱼咬钩有两种情况，生口鱼咬钩瓷实，浮漂一动，迅即抬头送漂，一般以送 2 厘米漂提竿比较稳妥；再一种是刁滑鱼，对合其口味的钓饵方碰钩，浮漂有时点动 4~5 次，甚至 7~8 次后，方吞饵送漂。点动时切忌提竿，若不耐心待其送漂方提竿，即使中钩，跑鱼率也会相当高。

四、操作方法不当导致的跑鱼

随着钓鱼运动蓬勃发展，我国钓界不断涌现出一批又一批垂钓新军。不少新手缺乏经验，由于操作不当，眼见鱼到手却前功尽弃、留下莫大遗憾的情况比比皆是。究其原因，多数钓者乃由操作技巧运用不当造成，归纳起来大体有几种：

（1）提竿过猛。初学者一见漂动就紧张，生怕鱼跑掉，漂一沉便用力狠提、向后猛甩，不是拉豁鱼嘴、钓起一个鱼嘴圈，就是让鱼坐飞机、前塘钓起后塘放生，你看到谁那儿频频施放“飞鱼”导弹，必是初学者无疑；而假如遇上大鱼，那就会断钩、断线，尤其极易断竿。正确的提竿法前面已经说过，抖腕有力而不飞线，就是说提竿再轻，倒钩也必须入肉；提竿再重，鱼线不能腾空。这就要平时注意“手法”训练。

（2）握位不准，倾角失当。不少新手，本来双手握着竿把，一遇到大鱼，便心急忙慌，两手下意识地往上“倒把”，去握鱼竿中间，为求便于抓到鱼线。殊不知这样一来，竿的弹力臂必然缩短，弹性弧度骤减，最易断竿。正确的握竿位置应是无论上了多大鱼，都稳握竿尾把手部位，同时，要尽量抬起竿身、竖起鱼竿，保持竿、线不小于45°角，发挥竿体的弹性张力作用，顺势腕臂左右缓缓用劲，以牵制的方式遛鱼，切忌“拔河”，也切忌生猛硬拽，这样不仅钓具无恙，而且可大大提高上大鱼的成功率。

（3）除了耐性不足、技巧欠佳，装备不齐也是初学钓鱼者的通病，诸如不带抄网等。鱼稍大，最好下抄网，实在没有抄网，大鱼上钩时正确的操作方法应是：将鱼遛到精疲力竭的状态后，再轻轻把鱼拉到岸边，然后，左手轻捏钓线，右手将鱼抓上岸来。起鱼时，最好不要直接用手拎线提鱼，即使拎线提鱼，从抓住鱼线到提鱼，前前后后也应始终是悠着来、一股劲、一气呵成，中间不能有停顿；更不能停顿一下，过后猝然拎起鱼往上一提，此种拎法十之八九会使鱼必跑无疑——若钩得“嫩”便豁唇而逃，若钩得瓷实则会因鱼体过重使钓线折断，再就是生猛拎鱼的瞬间易导致鱼剧烈蹦跳，造成脱钩跑鱼。

五、鱼上钩后连连脱钩

（1）鱼钩问题

一种情况是钩的大小不适宜。若用小钩钩上了大鱼，大鱼吐钩不费吹灰之力，同时因钩小也难以戳透鱼嘴，很容易脱钩跑鱼；若用的是大钩钓小鱼，因鱼嘴小吞不进去，也会造成脱钩跑鱼。另一种是钩的质量出了问题，例如钩尖太短、太钝、不锋利、倒刺残缺、钩弯不合理、钩被拉直、变形甚至折断而造成跑鱼。尤其在水底多石砾的水域垂钓，倒刺常被石头拉损，钩尖磨秃不稀奇，所以，外出垂钓多带几组备用钩是很必要的。

（2）鱼线问题

这也有几种情况。常见的是拴钩的脑线偏细，或因使用时间过长出现磨损、老化、扭转、伤痕，都会使其强度降低，经受不住强大的拉力导致断线跑鱼。还有鱼线过长，提竿时难以钩透鱼嘴，也是造成脱钩的原因之一。一般情况下，齐竿线定点钓，线的长度最好略短于竿长，最多是相等，这样出线才容易。如钓线长出钓竿50厘米，出线就不太方便，若赶上顶风，钓线就甩不出去，风线过长，自然就容易脱钩跑鱼；长竿短线定点钓，从浮漂至竿梢这段风线，不宜超过1米，留得过长，不宜绷紧，提竿时拉力不够，刺鱼无力，很容易脱钩跑鱼。因此，要经常检查脑线和钓线的技术情况，发现问题，要及时更换、处理。

（3）提竿方法和提竿时机掌握不当

有些新手缺乏实战经验，抖腕完了没能马上提竿，致使钓线松弛，鱼儿趁机一松口，便溜之大吉。有时因海竿钓线过长，下垂弧度大，由于提竿太猛，其力量不能在极短时间内传到钩上，致使上钩之鱼在这宝贵的几十分之一秒内吐钩而逃，实在是可惜！提竿的“火候”没有掌握好，也是造成脱钩跑鱼的重要原因之一。提竿过早，鱼儿尚未吞饵入口；提竿迟误，鱼儿已吐钩而去。另外，与提竿用力大小也很有关系。用力过小，钩不牢鱼嘴；用力过猛，则又容易钩豁鱼嘴，都能造成脱钩跑鱼。

（4）拴钩方法不当

手竿垂钓时，如果拴钩的线结打反，打在钩柄外侧了，很容易导致刺鱼无力而脱钩。若线结打得不牢，被鱼拉散了头，同样会造成丢钩鱼脱逃。此外，用蚯蚓等装钩若留得过长，小型鱼吃饵时未能触及钩尖，也是形成空竿的原因。

六、鱼钩挂底如何处理

垂钓中钩子被水下杂草、树枝、树根、石块等障碍物挂住的情况时有发生，如果处理方法不当，很容易丢钩断线甚至折竿。遇有上述情况发生，采取以下方法处理较为妥当。

（1）先不要急着强拉硬拽，可将鱼线放松，再轻提钓竿几下，或是在水面上画圈，一般可使鱼钩从障碍物上脱出来。

（2）变换角度提拉。将竿梢放到水面上，使被挂住的钩子变换位置，再轻轻地向自己的方向提拉，一般即可取出。如仍不脱离，可换左右方向再试，若提拉的方向恰好与障碍物的空隙处或薄弱部位处于同一个平面上，鱼钩即可被拉出。若向上、向左提竿都无法使鱼钩脱出，只有向右上方斜着提拉，才能将钩子拉出。

（3）如果钓点离岸较近，可找一根木棍或竹竿松动障碍物，若能够松动，便将其拉到跟前，将钩子取出。

（4）如水不深，可下水摘钩，但要注意安全。

（5）如果上述方法都不行，那也只好孤注一掷，舍钩舍线，保住鱼竿。办法是将竿慢慢转动，把鱼线、浮漂都绕到竿上，然后用力去拉，这种情况下，多半是钩、线被扯断，但也有完好无损被拉出来的可能，即便钩折线断，能保住鱼竿无损也划算。

七、鱼类警惕性的应对措施

（1）饵料对策。通过对饵料色、味、形的变换，将鱼儿原有的“条件反射”系统破坏，使其不再有“危险”的反应。例如，常用素饵的，改用荤饵；常用香饵的改用腥饵，还可以变换上饵方法等。

（2）线具对策。即变换线具的粗细、大小、颜色、形状和种类等。如更替使用大钩、小钩、串钩、炸弹钩，交替使用手竿、海竿等，在一定程度上消除鱼儿的警觉性。实践证明，变粗大显眼之线具为精小细微之线具，效果较为明显。

（3）环境对策。解铃还须系铃人，一定环境形成的条件反射，也要靠改变这一“情景因素”来消除。如：鱼凭着已有的经验知道“此处有危险”，那么你变换钓位，让鱼在改变的环境中不知道“彼处也有危险”，在尚未形成新的“神经联系”时上钩。比方说，改近水浅钓为远水深钓，或转移到过去无法下钩的隐蔽性水域垂钓（如水草丰盛处、水下乱石区、树根杂乱处等等）。此类水域只要采取相应措施并非绝对无法垂钓。譬如使单钩，鱼上钩后只有鱼嘴里有一钩，不会挂挂拉拉造成跑鱼；另外粗线细钩、挂住钩了顶多损失鱼钩，绑上备用钩继续钓；或者相应采取离底钓，钩悬离水底，减少挂钩概率等等。

（4）时间对策。同样的道理，垂钓者还需在时间上做文章，找对策。一般的情况是白天垂钓人次较多，而早晚两头和夜深人静时较少，鱼类经常在早晚和深夜觅食，容易形成“此时无危险”的“心态”。改白昼垂钓为夜钓，这是时间对策之一；其次，择一固定钓位，定时喂饲做窝，但暂不垂钓，待这一有利于垂钓的“条件反射”形成后，再在同一时间进行垂钓，这是时间对策之二；再次，对垂钓过频的钓场有组织地进行一段时间的“休钓”，这不仅有利于消除鱼类的警觉性，而且有利于生态与环境的休养生息，具有保护生态平衡的社会意义，这是时间对策之三。以上对策方法，倘能综合运用，灵活取舍，效果必佳。

八、水下有暗草，底层鱼如何钓

尽人皆知，鱼与草有不解之缘，鲫鱼尤甚。在通常情况下，有草的地方，鱼头较厚。但若水底有暗草便很容易埋钩（或挂钩），鱼儿难以发现饵食，等于白钓。即使有草咬钩，被草挂住也很扫兴。判明水底有无暗草的方法是用重坠空钩贴底轻拉回拖，观察漂态便可知晓（无暗草漂子走直线，有暗草漂子乱摆头）。如判明水底有暗草又不想放弃，可将坠下钩改成坠上钩（以双钩为佳），下面一只钩距坠 15 厘米左右。这样，饵钩悬于草坪之上，鲫、鲤等底层鱼看得见，够得着，此乃扬长避短之道，变不利为有利，何愁有鱼钓不到？

九、手竿打不准钓点

打准钓点是提高上鱼率的关键一环，尤其是参加钓鱼比赛，更是关键的关键。因为只有投点偏差很小，才能在较短的时间内将分散的鱼儿诱聚到窝点中来，从而为快上鱼、多钓鱼创造好条件。一些初涉钓场者由于操作不熟练，抛起钩来准确性差得太远，往往东一榔头西一棒槌，不是前后过油儿，就是左斜右偏，难以形成窝点，钓绩不佳自不待言。

要想打准钓点其实并不很难，掌握好抛钩要领是关键。初学乍练时两脚前后站立，面向垂钓水域，目视前方，竿尖指向钓点，抛钩前钓竿形成的弓形面应与水面垂直，在抛钩的一刹那，使竿、钩、线成一直线。待抛钩技术熟练后，即使是坐着抛，也能打准钓点。

十、怎样防止和解决鱼竿卡节

钓鱼结束收竿时，最扫兴的事莫过于手竿发生卡节，退不回来、收不进去。卡节之事多发生在钓上过大的鱼或垂钓中曾有过挂底、使蛮力拉过鱼竿之后。卡了节的鱼竿欲缩不能，支出挺长的竿梢装不进竿包，躁急之余，猛拧狠退，断竿折节便在所难免了。尤其是短节碳素竿，位于竿梢的第一、二节，径极细，此类事故更易发生。因此，钓鱼报刊上经常有如何处理手竿卡节的文章刊登，推介之法五花八门，有：蹬击法、敲击法、扭击法、钳击法、热胀冷缩法，甚至使用断“肢”法作为最后手段。应该承认，这类方法有些确是经验之谈，常能奏效。但根据观察，也多有失败，或虽成功，却使好端端的手竿伤痕累累，留下内伤隐患，实在可惜。

有钓友总结一种十分简便有效之法，确能防止手竿卡节。此法只需准备蜡烛一根，用蜡在手竿表面涂抹，在易发生卡节的部位多涂一些。为使蜡油涂布均匀，可将蜡烛点燃，使融化的蜡油滴在一块布上，然后，用这块布擦抹竿节。使用此法后，即使碰上大鱼、挂上障碍物、使梢尖受力后，或太阳暴晒、雨浇水浸，都不会有卡节现象发生，他们自称此法是手竿卡节的克星。若钓友想免遭卡节之苦，不妨一试。

另也有钓友认为，卡节就是抽出时抽得过紧所致，因此抽出时抽得很松，其实殊不知这却恰恰是造成卡节的主要原因之一。道理很简单，抽出时很松，抛竿甩线时一用力，在巨大离心力的作用下，各节之间便等于有了一个猛然向外甩的爆发性抽出力，反而造成卡节了。如抽出鱼竿时每节适度抽紧，则可有效防止由此造成的卡节。

十一、底钩甩不远

甩底钩是盛行于北方地区的一种传统钓法，具有制作简单、操作方便、成本低廉、上鱼率高、以多取胜的诸多优点，使用者多为中老年人。甩底钩如在夜晚或深水域垂钓，不需要甩很远，但在白天或浅水区垂钓，通常需甩出几十米开外，近了鱼情难如愿。有些钓手之所以甩不远，其原因不外乎下面几点：

（1）铅坠太轻

底钩的铅坠都比较重，一般不应小于150克，轻了甩不远。如在江河、流动水域垂钓，或是逆风甩钩，还需更重一点。

（2）操作方法不当

钓线上没拴“把手”，是甩不远的另一个重要原因。有的钓手或图省事或缺乏经验，用手拿着坠子抛甩，近距离二三十米没啥问题，再远了就很困难。有的钓手虽是采用提线过头顶旋转抛甩，但是由于尼龙线发滑，抛甩时必然提心吊胆（怕鱼钩挂手），不敢用力，自然难以甩远。

（3）放线方法欠妥

不是线打团，就是被钩子钩住了主线，勉强甩出，距离必不会远。若重新整理，既费事，又浪费时间。

这里向钓友们介绍一下拴“把手”的方法。有了这个“把手”，操作起来既甩得远又安全。取20厘米长的一段瓦工线（降落伞线亦可，切忌用尼龙线），在主线上距离端部铅坠1.2~1.5米处（身材高取远，反之取近）折回一个线套，呈扁“又”字形（线套长5~7厘米），左手捏住线套中间，右手拿瓦工线，将瓦工线的一端穿入线套中，必须是狗咬纹压住主线，留出一小段线头。然后在线套上面缠绕数圈，直到线套剩下1厘米处打住，再将另一端线头穿进线套，也是狗咬纹压住主线，同样应留出一小段。这时两只手同时向两边拉主线，使线套抽紧（同时将两端的线头也抽紧），剪去多余的线头，“把手”即告拴完（图1–42）。

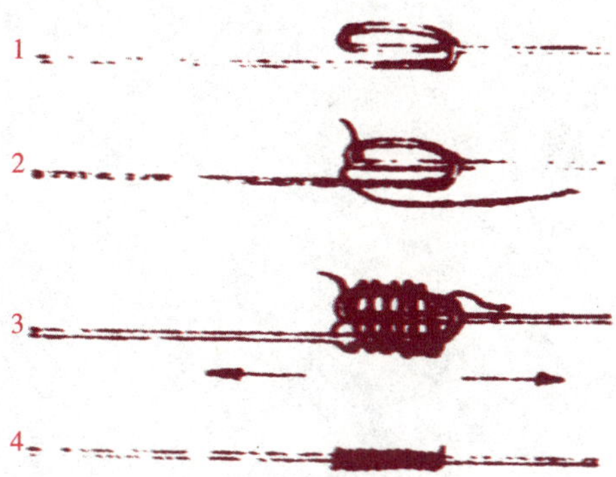

图1–42 “把手”的拴法

正确的抛甩动作：首先将主线波浪式散放在地面，将线板插牢在岸边。抛甩时身体侧对水面，双脚叉站，右手拇指、食指、中指一起捏住“把手”，将装好钓饵的钓组拎起，顺时针绕头顶上方旋转。当旋转 3 ~ 4 圈达到最大转速时，顺势将钓组投向水域钓点，右手同步松开“把手”，抛甩动作至此即完。这是甩底钩最佳的抛甩方法，一般可甩出六七十米远，若遇顺风还能再远。但须注意两点：一是抛甩的出手角度不可太大，钓组与水面夹角不应超过 30°，再大甩不远；二是鱼钩距离“把手”不得少于 25 厘米，近了有被挂手的危险。

下面再介绍两种抛甩方法，供钓友们借鉴：

（1）提绳法

把铅坠下端冲一小眼儿，穿上一段 70 厘米左右长的结实细线绳，结一猪蹄扣勒紧。线绳的末端结一个大疙瘩（线套亦可），抛甩时手提线绳，前后悠荡几下，顺势甩向钓点。这种抛甩方法简单省事，无须拴“把手”，甩出三四十米没问题，且无挂手的危险。

（2）竿挑法

也是在坠下端冲一小眼，穿一段 30 厘米左右长的线绳（扣死），线绳头部结一比竿稍粗一点的死套。另准备一根 1.3 米左右长的竹竿，抛甩时双手握竿，竿尖挑起绳套，侧身站立，将钓组自身体右后方甩向水域钓点，若不顶风，可甩出 50 余米远，且很安全。

第二章　常见的钓鱼技法

基本技巧

一、寻找“鱼道”

“鱼道”，是指鱼在水体中活动的路线。鱼类为了生存要在水中四处游动觅食。在一定的季节还需进行一定的洄游；在季节更替、气候变化时，它们也要寻找水温和环境更适宜的栖息地，它们游动的路线有一定的规律性。要获得较大的收获，就要仔细地观察和判断，找准鱼类经常活动的鱼道，把钩饵抛投到鱼类活动的交通要道上，这样才会连连上钩。

一是找水底地形变化处，即沟河平底时，找寻有小凹槽、有坎、有坡或有锅底形深坑处；地形复杂多变时找一小块平滩、平道。

二是在浅水区垂钓找深坑、深沟；在深水处则选择高台、土坑。特别需要注意的是不可轻易放过坡与平面的交界处，这里多是鱼的必经之路。

三是在水面宽阔的河道水域垂钓，要找寻较狭窄的地段，在平整的岸边要找凹凸的部位。

四是在平静的水域找流速稍快的一边，在急流的水域垂钓，如江、湖、河、水库，要选择在稳水的上游比稳水稍急、比急流稍缓的位置，也可选择拦河堤坝或漫水桥的下游。这些位置不仅浮鱼较多，而且有顶水鱼，尤以深水域的鱼更喜欢在这些位置聚集、觅食，即是“急中稳”的结合部。

五是三汊河道口，一条河分成两条河的分汊口，即拐弯处的深水域，以及两条河汇合成一条河的汊口，进入急流的结合部，这些位置也是鱼道。

二、识别鱼星

鲤鱼星：鲤鱼的鱼星密集且大，少则十几个，多则五六十个。泡的形状相似，大小与鲤鱼的规格有关，鱼大则星大，鱼小则星小。例如 6 千克左右的大鲤鱼，它的鱼星团直径可达 30 厘米；如果鱼体重量为 2.5 千克，则鱼星团的直径可达 15 厘米左右。

鲫鱼星：鲫鱼的鱼星一般有两个，一大一小交替出现。50 克的鲫鱼鱼星直径约 1 毫米，500 克的大鲫鱼鱼星直径约 2.5 毫米。

草鱼星：草鱼的鱼星如果是单个大气泡，直径约 5 厘米左右，则鱼的个体为 4 千克左右。如果鱼星不是单个的，而是二三十个一起出现，大小在 1 厘米左右，则说明草鱼的个体为 1.5 千克大小。

青鱼星：青鱼星呈零碎状态，而且位置经常变动，所以钓友称之为碎星。

鳝鱼星：鳝鱼星是其将头伸出水面呼吸空气后吐出的。泡的个体较大，如豌豆那么大，一次三四个。

鳊鱼星：单个上浮，常常只有 3~5 个，每个气泡出现的间隔大约为 2 秒钟，250 克左右的鳊鱼可冒出直径 5~6 毫米的气泡。

翘嘴红鲌星：以绿豆般大小的单个小泡鱼星较多见。若窝里有十几个小泡不断泛冒，肯定有一群小翘嘴红鲌在觅食。

鲢鱼、鳙鱼星：养殖鱼塘的鲢鱼、鳙鱼的“鱼星”，气泡大小不均匀，大的似乒乓球。在风平浪静时，水面上出现一层直径较大的“沫星”，往往说明是鲢鱼、鳙鱼偷偷进了窝。特别在用台湾钓法钓时，浓香的粉类饵料入水雾化快，引鱼效果好，当钓点鱼星明显，但鱼并不咬钩，而投钩铅坠沉下时，则经常泛起一大片气泡群，这是进了窝的鲢鱼、鳙鱼受惊贴底逃遁时，将淤泥翻起产生的“鱼星”。

乌鳢鱼星：乌鳢的鱼星小而密，上升较快，呈长条形，消失也较快。

鲇鱼鱼星：鲇鱼的鱼星呈条状，密密麻麻，又细又多，不断移动。

甲鱼鱼星：甲鱼的鱼星是其在水底爬行时产生的，鱼星密集，呈双行带状或圈状，大小不等，移动缓慢。

泥鳅鱼星：泥鳅的鱼星密而细，成串上升，呈泡沫状。

三、判断鱼情

1. 看水文

水文俗称水浪。无风，风平浪静，水面平如镜，死水一潭，看不到小鱼活动，水下可能无鱼或鱼少或鱼不吃东西。如水波粼粼，水面不时漾起涟漪；有鱼打出水花、旋涡；或追逐嬉戏，时而跃出水面，表示水中的鱼很多；水面游动嬉戏的小鱼突然受惊，四处逃散；或水面有隐约的波纹，多是大鱼活动觅食所致。如果有鱼群浮在水面呼吸，这说明水里缺少氧气，鱼儿不会觅食。

2. **看水色**

俗话说：水清无大鱼，浑水好藏鱼。在沟河中垂钓，适合垂钓的水色多呈淡绿色、淡蓝色或淡青色，如果水草很多则水色比较清淡。池塘中最适宜的水色是淡白色、淡褐色、淡绿色，或清中略带点浑（围田、围垦养鱼）。色泽越深越难垂钓，这一般都出现在精养鱼塘，塘水太肥，鱼儿饱食终日，通常对饵料不闻不食，轻易不吞饵。水色太浑，多为暴雨洪涝之后，鱼看不见食饵，不宜垂钓；水色太清，如果水浅又没有浮萍水草等隐蔽，鱼容易看见人和鱼竿的影子，不敢前来摄饵，极难钓获。

3. **看水草**

鱼类大多与水草有缘，看水中有无水草长出，如水草茂盛，说明食草性鱼少；如果水草头残缺不齐，草茎漂浮，表明食草性鱼类较多；寸草不生，表明鱼很多。水草的草叶震动，草丛中必有鱼栖聚，是垂钓的理想场所。

4. **看小鱼**

如果岸边有白鲦等小杂鱼游动，则也会有其他鱼类，小鱼多，一般其他的鱼儿也多，可以垂钓。

5. **试水温**

水的热量主要来源于水面接收的太阳辐射能，水的温差变化受空气温度的影响，水温的升高和降低都比空气慢，形成了水温与空气温度的差异。炎热的盛夏，气温高达 35~40℃，但几米以下的深水处只有几度，夏季一阵雷雨后，地面已经凉爽，但水温仍然很高；初冬北方的冷空气南下，外边已很冷，但水温并没有下降多少，严寒的早晨，地面已有霜冻，小浅坑塘结冰，但深水处的水面却荡漾如故。在一天之中，由于太阳的照射，昼夜的温差也不一样。水温的变化，是鱼儿是否出来活动觅食的主要原因。

6. **闻水味**

垂钓之前，迎风站在或蹲在岸边（俗称下风口），闻一闻从水面上吹来的风有无鱼腥味，或用手捧水闻闻有无鱼腥味。鱼腥味越浓，表明鱼群留下的黏液分泌物所形成的泡沫就越多，鱼也就越多，反之，则无鱼。

7. **听水声**

有一定垂钓经验的人根据鱼跳跃时的击水声，可以判断鱼情和鱼的种类，听鱼儿吃草发出的“嚓嚓”声和大鱼追捕小鱼发出的“扑通”声，有声则有鱼，无声则少鱼或无鱼。

不同鱼种在水域中起跳的姿态、声音各异。鲢鱼跳起用尾部击水发出“啪啪”的响声，击水声清脆，浪花小，消失快；鲤鱼腾跃全身离水，入水时摆尾击水发出“劈啪”声；鳙鱼起跳半身出水，头部入水发出“咕嘟”声，声大而闷，浪花大，消失快。若鱼成一路纵队越跳越远，速度快，动作敏捷，表明是流动性鱼群，宜浮钓；若鱼群跳跃的方向不一，动作较慢，或原地游来游去，则属定居性鱼群，适于垂钓。全年鱼跃盛期为夏季的早晨和黄昏，入秋后渐少。霜降后只在低气压（发闷的）天气偶尔起跃。

8. **看水鸟**

鸬鹚、水鸭、白鹭等都是专食小鱼的鸟类，垂钓者如果见到栖息在水草边的水鸭、白鹭等突然起飞，或看到白鹭在水面的上空盘旋、翱翔，鸬鹚、水鸭在水面戏水，说明此处的鱼儿较活跃，适宜下钩垂钓。

四、准确掌握手竿提竿时机

1. **注意鱼的吃钩方式不同，提竿时机不同**

鲫鱼摄食时俯头翘尾，吸入口内抬头上游，漂的反应是轻微抖动，明显上浮。钓鲫宜在漂缓缓上浮时提竿。

鲤鱼爱拱泥寻食，摄食谨慎，食前先品尝一番，感到无异物时，才吸入口中，摄食后即游走，漂的反应是先晃动几下，后大幅度下沉，漂没顶时提竿则可命中。

草鱼摄食先缓后急，开始慢慢品尝，随后将饵吞入口中拉着走，漂的反应沉多于浮，等漂全部没入水中一两秒钟提竿为适合。

青鱼摄食凶猛，见饵就吞，吸入嘴内，含着就走，漂的反应是急促上下大幅度抖动，继之迅速斜移下沉，这时提竿即得鱼。

罗非鱼贪食，咬到饵料不松口，漂的反应是急促上下抖动，继而不动，或上升倾斜，此时提竿十拿九稳。

鲢、鳙鱼在水温 17~20℃时摄食特别斯文，饵料叼在口中，漂的反应为轻微晃动，应立即提竿；盛夏咬钩时叼着饵料扭头就跑，漂的反应为拉黑漂或拉倒海竿，此时应立即提竿。

鳊鱼摄食动作类似鲫鱼，漂的反应为急促上下抖动，很快上升，以至倾斜横在水面，赶早提竿即可钓获。

2. **注意季节不同，提竿时机不同**

初春鱼儿游动缓慢，摄食时，口张得小吃得轻，漂抖动得也轻慢，有时不太明显，抖动即可提竿；夏秋季，鱼儿活跃，游动迅速，摄食凶猛，漂抖动速度快，斜移、下沉（或上送）时，便可提竿；冬季，鱼儿摄食减少，漂抖动即可提竿。

3. 注意水的深浅不同，提竿时机不同

在1米以内的浅水垂钓，漂与钩、坠的距离短（水浅水线短），鱼吃钩，漂马上往上送（或下沉），提竿宜迟些。

在2米以上深水垂钓，漂与钩、坠距离较长（水深水线较长），鱼吃钩，漂上送（或下沉）则慢，漂稍上升（下沉）就提竿。

4. 注意钓饵不同，提竿时机不同

素饵，质软体小，易吸入鱼嘴，漂抖动几下，及时早提；荤饵，耐咬，漂抖动上送（或下沉）后，可稍迟提竿。

5. 注意脑线长短不同，提竿时机不同

用长脑线，鱼吞钩动作反应到漂的时间要长些，提竿宜迟；短脑线，鱼吞钩动作反应到漂的时间短，提竿宜早。

6. 注意坠的轻、重、高、低不同，提竿时机不同

一般卧钩用重坠，立钩用轻坠，静水用轻坠，流水用重坠，浅水用低坠，深水用高坠。

坠重，鱼在坠上消耗的力较大，漂上送低，提竿相对要早一些，坠轻，鱼在坠上消耗的力较小，漂上送高，提竿宜迟些；坠高，鱼吃钩的力量，先在脑线上消耗了一部分，后在坠子上及水线上又消耗了一部分，反应到漂上的力就小了，上送程度低了，提竿宜早；低坠，鱼吃钩的力量，通过水线很快传到漂上，上送程度较高，提竿宜迟些。

7. 注意水域不同，提竿时机不同

鲫鱼在不同水域摄食有四种反应：送漂、黑漂、浮漂点动和浮漂移动。

肥水水域，鲫鱼吃饵慢，送漂缓且低；瘦水水域，吃饵急，送漂快且高；静水鲫鱼多送漂；流水多为黑漂。常有人垂钓的水域，鱼钓滑了，多为点漂或送漂缓慢或漂平移；少有人钓过鱼的水域，送漂极为典型。

8. 注意鱼的大小不同，提竿时机不同

小鱼摄食漂有两种反应：一是漂上下反复抖动，因抢食而又吞不进口；二是躁动的幅度大而快，有时拉着就走。大鱼吃钩稳健有力，漂上送、下沉比较缓慢。

9. 注意鱼的饥饱不同，提竿时机不同

鱼饥饿时，见饵就吞，漂的反应又快又猛；鱼儿饱时，见饵后似食非食，漂的反应不大。

10. 注意单游、群游不同，提竿时机不同

单游鱼吞食速度缓慢，吞前要尝尝饵味，可口才吞食，吞食速度慢。群游鱼，见食相互争，吞食速度就快。

11. 根据浮漂变化确定提竿

（1）若钓钩刚入水，浮漂就被猛地拉入水中，然后又从较远的地方冒出水面，然后又猛地入水，浮漂又迅速地浮出水面，很可能是很小的鱼打搅、闹窝。

（2）浮漂有力地向下一拖，再一拖，然后慢慢上升一目或二目，是鱼儿已上钩最典型的表现，应及时提竿。甚至当浮漂有力地向下一拖、二拖时就可以提竿，但提竿时要靠手腕、手臂的力量，将鱼竿向上一拖，力量要有节奏，动作短促，其目的是让鱼钩迅速钩住鱼嘴，节省鱼儿咬饵的时间。这是主动“出击”，不是等浮漂上浮了再提竿。台湾钓法是用短竿、近距离垂钓，主动“出击”十分必要。尤其是比赛中，可以大大提高在最短时间内的上钩率。

（3）若钓钩刚入水，还未沉入水底之前，浮漂在水面呈横平状态，这是鱼儿在水的中、上层就将鱼饵吞食了，应及时提竿。

（4）抛线后，浮漂没有向下拖的现象，第一现象是上浮，且无短促有力的表现，多半是鱼身擦钩，或是鱼儿拱食钓钩附近散落的饵料，不宜提竿。

（5）鱼钩入水后，浮漂不是向上、向下有力地浮沉，而是呈螺旋状的摇晃，多半是黄鳝在咬钩，要等 10 秒钟后再提竿。

（6）鱼钩入水后，浮漂很慢地呈均匀速度向水中慢慢沉没，或向别处渐沉渐移动，多半是虾咬钩，要慢慢提竿。

（7）鱼钩入水后，浮漂向下有力一拉，就浮出一目、二目，或呈歪斜状，这是大鱼咬钩的信号。鱼大，劲儿大，嘴大，咬钩干净利索，一下就将钩吞入口了，可迅速提竿。

（8）浮漂向下钝，向上浮出一些，然后有力地沉入水中，再也没见浮出，这多半是草鱼、鲤鱼咬了钩，立即提竿。

（9）浮漂轻微晃动，然后慢慢向上浮出一目、二目，再也不见浮漂上升或下沉，这是钩上的鱼饵被鱼撞落，鱼钩无饵，其下坠力减小，浮漂自然上浮，这时要提竿换饵。

（10）浮漂下沉不明显，后慢慢上浮三目、四目，甚至五目，然后不再下沉，这是鱼吞食了鱼钩上升送钩的信号。要立即提竿。

（11）浮漂有规律地小幅度地一沉一浮，下沉上浮的距离一样，多半是波浪

带动浮漂的上下波动。不是鱼儿咬钩的信号，不要提竿。

（12）钓钩刚入水，浮漂就慢慢上浮一目，然后又上浮一目，不见下沉，也不见平着水面横躺，这是钓饵在钓钩入水后就脱落了的现象，不应再等待，应及时提竿重新挂饵。

五、插竿方式

海竿垂钓时，由于海竿一般不用鱼漂，钓点又远，一位钓手同时要抛投好几根鱼竿，所以海竿一般都有竿架。其插竿方式有三种，即立式、斜式、卧式。三种方式各有利弊，可因地制宜灵活掌握。

1. 立式

即海竿直立在岸边，与水面垂直。这种插竿法，操作起来不大方便，有风时摆动较大，而且立不太稳，抗风能力也较差。

2. 斜式

这是最常见的一种插竿法，海竿与水面有一个30°～60°的夹角。这种斜插，无论是插竿、紧线还是提竿，操作起来都得心应手，比较方便，也好观察鱼情。上钩后，竿梢的反应也很灵敏。斜插法在1~2级风时还行，一旦风大了，抗风能力就比较差。

3. 卧式

卧式插法。使用的不多。具体操作，又可分横卧式和直卧式两种卧法。其实卧式插竿优点颇多。应该大力提倡。

（1）横卧。海竿横向插放在岸边，与地面平行，竿尖稍高于地面，竿线呈70°～90°角。可以左卧，也可以右卧，以顺风向为宜。这种插法避风力强，使风浪对竿、线的干扰减少到最低程度。另外，横卧插法反应灵敏，便于观察，插放提竿都十分简便。

（2）直卧。将竿直插岸边，竿线呈一直线，竿与水面无夹角或角度很小，鱼儿吞钩后，直接作用于钓线。从上钩率来看，横卧较直卧上钩率要高。

如果比较一下三种插竿方式。以卧式好于斜式，斜式又好于立式。因为立式在有风时还会嗡嗡作响，必然影响垂钓效果。

六、正确遛鱼

要遛鱼，首先要了解自己钓具的综合钓力，即钓竿能承受多大拉力，钩和线的拉力如何，绕线轮上有多少线等。

1. **手竿遛鱼**

在大鱼上钩后要头脑冷静，镇定沉着，不慌不乱。运用所掌握的横“8”字遛鱼法、圈式遛鱼法或牵制遛鱼法等耐心遛鱼，就可以将鱼制服。抬竿后立即使钓竿形成45° 角。这是大鱼上钩后的关键环节。手竿遛鱼，其技巧性更强，因为竿长和钓线长度都有限，遛鱼时只能在竿、线所及的范围内进行，故遛鱼的难度很大。提竿时，要一手在上，一手在下握住竿柄，动作要有韧性，不能忽快忽慢，忽重忽轻，要主动领鱼，千万不能让竿倒向鱼的逃窜方向而形成拔河态势。领鱼游动的运动轨迹要呈圆弧状，使其不知不觉地改变游动方向，钓线移动的速度要快于鱼游动的速度，让鱼跟着钓线游，这是控制鱼游向的关键。借此领着鱼在水中让鱼转弯，呈横“8”字形游动。这样反复引遛，直到鱼疲乏无力、露出水面。在流水水域凭手感判断钩住大鱼后，应将竖起来的竿斜着朝向下游方向；若在静水水域可将竿斜上扬成45° 角斜着朝向左右两侧均可，把鱼控制在自己能把握的范围内，不让它向水域深处远游，用竿绷住钓线领着鱼沿着岸边游。遛到一定程度，直到鱼已无力挣扎任钓者摆布时。再有意地慢慢加力并将竿抬高，将鱼头提出水面，直遛得鱼已难以维持自身平衡，侧身歪倒，肚皮朝天才可将其遛至近岸（图2–1）。

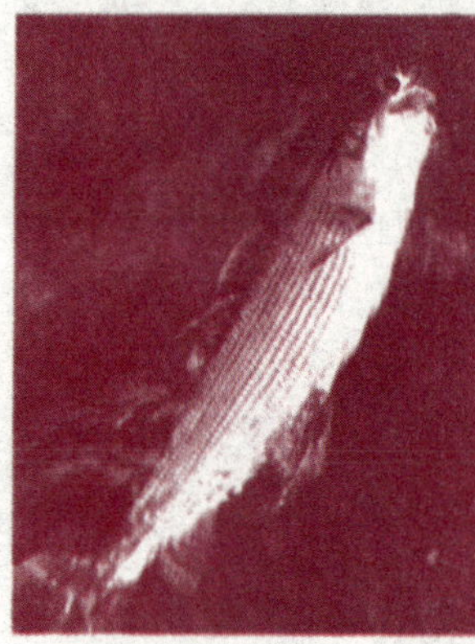

图 2–1

2. **海竿遛鱼**

海竿遛鱼，重在把好三关：一要把好大鱼逃窜冲击关，防止与鱼拔河断线跑鱼。需知5千克以上的大鱼在水中的力量是很大的，它在中钩后逃窜，一般都有几次较长距离的冲击，然后转为短距离的冲击。鱼开始发起冲击时力大劲猛，有的一次能窜出数十米乃至上百米，所以遛鱼方法不当很容易出现拔河断线跑鱼问题。二要把好大鱼近岸卧底关，防止鱼钻杂物里逃遁。大鱼卧底多是在遛鱼到近岸时发生的，因为水库岸边水底，一般都有沟坎、陡塄、石头堆、树棵子及其他杂物。因此近岸遛鱼，其要领是将竿扬起，绷紧钓线，当鱼要线时要给线，但不能给线太多，鱼不要线时要及时收线，不给鱼卧底之机，并要及时将鱼领向水底无杂物的空场，控制在10米以外的水域牵遛，直至把鱼遛“透”，就擒为止。三要把好大鱼撞岸回挣关，防止鱼拼死调头疯狂逃窜。特别是大草鱼，有靠岸回挣力猛的特点。遛大鱼的火候要掌握到直遛到鱼的肚皮朝天，再领至岸边。如果岸边水浅切忌使鱼搁浅，应将鱼领至水稍深点儿的地方再抄鱼。

遛鱼时，一定要有耐性，估计自己的钓具能和大鱼抗争，就不要急于收线。设法消耗鱼的体力。有些时候，鱼儿累了、不动了，要继续牵动钓线，不给它喘息的机会。待它耗尽力量之后，便会像一根木桩似的浮在水面，任你拖拽，这时才能将鱼牵至岸边，用抄网或搭钩将鱼捞上岸来。不到这个程度，不能过早地让鱼靠岸，更不要过早地提鱼出水。

七、应对鱼不咬钩的方法

（1）了解信息。池塘鱼种不同，喂养方法各异，用不同饲料喂鱼，把鱼养成了不同的口味。若想钓鱼须投鱼所好，全靠掌握喂鱼信息。

（2）试钓各个水层。春夏之交早晚温差较大，早晨鱼大多数都潜在较深的水下，这时施钓咬钩率较高，到上午 9~11 时，这时的外界温度较高，水体上下出现明显的温差，鱼会趋温上浮，或悬浮在钓点的上方，这就需要钓手悬钩试钓不同的泳层，以找出鱼上浮的高度，使钩饵能展现在鱼的视角之中，一旦找准鱼所上浮的泳层，鱼是会咬钩的。钓位处水过深，池中的水过肥、过浑都影响鱼咬钩。晚秋的上午，特别是头天晚上气温较低时，应在水较深处，或深浅交界处垂钓，水深约 1.5 米左右为好。当太阳升起，气温上升时，再到浅水处垂钓。因此，垂钓时鱼不咬钩就应尝试钓不同的泳层，采取逗钩、拖钩、引钩等不同的手段。

（3）换饵。垂钓以前，一定要多准备几种饵料，可以在鱼不上钩时，每一种都试一下，以每 20 分钟换一次，从中寻找出最佳饵料。如果窝里有鱼星却无鱼咬钩，其中的一个原因可能就是饵料不太适合鱼的胃口，应考虑改变鱼饵，或在鱼饵中添加腥味或香味来刺激鱼的感官，激起鱼的食欲。一般手竿钓饵，每隔 5 分钟左右换一次，试用半个小时；海竿炸弹饵，每种可试用一个小时，20 分钟换一次。除此以外，还要检查炸弹饵是否太黏，不易散开，影响鱼儿吞钩。另外。炸弹钩是否移位、与饵料分开，鱼是不吃空钩的。

（4）用饵。用饵须投其所好，比如乌鳢，用蚯蚓、蛆虫去钓，上钩率就差，用活的泥鳅等小鱼虾去逗引，它就很快吞食；再如覃鱼，用面饵去钓，效果不佳，用苇心、青草去逗引，它拖了就走；有的还须配制特殊饵料，比如鲢鱼、鳙鱼，它喜酸食还带点儿甜的雾化饵，用面食或其他钓饵，常会落空。

（5）试钓不同类型的钓点。如果选择的钓位处无鱼或暂时无鱼，或水底有暗草鱼钩落不到水底，选定钓位后就应试试远、中、近、左、右的钓点，多打几个窝子。如果有鱼咬钩，就应原地不动。如过了两个小时还是没有鱼咬钩，要更换、重选新钓位。钓点分多种类型，如深水、浅水。深水有草、浅水有草、进水口、树阴下……所以换钓点要换成不同类型的钓点。

（6）改变垂钓技法。改等鱼上钩为找鱼下钩和逗鱼咬钩，使死饵变活，这种钓法有人称之为“动态垂钓”。这种钓法的前提是钓饵要经得起移动而不散开，可以直接用蚯蚓、颗粒饲料等不易化开的钓饵；逗钓的方法就是牵动钓饵逗鱼，引逗它咬钩。

（7）白天钓改为夜钓。夜钓所采用的钓竿、钓组、饵料等与白天相同，由于夜间环境宁静，所以采用的铅坠应尽量小，就是抛投钓铅坠也不要太大。

八、鱼脱钩的原因及措施

所谓脱钩，就是在提竿时感到鱼儿在下面震颤，甚至钓竿弯成弓形，但瞬间就逃之夭夭，这是钓者们最感遗憾的事了。以下是最容易造成脱钩的因素。

1. 提竿时机不当

钓鱼时准确地把握提竿时机，是对钓者垂钓技术的真正考验。提竿，一定要掌握火候，过早，饵钩尚在鱼嘴外或鱼嘴边，钩不牢鱼唇；过晚，饵钩已被鱼儿吐出，也难以钩牢鱼唇。

因此，合适的提竿时机应是饵钩进入鱼嘴的时刻。但是，要掌握好这一点并非易事，需要经过长期垂钓实践，才能很好掌握提竿时机。

草鱼咬钩，一般先“点动”一下，接着边吞钩边离开窝点，此时浮漂缓缓下沉，一般沉入 4~5 目时提竿，时机恰到好处，钩得深钩得牢。若浮漂刚下沉 1~2 目就提竿，则为时过早，此时饵钩刚进入口腔，甚至鱼还未闭嘴，即使已衔饵闭嘴，也只含钩在较浅部位，极易拉豁嘴皮造成跑鱼。

鲤鱼胆小谨慎，咬钩之前有一个窥探、品味的过程，浮漂反应是小幅地起伏点动，此时提竿，十之九空，即使钩上，也钩得较“嫩”、一拉就豁；当探尝后觉得钩饵合乎口味便开口吞食，浮漂开始斜向下沉，只有待浮漂呈稳定状态徐徐下沉时，提竿才比较稳妥保险。提竿过早过迟都易跑鱼。

鲫鱼咬钩有两种情况，生塘中鱼咬钩瓷实，浮漂稍一抖动，迅即抬头送漂，一般以送 2 目漂提竿比较稳妥；再一种是刁滑鱼，对合其口味的钓饵才碰钩，浮漂有时点动 4~5 次，甚至 7~8 次后，方吞饵送漂。点动时切忌提竿，一定要待其送漂方提竿。

2. 操作方法不当造成跑鱼

提竿的时机掌握好了，但方法不当也会与鱼“失之交臂”，有钓者提竿时，钓竿猛抬，用力过大，把鱼嘴拉豁，鱼即脱钩而去。更有甚者，如果钓到了大鱼，这种大力提竿，往往容易断线折竿。正确的提竿方法是：将握竿的手腕向上抖动一下，使饵钩快速上升 20~30 厘米，饵钩最好不要出水，在抖竿的瞬间，钓钩即将鱼唇钩牢。然后再根据鱼的大小来确定起鱼方法。

握位不准，倾角失当。正确的握竿位置应是无论上了多大鱼，都要稳握竿尾把手部位，同时要尽量抬起竿身、竖起鱼竿，保持竿、线不小于 45° 角度，发挥竿体的弹性张力作用，顺势腕臂左右缓缓用劲，以牵制的方式遛鱼，切忌“拔河”，也切忌生猛硬拽，这样不仅钓具无恙，而且可大大提高上大鱼的成功率。

3. 钓钩问题

垂钓时应根据水域中可能钓到鱼的不同种类和大小来选择适当大小的钓钩。若用小钩钓大鱼，容易吐钩，也难以钩透鱼唇，易于脱钩；若用大钩钓小鱼，鱼难以吞下饵钩，也易造成脱钩。

其次，钓钩的质量也甚为关键，钩尖与倒刺的距离不能太近，过近也易于脱钩。钩尖的锋利程度对脱钩与否也有密切的关系，钩尖不锋利，虽钩住鱼唇，但穿不透鱼唇，鱼儿很易脱钩。另外抄鱼时鱼钩常会挂到抄网上，摘钩时有时就会损坏倒刺。钩挂底（石块、树根等）或鱼较大、鱼颚硬，钩尖都会不同程度地受到损伤，或钩条向外撇、或钩尖锋利度变钝，都易造成脱钩跑鱼。因此，要经常检查钩尖的锋利程度，若不锋利可用细油石磨一下，太钝的鱼钩则坚决弃之。

第三，钓钩的拴法亦很关键，拴钩时，一要拴得牢，钓线不得自钩端松脱；二是拴好的钓钩提在手中应为垂直状态，不得往一侧歪斜，否则鱼儿咬钩时，因角度不对也易于脱钩。

4. 钓线问题

垂钓时应根据鱼的大小不同采用不同线径的钓线。一般是钓线越细，鱼儿越不易察觉，越易上钩，但是钓线过细，若钓稍大的鱼，便会造成线断、鱼逃；钓线质量不好，粗细不匀，抗拉强度差，也易于断线；钓线若使用过久，局部老化或受损，也易在薄弱处断裂。因此。应定期检查钓线，在钓线用了 2~3 年后，应全部更换新的钓线。

5. 过线圈问题

海竿和手、海两用竿均装有过线圈，钓线在出线和收线时都要在其中滑过。由于长期使用，若过线圈质量不好，其内侧常会磨出一道浅沟。这道浅沟使钓线的磨损加剧，使钓线的抗拉强度大为降低，在提鱼时发生线断、鱼逃。因此，对过线圈要经常检查，对已磨损的过线圈要及时更换。

6. **坠的问题**

坠过重，鱼咬钩无反应或反应迟缓，提竿过慢；坠过轻，鱼信号太明显，常常提竿过早。

7. **漂的问题**

如果漂的浮力太小，鱼信号反应迟缓，提竿不及时；如果漂的重心偏离，不能直立水中，斜向漂反应的鱼汛失真，提竿难以掌握最佳时机。

8. **饵的问题**

一是饵没挂在钩尖上，鱼咬钩时钩尖没有入口。二是饵太大，鱼只能咬住其一部分。三是饵太长，鱼咬住的是钩外部分或只将部分钓饵吸入。四是饵太厚实，钩尖没有外露，无法深刺鱼嘴。

9. **主观原因**

经验的问题：遇到大鱼中钩一时不知如何处理，既不清楚不同种类的大鱼中钩后的不同表现及其逃窜的特点和力度，也不知道遛大鱼各个阶段的制约步骤，还没有掌握各种应急的处理方法和技巧，都是缺少经验的表现。

技术的问题：具体的方式方法不得当。比如提竿时扬竿动作太大；提竿的时机过晚而且动作过猛；手中鱼竿遛鱼的角度过大，钓线绷得过紧，绕线轮拽力旋钮打开得过松或者过紧而不适度，以及收线放线的时机不恰当等。

心理的问题：主要是平时精神准备不足，缺乏遇到类似情况的心理锻炼。一旦遇到大鱼上钩，从鱼铃响起，手感沉重开始，就马上兴奋起来，并直接过渡到紧张状态，这种紧张情绪一直伴随从起竿到把大鱼抄进抄网的始终。事实证明，这种心理状态最易导致跑鱼。只有做到紧张而不慌张，激动而不盲动，才能在大鱼中钩时操控、应付自如。

九、排除垂钓中的干扰

1. **小鱼的干扰**

对于小杂鱼的干扰，只能从两个方面排除：一是引开战术，用一些不易落底的饵料，如玉米面、白面粉、糟食、麸皮之类，向距离窝子远一些的地方抛撒出去，使其顺水顺风漂动，把小杂鱼群引开。再一种办法就是换食，可换玉米粒、薯类饵料，还可用饭粒垂钓，也可换用大饵、硬饵，使它们吞不进、啃不下。也可挂上大面团、螺蛳肉等，这样除能加快钩饵下沉速度外，小鱼一下子也啃不动、吞不下，从而增加大鱼咬钩的机会。还有一种办法就是暂时回避一下，过上半小时再回原处。当然还可用小钩将小鱼钓上几条，然后折磨致死或半死，再投放原钓点。或者设法下大饵窝，投大鱼爱吃的食料，将周围大鱼引来，就能迫使小杂鱼逃之夭夭。还有一招就是弃浅水、钓深水。如近岸的窝子中有小鱼干扰，就近找离岸较远的水深处重新下窝。小杂鱼习惯聚居浅水区，并怕大鱼，而不敢涉足深水。

2. 害鱼的干扰

是指在湖塘水草丛生处，有时会碰到的干扰。如钓点出现黑鱼、鲇鱼等，它们在鱼窝既吃不下鱼，但又总在伺机出击，这就使鱼群逃遁。此时有两种办法：一是换上大钩、粗线、硬竿，改用小鱼、虾或蚯蚓等荤饵，直接垂钓这些害鱼。二是驱赶，用钓钩在可疑之处，反复下钩并快速提拉，惊吓它们逃离现场。

3. 人为声响的干扰

垂钓者必须找比较安静的地点进行垂钓，自己在垂钓中，不宜高声谈笑。有些地点长年有火车、船舶、汽车通过，鱼早已习以为常，影响会相对减少一些。如果是不能避免的因素。如有人洗衣、淘米等，可暂时避开，另择佳处。如果是人为的涨水、落水的干扰，应避开水涨、水落的时间，待水位稳定一段时期后再施钓。还有一种就是垂钓者之间的相互干扰，包括有人频频打竿、换饵；有人因水平所限找不准钩点，时常搭旁人的渔线；有人因自己技术不高，追索靠近垂钓高手；更有甚者，看到别人不断钓到鱼，忍耐不住，也将食饵抛向上鱼处，试图将别人挤跑。对付干扰的办法各异，但主要的有两条：一是规劝初学者、垂钓水平不高者，不要随意干扰别人；二是回避，错开打窝饵的远近与方位，也可以搬家另选钓点。

4. 水草的干扰

有的水面水草过密，不便下钩，可用一只铁制锚钩，用尼龙绳系好下沉到做窝位置，反复打捞除草做成一个鱼窝，然后撒饵诱鱼，用长竿短线办法垂钓。

在不同水域中的垂钓技巧

一、肥水钓鱼

生长在肥水环境中的鱼，因其饵料丰富，整天处于饱腹状态。再加上微生物与鱼争氧，鱼就更不思进食。在这样的坑塘垂钓，最关键的是择天、选点和用饵三个方面。

择天：一定要避开闷热天气，选择雨后有风的日子，或者是放入新水的时间，水域中增加了新鲜的氧气，带来了丰富的食物。此时鱼儿活跃，四处觅食，格外好钓。因此，下雨后的一两天内是钓鱼的大好时机。

用饵：在肥水坑塘垂钓，必须针对不同坑塘的具体情况，配制不同的鱼饵。比如有的坑塘在饵料中加些钓鲫鱼或鲤鱼用的香精就能上鱼。有的坑塘用较酸的钓饵鱼才上钩，有的坑塘就复杂一些，颗粒要用啤酒泡碎，加优质曲酒、蜂蜜和适量的玉乳香快餐粉等，鱼才肯吞饵。总之，饵料不论香甜酸臭都要浓淡相宜，添加剂掺多掺少应恰如其分，才能打开肥水塘中鱼的金口。

选点：每当下了中雨或大雨之后，进、出水口有水流动，氧气比别的地方充足，鱼儿喜欢在这些水域游动、觅食。因此，在进、出水口的两侧下钩颇有收获。

二、溪河汛期垂钓

每当雨季，溪河进入汛期，河水由清澈变得浑黄，尤其洪水暴发时，河水猛涨，泥沙俱下，浑似泥汤。溪河汛期的基本水情是：水浑浪涌，急流处沙石翻滚，声若奔雷；缓流处多浮沫、淤柴。但是，雨水和漫水也会将大量的鱼食带入河里。溪河汛期的基本鱼情是：鱼正处于旺食期，摄食积极，但嗅觉和视觉都要受到影响，在喧嚣的河水中不再胆小，吞食猛，少试钩。为觅食和避浪，离开原栖息地，小鱼多溜边，大鱼则散滩或滞湾。如能针对变化了的水情和鱼情及时变换钓技钓法，不仅可以钓到鱼，而且可能还会钓获颇丰。

洄水湾钓大鱼：溪河涨水，奔腾的激流一旦受阻后会形成洄水湾。这些洄水湾大多一侧是急流，而另一侧是洄水湾，大鱼会在此滞留。选择洄水湾垂钓有两种钓法：一是海竿串钩放线钓。钓者站位贴近流头，持竿就近将钩线抛入流边，让钓线沿流边向下游冲去。钓者随钩线走势利用渔轮的逆止装置放线，至流脚再将钩线收回，在放收钩线过程中，如有鱼索饵吞钩即可钓获。二是用手竿钓洄水的旋涡静水区。其技术要点是：用重坠、活坠、大筒漂，沉底钓。在洄水湾垂钓，不论抛竿钓还是手竿钓，都要用粗线大钩。浑水钓鱼宜用荤饵，如蚯蚓、蚂蚱、蟋蟀、豆虫等。使用蚯蚓时，最好鲜活并整条挂钩。荤饵有韧性，耐水流，适应面大。

水边蘸钓小鱼：钓具是约 50 厘米长的细木棍一根用做钓竿，蚯蚓若干，捆扎绳若干。带上这些钓具来到河边，先觅一水深在 40~60 厘米之处，最好是岸边凹入的小水湾地方，然后将蚯蚓捆扎在木棍的一端，手捏钓棍的另一端，坐在河岸，将木棍垂直插入河中。当感觉水底的棍头出现抖动时，迅速提起木棍，鱼儿便叼着蚯蚓被提至水面，钓者随即将鱼抖落到盛鱼的容器里。钓上的鱼，一般以花鳅为多，兼有泥鳅、船丁、麦穗、白鲦，都是小型鱼类。这种钓法的动作像从水里将鱼蘸上来，故称蘸钓，也有人称为蘸鱼。

汇水处好钓鱼：汇水处是指主流与支流的交汇处，或是沟渠泄水与河流的交汇处，还有河道分岔又重新汇合处。汇水区清浊泾渭分明，从清水河下行的鱼不敢进入浑水区，而浑水河中的鱼为避浊流也纷纷躲入清水区，从而形成一块理想的钓场。

三、自然水域垂钓

1. 钓位的选择

野外的湖泊水库水面宽广，鱼的密度稀，但这类水域的湾、汊、草、坑、潭等，是鱼儿喜欢栖息、觅食、游弋的地方。钓位应选择在河道弯曲处、浅滩凹塘、乱石穴处、树林和竹林旁、水草丛生处和有人居住的地方。并要注意：远窝与近窝兼顾，深水与浅水兼顾，流水与静水兼顾，草洞与草外兼顾，老窝与新窝兼顾，并在进水口、下风处下钩。

2. 钓饵的选择

自然水域的鱼类食性很杂，有的由于吃惯了野食，养成了口癖，饵料运用的基本原则以天然食物为主。比如玉米上市的时候用嫩玉米粒（经过白酒浸泡或白糖腌制后的效果更好）；红薯成熟的季节宜用红薯做钓饵。

3. 诱饵的运用

自然水域水面宽广，鱼儿活动范围大，要想尽快将鱼儿诱集拢来，除钓点因素外，诱饵的味浓量要大，且是耐泡不易化散的饵料，才能迅速将鱼诱集来到鱼窝。笔者的做法是：将块状（豆饼块）、粒状（颗粒料、酒泡的大米和小米）和粉状（炒香的玉米面）三者混合后打窝（为防止玉米面上浮漂走，打窝前用钓域的水搅拌成团后再打窝），效果显著。

4. 要掌握几种钩法

（1）底钓与浮钓。自然水域的鱼种较多，水的上中下层均有鱼儿活动的踪迹。应根据当时的情况采用底钓或浮钓。但应以底钓为主，如鲫、鲤、青、鲇、鳜等都是底栖鱼类；又如草鱼虽是中层鱼类，但从垂钓的经验来看，吃底钩的概率远远高于吃浮钩的。特别是自然水域，生存条件严峻，一些鱼类逐渐养成在底层觅食的习惯，因此采用底钓是最重要的。

（2）宜守不宜走。当在一个地方选定钓位后，应打窝定点守钓。当有条件时可多打几个窝子（三五个），轮番垂钓。垂钓宜守不宜走，因为自然水面宽广，鱼儿密度小，聚集慢，好不容易将鱼儿集拢起来，因此宜守钓。守钓必须有耐心，耐心是垂钓者应具有的素质，有耐心就会有鱼，就会有收获。守也不是死守，在一个钓点上，1~2 个小时无鱼咬钩，就应变换钓位。

5. **注意遛鱼的方法**

具体方法前文已做过阐述。

四、在流水和大浪中垂钓

（一）流水中垂钓

1. **缓慢流动水体的垂钓**

选用 4.5 米左右的轻、细手竿，系合适稍细的齐竿线，根据预钓水体中鱼的大小选用钩，用大号漂，调至以下状态：水流推动浮漂和水线以低于流速的速度向下游流动，拖动铅皮座、钩饵在水底向下游滑动，浮漂露出水面 2 ~ 4 目不下沉不上浮。然后以调好的钓组选出一长条水底平坦无牵挂的地方（一般为沙、泥底）为钓点。操作时以站立姿态，根据水体流速的大小。把钩饵打进水流上游的设定位置，使钩饵在准确进入窝底时有一个提前量。手呈水平端竿。身体随漂动的浮漂转动，直到竿线够不到的下游处，提竿继续重复上述动作。这个过程中鱼就饵的动作几乎全是拉漂。

2. **在流速大的水体中垂钓**

这时大都不用浮漂，但要加大铅皮座的重量，把铅皮座上边的太空豆上拉形成活坠，挂普通台钓钩组，操作时把钩饵打进窝子，用竿梢绷直钓线，放在竿架上观看竿梢的动作。因手竿梢子极柔，流水中的鱼就饵口重，钩子入口较深，及时提竿中鱼率较高。

3. **钓流动水体中的旋涡**

旋涡中易集饵料，此处鱼比其他地方多，且补充量大，垂钓时注意选水下不挂钩的地方。取 5.4 米以下的轻、细手竿，旋涡大宜用长竿，旋涡小宜用短竿，齐竿线，用蜈蚣漂根据旋涡大小按正比拉开每粒之间的距离，漂以调到水卷动整串浮子上下翻卷而坠随之移动为宜。用单钩，脑线的长短根据鱼的大小正比拴钩，风线不要入水，操作时把浮子拉到相应的位置，在水流翻卷中表现出：水流把浮子卷下去时不能完全看不见浮子，水流把浮子翻上来时不能把浮子全托平。鱼就饵时浮子的反应有两种：一种是浮子随水流上下翻卷的速度和变化是与水流的速度和变化相吻合的，如在这个变化中发现浮子顿了一下或没跟上变化，就是鱼拉漂；或发现浮子在随上翻的水流上翻时快了一些，在随下卷的水流下卷时又慢了一些，都可判断为鱼顶漂，这都是提竿的恰当时机。

以上三种情况以先打一下窝为好，鱼饵取决于对象鱼。

（二）大风浪中垂钓

钓友一般都喜欢在有风的天气垂钓，因风天鱼口较好。大风的天气竿不易打进窝子，浪也会把我们的衣裤打湿，而最大的困难是不好看漂。但这样的天气正是上鱼的好时候，只要方法得当，钓获量是非常可观的，但必须改变钓组的配比：换一支大漂，不挂钩时调成平水，挂上钩组钓 2 目，以不走漂、不黑漂为准，用搓饵，甩大鞭。观漂时要注意：浪来了，漂尾没了，浪过去了，漂尾出来了，如浪过去了漂尾仍没出来，则是鱼拉漂；如浪来了仍能见到漂尾，则是鱼顶漂。

五、溪流钓

溪钓应根据溪况水情，选择滩钓、潭钓、清水钓、浑水钓等不同钓法。溪鱼习性不同，有的喜潜水底，有的喜浮水面，有的时而潜底时而浮上水面。因此，溪潭钓时要备有两副钓具，一副线长 3 米左右，装有钓钩、浮漂和铅坠，用于钓底鱼；另一副线长 6 米左右，只装钓钩、浮漂，不装铅坠，用于钓水面鱼。

钓底鱼用红蚯蚓做钓饵，看到鱼才下钩，鱼咬钩快，往往钓饵一沉底，浮漂便徐徐上送了。竿一扬，鱼就被拉上岸。水底钓上的大都是鲫鱼、翘嘴红鲌和石斑鱼。

钓水面鱼时，钓饵要因鱼而定，浮游在水面的大口鲌、白鲦等鱼，可用蝇等飞虫做钓饵。钓线上不穿漂，不装坠，借助风力，让带饵之钩贴近水面徐徐飘开。鱼儿见到飞虫，便争相吞食，就可提竿。

溪中钓浮水的草鱼，用南瓜蔓做钓饵，易挂钩且能漂于水面，很能吸引草鱼吞食。

溪钓野生鱼种，主要有吴郭鱼、福寿鱼（非洲鲫变种）、土鲫、溪哥、苦花、水针、竹篙头等偏小型鱼。所使用的钓具，较池钓钓具更具轻、细、小的特点。

溪钓钓具有：3.6~5.5 米袖珍软调竿，等长的母子线，线径从 1.5 号（0.20 毫米）~0.8 号（0.14 毫米）到 1 号（0.16 毫米）~0.6 号（0.12 毫米）或 0.4 号（0.10 毫米）都可使用；钩选用较小型的袖、秋田、白孤、丸廿等；钓组结构基本与池钓钓组相同，但在铅坠安装上与池钓有别，它安在浮漂的下部，分别在母线和子线上，穿上或夹上 5~7 枚形似绿豆粒大小的小铅弹，根据垂钓时水位的深浅、浮漂的高低进行等距调节，形同串珠，以免钩和坠一下子被冲跑。

用于溪流钓的钓饵，基本以池钓饵为主料。但在调和时，不是用溪水，而是用新鲜的鸡蛋或鸭蛋，淋去蛋黄，取蛋白液体加面粉拌和，和成具有黏性的能够捏成黄豆粒大团状物安钩为止，或将和好的面团装入专用送饵器内，于垂钓时自动送饵挂饵。用蛋白调制的溪钓饵，鱼既爱吃，又不易被流水冲散。

从事溪流钓者，由于有些水面宽且浅，必须涉水往深水处垂钓，因而需要置备一件半身橡胶下水裤，或齐臀长的双腿靴，渔具包、饵料、鱼护等，都要背在身上或挂在腰间的专用皮带上。溪钓是不用支竿架和抄网的。当你中流击水、一条一条地钓上鱼来时，右手握竿，左手拎起鱼，往腰间鱼护口上的横绳上一挂，鱼线往下一按，即能自动退鱼入护，并自动上饵复钓，其速度、其风雅，是别有情趣的。

溪流钓的几种主要方式。

悬子钓：将钓饵撒向流水前上方，手臂上抬，竿尖上扬，浮子悬空，钓饵擦着滩底走，竿尖随浮漂向下游移动。待钓饵入水，浮漂悬空后即观察鱼信号（鱼儿抢食则浮漂有停顿和牵扯现象。但应注意间或也有钓饵刚入水就被鱼儿抢食的情况）。

漂子钓：待钓饵入水后，让浮漂浮在水面随水漂流，再观察浮漂的鱼信号。溪钓浮漂距离钩的最佳长度一般为 1 米左右，用指尖大小较绵实的泡沫塑料拴固，施钓中不便也不必调整其长度，应视流水的深浅而采用浮漂悬空或漂浮。所以，此技仅适用较深的潭水。

跳子钓：待钓饵入水后，以腕力有节奏地扯动竿尖，从而带动浮漂在水面上一跳一跳的，极似飞虫入水状。且浮子又带动钓饵在水下飞舞，逗引鱼儿抢食。若发现鱼儿误抢食浮漂，则速将浮漂提离水面并继续扯动竿尖，鱼儿就会转而抢食钓饵而中钩。凭手感而知鱼信号（鱼儿中钩有很强的拽动感）。

提拉钓：待钓饵入水后，利用竿尖弹性，以腕力有节奏地轻轻提拉钓线，视水势深浅让浮漂悬空或者浮在水面来回滑动，从而带动钓饵在水下移动，以吸引鱼儿的注意力。这些与跳子钓有点相似，不同的是扯竿尖的力度要小些。凭手感而知鱼信号。

拖子钓：将钓饵撒向下游，竿与水面平行而持，采取一前一后有节奏地拖拉办法，让浮漂和钓饵同时在水面有节奏地产生水花，逗引鱼儿抢食。若发现鱼儿误抢食浮子，则速将浮漂提离水面继续拖拉，鱼儿就会抢食钓饵而中钩。凭手感而知鱼信号。

采用跳子钓、提拉钓和拖子钓，往往会比其他钓技钓获个体大得多的桃花和马口鱼。

漂饵钓：将钓饵撒向下游，浮漂不入水，任由钓饵在水面漂荡，凭手感而知鱼信号。此技适用多有鱼儿在水面活动的深、浅水，往往结合其他钓技进行。

飞饵钓：先将钓饵撒向远端处的理想位置。伪装成飞虫入水状，稍作停顿，观察是否有鱼儿抢食。若无动静，就将浮漂连同钓饵在水面上以不快不慢的，速度往回拖带，让其产生水花，再凭手感知有无鱼儿抢食。待拖回一段距离无鱼信号后，顺势又将钓饵提离水面后再次向前投出，如此反复进行。若投上几竿无鱼上钩再移位。

常用的钓技钓法

一、星漂钓

星漂也称散子、蜈蚣漂，是我国南方地区的一种传统钓法。

星粒多少大小的选择，主要根据六个方面决定：一是水的深浅。水深漂与坠的距离长，鱼吃饵信号传递慢，反应迟钝，因而，水深星粒宜多稍大，水浅则星粒宜少宜小。二是风的大小。风较大，则星粒应多些大些，反之，则星粒应少些小些。三是钓者视力和投钩距离。视力弱、投钩远的漂子应偏大，反之，则偏小。四是不同季节。春天以钓浅、钓边、钓草为主，星粒宜偏少偏小为好；冬季星粒宜较多较大为好。五是不同水域。钓江河、水流、水深处，星粒应偏多偏大；钓溪流、水浅、河窄处，星粒应偏少偏小；钓浅池小塘应偏少偏小；钓水库大塘应偏多偏大。六是不同钓法。实心坠偏多，空心坠偏少。

铅坠的配备。若是星粒少、铅坠小，远抛困难时，只能星粒与铅坠同时增多增重，在不失漂坠平衡的条件下达到远抛。若是钓溪河，在星粒较多条件下可采取增多水面星粒来稳定钓点或以竿绷线定点。

脑线的长短。脑线的长短要因鱼而定，脑线若短于 2.5 厘米，常造成底层跑鱼、惊窝。鲤鱼很狡猾，吃钩反应有多种表现，脑线不宜长，若钓 0.25 千克的鱼，脑线以 4~5 厘米为好，钓草鱼脑线需 5~6 厘米。

钓钩的多少。一般多用单钩或双钩。单钩简便反应灵，双钩则有双重效果；一钩钓，一钩诱，易使鱼窝长久不衰。

多套配组齐备。为适应不同水域、不同季节、不同深度和不同钓鱼种类及大小，可配备多套组合。如静水钓浅，钓近的可配 3~4 粒较小轻漂、轻坠，钓深、钓远、钓流水的可配 5~6 粒较大星漂和相应的铅坠，底钓和浮钓兼用的可在平衡基础上多加两粒星漂，钓小鱼配细线，钓大鱼配粗线等，多套齐备随需而用。

二、浮钓

也称漂钩钓，使钩饵浮漂于水面，以钓取上层鱼。此法一般采用一漂一钩钓组。浮漂宜选用鸡蛋大的木漂，它既能起投远的重砣作用，又能使数十米开外的鱼儿吞钩时醒目易见。漂与饵相距约1米。钓饵以面包、馒头、油条为主，投钓后随风逐浪浮漂水面。由于浮钓可以看到鱼儿吞食抢饵，故趣味浓厚。常来咬钩的有鲔鱼、草鱼等（图2–2）、（图2–3）。

图 2 – 2　鲔鱼

图 2 – 3　草鱼

三、空钩钓

空钩钓是一种不用钓饵的垂钓方法，专门用来钓青鱼、草鱼等大型鱼类。

钓竿为一般常用手竿，钓线宜粗些，钓线的直径为0.4~0.5毫米，风线宜短，钓钩可以用小型面宽的钓钩，一副钓具用5~7只钩，小钩上各拴长4~5厘米的脑线1根。再用直径1.5厘米的铜丝小圆环1只，以便将钩组成圆盘状，同时又起到坠子的作用。

空钩钓仅用诱饵，应精心制作，制作成该水域中鱼类喜食之饵食，常用炒香的玉米面、麸，拌以碎米、大米、稻谷（浸泡过的）等。采用长竿短线漂钩钓，用钓竿将诱饵送往钓点，每窝诱饵的用量视鱼情而定，一般可用如拳头大一团，下水后务必集中在水底，然后将钩组下水，下钩的速度宜慢，要把环形空钩准确地放在饵团上边的中心部位，有如炸弹饵化开时的状态。当鱼儿嗅到诱饵香味前来觅食时，见到如此美味，便会大口吸食，这时浮漂一般有三种动作：抖动、上顶或下沉，动作都较小，只要有其中一个动作，都可以立即抖竿拎钩，动作稍慢，鱼儿发觉口中有异物，就会吐钩而去。

四、延绳钓

延绳钓的钢绳、支线及钩的规格均视水体及所钓鱼的大小而定。所有的钩、支线都应扣在钩柄的背面，使钩尖都外倾，便于鱼类吃钩。延绳钓所用的浮漂，用木制球形或长棒形均可。如钓底层鱼，钓具要全部沉到水底，那就无须用浮漂，只以钩串子作为识别标记就行了；钓中层鱼，浮漂要保证钓具能够悬在水的中层；钓上层鱼，所需浮漂就更多了。

延绳钓的钓饵通常以用多种钓饵为好，这样可以钓多种鱼类。延绳钓分流动作业和固定作业。流动作业同卡钓的船上作业；固定作业适宜于在湖泊及水库等无船只航行、水位较浅的水革区进行。要准备若干根木桩和铁丝等物。桩打入河床的底部后，水面上留出 20~30 厘米以作为标志。桩要根据下钩路线栽下，一般是 50 米或 30 米一根，纵横成行，成棋格状。纲绳跨度大，中间可用浮漂来调节深浅，还可将纲绳相间拴于铁丝上。钓具布好便固定其上，可长期使用。

五、甩钩钓

甩钩钓主要是钓取水域纵深部位的大鱼。鱼线一般用 0.3~0.5 毫米的。最低不小于 0.3 毫米，甩钩钓不用浮漂。诱饵可随钩包在一只尖塔形的小弹簧上，随钩一起扔进水中。钓饵有红蚯蚓、白蛆、熟玉米粒、面团等。诱饵用较细较黏的炒面掺以芝麻、豆类等香料。

甩钩钓应选择水下无障碍物、无稠密的水草和其他水生植物的水面进行。具体操作时，钓者左手握住甩竿的抓手部位，食指轻轻拦着线盘的转手，或用右手食指压住自动放绕线轮上的线，将线压在钓竿上。右手抓住甩竿的中部，竿梢上挂着砣坠和钩具。砣坠距竿梢的渔线长度为 50~60 厘米。挥动甩竿，使竿梢带动砣坠对着目标猛力一甩，左手的食指随即离开线盘的转手。砣坠由于受到甩力的驱使，便急速地携带着钩具和线盘释放出的渔线，呈“抛物线”向水面上空的目的地飞去。当砣坠入水时，左手的食指应立即拦住转手，不再放线。甩钩甩出后，要绷紧钓线，关住绕线轮，或在竿梢上挂上小铃铛作报警器。在等鱼吃钩这段时间内，应不断地注意竿梢上的动静。鱼上钩拽动钓竿梢部时，便迅速举竿并用力往身后一拖，牵动钓线，使钓钩把鱼嘴钩牢。

六、包钩钓

包钩钓有包单钩、双钩的，也有包连钩带饵的，应根据具体情况而定。用于包钩的食饵，以炒香的玉米粉、面粉、豆粉为主加点其他诱鱼剂，以塘水和之，稍硬，取花生米大的饵食包住钩子捏紧，先于塘窝中抖下三五团，然后以包钩垂钓。这种食饵要求既能包住钩子不掉，下水几分钟后又能逐渐溶化。

这种饵料适口性强，又能较好地将钩隐蔽其中，鱼儿看不见钩，故能照常吞食并将钩吸入口中。这时浮漂往往是微起微落或抖动，你必须立即扬竿才能上鱼，如果稍作迟疑，想待浮漂有较大反应再提竿，那就晚了，鱼已吐钩离去。

七、戳拱钓

戳拱是一种简便易行、见效快、收获大的垂钓方法，又称系草钓或对口钓，南方称点钓。一般在春末夏初鲫鱼产卵后，浮在水面拱食水面嫩草时，人们把钓饵递到拱草位置，诱而钓之。所以戳拱垂钓的时间性极强，一般在 5 月中旬至 6 月上旬。从一天 24 小时来看，以 9 时至 16 时为戳拱的最好时间。拱，是鲫、鲤等鱼在密草水域游到水面草下透气和觅食时，用头将水草顶高的隆起部位；戳，是将竿尖指向这种部位的小草眼儿，并将饵钩准确地递入其中的独特垂钓方法。夏秋季节在多水草的野塘垂钓，上鱼率非常高。选用 6~8 米的长竿为宜，要求竿梢硬而有弹性。钓线用 40 厘米左右长的多股锦纶线或细丝线；钩要锋利，不用浮漂和铅坠。4~5 号鱼钩，底部后弯处可稍点些焊锡，目的为了增加钩、饵的重量，使之入水稳定。用面团、大米饭粒、红蚯蚓作钓饵。其垂钓方法是先在池塘边密草处听鱼觅食，鱼吻发出的“咂、咂”响声。然后顺声仔细观察会发现，在“咂、咂”响声的地方有鲫鱼拱动浮萍或扯动水草，甚至可见鱼张着嘴拱草。这时钓者悄悄地将钩饵递到鱼嘴边，入水 20 厘米左右，鱼嗅到钓饵的香味必来吞食。当竿尖颤动，手感沉重时，立即抬竿即可中鱼。如果鱼不咬钩，可将钩饵在水中轻轻上下提动，诱鱼吞钩饵。如果仍不吞钩，说明鱼已惊走，可另找新钓点。

戳拱钓分岸边钓和船钓两类。岸钓要求钓竿长、竿梢硬。船钓则用短竿以便于操作。戳拱的垂钓方法可归纳为听、看、叫三个字。

听：就是要静心地听水中有没有鱼在觅食的声响（即嚓嚓的声音）。如果在布满浮萍的大水面上，大量鲫鱼在吃食，就能听到像集贸市场那么嘈杂的声响。

看：就是看一下哪株水草被鱼拉得上下抖动，便可以悄悄地将鱼钩放在扯动的草边水中。钩饵放在水中离水面 16.5 厘米左右的位置，手紧握鱼竿不要动。当鱼嗅到可口香味后，会迫不及待地一口把钩饵吸入嘴中，而后要线，这时要低竿头，随鱼给线。风线被鱼轻轻往下拉，当沉入水中 6.6 厘米左右时，抬竿起鱼，百发百中。如果鱼在下饵后不咬钓饵，可将鱼竿在水中轻轻提拉两三下，诱鱼吞食。如果两三分钟仍不吞钩，而咬草的嚓嚓声已中止，说明鱼已惊走，就应另找咬草的鱼再钓了。

叫：钓上一条鱼以后，周围的鱼往往会散开，这个时候可以模仿鱼觅食时的嚓嚓声，以诱鱼起拱，以便继续再钓。

戳拱技巧性强，所有操作几乎在鱼眼皮底下进行，必须勤学苦练才能取得成功。首先要识拱，也就是能发现鱼在吃草；而后要点得准，即正好把钩饵放在鱼嘴边，还要求不惊动鱼儿。学会这一套还是要下工夫的。技术熟练后，用戳拱的方法钓在水面吃草的鲫鱼，要比钓底收效大得多。

八、戳茬钓

适用于早春3月中旬河塘解冻后至4月中旬鲫鱼产卵前这一个月在芦苇丛中垂钓。在茂密的芦苇收割后的水域，待早春时节芦苇又长出很短的嫩叶时，鲫鱼喜欢到苇茬间游弋、觅食。此处水底落叶、烂草较多，下钩深了易被落叶烂草淹没，采取此法钩饵不致落入烂草下面，可把钩饵下到刚擦着落叶、烂草表层的深度。操作时将浮漂调至升高1厘米，此时坠已落到烂叶上，然后再将漂下调相当于脑线的长度即可。

戳茬钓竿要用竿长8米以上、竿尖硬挺的轻型钓竿，可以将饵钩递到距岸较远和僻静的茬空儿和草缝，以提高上钩率。戳茬属于长竿短线垂钓范畴，垂钓的对象鱼又主要是鲫鱼，为了递钩准确，钓线要短而细，一般使用长1.5~2米，直径为0.25毫米的钓线即可。漂、坠、鱼钩应从小。

戳茬钓属于“找鱼下钩”走钓，是在茬空里递钩，它的核心则是钓半浮。一般来说将水线调到30厘米左右为宜。不过，由于春天天气变化无常，钓场水面有大有小且水深浅不一，钓深钓浅应根据实际情况灵活掌握。就是说，天气晴暖水温高，可把水线调短些；天气阴冷水温低，应把水线调长些，甚至可以调成抬头钩。

九、逗钓

手竿逗钓：为了操作方便，最好采用5.4~7.2米长的手竿，并配中长线，即竿长2/3的钓线。下钩前做准备工作时，就要配备轻坠，并调试好钩尖朝上，提竿逗钓时做到轻提缓落。抛钩的落点，应在正前方窝子之外。每提线一次后退一点，提三四次，才退到窝子中心点之后，这样可以先截住被诱来的鱼，使诱饵保持的时间长，同时减少扬竿抛钩的次数，不因铅坠击水发出声响和鱼竿投影晃动而影响鱼儿上窝。两次提竿之间的间隔时间和钩饵离底的最佳高度，需根据当时当地鱼的密度、鱼觅食欲望的强度和水的清浊情况来确定。一般情况间隔20秒左右，高度为水深的1/3。如果水色混浊，鱼要游近才能发现饵料，间隔时间应略短些，长了会错过机会；水浑，底层泥沙多，不利鱼儿呼吸，它常常离开底层到中层游弋，加之底层光线幽暗，鱼儿不易发现钓饵，故宜提高到1/2处，或更高一点再落下。钓线短便于作直上直下的提拉，也可作前后左右的平面移动。每次移动30 ~ 50厘米，上下提拉时幅度亦不宜过大，如10~20厘米即可，用力不可太猛，否则会造成逗鱼不成，反而惊鱼。

海竿逗钓：用海竿以配串钩为最佳，亦可配高低双钩或并列双钩。在海竿钩上装饵后，即可抛投出去，经过一段时间，无鱼咬钩，就轻轻摇轮，将钓线收回0.5~1米，这样既改变了钓点，起到找鱼的作用，又造成“动”感，逗的作用明显。海竿逗鱼时，所作的各种移动，其高低远近，不必苛求其尺寸的准确，但动作必须轻缓，不可惊鱼。运用逗钓方法，在野钓中作用明显，因野钓大都是在水大鱼稀的地方进行逗钓，能更有效地引鱼上钩。

十、手竿定点钓

这是手竿垂钓用得最多的一种方法：选好钓点，向水中撒几把诱饵，做成鱼窝，将鱼招过来，聚而钓之，这就是定点钓。定点钓是让鱼自己主动来寻找诱饵，最适宜在春末到秋初这段天气暖和的时候进行。

十一、手竿追星钓

鱼在水中也要呼吸，在吸吐中会有气泡上升到水面，对这些气泡有的人称“鱼星”，有的人称做“起筋”，钓友们将钩下到泛起水泡的地方，谓之“追星”、“追筋”，还有的叫“戳筋”、“递筋”和“扎筋”，这“戳”、“递”、“扎”都是指将竿瞄准那些起泡的地方。因天气湿闷，鱼不爱咬钩；或鱼少、或水温低，鱼不爱活动，都可采用此法，人追着鱼下钩。

十二、手竿铺地拖底钓

选用长5.4米以上的中长竿，配齐竿线，用悬坠擦底坠均可，装不易散化的钓饵，瞄准正前方，将钩坠抛至最远处，待漂子自立后等两三分钟，无鱼咬钩，将钩坠上提做逗钓，还无动静，则要移动钓点，将钩坠向近处拖回50厘米左右，两三分钟后，若无鱼，再逗钓，逗两三次之后，仍无鱼咬钩，又向回移动钩坠，至最后已到岸边无法再拖，就要向左（右）移动钓竿，以第一次抛投的方向为基准线，以竿尖为准，移动50厘米，用第一次钓、逗和拖的方法，进行垂钓，如无鱼，则继续横移钓竿，直到竿线所及的全部水域。如果将每次停留的地方成为一个窝，在一条直线中会有许多窝，用钓线串起来，就好像一串“糖葫芦”，如果将各条直线并列，就成为一个扇面形。所以又有“扇面铺地拖底钓”这个名称。

十三、船钓

船钓，是在船上垂钓，即乘船至水域中间去垂钓，也是一种较独特的垂钓方式。按水域不同它又分以下两种：

1. **海上船钓**

（1）钓具。船钓钓具不同于岸钓，其主要特点是：竿要短、梢要硬、线要粗、钩要大、坠要沉，拴钩的子线则要长。竿钓多用2米以内的硬调短海竿，线径0.4~0.5毫米的尼龙线，能贮钓线100~150米的中号或大号绕线轮，200~600克的重坠。坠重视水的深度和流速而定，水深30米以下、流速平稳的海域，坠重200~300克即可；水深超过30米，每增加10米，坠重增加40克。拴钩的支线长为30~40厘米，一般拴双钩，也可拴串钩。另有手线钓，它没有钓竿，而用绕线轮代替，其余的要求同竿钓。

（2）基本钓法主要有游钓和定点钓两种。

游钓：船在海上行驶，钓者坐在船尾投钩放线，船一边航行一边引鱼上钩，这是根据大鱼有尾随船后、猛追觅食的习惯所采取的一种钓法。所钓取的鱼类，是在海水中、上层掠食的凶猛肉食性鱼类，如带鱼、六线鱼、真鲷、石斑鱼等。

定点钓：钓者乘船到礁石旁、养殖区、海藻区、人工礁投放区等，把船锚固定起来，上述地方是各种海鱼都喜欢聚集、栖息、觅食的地方，是理想的钓点，可钓到多种海鱼。在定点钓时，要将饵钩不时地提起，放下，再提起，再放下，使饵钩在水里不停地摆动，诱鱼上钩。

2. **湖泊船钓**

湖泊的水面较大，但没有大海深，如3.6万顷的太湖，其平均深度仅为3米左右，特别适于湖泊船钓。

（1）钓点选择。在湖泊中垂钓，要选择有菱叶和水花生丛生的湖面垂钓，该处小鱼、小虾及浮游生物众多，是各种鱼类聚集、栖息、觅食之处。

（2）鱼饵种类。湖泊中肉食性、草食性、杂食性等各种鱼同时存在，对于不同的鱼，应用不同的鱼饵。对于肉食性鱼类，如翘嘴红鲌，用拟饵钓效果较好，鳜鱼以小活鱼、活泥鳅为最佳钓饵；对于杂食性鱼类，如鲫鱼、鲤鱼要以荤饵为主。

（3）垂钓方法。在湖泊船钓时，常用的钓法有手竿底钓、海竿拟饵钓、海竿活饵钓等。垂钓时，其钓具要以结实为主，因为湖泊中多大鱼，若不结实，很易线断鱼逃。

十四、游钓

游钓，就是边走边钓之意，海洋游钓时钓者坐在航行的轮船尾部，将长

100~200 米的钓线后端拴上大钩，穿上海鱼或大块带血的牛肉、猪肉、羊肉，也用假饵，顺着被螺旋桨搅起的水流抛入海水内，钩饵便迅速向船后流去。海洋内的鲨鱼、剑鱼喜爱跟随轮船前进，觅取被螺旋桨打死的鱼类或船上抛下的残食，故极易钓取。

淡水大水域游钓使用的工具与排钓工具及放钓工具一样，将数十根 1~2 米长的短竹竿，一根根插在水边，有的相隔 5~10 米，有的相隔 20~30 米不等，钓友在这数十根插在水边的短竿群间不断游走。一旦发现某根鱼竿的竿梢频繁颤动，或被鱼拉得弯向水里。便立即抢步上前提竿、收线，然后用抄网捞鱼。游钓的优点是，当鱼吃钩后，即使竿边无人，大鱼可能会咬断线或连竿拖入河内，中、小鱼却不至于脱钩而去。

另一种游钓是在水网地带，或水面不宽但岸线很长，钓鱼人活动的空间大，这些地方鱼很少，不适宜投饵诱鱼。钓手提着竿，东戳戳，西点点，到处下钩找鱼，有鱼多钓几竿，没有鱼走人。

十五、放钓

这是垂钓爱好者为在自然水域多钓鱼而采取的辅助钓鱼方法。钓者在选好钓位，打完窝子后，将三至五根 1~2 米长的鱼竿插到离钓位几十米，甚至上百米估计有甲鱼或其他鱼类的地方。线长 10 米左右，钩用歪头钩，穿以猪肝、昆虫、蚯蚓、虾、小鱼等荤饵，然后再回身到钓位持竿垂钓。待钓了一个阶段，窝子里无鱼吃钩或需换钓位时，在补打窝子食以后，手提抄网到各个竿子插位巡视一次。如有鱼，则捞取之，如无鱼，可检查鱼儿是否吃过钩。如完好无损，可再抛入原位，或换地方另抛；如饵已破损，则换饵再抛。待手竿钓鱼结束后，再巡视一遍，收竿、收鱼，往往效果较好。歪头钩有进口容易吐出难的特点，因歪头钩柄的钩尖会刺住鱼和水生动物的咽喉或口腔内肌肉，使它们很难吐出，故无须立即提竿。所钓多为鲇鱼、鳜鱼、黄鳝、鳗鲡、甲鱼及黄颡鱼。

十六、轻矶钓

轻矶钓的钓具包括 5.4 米碳素纤维或玻璃钢海竿 1 支，备配 5.4~6.3 米手竿 1 支，中号旋压式绕线轮 1 只，可蓄母线 100~120 米。

用于矶钓的钓饵，以小鱼、鱼肉块条、虾、对虾、沼虾、南极磷虾为主，其他钓饵当属切块的蟹肉、小蟛蜞、蚌肉、蛤蜊、牡蛎肉、沙蚕、蚯蚓，还有海岸边的海藻、螺旋藻等。诱饵包括可以抛撒、可装诱饵笼的，诱饵有南极磷虾、淡水小虾、虾头虾壳、鱼头块、鱼内脏、鱼皮，捣烂的蟛蜞、贝类、沙蚕、蚯蚓团，甚至是家禽家畜的内脏。

在选择钓点时，淡水钓中的选点原则，一般也适用于海钓点的选用。如凹湾内、凸岬处、乱礁外侧、峭壁附近、涌浪外侧、引潮带、回流区、漩流区、沉滩区、开阔的水流区、远投间带区，以及大坝附近、水闸上游下游及两旁、桥墩旁、栈桥下、石油平台下、避风港内、船坞停泊区、海港装卸平台下、防波堤、消波桩外侧等，都是矶钓的较好的钓点。

不同钓场的轻矶钓法有：

（1）钓凹湾浅棚区：钓组的抛投方法有直抛法、旋抛法、甩投法。当把整个钓组投到预定海面钓点后，钓者就须扳转绕线环恢复原位，然后一手握竿，一手把住线轮摇把，以便控制母线、观察浮漂、实施钓术。钓涨潮时，浮漂及钓组会从远处向钓者面前渐渐漂来，故要远投和不断收线；钓退潮时，可近抛远漂，或远抛近拉，或拉拉放放，使钓组既能较长时间回荡在有效的钓区海面，又能清楚地观察到浮漂的鱼信号。当看到浮漂在水面上跳动时，要做好扬竿准备；当浮标在浪头上斜刺奔跑或突然从海面消失时，4~5 秒钟后要扬竿。

（2）钓凸岬角区：此处一般都突出于海面，钓潮水“进四退六”。钓组可采用自动线结或太空豆调节法，钓棚 2~4 米。可挂诱饵笼，抛投点均选上游。抛钓后的钓组应悬浮站立于水中，随潮流涌去，钓者的持竿方式应竿尖低垂指向浮漂，通过线轮控线及漂流距离。若见浮漂急骤飞驰或沉没，即为鱼信号出现，便可扬竿收鱼。

（3）钓乱礁外侧区：钓潮水“进二退七”。乱礁区往往有大鱼藏匿，可换上较粗的母线，选用中型沉底钓组，主攻深水较大鱼种。

（4）钓峭壁附近：峭壁上往往丛生海藻和小型贝类，为多种浮游性鱼类的索饵必到之所。一般表现为低潮钓浅棚，高潮钓深棚。钓者站于峭壁之上，无须抛竿，只把钓竿伸长，打开绕线环，垂直放下钓钩，使钓钩浮漂距岩壁 1~5 米，随水漂流并加以线控。

（5）钓涌浪外侧区：面对迎风涌浪可远投钓浪外区域。以小鱼、虾、沙蚕、蚯蚓球为饵。钓棚调幅 1~3 米，远投近漂线控，猎取到在涌浪外侧觅食的掠食性鱼类。

（6）钓引潮带区：引潮带多为近矶近岸较深的河床、海沟、海槽、航道、闸道等。退潮时仍有浅水；涨潮时，乘潮而上的鱼群首先到达该区；满潮前后，许多大鱼则又悄悄藏匿其中捕食鱼虾，故“引潮带”鱼多好钓。

（7）钓回流区：造成涨潮、涌浪的回流之处，一般都由凹凸的地形所致，回流在凸角外侧较深处形成涌波，溅起水花或泡沫，溶氧量高，饵料较集中，故为鱼群集中索饵必到之处。一般钓潮水“进三退七”，诱饵用小虾、虾头、切碎的鱼、家禽内脏，拌和一半潮湿的沙或泥土。将挂好饵的钓组抛入下水头，或先抛钩后撒饵，使诱饵钓饵形成一体，以利提高上钩率。

（8）钓漩流区：在回流区外侧，如果水流再受阻，便会形成旋涡及漩流区。此区多藏有大鱼，伺机捕食被漩流挟裹而来的小鱼虾，钓组应采用重坠无标单钩或双钩、挂诱饵笼，用底钓法。

（9）钓沉滩区：矶礁下边一片深沉的沙滩，钓潮水“进二退八”，主攻中层上下洄游鱼类。

（10）钓深场区：一般离岸越远水越深，在投点 50~100 米范围内，5 米以上深水大鱼多，宜用负荷力较大的竿、轮、线、钓钩、重坠，抛竿后可以支架等候鱼信号。

（11）钓开阔水流区：采取远投近拉或近投远放的“漂流”钓法，主攻中上层浮游鱼群。

（12）钓涧带区：在礁岛与礁岛之间的海面下，常常既是水道又是鱼道，涨潮近投，落潮远投。

十七、重矶钓

重矶钓要配备 5.4~6.3 米的大抛竿 1 支，大型线轮或牛车轮 1 只，母线 200~500 米，既可浮钓，又可沉底钓，但多数情况下是采用底钓。重矶钓的钓饵，一般要选用长体形的小型海水鱼，如刀鲚、宝刀鱼、针鱼、飞鱼、小型马鲛等，亦可取大鱼肉块、整只梭子蟹、鱿鱼、乌贼等，重量在 0.5 千克左右，让大鱼能顺利吞下为宜。

重矶浮钓时，浮漂上侧可用线结或活动太空豆，抛钓后钓棚可自动加深。重矶钓钩时，拴砣线都采用较细的“舍弃线”，长 30~50 厘米，若有时发生“卡钩”现象，则可在拴钩的子线上安装小型浮球，让空钩自动浮离海底，收线即不会挂底。

重矶钓浮钓时，可参照轻矶钓法。沉底钓时，要用大长竿，将钓组使劲远投，当钓组落水后，要让其沉入海底，5~10 秒钟后，再紧线架竿。架竿方式仍用仰角，不挂铃铛。每人可抛 1~3 支竿。如系单支竿，亦可握在手中，凭“手感”探知“鱼信号”。但若是钓到上中层大鱼，就无“失压”表现。故最后的抄鱼、搭鱼或拖鱼上岸，均需十分小心谨慎。

常见的垂钓技法

一、鲫鱼的垂钓

1. 鲫鱼咬钩时浮漂的反应

（1）顶漂：又称送漂。这是指浮漂从水下缓缓上升。鲫鱼吃食时很小心稳重，它先在钓饵附近转来转去，想吃食，又怕有危险。当确认无危险时才小心地含在口中，随即抬头，保持身体平衡。浮漂从水中徐徐上升 1~2 厘米后不再上升，表明是小鲫鱼在吞饵，应在浮漂上升速度减慢欲停时迅速提竿，这就是小送漂。如果浮漂被从水中稳慢地送起 3~4 厘米，甚至倾斜或躺倒，表明上钩的是个体型较大的鲫鱼，这称为大送漂。鱼越大，浮漂的上升高度越高，甚至整个浮漂横卧水面，称为横漂。这时鱼钩多数已挂住鱼唇。如能及时提竿，便能钓到鲫鱼。

（2）颤漂：即漂尖缓慢而轻微地不断上下颤动，这往往是大鲫鱼将饵钩含在口中的迹象。应及时提竿，稍晚鱼即吐钩而去。

（3）逗漂：逗漂是指浮漂在水面上下以较快的速度升降，但升降幅度不大，一般在 1 厘米以内。这是鲫鱼在钓饵处来回转悠，对钓饵吞吞吐吐，没有下决心吃，若是提竿，难以钓到。

（4）拖漂：又称领漂。这是指浮漂上端不没入水中，而是呈倾斜状态向附近草丛或逆水徐徐移动。这多数是鲫鱼上钩的表现。倾斜越大，移动越快，鱼体也越大。这时应立即提竿。一般在浅水水域钓鲫鱼时易出现这种拖漂现象。

（5）黑漂：又称闷漂。这是指浮漂全部没入水中。鲫鱼在咬钩时黑漂现象不多。但在浅水区、水底为斜坡或沟坎时易出现黑漂现象；鱼在吞饵后往坡下或深处游去，就可能出现闷漂现象；在几条鱼争夺钓饵或采用底悬钩时也会产生黑漂现象。

（6）特殊形态。

a. 冬季冰钓有些水域，鲫鱼可将 10 厘米的浮漂大半或全部送出水面甚至躺倒，这时方可提竿，如果漂刚上升就提竿，反而会提空。在春夏季垂钓，300~400 克的大鲫鱼，咬钩吞饵动作却特别轻微，浮漂就像闹小鱼，点动两三下，如不及时提竿，鱼就吐钩游走。

b. 垂钓水域有无水草或深浅不同，鲫鱼咬钩的反应在浮漂上也不一样。水较深和有水草的坑塘，隐蔽性好，鱼有安全感，送漂稳而高；水浅又无水草的坑塘，鲫鱼总是有些担惊受怕，感到不安全，往往吞饵匆忙，送漂快而低，甚至上送不足 1 厘米即将漂拉“黑”。

c．点漂。某些鱼池经常有人垂钓，有时会出现漂尖点动一下就停，隔一会儿再点动一下的情况。这是鲫鱼被钓猾了不敢轻易吞钩的迹象，它叼一口就放下，转两圈回来再叼一口。发现这种现象后，垂钓时要有耐心，不要轻易提竿。否则，在鱼叼饵试探时急着提竿，它就会惊走不再回来。

d．直接送漂。少数鱼塘，无论鲫鱼大小，一律对饵不加品尝，即一口吞入。所以事先鱼漂均无点动两三下的动作，而是突然直接送漂。一旦钓手精神不够集中，就很容易跑鱼。

2. 鲫鱼常规钓法

垂钓鲫鱼多使用手竿，也可使用海竿。手竿采用竹竿、玻璃钢竿、碳素竿均可，现在多用玻璃钢竿和碳素竿。长度 5 ~ 6 米为宜，对于较宽阔的水域，可用 8 ~9 米的长竿。在水草稀少的水域，宜用软竿，可增加垂钓乐趣。而在水草丛生之处，宜用硬竿，以较快地将鲫鱼提出水面，避免挂住水草。钩要小，线要细。钓鲫钩以伊势尼型的钩为好。根据鱼的大小，可选用 1~5 号钩；如果钓特大的鲫鱼，可选用 6~7 号钩。钓线要细，一般来说钓鲫用线越细越好。细，可以提供灵敏度。鲫鱼咬钩动作轻微，为使反应灵敏，宜选配细漂或小漂。为使浮漂在水中增加稳定性和灵敏度，通常在深水用长漂，浅水用短漂；近处用短漂，远处用粗漂。

提竿的最佳时机，应当是鲫鱼将钓饵吸入口中，尚未吐出之时，这时提竿，必定十拿九稳。当浮漂呈现顶漂、横漂、黑漂、拖漂等现象时，如果钓者未及时提竿，浮漂很快又恢复原状，这说明钓饵已离开了鱼嘴，此时不能再提竿。如果钓饵未被吃掉，鲫鱼会再次将钓饵吸入口中，钓者应集中精力耐心等待，待再次出现吞钩信号时再提竿。如较长时间浮漂再无反应，说明钓饵已严重破损或不复存在，就需要提竿换饵了。一般来说，对于鲫鱼咬钩，提竿的最佳时机有四：一是顶漂，浮漂徐徐上升，在上升的过程中提竿；二是横漂。浮漂横卧水面时提竿；三是拖漂，浮漂在斜向徐徐走动时提竿；四是黑漂，在浮漂没于水面时提竿。在逗漂时一般不要提竿，但也不是绝对的，如在冬天或雨天垂钓时出现逗漂现象，此时提竿往往能钓到大鲫鱼。

3. 鲫鱼很少咬饵钩的原因及处理

在垂钓过程中，有时会发生很长时间鲫鱼不咬钩或很少咬钩的情况，这究竟是什么原因造成的呢？根据众位钓友的经验，我们把鲫鱼很少咬钩的原因总结如下：

（1）气候：气候常常是影响鲫鱼摄食的关键因素之一。例如夏季在雷雨前，气压低、天气闷热，水中处于缺氧状态，这时鲫鱼是不摄食的；而在大雾天气，尤其是早晨水面雾气茫茫时，水中的溶解氧也比较少，鲫鱼也不喜欢摄食；当气温陡降或陡升时，由于受到环境的刺激，鲫鱼变得不爱摄食，处于这样的气候，应当尽量少外出垂钓。

（2）时间：垂钓时间不同，垂钓的钓点也是不同的，垂钓的效果也不同，例如鲫鱼喜欢早晚溜边，中午便游向深水，因此在早上和傍晚钓鱼时要在水边上垂钓，中午则应在水中央的深水处垂钓。而在雨天时，鲫鱼多离开深水而趋向浅水，此时钓鱼应在浅水处垂钓。

（3）钓点：好的钓点是保证鲫鱼连连上钩的保证，如果钓点处噪声很大，让鲫鱼感到不安全，它们就会躲避，在这样的钓点处垂钓是难以上鱼的，这时应更换钓点；如果钓点处的水草过密，鲫鱼在里面的游动受到影响，外面的鱼很难进去，在这种地方垂钓也是难以上鱼的，也应更换钓点；如果钓点处的水底暗草很多，导致饵钩无法到底，鱼也就无法看到饵料，也就很少钓到鱼，可稍换位试试。

（4）鱼饵：不同水域，鲫鱼对鱼饵的反应并不一样，同样的鱼饵，在这个水域十分有效，但到了另一水域效果却不明显了。因此，钓者应准备多种鱼饵。当鲫鱼不大吞食时，可换上另一种鱼饵。还有一种情况是同一水域里的鲫鱼对不同的鱼饵反应也是不一样的，例如同是在池塘中的鲫鱼对蚯蚓非常喜爱，而对豆饼饵却远远不如对蚯蚓的喜爱。

（5）钓具：不同的钓具对垂钓鲫鱼有直接影响，因为鲫鱼生性胆小多疑，如果用粗线大钩垂钓鲫鱼，容易被鲫鱼发觉生疑，不敢咬钩，此时可换上细线、小钩；另外鲫鱼在吞食时浮漂反应小，若用大漂则反应不灵敏，可换上小漂。

（6）钓技：垂钓鲫鱼的技巧很多，用手竿垂钓时，在下钩后要注意多次轻提饵钩，以吸引它们注意，用鲫鱼喜欢的活饵垂钓也是技巧之一。

4. 长竿长线底钓鲫鱼

长竿长线底钓鲫鱼是垂钓鲫鱼的主要方法之一，也是广大钓友普遍采用的钓法。采用长竿长线，是因为鲫鱼生性胆小多疑，适宜在水中央垂钓；采用底钓，是因为鲫鱼多在水底活动、觅食。

钓具：由手竿、鱼线、浮漂、坠子、鱼钩等组合在一起，通过浮漂的反应来传递鲫鱼的咬钩情况。竿长为5~8米为宜，线为4~6米，多使用长立式浮漂，也有钓友使用七星漂。

钓饵：可使用蚯蚓、油葫芦等动物性钓饵，植物性钓饵可以用麦麸、酒米饵料。

钓点与钓季：与常规钓鲫鱼一样。

钓技：甩钩手竿，多采用前挑式投掷。方法如下：单手持竿甩钩，钓者右手握住竿尾，柄端紧贴肘部，左手捏住坠子，拉紧竿线，在向上扬竿的同时松开坠子，借助竿尖的弹力将钓饵准确地甩向钓点。长竿长线底钓一般适用于水面开阔、水域较浅、水草稀少的水域。待浮漂有了反应后，要及时提竿即可。

5. 海竿钓鲫

（1）钓具配备。选 1.9~3.0 米的海竿 2~5 根，以软梢的为好，配中、小型绕线轮，线长 100 米左右，线径 0.2~0.3 毫米，活坠，重 10~20 克，伊势尼 6~8 号钩。

（2）钓饵配制。以当地惯用饵料为主，如菜籽饼粉、玉米粉、麦麸等。选择对鲫鱼有特殊引诱作用的饵料，如酒米、蚕豆粉作为配料。以 1000 克粉料为例，将粉料装入袋中或盆内，加入一小把酒米、蚕豆粉，再加入两包鲫鱼香精或 1/4 包鲫鱼饵，充分搅拌均匀，加入面粉，重新搅拌，加水再搅拌，直至软硬适度为止。

（3）钓点与季节。一般情况下，以河湾或是河流支流的上游部位为选择重点，以静水或缓流水域的泥沙底为钓点。水下有乱石或是复杂的地形最好不要选为钓点，一是鲫鱼都爱靠边觅食，二是容易挂钩，很难找到较大的鲫鱼群。就季节而言，春末、夏、秋三季都可以钓，尤以秋季最好。秋天的鲫鱼个大体肥，食欲旺盛，而且易聚群，恋窝，往往是一窝跟一窝，一群连一群。所以，秋天是海竿钓鲫的黄金季节。

（4）垂钓方法。将海竿分别打向远、近、左、右四个点，线轻轻带紧，首先看哪根竿上鱼，上的是什么鱼，若是鲫鱼，取鱼后照样打回原位，若上的还是鲫鱼，就可以大致推断某点有鲫鱼群，当然还要看上鱼的间隔时间。断定某个下钩处有鲫鱼时，就可将其他的竿子收回一齐打向该钓点。要求落点尽量集中，范围不要过大。用海竿将钓饵打到已定水域后，绷紧钓线，可以上铃，也可不上铃。鲫鱼吞食后绷紧的钓线借助竿的弹力，可使钓尖自动挂住鱼唇。鲫鱼吞食后，其竿尖的反应一般有两种：一是竿尖连续点头，或铃声连续作响，这时应及时抬竿收线；二是竿尖点一下头，或铃声响了一下，随即钓线松弛。这时也应及时抬竿收线。

由于鲫鱼吞食较文静小心，钓线又长，其吞食信号反应到竿尖上已略迟。因此，对竿尖的反应要十分注意，以免错过抬竿时间。

6. 野外浅水钓大鲫

（1）钓具。钓竿要长一些的，6.3~7.2 米长而轻的硬调钓竿较为适宜。钓线要选择较粗些的，如直径 0.2~0.25 毫米的强力钓线。大坠与小坠之间以主线连接，小坠到钩之间的脑线用相对细的多股软线。钓钩要选用 4 号粗条伊豆钩。浮漂要选用 1~2 号小型细尾空心立漂。无论材质是禽羽、木质、芦苇或塑料，只要不吃水皆可。如钓流水，也可选用 3 号以上的浮漂。如果钓 50~80 厘米深的水，漂长不能超过 20 厘米；如果钓 30~50 厘米深的水，漂长只能在 12~20 厘米以内。如用七星漂垂钓也可以，只是钓点的草洞口要稍大些，而且洞口内不能留有浮萍，同时水面只能露出 1~2 粒浮漂，多了容易挂草，容易惊跑鱼群。

（2）钓点。静处找点。由于钓点水浅，大鲫鱼胆小谨慎，选择钓点要尽量选择那些距离民居、商店、工厂、学校等人群活动较多和声响较大的地方。垂钓者所在的钓位，要尽量选择僻静或低洼处。如堰下边、桥涵旁、树底下等能借以掩蔽自己之处。

草中下饵，浅水垂钓。在选择钓点时，最关键的是要选择有草的地方。浅水钓草也要本着“稀中找密”、“密中找稀”的原则。如早春，水草还没有长出水面，就要找到水草密集的洞隙处下钩；如果夏、秋季节水草已延伸或覆盖水面时，这就要看是何种水草和水草的稠密程度。如水下之草密集无缝，就要选择稀处；如果水下草稀，只是水面上由于草长而蔓延覆盖水面，那就要选择水面水草最密处，越密越好。如果在有浮萍的水域中垂钓，就要尽量在下面有硬秆水草或周围有水花生的旁边选点。如果水下没有水草而仅有浮萍，那就要选择浮萍密堆的地方。

流水选点。要选稍大一点的草洞，给浮漂顺流下摆留有余地。尽可能选择那些顺水方向长形较窄的草缝下钩。如水下无草，选流水垂钓，一定要选择上面有稀疏浮萍流动的缓流垂钓。

（3）饵料及布饵诱饵。浅水钓大鲫，诱饵以素饵为好，但味道不宜太浓。在投饵的数量上，宜少不宜多。如投的是散饵，无论是干散饵或者是湿散饵，一小把即可。如果是细颗粒饵，如大米、小米、药米、酒米、麝香米、玉米渣等，100 克即可满足要求，要少投少补。在诱饵的使用上，散饵和小颗粒饵两种配合使用较好。水清要以散饵为主，水浑要以小颗粒饵为主；冬春以散饵为主，夏秋以小颗粒饵为主。如果在流动水域布饵，不用散饵，只用颗粒饵，而且要打沉底窝。如果在肥水中垂钓，在诱饵和钓饵中添加少量的蒜粉或韭菜汁效果会很好。

钓饵。夏秋季以素饵为好，冬春季以荤饵为佳，荤饵以红虫、小虾、红蚯蚓为佳。

打窝要轻。水浅鱼易惊。为了不惊扰鱼群，在打窝布饵时要做到“轻”“浮”、“快”。浮，就是在水面上打浮窝子，打饵器不要沉入水底送饵（流水例外）；轻，就是在布饵时动作要轻，不要用打饵器猛击水面；快，即布饵时要快，动作要迅速、麻利，布完窝后要立即远离钓点，让鱼进窝。看到窝口上起泡再行投竿。

（4）钓法。以静制胜。大鲫胆小易惊，垂钓时动作要轻；投钩时要慢，使饵食徐徐入水；换位时脚步要轻；不要在钓点上频繁晃竿；人尽量躲在隐蔽的地方；衣帽不要穿戴那些白色、黄色、红色或其他浅颜色的，而要选用那些迷彩、绿色或深色的。不要言谈说笑或大声喧哗；鱼护不要放在钓点近处的水域，以防止水波惊动钓点鱼群。

近窝远钓需用6.3~7.2米的长竿，目的是在垂钓时，要离窝点远些不惊鱼。有的窝点可以尽量选得远些，但有的浅水水面较小，甚至是小沟、小湾，钓点离岸很近，这就需要钓手后站或居于侧面斜向垂钓。

细观漂相。在钓目上，春夏秋季钓1目或半目，如有大鱼，可钓3~4目，冬天钓半目或平水。垂钓中要手不离竿，目不离漂。示漂的每一微弱动作都不能轻易放过。越是大鲫，动漂越沉稳。如果发现示漂上升、一顿即止，平移、斜移、漂尖抖动、示标周围出现波纹或是黑漂，都是大鲫食钩的漂相。

提竿迅速。当接到鲫鱼食饵的讯号后，应当机立断，果断扬竿。稍有迟疑，大鲫就可能会吐钩离窝。在扬竿时，要手腕加力，直接提鱼出水，如果鲫鱼钻进了草，开始要拉紧钓线，等一会再放松钓线，稍等片刻，鲫鱼就会从草里钻出来逃跑，这时就可以乘机提鱼出水。

7. 水草钓鲫

渔谚说：“钓鱼不钓草，多半钓不到”。鲫鱼常把温度、水深都适宜的水草丛当成了它们生活繁殖的家。在有水草的地方垂钓常能取得很好的钓绩。但在水草中垂钓操作技术、技巧性很强，如若个中环节处理不当，都能影响垂钓效果，常会出现挂钩跑鱼的现象。

（1）选择窝点。在大自然之中的沟、河、湖泊、池塘等近岸的水域中，地形地貌错综复杂，水草丛生，有密有稀，水域深浅不等，如何选择理想的窝点与钓获量关系极大。中秋时节和三四月份，大鲫鱼来到近岸水草中繁衍后代，急需觅食补充，故饥不择食，觅食吞饵较猛。垂钓时应根据现场地形、鱼情等情况将钓点选在水深 40~120 厘米的水草之中。小雨、阴天和早晚钓点的水深可浅些，晴天中午前后的几小时应适当选深些。盛夏和严冬，窝点应尽量选择在有水草的深处。如果岸上有树木、建筑物，水中又有一簇簇水草，环境又较安静，此处即是理想的窝点。

（2）合理选配钓具。因为鲫鱼中钩后不能遛鱼，只能快速提鱼出窝，因此应配备硬调或中硬调手竿。水面上的风线一般留长 50 厘米即可，不宜过长而影响送竿和起鱼，拴单钩小坠，长竿短线。当鱼儿吞钩后应迅速抖腕将鱼提离窝点，不能让鱼在水中挣扎进入周围草丛中，以免造成断线折钩失鱼的后果。

（3）垂钓方法。垂钓的方法多种多样，最常用的有两种。第一种是人工开窝垂钓法，俗称扒洞钓。通常所讲的开窝钓即是水面上长满了杂草，没有缝洞，无法打窝下钩。垂钓前需清理出一小块水草作为投饵下钩的钓点。清除水中杂草的方法是：如果仅是水面上长有密集的水花生、水葫芦等水面浮生植物，有条件者可撑小船至钓点打开一直径 20~30 厘米的洞口，投入事先准备好的诱饵。无船只也可寻找一根强度足够的长竹竿，并在竿头上绑牢一把小镰刀，伸向钓点，将浮在水面上的水草割断捞出来，形成一个小脸盆口般大的洞口。像这样的钓点每次可同时开辟出数个，供轮番施钓。若是水底长出的是长丝状水草，则需清出一条 30 厘米左右宽的水域，作为投饵的钓点。如果水草较密，又长了一些挺水植物，可考虑将其作为长期使用的钓点。此时，可用镰刀铁锹清除一片水草，将其加工成口小（直径 25 ~ 40 厘米）底大（直径 60 ~ 100 厘米）的形状，并以钓点为中心向四周作放射状踩出 3~5 条 10 厘米左右宽的通道（通道长 2~5 米以上，可用脚在塘底依次来回踩几趟即成）。开完窝后应每天向窝内投放诱饵，并从窝中心撒向四周通道，要求钓点多投，通道少撒。经两三天投饵后，看到不断有气泡冒出，即可开竿垂钓。

第二种是钓草缝、草洞法。这种钓法优点是不破坏河塘自然环境，送饵到鱼嘴边。分打窝钓和不打窝钓两种。在近岸边找到可作为垂钓的草洞草缝，用打窝器将诱饵投入，然后垂钓。这种钓法春天钓鲫常能取得令人满意的钓绩。还有一种钓鲫鱼的方法叫“戳茬”，用长竿短线、小钩在芦苇、水草的茬中钓大鲫。

钓草窝要注意安静，挥竿动作轻捷，投钩到位，不要碰动周围的水草，提竿果断、稳妥，一次提鱼出水。

8. 撞草钓鲫鱼

撞草钓鲫的原因：鲫鱼是杂食性鱼类，对水草是很偏爱的。因此水草丛生处往往是鲫鱼喜欢栖息的场所。尤其是在入夏以后，鲫鱼爱在浅水边的水稗草、芦苇、水葱、慈姑等挺水植物处游动。

鲫鱼的寻找：当鲫鱼在这些挺水植物的空隙中游来游去，嬉戏、觅食、吸食附着在草根上的水生生物时，它们的身体常常会碰撞草根并发出“叭、叭”的响声，这时钓友只要稍加留意就会发现。根据钓友的经验，鲫鱼大，水草晃动大；反之，则晃动小。

钓具：鱼竿用5~7米的硬梢竿，便于快速起钩；钓线用0.3~0.35毫米的尼龙线，竿线宜短，以2米为佳，便于下钩和提竿；鱼钩用钩体粗、钩门窄的钩；不用浮漂，完全凭手的感觉来判断鱼是否吃饵、上钩。

钓饵：可用蚯蚓、水丝蚓、小虾、油葫芦等荤饵。

钓技：在发现鲫鱼撞草现象后，钓友切不可放过这个良机，要轻轻地走近水草附近，迅速将饵钩顺晃动的草茎慢慢放入水中。为了吸引鲫鱼的注意力，增加鲫鱼发现饵钩的机会，要不断地采用“提拉钓”的方法，即当饵钩到达泥底后就要不断地轻轻向上提动，然后再轻轻地放下来，上提和下放的幅度以20~30厘米为宜，鲫鱼是否吞食，全凭手感得知，如果感到有轻微下拉动作，或者在上提饵钩时，感到竿尖受力。钓者都应不失时机地用手腕将竿梢稍抖一下，使鱼钩刺入鱼唇。

这时均要立即提竿，不需遛鱼，即可得鱼。

如果钓友在水草晃动的地方上下提动数次后，仍无任何动静，这时可轻轻地提起饵钩，从草茎的另一侧下钩，再重复以上动作，只要有鱼，必有所得。

9. 拱草钓鲫鱼

拱草钓鲫（钓拱草，又叫钓拱堆、戳拱钓）的原因：鲫鱼是杂食性鱼类，对水草是很偏爱的，因此水草丛生处往往是鲫鱼喜欢栖息的场所。尤其是在仲夏以后，很多水域水面上漂浮着水葫芦、浮萍、菱角秧等浮水水生植物。它们的叶片背面与茎上多附有许多鲫鱼爱吃的饵料。

鲫鱼的寻找：当鲫鱼在这些浮水植物的叶片下面嬉戏、觅食、吸食附着在草根上的水生生物时，就会将叶片拱起，形成一个突出的鼓堆，同时嘴里也发出“叭、叭”的响声。这时钓友只要稍加留意，就会发现。根据钓友的经验，若拱草的响声清脆、拱草动作小，则是小鱼；若响声沉闷，拱草动作大，则是大鱼。

钓具：鱼竿用5~7米的硬梢竿，便于快速起钩；钓线用0.3~0.4毫米的软线，钓线宜短，以0.6~0.8米长即可；钓钩用915~917号丸型钩，不装浮漂和坠子，完全凭手的感觉来判断鱼是否吃饵、上钩。

钓饵：以蚯蚓、水丝蚓、小虾为佳。装钩时，蚯蚓要套满全钩，小虾则去头尾后装钩。

钓技：竿子要求更长更硬些，这样钓友的活动范围更大，便于选择适当钓位。钓友垂钓时，一旦发现拱草现象后，要悄悄地靠近响声处，认准鲫鱼在水中拱草的位置，迅即将饵钩轻轻送到拱草处，并迅速使之沉入叶片下面的水中。然后上下轻轻提动，诱鱼吞食。如果有鲫鱼的话，在上提或下送饵钩的过程中，钓友会感到钓线绷紧、竿尖下沉或饵钩送至中途再送不下去的情况，这是鲫鱼在吞食，可用力将鱼提至叶片上面，再向左或右侧引鱼出水上岸。

10. 草洞钓鲫鱼

草洞，即指岸边水草间的空隙处。钓谚说："钓鱼不钓草，多半是白跑。"因为水草的嫩芽、嫩叶是鲫鱼的主要"粮食"；水草间有鲫鱼喜欢吃的各种水生物；水草还能吸收鲫鱼吐出的二氧化碳，会放出鲫鱼很需要的氧气；鲫鱼交配、产卵，要到水草间嬉戏追逐寻偶，水草是鲫鱼"生儿育女"的天然"产床"；鲫鱼胆小、怕强光，水草对岸上的惊扰和阳光能起遮掩作用，让鱼儿有安全感。

（1）钓具。草洞钓鲫鱼，钓具很讲究。鱼竿宜长，以5.4米的手竿为佳，鱼竿宜轻，长时间地握在手中才不易疲劳，鱼竿宜用硬调竿，钓到鱼后易于起水，避免被水草缠住而鱼逃。鱼线宜细，以进口的直径为0.15~0.2毫米的鱼线为好，鱼线应短于竿身，下钓时钓钩才能准确地放入草洞内，且入水声小，起鱼快。鱼钩宜小，以进口的5~6号鱼钩为好，一线一钩，才不易绞缠和挂草，鱼吃上钩后，浮漂反应才灵敏。坠子宜小而重，最好用粗保险丝锤平、锤薄，剪成长方形，裹紧在鱼线上；坠子与鱼钩的间距以3~4厘米为佳。这样的组合，鱼儿吃上钩后一抬头，浮漂的反应相当灵敏。浮漂宜用"七星浮漂"的3~5粒，1~2粒在水中，1粒在一水表，1~3粒平躺于水面上。

（2）钓点。水草有明草、暗草之分。生长在水面上的叫明草；生长在水底的叫暗草。如何选择草洞呢？一是自然草洞，明草间的空隙处，一般以小碗口大小的天然草洞为佳，但水底必须干净无杂草，使鱼钩落到水底才能钓到鲫鱼。二是水草茂密，水草间无空隙处，要用竿尖或竹竿把水草拨开成洞。三是有暗草的水底，钓点应选择水浑或亮堂处，但钓钩必须落到水底。四是明草、暗草茂密的水域，钓鱼者应下水去把草扯掉一部分，形成草洞。五是于水草边作钓点，操作方便，收获也多。六是长满红浮萍的钓场，可用杂草或稻草扎成圈放进水中，用竿尖挑出圈内的红浮萍，隔一会儿便可下钓。

（3）诱饵。钓鲫鱼的最佳诱饵是："麝香米"、"药米"，这两种诱饵下水后特别香，极易把水中的鲫鱼引诱到窝子里来。

（4）钓饵。钓鲫鱼的钓饵以线虫、蚯蚓、胡豆粉为上乘。线虫，腥味很浓，鲫鱼特别喜欢吃，从不放过，且四季均可用。胡豆粉具有浓厚的生豆味，并呈浅黄色，鲫鱼易发现，又喜欢吃。胡豆粉的制作方法是：将胡豆放到锅内炒至起麻点时立即起锅，冷却后用小刀去壳。用石磨或粉碎机反复推、打 3~4 次，再用箩筛筛去粗的部分。将细的胡豆粉装入玻璃瓶中备用。也可现磨现用，将去壳的胡豆一粒一粒地磨成细粉。这种现磨的胡豆粉效果更好。下钓时，将少许胡豆粉倒入手心，加 30% 的面粉，以增加黏性，再加几滴水，搓揉几下，便成了干稀适度的粉团。粉团要用树叶包着，以免风干不好使用。下钓时，摘取绿豆大小的一粒挂在鱼钩上即可。

（5）钓法。使用一支手竿走动钓。到达钓场后，先打几个窝子，在无人或人少的钓场，可以打 10~20 个窝子，来回交替下钓。下钓后，两眼要集中观察浮漂的反应。按照前述钓具的组合，鲫鱼吃上钩之后，十之八九浮漂徐徐上冒，就是提竿良机；有时浮漂的反应是徐徐下沉，也是提竿的好机会。鲫鱼吃上钩之后，若是小鱼，要一气呵成把它提上岸来；若是大鲫鱼，不能让它在草洞中乱窜，否则不但会破坏窝子，把它的伙伴吓跑，钓线还会被水草缠住鱼逃。应尽快将它拉出窝子，提上岸来。某个窝子钓上几条鲫鱼后，要补窝。补窝的“药米”不宜撒得过多，一般 10 来粒即可。

11. 冰钓鲫鱼

鲫鱼耐低温能力强，只要水底的水温在 5℃左右，即使在严寒的冬季，鲫鱼仍有摄食能力，所以冰钓上钩率很高。

冰眼的作用：长期因冰层封锁的水面会缺氧，如果在冰面上开几个冰眼，氧气便会融入水中，鲫鱼便会游向溶氧较充足的冰眼处，这时如果有美味可口的钓饵出现，饥饿的鲫鱼是不会放过的。

开凿冰眼：用长度为 0.8~1 米的冰镩在选好的钓点处开凿冰眼，冰眼宜凿成上大下小的圆孔，直径为 0.2~0.3 米，数量依钓竿数量而定，呈扇形排列。

冰钓钓点：首先要选择钓友熟悉的水域，其次要选择水域中的深水区凿洞。再次钓点应选择在水域的向阳面，钓友宜坐北朝南，背风垂钓，同时水底有水草或石块等可供栖息的杂物更佳。

冰钓时间：最好选在晴天无风的中午前后。

钓具：冬天钓鲫鱼，钓具组合以短竿、细线、小钩、小漂为佳，才能保证反应灵敏。钓竿不宜太长，以 1.8~2 米的短竿为好，数量为 3~4 根，钓线宜用 0.2~0.3 毫米的尼龙线，钓钩宜用小钩，浮漂用 10 厘米左右的短漂，坠子与浮漂的浮力相等。

诱饵：为了保证在冰钓时鲫鱼多集中在冰眼处，诱饵应用气味浓烈的香饵。为了提高效果，诱饵最好是预先下到预定水域，即在垂钓的前 1~3 天凿冰将诱饵下到水底，将鱼诱集在冰洞处。

钓饵：钓饵以蚯蚓、水丝蚓为宜。水丝蚓需用红线从其中部拴好，每把 3 ~ 4 条。

钓技：先把钩饵伸入冰眼处，可同时多布置几个钓竿，冬季鲫鱼游动较慢，摄食谨慎，一旦发现水面浮漂稍有上下的轻微动作，就应立即提竿，即可得鱼。

12. 海竿冬钓鲫

严冬气温下降，鲫鱼喜群集于水底的深水低凹处和有障碍物的地方，少吃少动，不少钓友用海竿钓鲫，效果不错。冬季海竿钓鲫要掌握好以下要点：

（1）钓具组合。冬季要用 3 米以下软尖竿，线要细，一般 2~2.5 号即可，脑线可以与主线一样粗；钩要 6~7 号的伊势尼钩，钩大鱼难入嘴，不用漂，也不挂铃，除使用串钩外，还可用一种稍作改进的爆炸钩。一是尾钩线要长。不得少于 1.5 厘米，饵托四周的钩留两只，加长 15 厘米外露，其余的钩埋进糟食里，外露的两只钩和尾钩挂蚯蚓或河虾。铅坠配小铅坠，一般用 15 克重即可。一副串钩拴上 4~6 只小钩，但要注意，最后一只钩一定要触底。

（2）诱饵。冬季气味在水中的扩散大为减弱，所以使用浓香饵很重要。用酒泡小米或碎米混入糟食中使用。糟食在冬季用于海竿钓鲫鱼，主要起诱鱼作用。

（3）钓饵。钓饵使用蚯蚓。一是海竿抛掷时，力量较大，蚯蚓不易脱钩；二是蚯蚓有万能饵之称，各种鱼类都爱吃。但在蚯蚓的选用上，值得注意的是，由于是用小钩冬钓，所以要选择稍微小些的。蚯蚓太粗，容易滑脱；太小的又穿不上，或会断。另外，蚯蚓要穿整条的。穿整条蚯蚓的方法，仍然是留头露尾，头尾各留露 0.5 厘米为好。

（4）饵点选择。饵点选择十分重要，如一次使用两支抛竿，抛投落点要一前一后或一左一右。冬季鲫鱼都在水深处，尤其是养鱼塘多呈锅底状，中心低，四周略高，因此若是用一两根抛竿，只需往塘中间抛投即可；若是抛竿多，则可以抛成扇面或 W 形状。冬天每隔 15 分钟无鱼咬钩，就要换点重抛，远近左右不断地寻找鱼窝。鲫鱼在冬天一般不主动找饵，只有不断探寻才可能有收获，在一个落点上了鱼，就应继续将钩饵投向这个落点，注意尽量投准，定会有好收获。

（5）提竿时机。由于冬天鲫鱼动作小、咬钩轻，只要看见竿尖稍往前弯，就可判定是鲫鱼咬钩，即可提竿。因为小钩细线，加上细小的竿尖，钓竿反应是很灵敏的，其灵敏度与手竿传统钓的浮漂反应不相上下。

（6）收线提竿。架竿时竿身可与地面平行，尽量放低竿尖，离地面约 20 厘米即可。使竿线呈 90° 角，这样留在空间的线就很短，易于观察线的变化，由于线短，绷紧和松弛都易把握，同时防风性能也好。中鱼后切记不可急速猛摇手轮。这是由于竿尖太细，且比海竿第一节长很多，急速收线，竿尖摆动很剧烈。特别是不能将竿子举得很高，这样第一导线环与第二导线环会收得很近，容易发生缠绕，使线打结而无法收线。正确的方法是在中鱼后将竿后扬，把鱼钩牢；然后钓手后退几步，缓慢收线，并逐步将竿向前平伸，这样收线就不会造成缠绕。

13. 水库浅滩海竿钓鲫

施钓前先看风向，最好是顺风，其次是逆风，最忌侧风。在较强的侧风下，抛出的钓线被扯出大肚弯，很难快捷地收直绷紧，紧线时还可能牵拉钩、坠移位，拖烂钓饵，造成“死竿”。

因为所钓鲫鱼一般不超过 500 克，所以用竿以中、软调 3 米上下的就可以。选用长把小钩，钩条长易穿饵，饵的目标也稍大些。主线线径为 0.25 毫米左右，采用通心活坠，滑坠线长约 15 厘米，坠重 40~50 克。坠下双钩，脑线长约 10 厘米，两根脑线相差一只钩长。坠上一定要握一团适用的糟食。这团糟食既是钩的诱饵，当虫饵破烂或脱落时，又相当于包含两只钩的“爆炸钩”的钓饵。一般来说鲫鱼喜食活饵，如蚯蚓、面包虫等。穿饵时，虫饵应与钩尖平齐或微探，尖外不可余留过长。海竿长线重坠下钓小鲫，就要造成这种钩饵一体的状态，间钩吞饵，一触即中。

海竿数目 5 支上下，一字排开，竿距约 1.5 米。所抛远近可视鱼情调整，所投钓点尽量准确，使坠上糟食形成窝区。抛投后钩坠刚一入水就把绕线环复位，防止出线过多。紧线时可选择对岸深色物体作背景，衬出水面上的钓线状态，并结合风况，边观察，边收线。风小快收，风大缓收（或停收），线动坠静，直到钓线刚刚绷直，竿梢略有下弯时为止。紧线是极讲究分寸与耐心的，是海竿钓鲫的重要环节。有时侧风太大，紧线实在困难，就宁松勿紧也不能牵拉钩、坠。铃响尖颤这当然是鱼信号。原来弯曲的竿体不知不觉间挺直了，绷直的钓线悄无声息地松弛了，这种“回线”现象也是鱼信号。海竿钓鲫的回线几率较高，冷水风天更是多见，不可不察。

有鱼信号后起竿时要轻抖腕，小幅扬竿，切不可发力大甩臂。摇轮收鱼要中速、匀速。看到鱼后要放慢摇速，同时把竿体压低并向前探出，可与水面平行或略有小角度。竿尖外的余线在绷紧控鱼不使其触地脱钩的同时，应伴随压竿动作不断收短。最后视鱼的大小，用适度的力把鱼悠上岸来。这套减速、压竿、收线、悠鱼的操作，要顺畅连贯，一气呵成，这是海竿钓鲫的关键环节。顺便指出，从浅水中用海竿起出鲫鱼，用不着抄网。

14. 在挺水植物旁钓鲫鱼

苇草等挺水植物生长地方水位较浅，光照充足，水温适宜，饵料丰富，鲫鱼特别喜欢在这里觅食、嬉戏，成为繁育下一代最理想的处所。但由于苇草茬根茎丛生，垂钓时线缠苇茎，钩挂芦草根造成跑鱼断线、折钩是常有的事，给钓友特别是钓技不高的钓者带来诸多不便。

（1）钓具的合理配备。根据钓点的远近选用 6~8 米长的硬调或中硬调手竿，2 米左右的短钓线（以风线留 30~40 厘米为宜），目的是鱼儿一旦中钩，能一次迅速将鱼提上岸，不给鱼儿在水下苇草茬中挣扎窜逃的机会。配细线、轻坠、单钩。在调配钩、坠、漂时，将漂的浮力调到略大于坠、钩、饵（钩上装饵）的重力，即坠悬浮水中，钩饵刚好擦底，漂顶球露出水面为最佳状态。这样的组合使鱼吞钩的信号非常灵敏，又可防钩饵陷入水下烂叶草茎梗、缝隙淤泥之中，提高获鱼量。

（2）钓点钓位的选择。若苇草覆盖的面积较大，水位又不太深（40~60 厘米左右），应根据手竿的长短，尽量将窝点打远些，靠近深水区的边缘。如近岸边较陡，苇草呈带状，面积不大，可将饵窝做到芦苇茬的外围，这样更利于起鱼。另外在苇茬中选择钓点还得注意苇草的稀密程度，过稀水浅鱼儿易发现人影和挥动的竿影而惊散鱼群，过密鱼不便游动，不利诱鱼集中。最佳的钓点应选在苇草疏密交界处，如果窝点通向前方有一条十几厘米以上宽的通道则更好，这样大鱼进窝容易，上钩的大鲫鱼等又可以从通道口领到前方的明水处遛鱼。这样的窝一次可做 2~3 个。地形、鱼情稍差可同时做 6~8 个窝，以供轮番下钩垂钓。

（3）窝食与钓饵的选配。诱饵应以香为主，甜次之。可用豆饼粉、麸皮、玉米粉、稻糠、菜籽饼等，分别用文火炒香，用商品诱鱼精浸泡小米，密封 3 天以上。垂钓前，取炒好的饵料 2~3 种与 1/10 的香精小米拌匀，取垂钓水域的水适量调拌，攥成团用打窝器轻轻送入窝点。

钓饵以红虫、大平二号蚯蚓为佳，自制蚕豆粉、烤红薯泥（红薯粉亦可代用）加适量富强面粉，几滴香油一起调制为饵效果亦佳。蘸饵用芝麻粉、蚕豆粉（或豌豆粉）、米粉混合装盒备用。

（4）垂钓方法及技巧。垂钓时，将鱼钩穿上蚯蚓等饵，放到水中打湿后，放到蘸饵盒内反复蘸几次，待蚯蚓全身蘸满饵粉，轻轻投入窝中，待鱼食饵吞钩。

发现窝中有鱼，暂不咬钩，要常提动钩饵。方法是：间隔 10~20 秒钟将钩饵轻轻提起，再斜拖一些慢慢放下。这样常提动能逗鱼咬钩。

在苇草茬中垂钓，一般水位都较浅，大鲫鱼咬钩多为黑漂，以蚯蚓为饵要稍慢半拍提竿，不可早提。若浮漂很快被拖跑，多是小杂鱼所为，应迅速向相反的方向提竿，以免鱼钩被苇草挂住，造成不必要的麻烦和损失。

15. 冬季人工造窝钓鲫鱼

（1）选窝点。造鱼窝最关键的一点是窝点的选择。窝点的好与差直接关系到钓获量的多少和鱼个头的大小。选点前，要了解鱼情、水情，鱼窝要选建在有鱼且避风向阳的陡岸边；水域较深的河道、坑塘边；也可以选择在水下有木桩、沉船等障碍物的附近；河底的深槽沟、凹坑处也是极佳的好窝点。

（2）备料。每个鱼窝的建造，要准备 8 ~ 10 根无枝叶的芦竹或其他较直的小竹竿，长度根据窝子水域的深浅而定，一般以竿插牢河底，竿尖露出水面 10~15 厘米为宜。树枝、扁豆藤、豇豆藤、干杂草 50~60 千克，准备一条小船备用。

（3）建鱼窝。撑船在选好的窝点中插入一支竹竿，用铁锹或钉耙等工具把窝点下的污泥及杂物清理掉。然后以竹竿为圆心，在直径 60 厘米的圆周上均匀插上 8~10 根竹竿。竿尖向四周倾斜，使露出水面的竿尖围成圆周，直径在 80 厘米左右，呈喇叭形，防止提鱼线缠竹竿。竹竿的四周投放枝藤杂草。放置的顺序是：先投放树枝条，再放豆藤，后放一层杂草，最后再用一些树枝压在杂草上面，整个厚度为 50~60 厘米。每个人造窝以 3~4 平方米为宜。以后每周向窝中投些食饵，鱼入窝后有食可吃，这样的越冬藏身之处，能吸引鱼儿长期留在窝中。

（4）垂钓气候。冬季气候温度对鱼类摄食影响很大，应选择在风和日丽、温度偏高的晴天垂钓；也可以在寒潮来临前的一两天，这时多晴天，气温相应偏高。鱼比平时更贪食，极易上钩。

（5）诱饵。冬钓鲫鱼诱饵以香为主，将麦麸、稻糠分别用文火炒香，垂钓前与小米、菜籽饼粉拌匀，加水适量攥成团，用打窝器将饵团投入人选鱼窝，半小时后即可开竿垂钓。

（6）垂钓。冬季垂钓钓饵以红蚯蚓、红虫为佳，用中、硬调手竿垂钓，目的是当鱼儿食饵吞钩后能迅速将鱼提离水下的草窝，再用抄网抄取。个头不大的鱼可直接提鱼上岸，千万不能让鱼带钩钻进树枝草藤之中而破坏窝点，甚至损钩丢鱼。

人造鱼窝的主要优点是：窝点明，发窝早，上鱼快，单尾个头大，钓获量大。最多一个窝点一次可钓到数千克大鲫鱼，常常超过春秋黄金季节的钓绩。

16. **冬季野钓滑鲫鱼**

（1）选好天气。冬季野钓滑鲫首选天气是温暖而且稳定的多云天，其次是连日气温稳定的晴天或阴天，天气忽冷忽热，忽晴忽阴或雨雪天气不宜垂钓。但是，如果寒潮到来前的 2~3 天，因水体回暖，却异常好钓，一直可延续到下雪和小雨的当天，但第二天就很难钓到鱼了。如果天气很冷，要等三四天以后，待较冷的气候稳定后，亦能够钓到鲫鱼。

（2）找好钓位。钓位的选择应根据滑鲫的特点，要本着“静”、“暖”、“杂”、“中”的原则选定。所谓“静”，就是选择不靠路边，无人声动物声、机器和车辆声音等噪声的干扰等处。所谓“暖”，就是要选择向阳、避风的地方，如水域的阳光直射的一边，有树木、建筑物、自然物体挡风的地方。所谓“杂”，即水面有水草遮盖或蒲草、芦苇等硬杆水生植物根部、以及下面有杂草、砖石处，闸塘或水电站的底脚或桥涵、堤坝、码头的拐角处等。所谓“中”，即选位在不深不浅，1~3 米的“中”水域；找草不稀不密的“中间”地方试水选窝。选那些水底“杂”中较平的地方七八处，提前两三天打窝诱鱼，在这七八个甚至更多的窝子里通过垂钓获鱼多寡的实践。择优弃劣，选择其中更好的窝子三四个，经常投食，不垂钓时也要投食，不使鱼离散，这样可保持长期有鱼可钓。

（3）调好钓具。钓组的搭配，宜用细线、小钩、轻坠的方法来搭配。钩可用 4~6 号伊豆或 2~4 号伊势尼等钩，这些钩把短、钩条细、钩尖锋利，钓 500 克以上大鲫也游刃有余。浮漂用 1~2 号细尾漂。使用“双坠单钩底钓法”垂钓，上坠距下坠 12 厘米。下坠距钩 1.5~2 厘米。用“归零法”调试：上坠的重量等于浮漂漂尾以下部分即浮力泡的浮力，下坠等于整个漂尾的浮力。冬钓滑鲫时，由于送漂动态微弱，漂尾可调得更短些，根据水温而定，4~6 厘米即可。因为调的是平水，钓时漂尖仅露出水面 2~5 毫米，这样下坠的重量可减少到“最轻”限度，使滑鲫感觉不到坠重。

（4）配好饵料。首先是在诱饵的制作上，要坚持“香、甜、细”三个字。“香”，要达到浓香；“甜”，要做到重甜；“细”，要制得精细。

细饵打的窝，有时隔一周不续饵，窝内仍有气泡出现，因此，诱饵越细越好。可用豆饼粉炒香，黄豆粒、芝麻炒香磨细，花生饼粉（不用粉）、白糖加水，单用、合用或加入市售香精使用效果都佳。或用丁香、大料（八角）、桂皮浸泡一周以上，泡成“三香酒”，加入炒玉米粉、炒带皮的小麦粉，再加红糖。钓饵，总的原则是：一要优于诱饵，二要与诱饵气味近似。如用面饵钓粉饵窝。可用白面 60%，炒香的黄豆粉 40%，加少许香油、曲酒和蜜。不用加水可多加些蜂蜜和匀，以饵食不粘手为宜。如用面饵钓三香酒饵窝，可用白面 50% 加商品饵香精 25%，白糖 25%，用三香酒调匀。如因糖多粘手，可加一点香油。

（5）掌握好钓法。冬天水体清澈可见度高，人在钓位的姿势要尽量“放低”，采取坐或蹲的方式守钓，或利用自然物体隐蔽自己。钓时要尽量减少声音干扰，脚步尽量放轻，来回换窝时不要跑跳，往鱼护中放鱼不使其出现响声。待鱼食饵送漂达 0.5~1 厘米时便可提竿。有的滑鲫反应在浮漂上的动态只是颤抖，使漂尖周围的静水产生细小的波纹，此时提竿即可中鱼。有时浮漂横移、下顿、轻微的上下移动或斜向下沉，都是滑鲫吃饵表现，提竿都能中鱼。冬钓滑鲫，钓饵放下后，一般不要再轻易动钩，因为滑鲫怕动，无须逗诱。下钩后，滑鲫很少马上抢食，如果马上复动，就会使它受到惊吓。越是个体大的鲫鱼食饵越慢，不要急躁，要耐心等待。鱼上钩后，要一次直接将鱼提出水面，不能一下提出的大鲫鱼，也要一下引离窝点。若饵钩在窝内放得久了，为防止饵食被泡掉或陷入稀泥中，可轻提饵钩换上新饵再钓，或移动一下饵钩。移动时，动作应缓慢，提起和移动的幅度不宜大，10~15 厘米即可。如需移换钓点，也要将钩慢慢提起，使其“徐徐出水”。开始垂钓或者移窝，都要特别注意第一钩，往往是上鱼较快而且个体较大。如果窝内浮漂有鱼食饵的动态，但又马上恢复原状，那就不要在此窝点继续等候。因为鱼将饵食吸入后又吐出，一般一时不会再咬钩。还有鱼被挂后跑掉或提出水后复又掉进原窝内，都不要在此死守，要另换窝点再钓。

17. 清面钓鲫鱼

清面钓鲫鱼在重庆地区是比较流行的一种垂钓方法，效果很不错。

（1）清面的制作。所谓“清面”是指掺水较多的稀面团。具体做法是取面粉或蚕豆粉，或这二者任何比例的混合粉 1~2 汤匙，置小容器内加水（最好是垂钓池里的水）用竹筷反复拌和，使面团变软变黏即成。加水多少以调制好的面团手不能触，一触即粘，但钓钩却能黏附绿豆至黄豆大小一团以不下滑为度。若钓钩黏附过少，面团向下滑落，是加水过多，面团缺少黏性所致，需再加适量面粉调和；若钓钩黏附的面团太大而不下落，是加水过少，应再滴几滴清水继续调和。将调和好的面团置小盒内加盖保存备用。

（2）钓具组合。由于清面很稀很软，在水中极易脱落，所以浮漂反应必须灵敏。应该使用细线、小钩、轻坠、散漂。一般用直径 0.14 毫米以下的进口或国产线，赤袖 3 号钩，铅皮坠，脑线长 1~1.5 厘米，坠的重量以入水后星漂缓慢下沉，仅能着底为好；切忌重坠，重坠反应迟钝，清面饵被夺食后尚无知觉。星漂 3~5 粒，以 3 粒最好，漂间距 2 厘米；调至下漂入水，上漂浮于水面，中漂一半入水为最佳。

（3）垂钓要领。由于清面饵料极易被鱼儿夺食，要求垂钓者必须在鱼儿摄食入口的一瞬间接受星漂传来的信息，快速作出提竿反应，因此垂钓技术必须高超熟练，而且只能持一根手竿垂钓。垂钓时，打开调好的清面盒子，用事先准备好的长 6~8 厘米、宽 1 厘米的竹片，挑取一团清面握于左手中随时取用。右手持钩柄于竹片上的面团中粘取豆大一粒清面，轻轻抛入水中，然后两眼注视星漂，只要见第二粒星漂上下浮动，原位点动或左右移动。都要立即提竿。若稍有迟疑，鱼儿已夺食逃窜。若清面入水 1 分钟后都未见动静，可能已在水中溶化，应起钩再上鱼饵。

清面柔软可口，鲫鱼极爱争食，鲤鱼、草鱼也很喜欢，面团洁白，在水中易被鱼儿发现，垂钓效果极佳。

18. 豆饼打窝河虾钓鲫鱼

入秋后，鱼对素饵不太问津，此时用河虾钓鲫鱼是再好不过的。

* 打窝与用虾

（1）取 3~4 厘米见方的豆饼两块，从中间钻，用水浸泡 3~5 小时使其膨胀，以便在打窝时能较快地把鱼诱过来。用时分别用铁丝绑在石头上，抛在钓位区域内。

（2）用尼龙纱窗自制或购买虾网均可，网内放些骨头和青草，抛在有水草的浅水区。几分钟就可获得灰白色肥大的河虾，随用随取，既方便又干净。

* 钩坠及线漂

（1）钩最好用短把钩。常用伊势尼 8~9 号钩。取大小适中的河虾去头，用小剪刀将尾部的“尖刺”去掉，从虾的尾部将钩穿至“头部”，再用手试一下钩尖，稍有刺感即可。

（2）坠可用比漂稍重一些的死坠。

（3）主线 0.4 毫米，脑线 0.3 毫米。可一坠双钩，一长一短，钩距坠 8~10 厘米。

（4）可用细长筒漂。特点是目标大，被鱼咬动时上下浮动特别稳，吃钩和逗钩好区分，不受风浪的影响。

* 提竿看漂的要领

（1）用 4.5~5.4 米手竿。但必须是软梢，主线比竿长出 3 米左右。可摇线抛钩，特点是扬竿上鱼后，钩眼不会因鱼的挣扎被拉大，遇上大鱼因主线长好遛，梢软自然成弓形，不易脱钩。

（2）用虾钓鲫鱼主要是鉴别漂的微妙变化。一般深水区小鱼不多，如见漂忽上忽下，或一下将漂送上一格，或是沉下一格然后就一下也不动了，通常是小鱼在吃虾的边，咬不上口。所以对虾饵不会有损失，不影响大一些的鲫鱼上钩，个头大的鲫鱼咬钩，反应到漂的特点是：漂总是或上或下稳稳地抖几次，然后慢慢上送或缓缓扎入水中，此时及时扬竿。上鱼后不可急于起鱼，开始可任鱼左逃右窜地挣扎几次，待冲劲不大时，方可顺势起鱼。

19. 溪流滩钓鲫鱼

小溪、小河到处都有流水滩，鲫鱼喜欢在这里戏游、觅食，因此，也格外好钓。

钓具中，溪流中鲫鱼个体不大，钓具的组合中，手竿宜长，一般 5.4~6.3 米；竿宜轻，宜软。鱼线宜细，尼龙丝线以进口线 0.15~0.2 号为佳；鱼线略长于竿身，不用脑线。鱼钩宜小，短柄，单钩，以伊势尼 517~520 号钩为宜。浮漂宜白，以散子“七星浮漂”为好；浮漂与浮漂的间距宜近，以 1 厘米为好。坠子与鱼钩的间距宜近，以 2 厘米为佳。鱼钩挂上钓饵后悬着不落到水底，饵钩不宜落底，因水底瓦砾、卵石太多，饵钩落底容易被挂住，不能顺水流走，不易钓到鲫鱼。蚯蚓筒应拴于钓者腰间，便于取饵。

钓饵

溪流中的鲫鱼特别贪吃，钓饵以线虫、小红蚯蚓、蝇蛆为主，每次蚯蚓宜用半条，也可以一条分作 3 次用，蚯蚓挂上钩后以不露出钩尖为宜。蝇蛆的装钩方法很讲究，蝇蛆的尾部较粗较平，上面有 3 个孔。钩尖应从尾部的一个孔中一次穿入，至倒刺穿进其体内或从其口中穿出，露出一点钩尖时才能将手松开。

钓点

一般溪流都有流水滩，钓点应选择在滩的中间。

钓法

钓者应站在流水滩一侧的岸边，将钓钩甩入流水滩的上端，任其顺水流下，当流至下端不能再流时，将钓钩提起拉回来，再甩入流水滩的上端。这样重复多次，甚至数十次。每当浮漂在流水滩中停留、或下沉、或连续点动时，便是鱼儿上钩了，一提竿便可获鲫鱼。

20. 七星漂春天钓鲫

（1）钓组。钓竿长 3.6 或 4.5 米，硬调或极硬调。钓线直径 0.2 毫米超强线。3.6 米竿配线长 2 米，4.5 米竿配线长 3 米，钓线脑线一根线。钓钩用 2 号袖钩或 1 号伊势尼，无倒刺。浮漂用白鸡毛梗剪成 0.7 厘米长的 7 颗，间距 1.5~2 厘米。

坠子用保险丝加工成片状，卷在离钩 1.5 厘米处。调漂是用带饵调漂法、悬坠调成水下 4 粒，水面 3 粒，钩背刚刚触底。

（2）钓点。无论是沟渠、水库，或是池塘、岸边均长有杂草，中间才是明水，所以选点应选在草边、大片草的空空处、芦苇丛中间空空、大堆柴草旁。特别是最后一种，因农民将柴草抛向水边，很集中，柴草的南边向阳，自然成为鱼儿的暖房和游乐场。春天在水库钓鲫鱼应选在上游入水口主河道中、大片草的明水处、库湾的水草边（草密时可开洞钓）、沟渠、池塘钓水深 1 米以内、水库钓点水深 3 米以内。早春时应钓深一些，远一些；仲春应钓浅一些，近一些；暮春应钓更浅些，更近些。

（3）饵料。诱饵：①小鸡饲料或颗粒饲料 500 克，商品饵 50 克，拌匀待用。②小米或玉米糁 500 克加水拌湿，蒸熟取出加白酒 50 克、红糖 50 克拌匀，装瓶待用。③诱饵用量：每个钓点用打窝器将 50 克诱饵翻倒窝点水面上，或吊入水下翻倒水底。水库钓时，用量可大些，每一钓点可用 200 克左右，一次可打 2~3 个窝子，轮流垂钓。钓饵：①红蚯蚓。蚯蚓要提前挖好，在家中饲养一周左右。用小鸡饲料粉或颗粒饲料粉撒到蚯蚓盒内。钓饵以小红蚯蚓为首选。②商品饵。饵不可太硬，要稍软，入水即慢慢化开。开钓前要用大饵，有意打窝 4~5 下，引来鱼儿。

（4）钓法。沟渠、池塘岸边有草，钓点较近，钓钩下到钓点后，可将风线横担在水草上。当钓者发现钓点出现鱼星时，应及时将钓竿轻轻地、缓慢地抬起，再放下，一般只要钓点内有鱼儿，会马上咬钩。若未见咬钩，应放下重复以上动作，动作要轻，不可弄出响声。当钓者发现浮漂有如下动作时应及时提竿：①浮漂向下慢慢下沉，动作越慢，鱼儿越大；②浮漂点动后，接着就慢慢上送时，动作越慢，鱼儿越大；③浮漂有力猛点时，只点一下，动作大，不下沉，没有上送的迹象，实际鱼儿将饵已吃到嘴里，一般情况下鱼儿较大；④浮漂横向移动时，还有点向下的动作；⑤未见下沉，但往上送漂时往往是大送漂；⑥浮漂颤抖时。当钓者发现钓组有以下动作时不可提竿：①只见浮漂点动，不见送漂时，因鱼饵未吃进嘴里；②猛地下拉，速度很快时，多为小鱼儿捣乱；③浮漂在水面上忽闪一下，这是鱼儿碰线所致。要指出的是：下钩后，1~2 分钟未见鱼儿咬钩，应提竿，重新抛竿。

在水库钓时，如钓点近，仍可用垂直钓法；若钓点远，可用荡钩钓法。

（5）提竿。从以上浮漂的动作就可判断上钩鱼儿的大小。例如当发现浮漂点动后，接着浮漂就送上来，可判断为重量在 200 克以内的鱼儿，所以提竿力度从轻，即可得鱼。又如浮漂点动很慢，后上送得很慢，送得很高时，应判断为大鱼吃钩，提竿力度应加大。

21. **水库早春串钩钓鲫**

（1）钓组。用 2.7 米软调海竿，轴承旋压式绕线轮，直径不超过 0.3 毫米的优质软钓线。串钩要短，拴 3 只钩即可，钩一般用 3 号白狐钩，此钩钩柄长，钩尖锋利，易挂蚯蚓。用直径 0.24 毫米的软脑线拴钩，脑线与主线之间最好用“8”字连接环连接。拖钓找鱼用的坠重 30 克，其余的竿用 40 克坠。坠与第一钩之间最长不超过 30 厘米，第一钩脑线长 5 厘米，第二钩脑线长 10 厘米，第三钩脑线长 15 厘米。串钩拴好后，钩与钩之间互不接触，垂钓时，3 只钩都几乎触底。钓饵用大平二号红蚯蚓，用细不用粗，穿到钩的 3/4 处，钩尖不外露。用红虫也可，只是挂钩比较麻烦。

（2）钓点。要选在水深 10 米以上的地方，水底是沙石质、乱石或沟沟洼洼的地方上鱼量多，泥底次之。

（3）钓时。时间是在解冻后的半月之内，岸边还有残冰之时，而且越早钓上的鲫鱼越大。随着气温的升高，鲫鱼是越钓越小。

（4）钓法。拖钓时要尽量把钩饵投向远处，待坠到底时收紧鱼线，竿保持 45° 角慢慢摇轮收线，速度为每分钟 2~3 米，在收线过程中如感觉钓线有顿感（拖钓鲫鱼时最多三顿。一顿和三顿上鱼少，二顿几乎竿竿有鱼），就可扬竿，多是大鲫鱼上钩。如不中鱼，也不要收线，绷紧线等几分钟，如果周围有鱼，时间不长就咬钩。在某一钓点连续钓上几条鱼时，就把其余的竿以上鱼点为中心，前后左右的投竿布阵。投竿要准，前后竿要错开，防止搭线。为了留住鱼和引其他鲫鱼进窝，要在坠上包上诱饵，诱饵以腥香为主、甜为辅。架竿采用斜卧式架竿法，增加灵敏度。早春的鲫鱼身体还处在僵硬期，咬钩时海竿反应不太明显，要把鱼线绷紧，用小铜铃夹在钓线上，只要鱼咬钩，钓线一动，小铜铃就“丁零”一声，非常清脆。

22. **海竿炸弹钩钓鲫**

海竿配炸弹钩钓鲫，是以钓取鲫鱼为主，同时兼钓鲤鱼和草鱼等。钓鲫鱼以用 1.9~2.1 米短软型小海竿为佳。它的特点是竿尖细且弹性好，灵敏度高，能把鲫鱼咬钩时的轻微动作反应出来，而又不使咬钩的鲫鱼觉察竿尖的弹力。钓线用 0.3 毫米左右的钓线。使用伊势尼 6 号左右的鱼钩。钓饵在早春用串钩挂红虫、蚯蚓，夏季钓鲫鱼所用钓饵以粮食为主。开始垂钓，装钩的饵团要稍大，并略硬一些，以延长饵团化开的时间。一旦鱼儿聚来咬钩抢饵，饵团就应小些、软些，小到只要饵团仅能包住组钩即可。

开始投甩时，使用 4 副海竿，可打两远两近（或一字排开）。使用 6 副，可远中近各打两副（或左中右各两副）。在抬竿之前，观察竿尖极为重要。鲫鱼文文静静，吃钩吞吞吐吐，反应在竿尖上有节奏地点动，抬竿宜稍迟勿过早。正确的抬竿方法是竿尖动作小，抬竿力量应稍大；竿尖动作大甚至大弯腰，抬竿力量应小，只要双手抄起竿子绷紧钓线就行。

23. 深秋冬初浮钓鲫鱼

深秋冬初气温逐渐降低，鱼儿很少游动。但在向阳背风的高崖下的水域，如果刮着 1~2 级的西南风，在 11~14 时这段时间里，水面温度稍高，水中溶氧量较多，常常可见到成群结队的鲫鱼浮游戏耍，这正是浮钓鲫鱼的好时机。垂钓时，最好把钓位选在有柴草或沙丘的隐蔽处，用长竿短线，不用坠，不加漂，装上蚯蚓饵，再蘸点香精液，轻轻地、慢慢地把饵钩送到鱼群的近岸方或侧边处，不可送到鱼群的中央，以防鱼上钩后把鱼群惊散。钓群浮鲫鱼，必须由近及远，鱼上钩后，抖竿刺鱼，快速向岸边或鱼群的侧缘拉。一般重 150~200 克的鲫鱼上钩后可直提上岸。注意手不能离竿，有手感就抬竿，抬竿就得鱼。

24. 溪流寒冬钓鲫鱼

（1）钓时。冬钓大鲫的好时段，以晴无雨、早上有雾、午时水暖的寒天为好，即阳历 11 月下旬至 12 月上旬，农历 10 月中下旬的小雪、大雪期间。

（2）钓点。峡谷半水找暗礁，滩口堰脚钓深潭。这里所说的“峡谷”，是指河不宽，且一岸或东西两岸都是岩壁，而历史性造成有垮石滚入河底，并呈似现非现的石道夹缝。这里的暗礁深水容易藏鱼，且少有网捕、电击者，故而比较好钓。

在小溪河的上堰两角，平时鱼儿习惯戏水而下常常停滞在两边游荡徘徊，入冬后，就依角靠堰潜入深水就地“落窝”；下堰脚，由于上堰流水落差的长期冲击，不仅逐渐形成地坑水潭，且水层越深，水温越暖，且潭底有乱石暗礁更易藏鱼。

弯道密草钓深洞，桥墩旁边好下竿。小河岸的“弓形”弯道处，能减少一些寒风冷气的袭扰，若再有连片的草丛覆盖水面便会有鱼在此避寒藏身。至少要找 2.5 米以上的深水草洞，才可望钓有所获。若没有这样的地理位置，也可选择桥墩下或有大型乱石堆的深水处。

（3）钓具。钓具组合，应从“轻”，且要“灵”。其竿、线、漂、坠、钩要作整套换季的相应调整。竿子，宜用 5.4 米的轻便柔软碳素手竿；钓线，只要质优，用 0.4 号，也能钓 500 克以上的大鲫；鱼钩，4~5 号即可，若用蚯蚓做钓饵，应选长柄、宽门、深底及有倒刺的小钩。

（4）钓饵。冬天喂窝的诱料，要注重色泽鲜、香味浓，鱼的视觉、嗅觉器官易发现而能诱聚进窝。

钓饵，用红蚯蚓，一定要活的，通过它在钩上不停伸卷蠕动，容易诱鱼摄饵咬钩。除蚯蚓外，红虫、肉蛆、骨蛆、米饭粒也不错。

（5）看漂与起竿。冬天，鱼类摄食不像春秋时节那样“贪口”快捷，尤其鲫鱼就更加斯文。所以，即使是蚯蚓钓饵，在鱼咬钩过程传递给浮漂的信号反应，不管是“沉”，还是“冒”，一般都不会“大起大落”，而是比较微弱。特别是用米饭粒或其他面食性素饵，只要稍稍点动，就易饵劫钩空。因此，只要浮漂稍有动作，就要用腕力迅速抖竿，将钩刺入鱼嘴。

25. 堰塘钓白鲫

（1）钓位。堰塘不像自然水域那样有很多水草，且白鲫的习性也不喜欢恋草。除隆冬初春栖息于底层深水外，其余时节它总在离岸边远一点的“亮水”游弋觅食。因此尽可在离岸 6~10 米、水深 2 米左右的“亮水”处下竿。钓“亮水”，要择四角。因为在堰塘相对方正的地形中，白鲫每游到塘角处，都会稍事停歇转向或回转。

（2）诱饵。白鲫的传统诱饵比较特殊。制作方法是：取新鲜干玉米面 750 克在铁锅内用温火焙至三分熟，加食用菜籽油 1.5%~2% 拌匀后，再炒一分钟，起锅立即装入容器密封。出钓时，用这种有香味的诱饵喂窝，对白鲫有独到的诱惑力。

（3）钓饵。白鲫喜食的素饵中，尤爱裹带白面的新鲜粗皮麦麸。若将麦麸磨成很细的细粉，会使麦麸发热变质，失去它自身的微甜味，影响效果，同时麦粒表层的纯皮完全磨成细粉后更有滑性。和饵时白面加少了，缺乏黏性，捏不成团，难以挂钩；加多了，在钩上又会成“死饵坨”，不利鱼儿啄咬。所以，麦麸宜粗不宜细。

麦麸做钓饵，生用更能保持它自身的微甜味。拌和时，若是麸皮中未筛净的白面含量多，可不再加白面就会自有黏性；若含白面少，要适量添加到捏得成团，上得稳钩，落水 3~5 分钟能自然分化，有鱼咬钩则会一触即散就最为合适。

（4）钓组与提竿。白鲫咬钩，比一般鲫鱼更温柔微弱，少见浮漂有明显或比较明显的沉、送反应。因此，在钓具组合上，除了宜用较短、较轻的手竿和较细的钓线外，尤其要注意钩、饵、坠与浮漂的匹配一定要灵敏。

要是用散子漂，三粒最为合适。调试漂状为：前下端一粒入水；中间一粒大半截入水；后上端一粒，距中间的这粒漂 5 厘米平于水面。如此调漂，一旦有鱼咬钩，哪怕是很轻微的刚一触衔，只要中间这粒半截漂有微微抬头、翻白或转动，可立即提竿。

二、鲤鱼的垂钓

1. 寻找鲤鱼的技巧

看泥汤：鲤鱼（图 2–4）在水底总喜欢用嘴拱泥，寻觅水底食物，会将水底淤泥搅成浑水。它贴近水底游动时，也会将水搅浑，在水不太深的地方，会泛起团团泥浪，所以在垂钓时有“浑汤钓鲤”之说。

图 2－4　鲤鱼

识鱼星：鲤鱼在吐泡或拱泥时，水面会泛起水泡。水泡的个儿比较大，有时十几个往上冒，拱泥时会冒出一团团水泡，出水面随即消失，有时还能见到水泡移动的轨迹，说明鲤鱼在水底边拱边游，在寻找食物。

寻淤泥和杂草：鲤鱼还爱游到那些有淤泥杂草的地方去，因为这些地方爱滋生鲤鱼喜食的虫虾，钓友们总结出这样一句渔谚，叫“钓草钓脏不钓光”。脏，是指水下有烂草枯叶等杂物；光，是指水底平整光洁，在这些光洁的水底，是存不住鱼的。

产卵场寻鱼：每到产卵的时候雌雄鲤鱼总在一些有水草树枝杂物的水中疯狂追逐，在每天凌晨到太阳出来这段时间内，凡有鲤鱼的地方，水中劈啪作响，雄鲤追着雌鲤乱转，这种场面甚为壮观。在这段时间它们会咬钩进食。

2. 定点钓鲤时要识别炸窝

定点钓鲤鱼是众多钓友经常采用的一种垂钓方法。炸窝就是窝子被破坏，进窝之鱼因各种原因会离窝而去。识别不同炸窝的绝招有以下几点：

喧闹惊鱼：这是手竿垂钓最易出现的也是最忌讳的事。岸边的人来回走动，高声说话及砸地的声音，易传到水底而炸窝。

遛鱼毁窝：鱼上钩之后，要尽可能地赶快将鱼领出窝子，在窝内遛鱼，会引起鱼儿受惊外逃。

脱钩惊鱼：上钩的鱼因未钩牢在脱钩惊逃时，带动全窝的鱼惊逃，是真正的“炸”了窝。

扎堆惊鱼：有些新手，见谁上鱼，就往谁跟前扎，将竿伸到同一个窝子内，最易惊鱼。

人影竿影易惊鱼：在浅水近岸边垂钓，尤其是处在顺光情况下，人影竿影映在水中，鱼儿就不敢进窝摄食。

鱼窝怕杂：这里说的“杂”，是指诱饵的味道杂乱，时而香甜，时而酸臭，结果导致什么鱼都过来夺食，一会儿工夫这个窝子就被搅乱了。

3. 诱钓鲤鱼

诱钓鲤鱼的办法不胜枚举，而首要的是运用饵料，在选好的钓位下诱窝（南方称打塘），诱鲤汇集后再钓效果好。

鲤鱼属杂食性鱼类，如北方的玉米粉、豆饼、小米，南方的菜籽饼、麦麸及酒糟、碎螺蛳等，均可作为诱饵。俗谚曰：一方水养一方鱼，一方鱼吃一方饵。在不同的地方诱鲤鱼要采用不同的诱饵，投其所好才能有大收获。例如在北方水库，用碎螺蛳、鲜虾仁下诱窝，就不如豆饼、糟食引诱效果好；而在太湖、西湖等南方水域，用鲜活饵打塘，首先引来的便是贪食的鲤鱼。在养殖内塘更是如此，平时喂菜籽饼的池，下玉米粉诱窝引鲤就不理想。

诱鱼汇集的目的是为了钓之。但有时虽然引来了很多鲤鱼，且轮流用蚯蚓、面团、虾仁、番薯作钓饵，但鲤鱼就是不咬钩。这就需要施展钓鲤的另一种诱术——模拟诱饵骗钓法。研究表明，鱼类摄食在一定时间内有一种趋向性，即一段时间内吃到了适口，的某种饵料，就不愿吃其他类型的饵。此法的具体操作并不难，只有一条要诀，即下何种诱饵，就用那种诱饵为主钓饵。如用玉米面下窝，就用玉米粉加黏料后做成饵粒装钩；打窝用菜饼粉，就拿菜饼加少量面粉做成棕红色的饵粒为钓饵。在南方，内塘养殖池经常大量喂螺蛳，若以碎螺蛳为主作诱饵，很快会引来大群鲤鱼，再用螺蛳肉装钩施钓，胃口大开的鲤鱼便频频咬钩。

4. 钓鲤鱼的常规技法

鲤鱼个体较鲫鱼大得多，重量通常多在500克以上，加之鲤鱼的窜劲大，竿、线、钩都要有针对性地选用。手竿用硬调竿，长度在4.5米以上。而海竿更是钓鲤鱼的主要工具，不仅能投远，而且易于操作，遛鱼方便，比较实用。无论是集束炸弹式钩配糟食，还是集团钩装面饵、加挂活饵，均能取得满意效果。手竿适用于小水域或养鱼塘垂钓。在大水库的陡坡处或大坝下，打立体窝，用手竿操作简便。

钓线应选用拉力强的渔线，主线以大于0.4毫米粗的花线为宜，而脑线以大于0.3毫米粗的花线为宜。如用串钩或单钩时，以伊势尼7~10号钩为宜。若用集团钩或集束式炸弹钩。则以5~7号伊势尼圆底短柄钩为好。钩的弯部应宽一些，用有倒刺的钩最好，以防脱钩。铅坠，以扁平梯形、拽拉时能离开水底的为佳。死砣，即砣在前、钩在后的组合方法，多配串钩或单钩使用，反应灵敏。有些特殊组钩，如豆饼钩、盘子钩，均不需加砣。

鲤鱼的食性较杂，荤素都吃。在垂钓时，应按季节水温用饵。如严冬冰钓时，用红虫就能将鲤鱼钓上来。春秋水温低，用红虫、蚯蚓较好；水温高的夏季，则以香甜饵最佳。在一些水库河流中，用小虾或虾仁钓鲤鱼，有时会取得非常好的效果。钓鲤鱼可采用多窝轮钓，就是一次选定多个钓点，并同时投下诱饵，后进行轮钓或选钓。使用此法，可根据地形，每隔 10~15 米做一窝，共选定 3~5 个钓点投下诱饵，并在岸边作上标记，轮流施钓。鲤鱼吃钩后，在浮漂上的反应往往比鲫鱼吃钩后浮漂的反应要强烈、要猛。提竿的感觉是钩被树根、草茎挂住似的，钓者要沉住气，把竿子斜着拉紧（斜度为 60° 左右），然后慢慢顺着鲤鱼的劲儿遛鱼，慢慢把鱼遛到水边，尽量用抄网抄鱼。

5. 用红薯钓鲤鱼

用红薯作钓饵，一是原料易找，成本低廉。二是红薯含糖分多，具有天然的香甜味，鲤鱼特别喜欢吃。三是制作方法简便。四是红薯呈蛋黄色或红色，鲤鱼易发现，鱼食对路。五是小鱼或小杂鱼吃不下红薯饵块，能排除它们的干扰。六是经久耐用，如无鱼咬钩，不用频繁装饵。

选料：红薯有红心和白心两类。白心的红薯淀粉多，挂在鱼钩上容易脱落，效果不好，上钩率低。应选择红心或蛋黄心的红薯为佳。这两种红薯糖分多，且具有天然的香甜味。选择红薯时还需其表皮光滑无霉斑黑点，切开无黑丝、无异味。

蒸（或煮）熟红薯：将选好的红薯洗净，大的切成 4 块，小的切成两块，放到锅里蒸（或煮）熟。要注意掌握火候，可用细竹签戳试，以刚能戳穿为佳。过熟了挂不上钩，挂上了钩也容易在入水后脱落。太生的红薯散发的香甜味不大，不能刺激鱼的嗅觉和味觉，鱼不吞食。因此，红薯蒸（或煮）至七八成熟为佳。鲤鱼吞钓饵前，往往都有轻轻吮吸、慢慢品味的动作。在鲤鱼吮吸红薯时表面有细微颗粒脱落，能引起它的食欲。红薯块蒸（或煮）好后，逐一放到碗中或盆中，不重叠，放在室内使其慢慢散热。晾上一夜的红薯块，粉质和糖分冷凝变硬。红薯块不宜放在阳台上或冰箱内快速散热，这样红薯易裂口、剥落或外硬内软，鱼钩在红薯粒内位置不固定。形成鱼钩柄外露，减少鲤鱼上钩的机会。

挂钓饵：垂钓时，将红薯块用小刀或鱼线切成与鱼钩大小相适应的长方形或四方形的粒。若鲤鱼大，可切成拇指大一粒为宜；若鲤鱼小，可切成比拇指小一些为佳。挂红薯粒时，先进钩尖，再慢慢抬压旋转的角度，使整个钩体沿着钩尖刺破的位置进入红薯内，以不露出钩尖、不留钩柄、无鱼钩黑影为好。

6. **手竿钓鲤鱼**

将手竿装上漂钩钓鲤鱼，是利用浮漂的反应来传递鲤鱼吞钩的信息，这是池塘等小水体中常用的钓法。

钓具：手竿一根，竿长以 7.2 米为好，线用 5~6 米，现在有的钓友多采用在竿尖不远处上一小绕线轮，可贮存 10~20 米钓线，就变成了手用海竿了。通常采用七星漂，以露出 3~4 粒为宜。坠子的重力与浮漂的浮力相当为宜。

钓饵：春秋水温低，用红虫、蚯蚓、小虾或虾仁较好；水温高的夏季，则以香甜饵最佳。诱饵可用玉米粒或麦麸混合为宜。

布窝：到了垂钓水域，按常规方法选好钓点后，打下窝子，就可准备下竿。如果窝子周围无水草、树桩等障碍物，钓线与钓竿可一样长或稍长；如果窝子周围有水草等，宜采用长竿短线钓。

钓技：持竿入水后，静观浮漂的动静，鲤鱼活跃、胆小，浮漂的反应是上下抖动，但升降幅度不大，若提竿难以上鱼。当浮漂或是徐徐上升，或是徐徐下降，这是提竿的最佳时机，应迅即提竿，必能得鱼。提竿后，如手感感到鱼不大，可缓缓将鲤鱼向岸边提拉。若提竿后感到很重，则是一条大鲤鱼，要沉着冷静，迅速站好位置，准备将这条大鲤鱼提拉上岸。

若是使用手海两用竿钓鲤鱼，其钓法与手竿钓法相同。由于它配有绕线轮，缠绕的钓线长达数十米，且能给鱼施以牵引阻力，让鲤鱼负载冲撞，很快会疲劳，也就易于捕获。

7. **海竿钓鲤鱼**

钓具：海竿一根，绕线轮一只，可绕线 60 米左右，可用串钩或炸弹钩，不用浮漂，靠竿尖的抖动或铃声传递咬钩信息，可用坠子，坠子重量一般在 20~60 克。

钓具变化：如果条件许可，可按不同的季节分别使用不同的竿，这样的效果会更好。例如夏季水温高，鲤鱼吃食有力，可用较硬的海竿，方便提竿起鱼。而在春秋季节，鲤鱼吃食文雅，可使用较软的海竿。

钓饵：应根据不同的季节和不同的场所来决定采用合适的钓饵。例如在池塘中可用平时喂鱼的颗粒饵，在大水面可用蚯蚓，在水库可用煮熟的麦粒。

钓技：在不同的水域，钓技有所不同。如果是在养鱼池钓鲤，鲤鱼的密度比较大，可用海竿配双钩带漂，串钩上的钩子亦不宜多，每串 3 钩即可。它的优点是加漂后，反应灵敏，上鱼快。钓饵可用养鱼池喂鱼的饲料，有利于提高上钩率。如果是颗粒，可用皮筋套，也可将颗粒加水或用啤酒化开，如黏度不够，可加些面粉，揉匀后用饵团装钩，效果不错。听到铃声响动，立即提竿，遇到大鲤鱼，要做到科学遛鱼。

如果是在江河湖泊这样水面大、鱼稀的地方钓鲤鱼，一般上钩的大鲤鱼较多，这时用炸弹钩，不易跑鱼。另外炸弹钩的饵团大，在鱼少的水域，使鱼易于发现目标，还可起到一定的打窝子的作用。在支好海竿后，一旦听到铃声响动，立即提竿，并科学遛鱼。

8. 用海竿炸弹钩钓鲤鱼

钓具：海竿一根，绕线轮一只，可绕线 60 米左右，炸弹钩用 6~8 只的组钩，钩子稍大，钩上挂糟食，不用浮漂，靠竿尖的抖动或铃声传递咬钩信息，可用坠子，坠子重量一般在 20~60 克。

钓饵：应根据不同的季节和不同的地域来决定采用合适的钓饵。南方常常以糠饼粉为主，北方则以豆饼粉为多，再配以玉米面、麦麸、黄豆粉、米饭、曲酒等，经充分搅拌变黏后，再将它揉成鸡蛋大小，接着用脑线将其分割成均匀的两半，把脑线合捏在饵料当中。再将钓钩逐个回挂在饵料的前半部，把脑线抽紧，把饵食捏紧。

钓技：采用钓友喜欢的方式来投掷海竿，饵料入水后，三分钟左右即可散开，形成一堆散食，既是诱饵，又是钓饵。钓钩分散于其中，鲤鱼闻味前来摄食，便会连钩一起摄入嘴中，一旦听到铃声响动，立即提竿，并科学遛鱼。

9. 用海竿串钩钓鲤鱼

钓具：海竿一根，绕线轮一只，可绕线 60 米左右，串钩一般采用 4~6 只钓钩，主线用 0.30~0.35 毫米的尼龙线，脑线长 8~10 厘米，两钓钩间距离应大于两倍脑线长，以免相互缠绕。不用浮漂，靠竿尖的抖动或铃声传递咬钩信息，可用坠子，坠子一般重 20 克。

钓饵：可用蚯蚓、螺蛳、小虾、水丝蚓等。

钓技：在海竿入水后，支好海竿。听到铃声响动，立即提竿即可得鱼。

10. 用海竿饼钩钓鲤鱼

钓具：海竿一根，绕线轮一只，可绕线 60 米左右，饼钩所用的饼块为 5~6 厘米大小的正方形，中间穿洞，以通过钓线。不用浮漂，靠竿尖的抖动或铃声传递咬钩信息，不用坠子，饼钩本身就起到坠子的作用。

钓饵：采用饼粕粒制成的钓饵，常用豆饼、菜籽饼或花生饼。

钓技：在海竿上好钓钩甩入既定水域后，应转动绕线轮，将钓线绷紧，然后在竿尖处夹一小铃，就可坐等鲤鱼上钩了。当鲤鱼遇到它们爱吃的糠饼或豆饼时，易将钓钩一并摄入嘴中而被挂住。鲤鱼上钩后，拉动竿尖，发出铃声，竿尖成弯弓，这时应立即提竿。有时铃声响了一下，随即钓线松弛，这是鲤鱼向岸边游来，也应立即提竿。

11. 用桑葚底钓鲤鱼

（1）底、浮两便，以底钓为主。一般桑葚成熟期前后不一，时间持续一月有余，对于自然水域的鱼儿来讲，天上掉下来的美味佳肴，是绝不会放过的，所以，平时钓不到的滑鲤、大鲫，在桑葚成熟期常被擒获。这时对钓具组合要作适当的改进，改大钩、粗线为小钩、细线比较适宜；改浮钓为底钓为主。可用鹅毛梗 5~10 粒（俗称七星漂），每粒不短于 1.5 厘米。以便沉底、半浮、全浮均可调，钩一般采用伊豆 6 号或伊势尼 5 号为好，线粗细根据所钓水域实际鱼况而定，直径一般不小于 0.14 毫米。

（2）挂果与选点。挂果方法：①现摘挂果，不用或少用落地果；②桑果须新鲜，大小均可，必须是熟果；③用小钩巧穿果柄，这样挂果虽费事一点，好处是钓饵与风吹果熟垂直落入水中效果相仿，而且不易脱落。鱼吃饵时果饵大鱼钩小、隐蔽性强，实践证明，即使大鲤、大鲫上钩也很少脱钩。

选点方法：树多的河塘，尽量选树梢弯向塘中弧度大的为好，这样的钓点回旋余地较大，万一脱钩，线上树的可能相对较小；如塘中仅有一两棵树，或某棵树弧度大弯甚至近乎于水平状，这种钓点必是首选。

12. 秋季钓鲤鱼的小技巧

秋季是钓鲤鱼的旺季。要想在该季节钓获更多的鲤鱼，除了使用长竿、粗线、大钩、科学配饵等基本技巧外，还有四点小技巧。

（1）浑水下钩。浑水下钩是指钓者应选择 1 年以上未干过、水深在 1 米以上、水色呈微浑或较浑的水塘作为钓场，且选准钓点进行底钓。但是，人、畜等因素造成的浑水塘不可以选作钓场。

（2）面坨挂钩。面坨挂钩是指用当日自己配制的面饵搓坨挂钩直接进行底钓。其具体方法：麸皮 100 克、小麦面粉 40 克、商品钓鲤鱼香精半袋，倒入一器皿中拌匀，再加入适量的纯净水后反复搓揉，使面团的弹性和韧性达到最佳状态，其软硬程度适中而稍偏硬（可延长换饵时间，也不影响鲤鱼咬钩）。然后将面团放入双层塑料袋中扎口备用。垂钓时，每次取红枣样大的一坨面饵，将整只钓钩包住，呈椭圆形（不露钩尖），再轻轻投入钓点垂钓。

（3）巧用双钩。巧用双钩是指将脑线等长（约 10 厘米）的双钩（丸七 10~

12 号钩）均挂上上述面坨施钓。这样，钓饵沉入钓点后基本靠在一块，目标大、气味浓、诱鱼快、鱼咬钩欢。

（4）稍缓提竿。鲤鱼咬钩会出现三种漂相：多数为黑漂；少数为送漂；个别为领漂。垂钓中要相对钓钝，漂尖露出水面 4~5 目，当开始发现黑漂、送漂、领漂的瞬间，3 秒钟后再抖腕提竿，让其将钩饵“吞牢”，防止鱼脱钩。

13. 钓鲤鱼布窝的小技巧

选点宜静不宜动：鲤鱼生性敏捷、好动，相当精明，稍有响动便直线向深水区逃窜。因此选钓点首先要考虑幽静，尽量做到隐蔽，选择岸边无干扰的弱光区，如树阴下、竹木桩处、暗水草旁及遮蔽物边缘投食，让鲤鱼进窝后有一种安全感，增加吃食机会。

水位宜深不宜浅：春、秋季节通常的水位为 1.5~2 米，盛夏、初冬 3~4 米为宜，过深过浅都不适合，鱼窝离岸的距离必须在 5 米以外，水色以深暗为佳。

水温宜高不宜低：水温低 10℃，鲤鱼变得不活跃，食欲减少；2℃以下进入冬眠，很少觅食；在 15℃以上，鲤鱼能正常摄食，并随水温升高咬钩率逐渐提高，钓鲤鱼的最佳水温为 20~28℃。故每年的春夏之交、盛夏、初秋、仲秋鲤鱼摄食强度最大；早春、暮秋稍次之；南方到了冬天有时还能钓上鲤鱼，北方因气候寒冷却很难钓上鲤鱼。

投食宜多不宜少：鱼喜合群，若在水库垂钓，钓鲤鱼可撒固定窝。一般选 2~3 个钓位，窝与窝的间隔距离 500 米左右。喂窝的时间 7~10 天，采用定时打“重窝子”方法投食。最初几天一个窝投食在 1.5~2.5 千克，最后两天减少投量。诱饵要以当地出产物为主，各种商品饵为辅，并尽量做到钓饵和诱饵完全一致。

14. 水库海竿垂钓鲤鱼

（1）钓具的选用及配备。鱼竿一般选用 2.1~2.7 米的海竿，竿数不能少于 4 把竿每竿配备一绕线轮，绕线不得少于 50 米，配钓线直径 0.3 毫米以上的强力线为最好。钓钩选用伊势尼 6~7 号钩。铅坠选用 30~40 克的空心坠，每竿一副。坠的组合为坠线长 250 毫米左右，坠在线中可滑动，线上端绑一别针，下端绑一 8 字环。炸弹钩的别针连接坠下端的 8 字环，坠上端的别针连接主线上的绑套。在大、中型水库，钓点一般选五六个，钓一个，其余做备钓点。钓点之间的距离，一般约 200 米。

在投窝饵前，先正确判定钓点现在水下的确切位置，然后用手或其他辅助器材，将窝饵准确地投入钓点。投放窝饵时，不但要保证准确地投放在钓点上，更重要的是要控制好投放范围。投钩要准，一定要把钩投到钓点上。首先在钓位的中心点瞄准原先确定的第一方位物，按照钓点到钓位的水平距离打出第一竿；接着，在钓位的中心点，按照同样的距离瞄准第二方位物又打一竿。这两竿钩饵的落点正好在钓点左、右两端的边沿，所以称这两竿为边竿。其余若干竿，参照边竿打出的距离，分别打在这两根边竿之间。

（2）饵料。选用商品饵或自制料及蚯蚓等荤饵。为了缩短诱鱼时间，可先投一些诱饵。

诱饵常用油糠（大米的表皮粉碎而成），发酵和未发酵的各200克，粗米糠300克，再放少许菜籽饼粉、鱼用饲料、洒上一点酒；如再放上一些白糖、鸡精、商品饵香料就更好了。到钓场后与500克左右水边的泥土（最好是黄色黏性土）拌和，捏成200克一个的扁形体（不要捏成球形，球形易移位）全部一次投入窝中就可以了（诱钓合一不需补窝）。钓饵的配伍跟诱饵差不多，但要更精、更细。

（3）垂钓方法。使用炸弹钩，头两竿要大饵团，定点投饵、抖落、做窝，增加鱼的视觉，增强诱鱼力度，这就叫集诱、钓于一体，定点垂钓。

水库中的鲤鱼体力大、野性大，发现鱼吃钩扬竿后，立即打开绕线轮上的逆止开关，拧死曳力器，一手持竿，一手握绕线轮摇柄；当鱼要线猛时，反转绕线轮，一转一转地给鱼放线，要线不猛时，尽可能与鱼相持，当鱼不要线时，正转绕线轮收线；当扬竿后鱼往钓点前方深水区逃跑时，除有控制地放线外，一定要注意在鱼往深水区逃，已离钓点十来米时，钓手必须立即把鱼领到钓点一侧去遛，以免串线乱窝。

三、鲢鱼的垂钓

1. 手竿漂钩钓鲢鱼

钓具：手竿一根，长7.2米左右，钓线长6~8米，钓钩可用单钩、双钩或三钩，用多钩时，脑线应等长。用长方形立漂或七星浮漂，可用坠子，坠子重量与浮漂的浮力相当。

诱饵：用自制的酸饵，应在使用前一周制成。

做窝：用酸饵打窝子有很好的集鱼效果，打窝子时，将诱饵大把大把地撒向钓点，松散的酸饵在水中漂散开来，对鲢的诱惑力极大。

钓饵：采用诱钓合一的酸饵，用酸食装钩时，将酸食搓成栗子大小包住钓钩投入钓点。

钓技：用手竿漂钩钓鲢鱼，一般是钓沉水。当酸食松软散化，落于水底后很快溶化、分散，一些较轻饵料上浮，吸引众多鲢鱼前来觅食，在不断吸食中，把钓钩也吸入口中，当浮漂连续上下抖动或闷漂时，应及时提竿。

2. **手竿锚钩钓鲢鱼**

钓具：中硬竿手竿一根，长 5~6 米左右，钓线直径为 0.4~0.5 毫米，长 6~8 米，钓钩可用中型三爪锚钩，也可用大型长柄钩，如鹤嘴形 114~115 号、袖形 315~316 号等，用长方形立漂，可用坠子，坠子重量与浮漂的浮力相当。

诱饵：用自制的酸饵，应在使用前一周制成。

做窝：用酸饵打窝子有很好的集鱼效果，打窝子时，将诱饵大把大把地撒向钓点，松散的酸饵在水中漂散开来，对鲢的诱惑力极大。

钓饵：采用诱钓合一的酸饵，用酸食装钩时，将酸食搓成栗子大小包住钓钩投入钓点。

钓技：手竿锚钩钓鲢鱼，也是钓沉水。当用酸饵将鲢鱼诱集过来后，提竿垂钓，此时锚钩上不装饵料，将锚钩轻轻沉于钓点，若发现浮漂略有所动，说明鲢鱼在钓线周围活动撞动了钓线，这时即应迅速提竿，使尖利的锚钩在急速上升时钩住周围的鱼体。

3. **用手竿外搭钩钓鲢鱼**

选用硬质粗尖的鱼竿，钓线一般采用 0.4~0.5 毫米粗的锦纶线。线端拴长短两组钩具，短钩脑线长约 15 厘米，以 2~4 枚 11 号钩结为一组，主要用于上鱼饵；另一组脑线长约 20 厘米，拴 4~6 枚大钩，主要用于钩鱼。将发酵的酸食捏成乒乓球大小，将短钩埋在饵团内，长钩不上食，可以不另加坠子，而后将钩具轻轻投入水中，上好浮漂待鱼来吃食。如果浮漂急速下沉，这时要及时抬竿。另一种反应是浮漂出现不规则的摇晃，这是鱼儿在饵食旁游动时碰动渔线，应及时地猛抬鱼竿，靠长钩将鱼挂上来。

4. **手竿空钩钓鲢鱼**

这种不用钓饵而空钩钓鲢鱼的钓法，是一种独特的垂钓方法。钓竿可用中调竿，竿长 5~6 米，钓线直径 0.4~0.5 毫米，浮漂用小漂，不用坠子，钓钩较独特，叫锚钩，用中号即可，可作坠子使用。

空钩钓鲢鱼时需打大窝子，将准备好的酸饵大把撒向钓点，鲢鱼闻味便会游来抢食。这时可将锚钩轻轻垂于钓点，使浮漂直立于水中。钓者应严密关注浮漂，若发现浮漂略有下沉或上下抖动，这时应猛力提竿，钓钩便会快速刺入挨近钓线的鱼体，从而将鱼钩住。

5. **海竿浮钓鲢鱼**

这种钓法的钓竿、钓线、绕线轮等与底钓相同，海竿长 3~3.6 米，中调竿，钓线直径 0.4~0.45 毫米，中型绕线轮。坠子用通心大坠，重 100~120 克。饵钩盘成圆环状，用泡沫塑料制成，形状如 25 千克握力器大小，中间开孔，孔径 1~1.5 厘米，钓钩 6~8 枚，安装在直径为 2 厘米的铝片上，其边缘按钓钩数量钻出相应的孔，孔径 1 毫米，钓钩脑线长 2~3 厘米。

组合时，钓线依次穿入坠子、泡沫圈和饵钩盘。在泡沫圈上涂些黏性饵料，饵钩盘上也堆放饵料，再把钓钩均匀地扎入饵料中。随后将饵钩甩入钓点。饵钩入水后，泡沫圈会因浮力而露于水面，这时可摇动绕线轮，绷紧钓线，使泡沫圈沉于水中，没入深度为离水面 30~50 厘米处。调好后，挂上小铃。当鲢鱼、鳙鱼闻到饵料的美味，便会趋近，大口吸食泡沫圈周围的黏性饵料，很容易连同钓钩一起吸入口中而被钩住，拉动竿尖抖动而使铃响，大力扬竿即可钓住。

6. **海竿飞钩钓鲢鱼**

钓具：以 3 米以上的中硬海竿为佳。将 8~10 枚大号长柄钩拴成组钩，脑线 16~18 厘米，钓钩均布于饵团之外，距饵团 2~3 厘米，饵团上面为空坠。由于鲢嘴大，可选用 12~14 号宽钩门钩，有利于上鱼。

钓饵：可用自制的酸性饵料，常用麦麸、面团和酒糟合制，饵团料应黏而稍硬，耐水浸泡，可在水中泡 1 小时也不散开。

钓技：这是一种钓鲢鱼的新方法，也是海竿钓鲢最佳的钓具与钓技的匹配，即将钓钩裸露于饵团之外的装钩方法。装钩时，取 1 团鸡蛋大小的饵团，鲢鱼闻味前来觅食，在吸食时会将裸露在饵团外的钓钩一起吸入口中而被钩住。鲢鱼会疼痛而逃跑，于是牵动钓线传至竿尖，使竿尖下弯或铃响，这时便可大力扬竿。若用实心坠，脑线需带动坠子，才能牵动钓线，否则竿尖反应便不灵敏。

7. **海竿埋钩钓鲢鱼**

钓具：以 2~3 米以上的中硬海竿为佳。钓钩一般用炸弹钩，中型偏大。钓线要粗些。钓线直径以 0.4~0.5 毫米为宜，脑线 16~18 厘米，坠子用死坠，重量为 50 克左右。可选用 12–14 号宽钩门钩。

钓饵：可用自制的酸性饵料，常用麦麸、面团和酒糟合制，饵团料应黏而稍硬，耐水浸泡，可在水中泡 1 小时也不散开。

做窝：在垂钓时，可打窝子，也可不打窝子。若打窝子，其钓点离岸不要超过 10 米，以便手能将诱饵甩至钓点；若超过 10 米，饵料难以用手甩到钓点，也就不打窝子了。

钓技：埋钩底钓即把钓钩埋于饵团中垂钓。当鲢鱼嗅到饵料的味道后，即会趋饵团摄食，在大口吸食饵料时，便会将钓钩一起吸入口中而被钩住。这时竿尖即会弯下来或铃响，及时提竿即可得鱼。

8. 水库浮钓鲢鱼

使用 2.7~3.6 米中硬调海竿，140 或 150 号绕线轮，直径 0.40 或 0.45 毫米钓线，10~12 号爆炸钩，30 克左右的大眼空心铅坠，主线上装 1 枚太空豆，根据浮钩深度进行调整。钓时先将大眼铅坠穿在线上，然后穿上浮漂挂上饵钩，即可抛竿。抛竿时坠、浮漂和饵团全部集中在一起，入水后迅速分离，坠落水底起抛锚作用，浮漂立在水面，饵团则悬在水中。天热下钩稍浅，一般 0.5~0.8 米：天凉下钩应深，一般 1.5~2 米。

鲢鱼摄食时原地不动，边吸边吐，慢慢吞咽，因此要注意观漂。当漂快速、轻微抖动一两下或下沉又立即升到原位时，是鲢鱼吸食的反应。待出现拖漂或黑漂时，过几秒钟，再慢慢提竿，使钩挂牢。为了防止竿多搭线缠绕，上鱼后尽量快速收线，钓到个体较大的，应注意遛鱼，使鱼在水中消耗体力。

9. 台钓钓鲢鱼

选配专门钓组：钓竿应配 4.5 米以上的硬调、超硬调竿。钓线中大于 3 号的强拉力线。钓钩要稍大些，有无倒刺均可，但必须选钩门口大、钩条细、钩尖锋利的。浮漂可配备一大一小，小的为 4 号左右，大的为 7 号以上，以分别适应底钓和悬钩。

备制专用饵料：钓取白鲢，饵料是关键。对糟酸饵的制备，将适量玉米粉用凉水拌和后做成窝窝头蒸熟，趁热时掰开揉碎，每千克中加入两块新鲜酵母拌匀，然后分成几份装入塑料袋内密封，再放在阳光下暴晒发酵。夏天约发酵 10 天左右，秋天发酵半个月，即制成浓酸醇甜的钓鲢糟食。

用专门钓法：用“台钓”法钓白鲢，实际上只用诱饵引鱼，而不用钓饵。鱼儿绝大多数不是被钩在嘴上，而是在诱窝里游动时擦到钓线，被扬竿挂住鱼身钓上来的。故调漂要求不是平时的“调四目、钓两目”，而应是“调零目、钓两目”，即在调整浮漂时适当加重铅坠至刚好着底，并使浮漂尾与水面相平。

垂钓技巧：开始垂钓时，同样应把数个较大而松散的饵包在铅片座上投到钓点，再在水面上也撒些诱饵，使酸腥饵从水面到水中下层形成一个粉粒浮漂的“雾区”。这时游弋在附近水域的鱼群会很快诱集钓点吮吸饵料。只要见露出水面两目的立漂冉冉上升或被压入水中，应快速有力地扬竿。

10. 悬坠法钓鲢鱼

（1）钓具组合。悬坠钓鲢鱼钓具与钓鲫钓组相比，没有什么原则的不同，无非是根据鲢鱼体的大小、气温高低、鱼活动能力的强弱，适当加大钓组号数而已。如初夏时节钓 1 千克以下的鲢鱼，子线选 0.6~0.8 号，主线选 1~1.2 号就足够了。钩子用关东型 2~3 号，配“三七”调性硬竿。浮漂要选灵敏度较高又有一定稳定性的浮漂，长身长尾的巴尔杉木浮漂非常适合钓鲢。号数以能准确抛投到固定点为原则。侧风或迎风选大号，无风或顺风选中号较适宜。

（2）钓饵选择。悬坠钓鲢，饵料是关键因素之一。鲢鱼既喜爱酸臭饵，也特别钟情于香甜的商品粉饵。溶散和雾化性能较好的商品饵十分适合滤食性的鲢鱼“喝”食的习性。现在市场上的商品饵能够适应以上要求的有两大类：一是鲢专用饵，松散、雾化极快及含有鲢喜欢的蒜味；二是各类腥香鲫鱼饵。就使用的有效性和方便性，笔者推荐给初学钓友的是“草莓香”和“速攻”这两款价廉物美的鲢鱼饵，它们香气四溢，比重适中，搓饵手感细腻，饵大小和形状可自由掌握，饵入水后雾化良好。

（3）漂信号的把握。鲢鱼体大嘴大，但吃口动作并不大，真正钩入口的动作表现在浮漂上至多是 1 目的下顿。最多的信号是上下缓慢起伏不足 1 目,这是鲢鱼在钩附近吸食雾状粉饵引起水压水流的变化所造成的。钓者必须耐住性子,等待下一步小幅度但有点力度的下顿信号，即钩饵真正入口的一刹那果断提竿才能中鱼。

悬坠钓鲢，既可底钓也可离底或浮钓。从中钩率看，采用不灵不钝的底钓法，下顿信号虽不大但较真实，钩挂住鱼后，中钩率达到 90%，跑鱼较少。双饵离底的悬钓，鱼吃口较多，信号就稍大，但中钩率都不高，至多只有 60%~70%。

四、鳙鱼的垂钓

1. 海竿浮钩钓鳙

（1）浮钩钓组的制作：取一只直径 4.5 厘米，长度为 7 厘米的塑料瓶（装药或其他用途的瓶子），把钢锯条在火上加热，在瓶体上等距离地烙出 8 道长条形槽沟（以便瓶中的钓饵能顺利地从沟槽中漏出），再在瓶子的底部用铁丝烙出 6 个直径为 1 毫米的孔洞，用于固定拴钩的子线。在瓶盖上烙出一个 1 厘米大小的孔洞，便于组钩与主线连接。

钓钩取 6 只钩门宽、钩底深的伊势尼钩（12 号），用 45 厘米长的子线拴结，以保证拴结组钩的子线有 20 厘米的长度。组装时打开瓶盖将钓钩从瓶子底部的孔洞中穿至瓶外，再将组钩的子线穿过瓶盖的孔洞，并打上一个死结，以固定钩组的子线，使其不能从瓶盖的孔洞下滑。这样，一副浮钩钓组即可完成。

（2）钓组的搭配：先将与浮漂浮力相等的空心铅坠用主线穿过，穿上一粒挡豆，再穿上浮漂，穿好漂后再上一粒挡豆，主线的一端拴连接器与钓组相连。使用时根据自己事先选择的钓点，调节好所钓的水层，旋开瓶盖，将钓饵装进药瓶中即可开钓。

抛竿浮钩钓取的鳙鱼（图 2–5）一般个体较大，故在选择抛竿时，要选择竿长不少于 3.6 米调性略硬的抛竿，绕线轮要用储线为 80~120 米的纺车型轮，钓线直径 0.45 毫米即可，太粗的线不利于远投，还会影响灵敏度。

图 2 – 5　鳙鱼

（3）钓法：将调好的钓饵装入小瓶内旋紧瓶盖，做窝的饵料尽可能调得干一些，使饵在水中雾化得快一些，并要保证有一定的频率。若是数人同钓，最好能集中一个点，便于雾化区的形成达到快速聚鱼的目的。施钓用饵可适当地添加少量的面粉，以保证有个适当的雾化时间，提高钓获率，减少换饵的次数。

（4）识漂的技巧：鳙鱼中钩的鱼信号主要有四种，一是抖漂，二是黑漂，三是抬漂，四是领漂。浮漂抖动表明钓者并未扬竿，鱼在未受外力的作用下已经中钩；黑漂，是鳙鱼吃钩的标准信号，扬竿很难有空竿；抬漂，是鳙鱼吃钩信号较复杂的一种，有时争饵的鱼身体蹭线或是碰撞浮漂而出现的信号，这种情况下扬竿只有 50% 的中钩率；领漂，在鳙鱼密度较高的场所、钓点内，鱼较多的情况下，时常出现钩饵刚入水，浮漂就被斜向或是横向牵领，这时扬竿成功率最高。

2. 垂飞钩钓鳙鱼

垂飞钩钓组是在双排飞钩基础上重新组合形成的一种新的垂钓组钩，它集中了双排飞钩和爆炸钩的特点，是根据鳙鱼的滤食特性，在不断探索改进中形成的。

1）用料和制作

用料：①废弃的医用青霉素橡胶瓶盖 1 个，清洗干净后备用。②爆炸钩用的挂饵簧 1 个。伊势尼 11~13 号鱼钩 8 只，用 0.4 毫米粗、35 厘米左右长的优质尼龙钓线，拴好钩后备用。

制作：穿针引线。用废弃的输液空心粗针头。从橡胶瓶盖的凹槽由内向外扎透，再把拴好的 6 只钩线从针头眼内穿进，把线引出来，把 6 只钩线拉紧。

固簧引线。用两只长垂钩的钓线先直接拴簧固定，钓线从簧圈内穿出，2 只长垂钩从簧底算起约 8 厘米长短。之后，用空心粗针头从橡胶瓶盖顶端中心处由上向下扎透，把 2 只长垂钩的线引出来。

固钩引线。用空心粗针头把橡胶瓶盖周围的 6 只钩线从橡胶瓶盖顶端中心处由上向下扎透，引出 6 条线来，依次调整好短垂钩、中垂钩、长垂钩的长短：再将 8 条拴钩线与连接环打成死结，这样整个垂飞钩就算成形了。

加固定型。为防止死结处松动，可用一段细塑料管套在死结外面，再滴上一两滴 502 胶水，使之更加牢固。

2）垂钓方法

这种垂飞钩从外观上看，既有飞钩的特点，各钩又有个下垂的弧度，似一个倒挂金钟。从钩的分布看，分为短垂钩 4 只，中垂钩 2 只，下垂钩 2 只三个层次，挂饵簧在 8 只钩的中心位置，无论挂饵还是不挂饵，各钩既垂又飞的形态是不会有多大变化的。垂钓方法如下：

（1）垂飞钩钓组适用于深水区浮钓，垂钓时掌握的入水深度与飞钩浮钓没有区别，一般饵团入水深度在 1 米左右即可，根据当日气温情况自行调整。

（2）挂饵簧是挂饵料用的，饵团的大小与爆炸钩的使用相同，通常有鸡蛋大小即可。

（3）垂钓时 8 只钩呈自然弧度下垂，对饵团形成包围圈，不再需要调整各钩的长短和角度，也不采取埋钩的方法，装饵非常方便。

（4）为避免鱼钩伤手，装饵时把橡胶瓶盖向上拉出，装好饵后再向下拉，恢复原位。

（5）手竿和抛竿都可使用，底钓浮钓均可，底钓挂铃，浮钓用漂。

这是一个中鱼率高的钓组。由于饵团周围上、中、下三个层次布满鱼钩，鱼从各个方向游来滤食，都会被露裸的鱼钩挂穿。

3. 台钓法钓鳙鱼

钓组：钓取鳙鱼的钓具组合因钓法不同需专门选配。线应用 2 号以上强力线，线太细了钓上大鱼招架不住；钩要稍大些，要求钩尖锋利，钩条较细；浮漂要灵敏度高，可配备一大一小；钓竿要硬调超硬调的，长 4.5 米以上，竿短了遇上个体大的鱼很难对付。

饵料：钓取鳙鱼，糟酸型和腥臭型才对它们口味。

钓法：鳙鱼食饵时是“吸食”，故立漂反应极小，调漂时要十分灵敏，空钩时 6 目左右，装上饵后沉到 1~2 目，但饵粒仍悬于水中，这样浮漂反应会比较容易掌握。窝子要打得大一点，重一点，要在水面上撒一些粉状诱饵，使酸腥饵从水面到水中形成一个“雾区”。附近水域的鱼群会很快诱集钓点吸吮饵料。吸钩常见的是浮漂上下不到半目地缓缓移动，这时猛一提竿，定能钓获。

4. **海竿钓鳙鱼**

垂钓鳙鱼的方式方法多种多样，海竿最为实用和有效，用竿应以 3 米以上的中硬海竿为佳。它不仅甩得远，而且便于遛鱼。用的是硬脑线组钩，脑线长 14~16 厘米，钓线用 0.4 毫米以上的超强线为宜，鱼钩用 10 号以上大钩，钩尖不要过于内倾。装钩方法用飞钩，加活坠；水浅钓底，水深钓浮；钓饵以酸臭型为主。

去水库垂钓应选水深不超过 3 米的浅水湾。这样的水域水温适合、氧气充足并有食可吃，是鳙鱼群经常光顾的地方。到半野坑垂钓，最佳钓点应选水深 1~2 米较为僻静的边角。由于水库和半野坑鱼的密度不大，在垂钓之前应首先打窝子。打窝方法有以下三种：近钓，把诱饵攥成大团，用手抛法；远钓，30 米以内要使用专门制作的打窝器，放入诱饵抛向预定目标；如距离超过 30 米，就要使用海竿在炸弹钩上装上大饵团投向远方。

海竿钓鳙可钓底和钓浮。钓底，只要在飞钩后边加一枚活坠，与组钩钓鲫、鲤类似。海竿浮钓较为复杂，分自由浮钓和定点浮钓。自由浮钓，是以饵代坠，飞钩上方加一个浮力超过饵重的大漂。视气温高低和水之冷暖，将飞钩调成深浅适当水层，饵钩随漂在水中自由浮动用饵找鱼。定点浮钓，飞钩上方除加大漂外，漂子上面再加活坠。钩坠投出后，活坠顺钓线滑落水底，将带漂的飞钩稳定，风吹不动，即为定点浮钓。自由浮钓，不用打窝，以饵找鱼；定点浮钓，要撒大窝。两种浮钓各有所长。但总的来讲，打窝定点浮钓比自由浮钓把握性要大，上鱼率要高。

5. **空钩提拉钓鳙鱼**

采用此法钓鳙鱼，首先要布窝诱鱼。比较简单的布“窝”方法，是把酸臭馊饵掺上些垂钓水边的湿泥，轻轻准确地投到钓点水下；更好的诱鱼布“窝”妙法，是在选定钓位之后，把盛满诱饵的大口瓶子去掉瓶盖，用钓线做成活扣拴住瓶沿，活扣的另一端握在岸上的钓者手中，钓线的另一端系在钓竿上，小心翼翼地送到选好的钓位，慢慢沉入水底，然后拽动钓者手中的那段鱼线，活扣自动解开，装满诱饵的瓶子留在水底，浓烈的酸臭馊味随水扩散，同时再撒些酸臭的食饵配合，会把“窝子”周围几十米水域的鳙鱼诱集来，待平静的水面冒出“鱼星”，才把钓钩投到“窝子”稍远的水中，然后，突然快速提拉，使挂满锋利鱼钩的主线从正在觅食的鱼群中间闪电般地穿过，必有大鱼被钩住。

6. **水库钓鳙鱼**

（1）钓具组合。宜用 3 米左右的中硬投竿，中号绕线轮，直径 0.35 毫米钓线，钩门宽钩条粗的短柄钩。拉砣钓轻便、体积小、造价低，也很适用。

上饵时，饵团包住托饵簧捏成鸭蛋大，拉伸脑线，引至周围，把钩尖浅插入饵团上，避免抛投时挂钓线。入水后，由于线的弹力，钩会自然散挂在饵团四周，饵粒散落浓密区，鱼吸食饵浆时，便会同时吸进钓钩。

（2）操作要领。快速投饵：大面积水域鱼群的密度不大，宜用多副钓组。将饵团逐个做好，一次连续投入钓点，缩短惊扰鱼群的时间。落水点间距不少于3米。准备好大口抄网。

备用饵团：如用5副钓组入水，要有10副组钩。投饵后，赶快做好另外5个备用饵团。

远与静：白天，鱼群很少到近岸活动，投饵宜远不宜近，宜静不宜闹。

适时换饵：丢一饵团在面前水底，隔些时候看其溶化程度，换饵时间可从漂相判断：浮漂升高——饵团溶解约一半了；浮漂倾斜或平卧——饵团快化完了。

判断上鱼：看到浮漂微摆，略有上冲下沉，过后是慢慢旋转，是挂上了麦穗、白鲦这一类的小鱼。看到附近水面有较大箭头状波纹，是大鱼来了，注意邻近的漂。最兴奋有趣的时候是看到浮漂左右摇摆，上下蹿动，几次过后沉没水中不见了！这时提竿收线必得鱼。

慢收线：鱼大口快速吸进粉饵水浆时，有1只钩（偶尔2只钩）随水浆进入鱼嘴，大多进入口腔不深，收线过快易拉豁鱼嘴。慢慢收线，在鱼摇摆挣扎时还会被其他钩挂住身体，越挣越牢。

遛鱼与抄鱼：2~3千克的鱼用不着长时间遛，把鱼领到近岸时，只要看清楚有2只以上钩挂住它，熟练者放心用大口抄网对准鱼头抄入网中，提网上岸。

鱼的养护：鱼护用聚丙烯编织袋，装鱼后扎紧袋口放在岸边水中。收竿走时一袋装两条，一倒一顺。肚皮朝下勿挤压，1个小时路程内回家时放入洗澡盆，冲水后大部分可活。

五、青鱼的垂钓

1. 手竿漂钩钓青鱼

钓具：青鱼（图2–6）具有力气大、蹿跳力强的特点，尤其是被鱼钩刺中后，会负疼逃脱，因此用手竿漂钩钓青鱼时，应选择强度高的钓具。通常钓竿用4.5~6.3米的中硬竿或硬竿；钓线用直径0.45~0.5毫米的尼龙线，长7米左右；钓钩用短柄钩，在池塘中垂钓用单钩，在江河湖泊中垂钓用双钩，通常采用上下双钩或扁担双钩；浮漂用长方形的

图2–6　青鱼

立漂，坠子重 35 克左右。

钓饵：垂钓青鱼时的钓饵以动物性饵料为主，优先选用螺蛳，装钩时，应选中等的螺蛳，或将螺壳砸碎装钩，或去壳取肉装钩。

诱饵：采取诱钓合一的方式，将螺蛳砸杀后，撒在水体中来诱集青鱼。在选择好钓点后，先打窝子。窝子宜大些，下饵量宜多。

钓技：将饵钩投于钓点，饵钩不要沉于水底，最好使饵钩离底 10~20 厘米。此时可观察浮漂的反应，当浮漂缓慢而平稳地没入水中，下沉越稳，说明鱼越大。在浮漂全部没入水中时即可提竿。

2. 海竿钓青鱼

钓具：钓竿用 2.5~3 米左右的中硬玻璃钢竿；钓线用直径 0.5~0.6 毫米的尼龙线；绕线轮能绕上 100–150 米的钓线；钓钩用伊势尼型 10~12 号、丸型 913–914 号等，可用串钩或炸弹钩，不用浮漂，可用铃声来判断青鱼是否吃饵。

钓饵：用不同的钩垂钓时，钓饵也有一定的区别。如果使用串钩时，可用螺蛳、蛤、蚌等荤饵。在用炸弹钩时，则用粉粒饵料配制的糟饵。

钓点：一是要选择在水域较深的僻静处，例如水库的拐角处；二是选择水体中螺蛳、蚬、河蚌密集且水下有乱石的环境；三是选择水库、湖泊的堤坝处和有深水湾的地方。

钓技：在海竿入水后，支好支架，等候佳音。青鱼吞饵时，一般是竿尖慢慢下弯而不猛弯，这时应猛力扬竿，以挂牢鱼唇。

3. 钓上大青鱼的处理

（1）当鱼上钩后，垂钓者可随当时具体情况决定处理方法。鱼逃窜，我放线；鱼奔向我，我收线；鱼停住不动，我抖线。用这样的方法消耗青鱼的体力。

（2）无论是用手竿还是甩竿，一定要始终保持竿与水面成 70° ~ 80° 的夹角，像弓一样绷紧。这样，一来可以利用竿的弹力不使鱼钩松动，以免脱钩；二来可以使竿与鱼的拉力保持一定角度，以免发生让鱼夺走竿尖的意外。

（3）在反复引遛青鱼的过程中，还要不时让鱼头露出水面呼吸空气，给予灌气。经过几次灌气以后，鱼的遁窜能力明显减弱，尤其潜水能力明显降低。

（4）始终注意鱼的挣扎。一定要注意，在任何情况下，在引遛青鱼的过程中，千万不可用手直接拉钓线。因为用手一拉钓线，鱼竿的弹力作用就完全丧失了，很容易发生意外。

（5）灌气后用竿将青鱼慢慢地拉到岸边，用抄网或搭钩拖鱼上岸。用抄网抄青鱼，应先将抄网没入水中，将青鱼头拉至网口，迅速抄起；用搭钩缠，应照准青鱼的前半侧猛力戳进，即刻将青鱼拖上岸。

六、草鱼的垂钓

1. 设鱼窝诱草鱼

设水底草窝：一般说来，在气温30℃以上，水深在1.5米左右的情况下，草鱼（图2–7）多在水的下层活动。在这种条件下，比较适宜设水底草窝。其方法是：将专门喂养草鱼的黑麦草、苏丹草，投到适当距离的钓点处。用泥块将草株沉入水底，形成水底草窝。此种草窝隐蔽性好，草鱼很快就会大胆地成群进窝吃草（图2–8）。

图2–7

图2–8

设半浮草窝：–般说来，阳光强烈或3~4级大风天气，用草的长度必须是水深的一半左右。此种草窝同样隐蔽性好，目标也较大，诱鱼效果明显。

设立体草窝：设立体草窝，是指用与水深基本等同的长株草设草窝。一般说来，在天气正常的条件下，均适宜设此种草窝。其方法是：将与水深基本等同的长株苏丹草，连根带泥块挖1~2蔸，投到适当距离的钓点处。由于泥块的重力，草株在水中呈站立状，形成立体草窝。此种草从水底一直延伸至水面，目标大，诱草鱼群进窝更快。

设全浮草窝：设全浮草窝，是指将草窝设在水面上。一般说来，在每日6~9时或阴雨天（小雨），草鱼多在水的上层活动。在这种条件下，比较适宜使此种草窝。其方法：一是设移动全浮草窝。将草从底部割断，扎成较大的草把，将其投到适当距离的水面上，让其在水面随风飘动诱鱼。二是设固定全浮草窝。将草扎成较大的草把，用一定长度的吊线，一端捆住草把，另一端绑一块砖块，将其投到适当距离的水面上。砖块迅速沉入水底，将草窝固定在水面上诱鱼。此种草窝目标大，诱鱼效果很理想。

垂钓时，应当根据当时的天气、水情，既可以一次性设一种草窝2~3个，也可以一次性同时设不同的草窝2~3个，窝距保持10米左右。这样，利于诱鱼、轮钓，上鱼时也不互相干扰。钓时，如发现某一草窝鱼星、草渣不断上冒成浮草，是窝的草被鱼拖动频繁，说明草鱼群已经进窝，应立即下钩钓之。

2. 海竿钓草鱼

可浮钓，也可底钓。浮钓可不用集团钩，而改为船形坠双串钩进行悬钓。

（1）海竿底钓。一般有炸弹钩底钓和串钩底钓两种钓法，均不用浮漂。饵钩甩出的距离可达几十米，适宜钓远处深水。炸弹钩底钓较普遍，与钓鲤鱼的钓法相类似，但饵料有所不同，草鱼对酸饵感兴趣，故饵料最好经轻微发酵，具微酸或中酸味。

串钩底钓：一般钓钩为3~5枚，坠子为20~30克，一般处于最下端，钓竿长3～4米。钓钩多，则竿身长，各钩上可装不同钓饵，如粕饼粒、青虫、嫩草尖、蟋蟀、蟑螂等，草鱼可择饵而食，草鱼上钩率会大大提高。

炸弹钩底钓：用炸弹钩装糟饵底钓，是很多钓友喜欢使用的钓法。糟饵可以发酵，也可不发酵。但根据许多钓友的经验，发酵后的酸糟饵的效果要好些。

将饵钩投入水域后，支好海竿，绷紧钓线，挂上铃铛（也可不挂）即可。若是挂铃发声，竿尖急弯，或是回线，就表示草鱼已上钩了，这时迅速提竿，即可得鱼。

（2）海竿浮钓。草鱼喜在水体中上层活动，特别在炎炎夏日，草鱼喜在水体上层活动，这时采用浮钓的效果好，在水面宽阔或岸边较浅的水域，草鱼难以近岸，这时可用海竿浮钓。海竿可甩远，效果甚好。由于饵钩抛得远，难以打窝子，故一般不用诱饵。海竿浮钓，浮漂宜大，可用浮力大的球形、伞形、棒形等短漂，便于观察浮漂反应，钓钩用2~3枚钩拴成的串钩，钓饵多用草饵或昆虫饵。

浮钓时，饵钩半浮于水中，会顺着水流、风力而移动，因此，钓位应选在顺风、顺水的方向，使饵钩自然漂向深水；若是逆风逆水，饵钩便会漂向岸边，当饵钩离岸过近时，就需要收回饵钩重新甩出。海竿浮钓，饵钩一般离岸较远，这里大草鱼较多。浮漂的反应与手竿相似，但由于海竿所用的浮漂较大，浮力较大，草鱼要将其拖入水中较难些。这时浮漂会一边抖动，一边慢慢斜向没入水中。看到草鱼咬钩，应及时持竿在手，先将松弛的钓线基本收紧，再看见浮漂有反应时，就应轻轻收线，将过长的钓线收回。提竿时，应将海竿用力向身后扬，动作幅度要大些，才能将草鱼钩牢。

3. 串钩浮钓草鱼

钓手可用海竿、大钩、粗线，采取串钩钓浮的方法，串钩竖立于水中，钩子分布于不同的水层。拴钩方法以每串三钩为好，脑线长5厘米即可，如在流水中垂钓，则脑线可以加长到 20~30 厘米。钩与钩之间的距离以 15 厘米左右为宜，只要鱼钩互相搭不上就可以。坠子用 20~25 克重的通心活坠。钩饵可以根据季节，选用菜叶、草叶、嫩苇尖、白薯、蚱蜢、油葫芦及颗粒饲料等（图 2–9）。

图 2 – 9

钓浮的深度，应根据气候、水的深度和喂食情况来调整。例如早晚天气凉爽，草鱼一般喜欢在水面嬉游觅食，这时串钩应调整到靠近水面。如果在中午或气温上升时，草鱼会游离水面，到比较深的水中活动，这就要求钓手仔细观察，不断地变换深度，以确定最佳方案。

还有一种双漂全浮的钓法。在串钩的坠子旁加一个漂子，这个漂的作用就是负起坠子不使它沉入水底；另一个漂子加在钩的上面，使钓饵和钓线不下沉。此法最适宜用草、菜叶、苇尖等不沉于水的东西当钓饵，以便于浮在水面。在凉爽的天气或投放草料时，用此法钓草鱼效果甚好。

4. 做叶包钓草鱼

做叶包的玉米叶，应选取植株中段几张相对质地宽厚、韧性又好的，钓时取每张玉米叶尖端部分长约 40 厘米即可。把取好的 4 张玉米叶子末端重叠，也可把 4 张叶子末端纵向对折后再重叠，使尖端分开呈“爪”样。重叠的叶子末端放上重约 80 克的小石块（小石块最好选呈长形的，以便于包扎牢固，防止抛投时滑脱），然后把重叠的玉米叶末端连同石块往上翻转（一次即可），使小石块被夹裹在玉米叶末端中，最后用细绳像缚粽子一般扎牢。至此“叶包”制作完成。

装钩时把玉米叶近尖部纵向卷叠（也可纵向重复折叠），然后把鱼钩从一个侧面整个像缝衣服一般穿过至背面；再把鱼钩脑线绕半圈在第一次扎钩的侧面上端。与第一次扎钩相隔约 2 厘米处扎入再从背面把钩尖钩回。最后把鱼钩往上推一点，使钩柄靠牢在玉米叶上，钩弯与钩尖外露无妨。装好钩后，在鱼钩的上方留 2 ~ 4 厘米，多余的叶尖摘去即可。如玉米叶过于新鲜太脆不便操作可适当风干。装毕 4 只钩后，接着把主线用活结缚牢在“叶包”的基部，也就是小石块边，玉米叶尾端的主叶脉上。这一步要做好，钓者要视叶脉粗细、韧脆情况适当掌握：所缚叶脉如过韧过粗，大鱼上钩后不易甩断叶脉而拖着“叶包”逃窜；叶脉掰得过细，缚得不牢，在抛投紧线过程中或鱼儿未上钩前，被大鱼一拱叶脉就断了也不好。

做好的“叶包”挂在抛竿上即可钓鱼，也可用自制钓具。①支架。用 8 号铅丝弯成，做成后，宽度能刚好使钓竿放进拿起都顺利即可。此支架在大鱼上钩后逃窜时渔线能在圆形的绕线轮快速旋转放线的情况下保持钓竿整体的稳定，并不会摆动移位和防止钓竿被大鱼拖走。②绕线轮。绕线轮必须是圆形、无叉齿的，外圆周边缘必须光滑。绕线轮直径在 13 厘米左右，稍重为好。这样的绕线轮在鱼要线时不会颤动乱线，授饵时钓线能从储线槽内顺利滑出。③过线环。竿尖和绕线轮近端（钓竿上）的过线环都用 2 毫米粗细的铅丝弯成弹簧状而成，制作时不能在过线部位的铅丝上弄出伤痕，以免损伤钓线。④竿。小海竿总长 45 厘米左右，这种短竿即便长时间遛大鱼，双手也不会太酸太累；又有利于把水线贴近水底，从而在遛鱼时减少许多因大鱼冲蹿而造成乱线的隐患。并且在垂钓时能集中摆放在很小的范围内，既能一目了然，又有利于在大鱼咬钩时，钓者的动作能及时、迅速地跟上。

钓具组合在施钓抛投饵料时，把钓竿横放在身前地面上。绕线盘面朝水面落点，右脚尖轻轻踏住钓竿中部，左手托扶住钓线，右手握住“叶包”。略为观看一下钓线是否有被障碍羁绊的现象，最后凭借“叶包”的重量用力一投，钓线便会很顺利地从绕线盘线槽中滑出，从而使“叶包”一下子就较准确顺利地落入钓点。接着把钓线装嵌入过线环内，适当收紧钓线，把小海竿安放在竿架上，挂上铃或其他标记物，就只管静候大鱼咬钩信号了。

5. 用苇尖钓草鱼

草鱼吃草时，大多数是先从草的两端吸入，很少先咬草的当中。根据这个特点，可采用一种拴钩上饵的新方法。海竿用串钩，单钩拴 3 个，双钩可并列拴 3 对，脑线长 14~16 厘米，手竿单钩双钩均可，双钩的脑线应一般长。脑线长的用意主要是便于穿绕苇秆。

采集苇子嫩尖，拔出苇草嫩尖，顶端正好到要分叶的地方，每段长 10 厘米。如果垂钓的地方有苇草，可以现用现摘，保持草的新鲜。如果是从远地采集，可用湿毛巾包起来保鲜。

单钩装苇秆方法。用钩先从苇尖的一端横着勾进去，从对面穿出来，而后往下再这样穿 2~3 个来回，最后钩尖正好从苇秆的另一端勾出来。钩尖外露。穿几个来回的目的是用脑线将苇秆穿牢，投竿时不致掉下来。如果用双钩，则应从苇秆的当中入钩，两钩分别从苇秆的两端勾出来。双钩也可以各装一条苇尖，按照单钩装苇尖的办法装钩。

用此法钓草鱼，效果很不错，因为嫩苇尖本来就是草鱼爱吃的一种草，加上这种装钩方式，只要鱼咬苇尖，一吃就上钩，所以上鱼快，还不易跑鱼。此法最适宜钓浮，如用海竿应采用轻坠大漂。

6. 海竿馒头钓草鱼

草鱼在夏秋水草茂盛时，喜食水草。而在春季无水草可食时，食性有所改变，喜食微酸甜食物，此时，以馒头做饵，能钓上大草鱼。

钓具：因垂钓对象为大草鱼，所以要选用较粗的海竿，优质的绕线轮配直径0.45毫米以上的优质钓线150米以上，50克以上的通心活坠，坠下接连接环。钩组用多股软尼龙线50厘米，从线中间对折后，每端各拴11号以上钩尖锋利的大钩1枚，使两钩线等长。然后从对折处下方2厘米处打一结，钩组就拴好了。

钓饵：取表皮凉透且已发硬的馒头，掰成多块，每块大小如大半个鸡蛋，且每块一定要带皮。

装钩：用一硬木条或铁丝，顶住钩组对折处，从馒头块硬表皮一侧的中央处穿一孔，并将钩组的对折处顶到馒头块另一侧外，用手将钩组的对折处拉出，使两钩留在馒头硬表皮外3~4厘米处；然后将两钩向两侧分开，钩尖向里插在馒头块的瓤上。拉紧钩线并使钩组的对折处与线组的连接环相连。

钓法：只要确定钓点有大草鱼，用3~4支海竿就可以了。将饵抛向钓点后支好海竿，适当收紧钓线，放好铃铛，就静候鱼咬钩了。因馒头不太耐泡，因此1个小时左右无鱼咬钩，就应换一遍饵。

遛鱼：大草鱼中钩后，一般情况是竿梢小幅度点动，然后竿身迅速下弯。因此关键是发现中鱼后，迅速把住竿子，猛带一下，确保鱼钩刺牢，根据鱼外窜的方向遛鱼。但有一种情况要注意，有时中钩的草鱼会不发力，顺着线游向岸边，当一看到人影时，突然跃起逃窜，往往导致断线脱钩。遇到这种情况，思想要高度集中，应提前将曳力调适度，在鱼准备外窜时及时将竿子指向水面。在抄鱼时也应注意，一定要等到鱼完全被遛乏后再抄鱼。

用此法垂钓，钓饵制作简单，并可用家中吃剩的馒头，只要没有变质，又无异味，就不影响效果。运用此法，有时也能钓上鲫鱼、鲤鱼等其他鱼类。但在小杂鱼多的水域用此法，应选用硬一些的馒头。

七、罗非鱼的垂钓

1. 钓罗非鱼的一般技巧

罗非鱼（图2–10）因贪吃易钓而备受钓者青睐，且有“初学钓者最佳入门鱼”之说。杂食性，同样也摄取人工投喂的饵料，尤嗜腥饵。钓罗非鱼，水温的高低是影响钓获量的直接因素。选择钓点时，应根据水温变化，灵活择点。一天之中，水温由低渐趋升高，罗非鱼则由深向浅处移动；而水温再由高向低下降时，罗非鱼又由浅水向深水移动。因此，根据罗非鱼活动的规律，探明罗非鱼活动或停留水层很重要；而水域的斜坡地界，又是探查的最好点。通常早晚宜钓深水处；中午前后宜钓浅水处。向阳处、斜坡处或喂窝处，是首选的钓点。

图 2－10　罗非鱼

钓罗非鱼多用手竿，长度 4.5~6 米；钓线直径为 0.15~0.2 毫米；浮漂用立漂或七星漂。若钓沉水，钓钩应刚好落底；若钓浮水，钓钩悬浮于水体中，要求浮漂的浮力应大于坠子和钓钩的重量。这两种钓法均要求仔细调整钓钩、坠子和浮漂的组合关系。

钓罗非鱼的诱饵，以混合饲料、菜籽饼、酒糟为好。罗非鱼不怕惊扰、贪吃、咬钩大胆，喜聚集于离岸较近的饵料丰富的水域，所以做窝宜做近窝。撒窝时，一般要撒 1~2 千克诱饵。窝子不要太远，一般离岸 1~3 米即可。窝子宽 60 厘米、长 1.5 米即可。钓饵应根据饲料条件和池塘特点进行选择。一般钓友钓罗非鱼的钓饵，以蚯蚓为佳，鱼钩由蚯蚓颈部环节处穿入，让蚯蚓的尾头任意蠕动，入水后罗非鱼容易发现目标。

罗非鱼吃钩动作轻微，常常是将钓饵含在口中，甚至不游不动。因此，浮漂的反应微动，很少有上下连续跳动的动作。单个立漂的反应是，略往下沉 1~2 小格，或直立变侧斜，或动几下就不动了，即可提竿得鱼。

施钓中，值得注意的是：一要跟着光照走，即选择“阳坡”做钓位；二要跟着水温的不断变化调整垂钓水层，应在上、中、下水层试钓，如在某一水层钓到一条罗非鱼后，即会接二连三地钓上罗非鱼；三要把钩饵缓缓拖拉或上下轻轻提动，且要眼到手到，发现有鱼咬钩，应迅速提竿；四是以味招鱼，突出“腥香”，不必讲究钓饵的色质，否则对色盲的罗非鱼，无疑是白费心思；五是罗非鱼后上钩后，不要悬空抓鱼，摘钩也不要直接用手去抓鱼体，应用毛巾盖住鱼体或用脚轻轻踏住鱼体摘钩，若给罗非鱼的硬鳍刺一下将疼痛不堪。

2. 台钓钓罗非鱼

罗非鱼喜欢群起群落，常聚集在注水口和水流动处，可选向阳浅滩为理想钓点，同一钓点，夜间比白天收获大，下午比早上收获大。

钓竿应选用硬调、超硬调竿。长度应为 3.6~4.5 米。因罗非鱼戒心小，线粗一点照样吞食不误。如线太细了反会被其利齿磨断而影响钓获。罗非鱼嘴巴大，粗心，吃食凶，用大一些的钓钩易挂住、命中率高，选用伊势尼型 6 号钩较理想。浮漂可选浮力好、灵敏度高、稳定性好的台钓立漂。如在流水处垂钓，可改用球形浮漂。为防止罗非鱼背、腹、臀鳍的利刺，钓者应戴上无指手套。

3. 自然水域伏窝钓罗非鱼

伏窝钓罗非鱼，是在自然水域中找罗非鱼窝施钓的方法。最适合伏窝钓的在清明节前后和国庆节至 11 月上旬两段时间。清明节前后，天气变暖，越冬的罗非鱼修窝筑巢的积极性高，守窝坚定，故为伏钓旺季；国庆节至 11 月上旬，水库水位低而又稳定，极少下暴雨，水质相对清澈，准备越冬的罗非鱼将产下当年最后一次卵，这段时间，它们恋窝性强，咬钩坚决，也属伏窝钓的旺季。出钓天气以晴天为最佳，阴天次之，忽晴忽雨天再次之，瓢泼大雨、山洪暴发或晴天但刮大风则不宜用此法钓。

一人两把海竿，竿长在 2.7~3.6 米硬调竿即可。钓线线径在 0.28~0.35 毫米。按挂饵伏窝钓和飞钩伏窝钓两种钓法分别装配钓组：挂饵伏窝的钓组装配，与普通钓法钓组并无大异。浮漂以醒目、阻力小为原则，漂体以棒形为佳，有小指头粗细，漂尾色泽鲜艳。飞钩伏窝钓组装配，既不加浮漂，也不用连接器，直接在主线上绑两组 13~14 号锋利、坚韧的鱼钩，每组两把，组距为 3 ~ 5 厘米。铅坠固定于底端，与钩相距 1~2 厘米为宜。

找准鱼窝，是伏钓罗非鱼最重要的条件之一。选择有斜坡且属泥沙底质的岸滩，靠近水边查找，就会发现离岸不远的水底有一个个呈锅形的坑洼，这就是罗非鱼的窝巢。若窝坑直径达 50 ~ 80 厘米，则可判断此坑必有 1 千克以上的大鱼。一般情况，直径在 20 ~ 30 厘米的窝坑居多，所以，伏钓到的罗非鱼也以 0.5 ~ 0.7 千克的居多。

每只钓钩横穿两条鲜活的蚯蚓，钩从蚯蚓靠尾部一端约 2/5 处穿入，以尽可能保持蚯蚓的活力，让其扭动身体，以刺激鱼的感官。把钩饵轻轻吊放入鱼巢坑中心点，把浮漂调至恰能平躺于水面；尽可能就近寻找隐蔽地点，如小草丛、树旁或石块背等。然后一手持竿，一手出线，边出线边向隐蔽点移动。竿尖正指着鱼窝，摆竿于地面，在不影响钓饵的前提下，适当收点线，以提高提竿灵敏度；伏着不动不出声，目光注视着浮漂，一般 10~15 分钟即有动静，浮漂的反应先有轻微抖动、接着浮漂斜身慢慢竖起、最后浮漂向深水区匀速移动约 20 厘米时及时提竿。

4. 夜钓罗非鱼

不论吹南风或吹北风，如果白天最高气温为 25℃左右，夜晚最低气温在 13℃左右，就是夜钓的好天气。选择钓位要找石壁、乱石处、有草的地方、伸出水库的凸处，这几处为最佳钓位。因为许多水库与江河相连，夏天涨水时，水库的水位往往随河水上涨 3~4 米，而水退得相当慢，来年 2~3 月才退到平时的水位，罗非鱼都喜欢在这些地方活动，所以选钓位要选这些地点，石壁处是最好的钓位，有石壁处别放过。

一般用手竿，长短不论。钓钩用 15 号以上的黑伊豆钓钩，钓线用 4 号以上的钓线，也可以插钓，钓线 3 米长左右，不加铅坠。选用筷子头粗的大蚯蚓，夜钓效果最好。每次夜钓要准备好 40~60 条大蚯蚓：用小剪刀把整条大蚯蚓剪成两三段，装钩有讲究，尤其是头、尾两段。头部的一段，钓钩要从颈部白色环的地方往下穿，直至没钩柄，钩尖要外露；尾部一段，钓钩要从距尾部 2 厘米处往身下穿钩，直至没钩柄，钩尖同样要外露；中间一段随便穿钩，钩尖也要外露。用小蚯蚓，每把钩要上两条蚯蚓，钩尖不外露。装好饵后，就可以抛竿施钓，最好靠边施钓。钓饵要落底，让浮漂平躺在水面。当罗非鱼吞钩时，浮漂马上直立，这就是罗非鱼试钩的信号，只见浮漂被拉没入水中。靠观察竿尾的渔线来确定其拉向，当确定其不变向后，用力一抽，让钓钩牢牢刺入鱼口，不用遛鱼，凭着竿硬、线粗、钩大，直接把鱼拉出水面。

5. 高温时钓罗非鱼的技巧

南方酷热，特别是在烈日炎炎的盛夏，气温很高，水中氧气减少，大气压降低，罗非鱼的食欲减退。这就要掌握好这种气候条件下悬坠钓鱼的诀窍。

（1）选择出钓的时机和钓点。高温季节是垂钓的最佳时机。中午烈日高照，气温高达 30℃以上，其他鱼是不大开口觅食的，罗非鱼要好得多，为了安全和舒服，应尽量选择早晚出钓。适宜垂钓的天气是多云和阴天。在盛夏的酷热天，如果突然一场短时的台风伴随着暴雨袭来，大地瞬间变得十分凉爽，此时就是垂钓的极好天气，鱼很爱咬钩，垂钓可获丰收。

钓点应尽量选有树阴凉快的地方，水深 2~3 米，不宜浅水施钓，要选择在深水处垂钓。出水口、水坝下、鱼塘喂鱼处应是理想钓点。

（2）选择合适的钓组。

钓竿：应选用硬调钓竿，长度为 3.6 或 4.5 米，很多钓友喜欢用极硬的手竿钓大罗非鱼，上鱼直接飞鱼进鱼护。这对钓手的控鱼技术要求较高，掌握不好容易断线跑鱼，一般可用质量较好的超硬手竿。

钓线：大罗非鱼中钩瞬间在水中的爆发力相当大，而提出水面后就会停止挣扎，所以要选择质量好、高强度的钓线做主线，用 1 号至 2 号的线为主线较合适，子线也要在 0.8 号以上，子线的长度不宜过短，最好在 30~50 厘米之间，过短容易引起鱼的警觉，过长又会影响灵敏度。

钓钩：钓钩讲究强度和锋利，保证在提竿瞬间，钩尖能顺利穿刺罗非鱼厚厚的嘴唇，一般选用伊势尼型 6 号钩较理想。钩距应在 1 个半至 2 个钩的距离。

浮漂：在酷热季节，鱼的吞食动作轻微，浮漂要浮力较强、灵敏度高、稳定性好。一般用 3 号左右的碳脚长尾立漂较为合适。

（3）诱饵和钓饵。罗非鱼虽然能适应酷热的天气，但温度很高时，也会影响它的食欲。诱饵可用鸭饲料、鸡饲料等颗粒料拌少量鱼粉或南极虾粉打窝。在人工养殖鱼塘，可以不做窝，直接用鱼钩挂大一点的钓饵多打几竿钓饵就可以了。钓饵用商品饵，一般情况下，小鱼偏向腥味、大鱼则偏向肝味，在人工喂养的鱼塘，最好加上喂鱼的颗粒料。

在高温天气下，鱼咬钩轻、咬钩慢。饵料过硬，鱼难于吞进口；若过于松软，鱼在多次试探过程中，饵料已散掉，使鱼难以中钩，所以钓饵的松软程度要恰到好处，软中带有一定黏性。钓饵的大小也要适当，双钩挂略比花生粒大一点就可以了。

（4）识漂的方法和扬竿的时机。罗非鱼，尤其是 400 克以上的鱼，咬钩的动作是非常轻微的，夏季用悬坠钓鱼应在“调灵、钓钝”上下功夫，一般情况下，应调 5 钓 3，或调 6 钓 3 为好。鱼咬钩的动作往往只有 1 目、半目，甚至 1/4 目的信号，所以要求钓手要做到“手不离竿、眼不离漂”。

掌握悬坠钓扬竿的时机是钓鱼取胜的关键，在调五钓三的状态下，只要浮漂有力地呈半目下顿，或有半目上浮不动，即可扬竿。扬竿动作的力度不需太大，只要持竿的手臂向前推送，同时用手腕的爆发力向上一抬，迅速依靠竿的硬度，将鱼拉出水面，用抄网抄鱼摘钩入护。摘钩时应戴上无指手套。

八、翘嘴红鲌的垂钓

翘嘴红鲌（图 2–11）全年觅食，即使是冬天，也有摄食要求，春末至秋初是它的摄食旺季，摄食高峰在清晨至上午 10 时左右、下午 4 时至午夜时刻，在这段时间垂钓，收获必大。

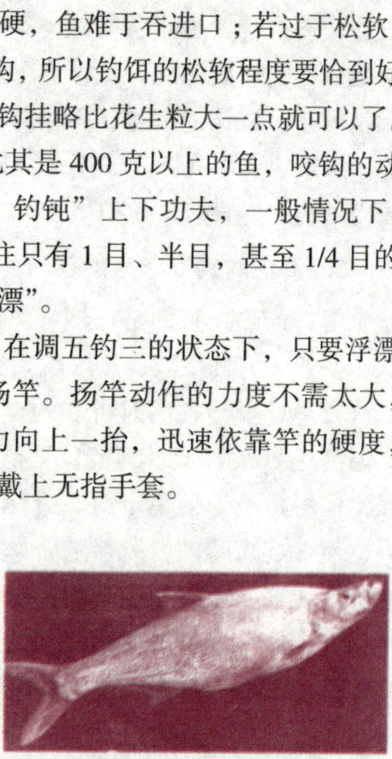

图 2 – 11　翘嘴红鲌

1. 钓鲌鱼的常用钓具及用法

一是用钓鲫鱼的钓具钓鲌鱼。钓鲫鱼时，塘窝中常会有鲌鱼前来摄食泛星，有些较小的鲌鱼还会从塘窝上方中途截钩。因此，钓鲫鱼时可兼钓鲌鱼，这被钓友称为“兼钓法”。20 厘米长的小鲌鱼，泛的星如同 1 分硬币大，往往一次泛两个星。它们捧浮漂很爽利，有时一次捧上两个浮漂，有时是把浮漂拖了就跑，这都是拎钩的好时机。另外，小鲌鱼还有在塘窝上方中途截钩的习惯。截钩时，往往是钩下到中下水层时，忽然不再往下沉，该沉到水下的浮漂和一部分钓线也担在水面上。出现这种现象时，也应该及时拎钩，而不要以为这是钓钩挂到水草上了。

二是用钓“嘴子”的钓具钓鲌鱼。夏季鲌鱼多到水上层摄食，故可以用钓“嘴子”的钓具垂钓之。分为船上和岸上垂钓两种。船上垂钓时，不用浮漂，钓钩上安上小虾，轻轻把饵钩投入那些有鱼咂嘴的水草孔隙间，饵钩上上下下抖动。当鲌鱼咬住饵钩时，即会把竿梢拖着往下弓去，此时要故意低下竿梢，“送它一程”，让它进一步把饵钩吞进嘴里，这时拎钩才能有把握钓住它。岸上钓“嘴子”，是沿着岸边走，用长竿在水草间不断地投钩。其余方法都与船上垂钓相同。船上与岸上钓“嘴子”，都要悄悄追逐啪嘴子的声音走，要送饵上“门”。

三是用甩钩钓具钓鲌鱼。适用于在大的江河和湖泊中，甩钩前边有砣，钩上安上鲌鱼爱吃的钓饵，将钩甩到水体纵深部位，即可钓大鲌鱼。

四是用延绳钓的钓具钓鲌鱼。鲌鱼有夜间到水上层觅食的习惯，故可。用延绳钓的钓具及方法垂钓。用绵延一两千米的若干节纲绳，每节纲绳上又扣上若干支线和钓钩。数千只饵钩施放于某一水面，钓钩都接近水中上层。夜间鲌鱼等吃，钩，即被钩住。

五是用桅灯夜钓的钓具钓舶鱼。利用鲴鱼夜间喜光亮，具有趋光性的特点，可用夜钓中的桅灯钓的钓具及其方法垂钓。夏夜夜深人静后，悬桅灯于船旁、木排旁或码头旁，用短竿抛饵钩于灯旁水面上，鲌鱼即会吞饵上钩。

2. 钓翘嘴红鲌的一般技巧

翘嘴红鲌居无定所，哪里有食物，就往哪里去，故饵食充足的地方必然是它的好钓点。以下位置可作为钓点考虑：江河流水中大浪与静水小波的分界处（俗称水线）；水流较平缓的浅滩、湾汊处的饵食较多处，可选作钓点。水域中有活水流入处，生活污水注入处及码头旁；在静水中有稀疏水草，或水草丛生处有少量水草的地方，或明水与漂浮物相交之处的风线位置，饵食都较丰富，是翘嘴红铂喜欢觅食之处，均可选作钓点。

选用轻质中调手竿，竿长 4.5~6.3 米为宜。钓线用 0.3 毫米线径的强力尼龙胶线，线长与钓竿等长或略长于钓竿。钓钩选稍大些的伊势尼型 513~515 号钩即可，绑成单钩或双钩。用小漂小坠，或不用漂。翘嘴红鲌是肉食性鱼类，诱饵主要用荤饵，如小鱼、小虾等，将其撒入钓点。也可用粉粒状粮食类饵料，将其撒入水中，顺风漂流，白鲦闻味前来觅食，云集于此，而白鲦是翘嘴红鲌最喜食的饵料，它们也会随之而至，来捕食白鲦，这样，也起到了诱集翘嘴红鲌的作用。钓饵以荤饵为主，也可用拟饵。荤饵主要是小活鱼、小虾、蚱蜢、蚯蚓、青虫、飞蛾等，荤饵要求鲜活，不能用死的。另外，拟饵也是重要钓饵，这是因为翘嘴红鲌视力不好，游速极快，多数来不及分辨出是否可食便将认为是可食之物吞于口中，因此，拟饵也可作为翘嘴红鲌的钓饵。活饵挂饵时不要把昆虫刺死，钩不要刺得过深，钩透表皮或颈间软组织挂住即可。

在把钩饵甩到诱饵区，再慢慢地将钩饵拉回，往复循环。当鱼发现钩饵时，会动作迅速地追赶并吞食。一旦鱼中钩，会横冲直撞，力量很大。因此，提竿不能过猛，因该鱼吻薄，很易钩豁，此时要绷紧钓线，缓缓地引遛其到岸边，再抄鱼上岸。

3. **冰钓翘嘴红鲌**

海竿挂活鱼带浮漂浮钓：这种钓法可使用竿长 1.8~2 米的轻便小海竿，配小型旋压式绕线轮。直径 0.30~0.35 毫米、长 60~80 米的尼龙线。浮漂可用圆柱形短浮漂。钩组组合方法为坠下钩配一小型开口坠。坠子与钓钩相距 15~20 厘米。钓钩可选用伊势尼型 9~11 号。将装好活鱼的饵钩放入凿好的冰眼。冰眼应凿得稍大些,使活鱼能有较大的活动范围。待饵钩落底后,再向上提起钓线的 1/3，并安装浮漂。这样，钓饵即在水体中下层游动，诱使周围游弋或过路的翘嘴红鲌捕食。当浮漂突然沉没时，要用力提竿。

手竿挂活鱼不带浮漂浮钓：这种钓法所用线、钩都与前一种相同，只是不装浮漂。饵钩送到底后，摇轮收一段线，使鱼饵悬浮于水体中下层。然后将竿的前端架起，以便观察竿尖的颤动，掌握鱼咬钩的信息。

手竿挂红虫浮钓：使用长 2 米左右的手竿，钓线上不装浮漂。垂钓者可同时左右手各持一竿在两个冰眼进行浮钓。饵钩投入水中后，待其下沉至水体中下层，两手即交替上下提放钓饵，始终保持活动状态，提放的速度不宜过快，当上提时手感竿尖受力或下放时钓线突然松弛，都要立即提竿。

4. **垂钓蒙古红鲌**

习性和食性：蒙古红鲌俗称红梢、红梢子、红尾巴。还有的地方称之为尖头红梢的。广布于我国南北，多生长在未经过清底的养殖湖泊、半自然水域、自然水域，栖息于水体的中上层。此鱼属于野生，性凶猛，喜追食小鱼。也吞食水生昆虫和小虾，偶尔也食水生植物和甲壳类。重 750 克的个体可吞食 12 厘米左右的鲢、鳙鱼苗。一般的重 500~750 克，最重的有 3 千克。

蒙古红鲌的繁殖季节在长江一带为每年的 5~7 月，大批集中在 5 月至 6 月上旬。北方稍迟。在产卵期间，停止摄食或很少摄食。垂钓此鱼要避开该鱼的繁殖季节，蒙古红鲌的旺食和肥育多在夏秋季，夏秋季是垂钓蒙古红鲌的大好时光。

钓点选择：在注水入口和溢流闸附近，往往是蒙古红鲌等鱼的麇集之地。此外，涵洞、泵房附近、湖湾、临湖山尾、村庄取用水等处，也是蒙古红鲌游弋的场所。若是城郊湖泊，在生活污水的注入口、旅游景点、有设施的露天游泳场等均有此种鱼的踪迹。

特别要注意的是，春夏之交，天下大雨，山洪倾注入湖，其入水口处是垂钓蒙古红鲌绝好的去处。此时在此处钓蒙古红鲌应用至水下 40 厘米的浮钓，且不用包食，钩挂虾、昆虫或是小鱼，用拟饵也行，投入流水，任其漂流，不时提拉，大个体（性成熟的个体）的蒙古红鲌和翘嘴红鲌会频频上钩。

钓具钓法可用以下几种。

手竿定点钓底：此法也可分为两种，一种是齐竿线犹如台钓法的抛甩，力求准确至钓点；另一种为长竿短线直指钓点。蒙古红鲌虽说是中、上层鱼类，但在摄食的旺季，在水体的上、中、下无处不在。特别是天生的追食习性，可轻易地追随你的钓饵同步下沉而摄之。垂钓此鱼大多采用“包食法”，即用诱饵包裹钓饵。其法为：先在钩上挂上面团或蚯蚓和虾，在外层再包捏麦麸的窝食，似板栗大小即可，当这样的包食抛至或伸向钓点水面时，外包的麦麸触水会立即随钩坠的下沉而随之散落，从水面到水底间形成“雾区”，小杂鱼云集，从而招致蒙古红鲌的追捕。当小杂鱼四处逃散追捕未果之时，正好发现可口的钓饵就在眼前，便毫不犹豫地吞食，极为干脆，浮漂反应明显，提竿十拿九稳。

海竿串钩钓：宜采用坠上钩，以 2.4 米海竿为例，其钓钩加上坠线不宜超过 60 厘米，且以 3 钩为宜，太长了不便甩出。当然若用 4~5 米的两用竿，将钓钩增至 5 只，钩线总长增至 1 米也是相宜的。总之，以方便甩出为度。

使用海竿或两用竿串钩底钓时，用爆炸钩的宝塔形弹簧，每隔 20 厘米在主线上穿结 1 个，三钩用 3 个，五钩用 5 个，就在固定弹簧的地方拴钩，其脑线长不要超过 8 厘米，铅坠用 3 号即可。垂钓时将副食即诱饵紧紧地包捏在宝塔弹簧上，由于弹簧的固定作用，即或是猛力抛甩，诱饵也不会散落。溶落的诱饵正好涉及拴在此簧下的钓饵，从而达到诱钓和谐一致的目的。

九、鲇鱼的垂钓

1. 钓鲇鱼的一般技巧

手竿底钓：鲇鱼一般个体不大。可用 5~6 米的玻璃钢竿钓竿，钓线直径 0.35~0.4 毫米，若在江河中垂钓鲇鱼时钓线可稍粗，钓钩用中、大号，浮漂可用立式长浮漂，坠子稍重。钓时，先将诱饵投于钓点处，再装钓饵于双钩上，钓饵宜大不宜小。因鲇鱼视力差，饵钩入水后应随时提动。鲇鱼贪食，口又大，见食物出现，便会猛扑上前将饵钩咬住，这时浮漂很快出现黑漂，可及时提竿。

海竿底钓：海竿可将饵钩甩至手竿达不到的钓点，如桥墩、深水区，这些位置常有大鲇鱼出没，可采用较结实的钓具。装上体积较大的钓饵甩至钓点。当鲇鱼前趋咬钩后，竿尖会猛力下弯或铃响，这时便要及时提竿。

插竿钓：夜晚是鲇鱼觅食的时候，夜钓鲇鱼简单易行的方法就是插竿钓。在有洞穴或水草的岸边，用10来根手指粗、1米半左右长的斑竹，每根竹竿系上1米多长的钓线，线端系上大歪钩，钓饵要选用鲇鱼喜吃的泥鳅、小蛙、小鱼、大蚯蚓等，不用砣坠也不用浮漂，让饵和钩悬漂在水面上，这些钓饵一定要鲜活。鲇鱼夜间多近岸边觅食，见到这样的美食，就会大口吞下钩牢。插竿钓鲇鱼，除夜钓外，也可日钓，一次可插上10~20副，十分简便。

蹲钓：蹲钓法用的钓具是，竿尖硬的手竿或两用竿，竿长5~6米。配长3~4米（从竿尖算起）、直径0.5毫米的尼龙线，钓线上拴一只大号钩，不装坠子。钩上挂大小合适的青蛙或小鱼作饵。钓点一般选在有水草的浅水区。垂钓时，钓者将饵钩抛出，随即抖动钓竿，使饵钩在水面不停地跳动，引鲇鱼上钩。钓者可凭鱼咬食发出的响声及手感得知鱼是否吞饵。当听到鱼咬食发出的声响后，同时感到有下拽动作时，应稍松一松线，待鱼将饵吞牢后再用力提竿。蹲钓法的优点是：垂钓者沿岸边走边钓，扩大了垂钓范围，往往钓获率较高，遇到大鲇鱼的机会也多。

延绳钓：此法在江、河、湖、水库，除结冻期外，均能采用。江、河5~7月，湖泊、水库7~8月为最佳垂钓季节。钓点一般选在离岸1~2米的水域。延绳钓的钓具由干线、支线、钓钩、坠子组成。干线用一条长100~200米的多股尼龙线，在干线上每隔1~1.5米拴结一把事先绑好的钩子，绑钩线长0.4米。钓钩可选用无锡产的鹤嘴形111~112号钩或环形411~412号钩。每隔20~30只钩系结一个坠子，坠子重100克左右。钓饵最好用活泥鳅，装钩时将钩从泥鳅的背部穿透表皮即可。垂钓时，先在距岸边1.5~2米处插一根竹竿，将干线一端系在竹竿上，再沿河岸顺水放钩，直到把饵钩放完，然后将干线末端系在另一根插牢的竹竿上。延绳钓法通常是前一天晚上放钩，翌日早晨巡视、收鱼，也可早晚各巡视一次。巡视时，一人划船，一人沿干线逐钩察看。摘鱼、补饵。

2. 船钓鲇鱼

钓具选用1.8~2.8米长度的海竿，100米左右、直径为0.3~0.8毫米的超强抗拉力主线，9~14号长柄钩，便于上饵取鱼，脑线一定要用尼龙线，而且应捆牢固。钓饵与岸（矶）钓用饵一样，如出现长时间无鱼信号时，应反复更换钓饵。

将饵、坠装好后，应先在钓点放线入水，试一试水的深度，探清水底有无杂物石头隙等。如不出现卡坠，水流较平缓时，可适当投至 20 米以外处。钓饵投出后，稍用力收紧主线，竿梢尽可能接近水面，形成需提竿时的最佳角度。一般海竿上扬距离可在 1~2 米，提竿时此段距离的力度足以使钩能深深扎进鱼嘴。鱼信号出现后，一般为竿梢轻点几下或猛然拖动入水，轻点几下多为小鱼作祟，猛地拖动应立即提竿上扬，上钩出水的大部分是较大个体的鲇鱼，鱼越大竿梢上的动作反应越强烈。提竿中鱼后，如条件允许，应向后快速退几步，使钩能较深地扎入鱼嘴。如感到鱼的拉力不大，可慢慢收线将其钓上来；如感到拉力很大，一定是大鱼上钩，应不紧不慢地遛鱼收线，应待鱼即将出水时，小心将竿梢贴近水面，缩短水面与船舷边的高度。

十、胡子鲇的垂钓

1. 钓具

（1）手竿。钓胡子鲇以手竿为主，用钓鲫鱼的手竿即可。但钓线和钓钩比钓鲫鱼的钓线钓钩稍粗、大一点，因胡子鲇的个头比鲫鱼大。浮漂用“七星浮漂”、立漂均可。胡子鲇吃饵很鲁莽，一口咬住，便不放钩，拖起就走，易钓。

（2）“筏竿”。“筏竿”的制作方法：一是选好材料。钓竿选用弹性、韧性较好的斑竹或水竹制作，竿长 1.5 米左右。钓线用尼龙丝线，直径 0.25~0.3 毫米，线长 1.2 米左右。钓钩一只，选用日本产的海夕 6~8 号钩为宜。不用坠子、浮漂。关键的地方是，用一支直径 1.5 厘米的小竹作卡子，截成 5 厘米的一段，再在中间斜削两刀。另削一小竹签，宽 1.5 厘米、长约 30 厘米、厚约 0.4 厘米，一头削尖，以便插入岸边的泥土中，另一头削平。二是装好钓竿。把尼龙丝线一端缚在钓竿尖端，另一端穿过管卡子（卡子中间削平的一端压下），在钓线约 3/4 处拴紧卡子，使它不能上下移动，最后拴上鱼钩，“筏竿”便做好了。“筏竿”可做 10~20 副。

2. 钓饵

垂钓胡子鲇用的钓饵有三种。

蚯蚓：选择红色、体态肥胖的蚯蚓，以蚂蟥、蚯蚓最佳。宜用整条活蚯蚓。穿钩的方法是：钓钩从蚯蚓中间穿进，使蚯蚓的头、尾在水体中蠕动，诱鱼上钩。

水蛭：水蛭即蚂蟥，它属腔肠软体动物。质呈棘皮状，坚固而有韧性，在水中长时间不会死亡，一条蚂蟥可钓几条胡子鲇。穿钩的方法是：用夹子夹住蚂蟥的头部吸盘下端，穿进钩尖套紧。在捕捉蚂蟥时要注意防止吸盘粘住自己的皮肤。若蚂蟥粘住皮肤，可用巴掌用力拍打几下，把它震脱。

蝇蛆：选择个体较大的蝇蛆。穿钩的方法是：手捏蛆尾，顺着蛆尾的一个孔慢慢将钩向蛆体卷曲的方向推进，从口穿出，露出一点钩尖才松手。这样，蛆的体液才不会溢出。一条蝇蛆可钓数条胡子鲇。

上述钓饵穿上钩后均要活的，入水后仍会蠕动，死的饵胡子鲇不吞食。

3. **钓点**

胡子鲇一年四季均可钓，但以春、夏、秋三季为好，尤其夏季最佳，冬季也能钓到胡子鲇，但得鱼甚少。依季节的不同选择不同的钓点。

（1）春季。向阳浅水处：春天气温上升，浅水区水温回升快，水中虫类复苏早，胡子鲇便从深水区游至向阳的浅水区觅食。

深水区的石缝和土洞旁：晚上，胡子鲇由浅水区回游到深水区的石缝、土洞里栖息、觅食。钓饵放到石缝、土洞的旁边，嗅觉灵敏的胡子鲇闻到美食的味道，便会前来“进餐”，易钓。

（2）夏季。回水湾：夏天气候炎热，水温较高，胡子鲇喜在回水湾处游动、觅食。

桥墩下：夏天气温、水温较高，胡子鲇喜在桥墩下栖息、觅食。因桥墩下有洞，桥下的石头上附着有苔类，水下昆虫、虾也多。沉在水中的石块上，还附着水生动物，这些都是胡子鲇的美味佳肴。

（3）秋季。深水区：秋天，天气渐冷，水温下降，浅水区比深水区降温快，胡子鲇便从浅水区游回深水区取暖，因而钓点应选择在深水区。

陡坝下：胡子鲇还喜欢在陡峭的坝下栖息、觅食，故钓点应选择在陡坝的下边。

（4）冬季。冬季气温寒冷，水温刺骨，胡子鲇绝大多数都过着群居生活，栖息在桥墩下和溪潭的石缝、石洞、土洞处。

4. **钓法**

（1）“筏竿”夜钓法。根据胡子鲇的特点，主要采取夜钓方法进行垂钓。傍晚时，将10~20副“筏竿”带到岸边，一副一副地把竹签平插在岸边水面上（与溪面平行），把钓竿脚（削尖的一端）插入离岸边约70厘米处，将鱼钩装上钓饵。然后左手将鱼竿压弯，右手拿住卡子，利用钓竿的弹性将卡子卡在竹签平头上，使鱼钩沉入水中约30厘米或水底。胡子鲇吃上钓饵后，将卡子带离竹签，钓竿失控，自动弹起，胡子鲇就被钩住了。“筏竿”夜钓胡子鲇，钓者不必守候，下好钩后各自回家睡觉。第二天清晨去收竿，若钓竿直了腰，便是胡子鲇上钩了。

（2）手竿昼钓法。按照前面介绍的选择钓点的原则选择好钓点。下竿后，要盯着浮漂的反应。胡子鲇摄食时，一般是先用嘴嚼，然后才吞咽入腹。当浮漂先跳动几下，然后微微横向移动，并开始下沉时，正是提竿的良机，一提竿便可得胡子鲇。

（3）招引小鱼的钓法。先在钓点撒些香型诱饵，招引小鱼前来抢食。吃惯了小鱼的胡子鲇见聚集在一起的小鱼岂肯放过。便从石缝、土洞、水草中游出来追吃小鱼。此时，把钓钩轻轻地放到钓点中，见浮漂徐徐下沉时的一瞬间，及时提竿，胡子鲇便被钩住了。

十一、鳊鱼的垂钓

1. 嫩包米钓鳊鱼

嫩包米以刚掰的新鲜包米为好，越新鲜越好。嫩包米中又以鲜嫩带浆的最好。挂钩作饵的包米粒，除鲜嫩之外，最好还要剥皮，剥了皮的青包米粒嫩浆四溢，入水后味道诱力倍增。打窝，用嚼碎的嫩包米或用温水浸泡的碎豆坯儿均可，“发窝儿”后诱得鳊鱼群集不去，频频咬钩，常常浮漂入水不等立起便被拉走，所以在诱集来的鱼群频频咬钩时，提竿、摘鱼、上饵、抛钩的动作一定要快，尽量争取时间。鳊鱼（图 2–12）嘴小，钩不宜大。鳊鱼动作灵活、游速快，咬钩后极快地把漂拉走。少数亦有送漂的但送漂速度快、动作大，与鲫鱼明显不同。

2. 流青钓鳊鱼

这是南方水网地区垂钓鳊鱼的传统钓法。使用海竿，但不用漂、坠。所谓“流青”，即人为地将草饵缚在钓钩上，垂钓者驾小船驶到江、河水流急的一段，一手划船，一手执海竿，将饵钩放入江、河，然后一提二放地操作海竿，使青色植物饵料顺水流下。鱼误以为是上游流下来的饵料，即会游来抢食。“流青”钓的时间为 3 ～ 10 月，旺季为清明前后鳊鱼产卵时期。钓场可选在江河鳊鱼产卵场的水草繁茂区，滩下的急流和缓流交界处和有水草的较隐蔽的水域。钓饵可用轮叶黑藻。装饵方法是：选取嫩绿、完整且末端有分叉的轮叶黑藻，截取前端 15 厘米长。备若干条放入活水仓内备用。装饵时将钓钩钩在轮藻分叉的中间，钩线绕在轮叶片末端，用双套结套紧。钓钩藏于钓饵前端。垂钓时将饵钩甩到急流中。船在急慢水之间跟着钓线顺流而下。鳊鱼吃饵动作轻微，竿子的反应并不很明显。垂钓者要反应灵敏，当感到似乎有鱼吞饵时，立即适当地用力提竿。

3. 用持续悬浮大窝法钓鳊鱼

用持续悬浮大窝钓法，首先是选用能较长时间悬浮在水中层的诱饵，如北方的酒糟、菜籽饼粉，南方的烘炒麦麸、豆腐渣等。其次是诱饵一定要多下。若在水库、湖泊大水面上垂钓。选位后第一次投饵要 2~3 千克，以形成一个数平方米的雾状饵区。在有水流的钓区，大窝可引来几十米外的鳊鱼顺着“饵带”汇集于钓点。

钓具组合是 6 米左右长的软竿、细线、轻坠配七星散漂，最多用上、下两钩。钓饵以蚯蚓为主，其次为肉蛆、小昆虫等。具体操作时须不断地提引，即每次投竿可投至诱窝外远点，当钩饵飘荡着慢慢沉底时，钓者如发现七星漂在应沉底的时间过后还漂着，准是鳊鱼已接钩，可立即扬竿。如钩坠沉底后没鱼咬钩，则应不停地轻轻将钩提向身边水的中层。而后再放下，让钩饵自然飘荡下沉，这样反复提引，周围只要有鳊鱼一定会来咬钩。提竿时，若手感有鱼抢钩，不要急于扬竿，应马上停止上提，松竿看浮漂反应。等浮漂斜移或快速下沉时再扬竿。当连续钓上鳊鱼后，应在原窝子里补撒诱饵。补撒量一般每次为 0.5~1 千克。通常补一次窝又可引来一群鳊鱼。

4. 一线双钩钓鳊鱼

用手竿为 4.5~6 米长的玻璃纤维竿，配略长于竿的直径为 0.30~0.35 毫米的尼龙线。钩组由中型钩、小坠、立式浮漂组成。浮漂的浮力要大于坠子的沉力，使饵钩能悬浮于水中。在距底钩约 20 厘米处，再拴一只钩子，要直接缚在尼龙主线上，不要用引线，这样灵敏度较高。专钓鳊鱼，底钩宜采用朝天钩，铅坠可用保险丝代用，直抵钩处，且越轻越好。这样两只钩子都是朝天的，鳊鱼咬钩时，只要稍稍送浮或拖浮，便可及时提竿。一线双钩还可采用一荤一素的办法。通常底钩上挂以蒸熟的玉米面饼加炒过的豆饼粉和少量曲酒揉成的香面食作钩饵，便于钓大鱼，上钩挂红蚯蚓。钓鳊鱼脱钩率极低，又可避免小杂鱼的干扰。用海竿可用 3 米以上的玻璃纤维竿，配旋压式绕线轮，钓线直径为 0.30~0.35 毫米，储线量 100 米，钓钩用炸弹钩或挂串钩都可。但必须把钓饵抛在窝子里，钓点以距岸边 10 米左右为宜。也可用海竿打窝子即将酒糟多掺些玉米面捏成核桃大的面团装在炸弹钩上，抛到 30 米左右的钓点，第一次打窝子先抛十几钩食，待钩饵沉到底，稍用力将竿稍一抖，食便落在窝子里。海竿的反应灵敏度差，所以竿尖一定要软，竿尖稍一点头就应迅速提竿。

5. 底钓法钓鳊鱼

鳊鱼活动于水体中、下层，所以采用底钓法钓鳊鱼也是一种主要方法。底钓主要采用手竿底钓和海竿底钓两种。

（1）手竿底钓：手竿底钓的钓具要使饵钩沉底，在调整浮漂、坠子、饵钩的配合关系时，应使饵钩刚好接触水底，不要躺在水底，以提高浮漂的灵敏度。手竿底钓也需打大窝子。底钓可用单钩，也可用双钩，用双钩时可用上下双钩，即一钩落底，一钩悬浮。钓饵最好荤素并用，可提高上鱼率。

（2）海竿底钓：用海竿钓鳊鱼，钓钩可用炸弹钩或串钩，也必须打窝子。但海竿打得远，要使饵钩准确地落在窝点上，没有高超的甩竿技术是办不到的。钓点不应离岸太远，一般以 10 米左右为宜。打窝子时，可用手抛，将诱饵抛向钓点，越集中越好。炸弹钩用糟饵，串钩用荤饵或素饵均可。海竿一般不用浮漂，凭竿尖反应传递吞钩信息，竿尖稍一动便要提竿。

十二、团头鲂的垂钓

1. 团头鲂鱼的常规钓法

团头鲂（又称武昌鱼，图 2-13）为中下层鱼类，但鱼常常在水面活动。5~6 月为产卵期。产后食量大增，是垂钓的好机会。团头鲂食性和草鱼一样，只是因为它嘴巴小，个体也小，吃的草要嫩一些，细小一些。用面饵、蚱蜢、蚯蚓、小虾甚至小鱼也可钓团头鲂。不少垂钓者发现，酒糟诱钓团头鲂效果尤佳。

图 2－13　团头鲂

团头鲂恋群性强，经常是成群结队、四季寻食。一般夏季阵雨前在河流中下游觅食，雨季则在中上游找食，其吃食较猛，成群聚集时，往往钓饵未到位就被咬钩。团头鲂上钩后不远逃，常常是把身子卷曲起来摆动。

垂钓团头鲂和鲫鱼一样，要撒窝子，经常采用的拴钩方法是串钩和组钩，以组钩垂钓效果为好。因为团头鲂是小口，要用小型钩钓团头鲂，规格为铁锚 816~817 或 516~517 等中型偏小的鱼钩。钓线用透明胶丝。钓竿用钓鲫鱼的即可。

诱饵可主选酒糟，钓饵可用红蚯蚓、桑葚、小虾、浸泡麦粒、大麦芽、青豆瓣等。在炎热的夏季要在阴凉处撒窝，早晚可在浅水处诱鱼。秋后宜在向阳深水区或水草间打窝。钓团头鲂的饵团要小，使用组钩时，6 个钩上各挂一个饵团，入水后目标明显，容易被团头鲂发现。组钩另一个好处是它脑线短，容易甩远、甩准。

团头鲂的鱼星比较小，一次泛 1~2 个同等大小气泡，这跟它嘴小有关，可以和其他鱼明显区别开来。其吞钩、捧钩速度较鲫鱼快，给人的感觉像闹小鱼。在第二个浮子（卧漂）送上水面时，可立即举竿拎钩。团头鲂挣扎力弱，但由于它的唇嫩弱，很容易撕裂脱钩，所以尽量要用抄网将鱼接住，再摘鱼。

2. **撒大窝钓鲂鱼**

酒糟撒大窝子专钓鲂鱼，手竿、抛竿、拉砣都可以。线、漂、坠、钩宜用细小的，与钓鲫鱼的相同。因为鲂鱼吞钩的动静比鲫鱼还小，小钩、细线、小漂、小坠反应灵敏。

不论手竿、海竿，打大窝子定点钓是关键。钩饵都必须准确地抛到窝子里。钓点宜选择 1.5~2 米深左右的水域，水底有石块或沙泥的区域。撒窝子的酒糟以曲酒的酒糟最佳。把酒糟略掺点窝头揉黏捏成馒头般大的团，一次手抛三四团，把钩饵递进窝子里。钓竿宜用长竿短线定点钓。但看漂要注意，鲂鱼大送漂的情况很少，一般为黑漂，小送漂即可提竿。鲂鱼多数情况下都是成群活动，所以提竿要快捷，中鱼后立即提离水底，向左、右侧领出窝子再拉到岸边，以免把窝子里的鱼惊走。钓饵可用半糟食，即 80% 的玉米面、20% 的麸子、玉米面蒸成窝头状，掰揉碎，麸子炒香掺入，揉成很黏的面食，用时加入少量的曲酒，取绿豆大的一粒穿在钩尖即成。其他面食也可用，但都要加些酒，效果较好。

十三、甲鱼的垂钓

1. **海竿拉钩甲鱼**

用 10~15 厘米的脑线，拴 3 只钓鲫鱼的钓钩，钩要拴在铅坠后面，每隔 5 厘米拴一只；也可用缝衣针，把有孔眼的一端截去，使其总长度为 2.5 厘米，磨锐。在中间拴线处，滴上一滴稀硫酸或食用醋，待其略为锈蚀后，用丝或多股棉线多缠几道拴牢，用这种直钩钓甲鱼时，当稍有拉力，“钩”便横于喉管中，易吞、不能吐。摘“钩”时可用小石头顶出针“钩”的一侧，轻拉脑线即可拽出，不需剪断脑线。将生猪肝切成 1 厘米粗、3 厘米长的条，放在容器中按如下比例配制：肝条 250 克，鱼肝油 4 毫升，青霉素眼药膏半支，开塞露 10 滴，搅拌混匀。经这样处理后的肝条，滑润、味浓、有韧劲、易装钩、诱鱼效果好。装钩要从肝条的中心部刺入，把针拉向穿入的一侧，再穿入另一侧，使针复原位，埋入 3 厘米长的肝条内。此法装钩，投竿、收线不掉饵。

将竿远投后，稍等片刻，再缓慢地摇轮收线。当突然出现类似“挂钩”的阻力感时。要暂停收线，待它将钓饵吞入后，会有要线逃走的曳力感，此时要迅速扬竿摇轮收线，先将其拉离水底面，再收线上岸。若突遇阻力就提竿，就很可能把已吞入的钩拉出，或者它四爪抓底，收线它不动。若无鱼咬钩，可收线后再投，再缓慢地收线。对有甲鱼活动的水域要像农民用犁耕地那样，一犁犁地把地翻遍。摘钩时，一手提紧主线，一手卡住甲鱼脖子，最好是放在地面上用脚踩住，再用力捏脖子，这样就能让它张嘴吐钩。如果吞钩过深，用摘钩器也无能为力，只好把脑线剪断，重新拴钩，再投竿拉钓。

2. 夏秋钓甲鱼

插竿钓：用一根长 1 米左右的细竹竿，一端削成楔形，便于插入泥土中。钓线用多股尼龙线，长 3 米左右。钓钩用约 3 厘米长的小号缝衣针一枚，将针鼻一端在砂轮上磨尖，磨后的针长约 2.5 厘米，再用多股尼龙线在缝衣针中部绑紧。离针 0.3 米左右的地方拴一粒坠子。钓饵最好用狗肝或猪肝，将肝切成宽 1 厘米、长 5 厘米左右的条状。钓针直插肝条里面，不可外露。甲鱼吞吃时，会连针一起吃下去。当甲鱼吞吃钓饵后，针自然就会横过来，卡住甲鱼的喉咙。钓线的另一端拴在竹竿顶端，插入岸上泥土中。每次可放插竿 20 副左右。

摇竿插钓：插钓是一种简单、成本低、行之有效的钓甲鱼法。用长度为 50~65 厘米的竹条或柳条，修光，将粗端削尖，使之易于插入泥沙中固定。在细端拴上鱼铃，借以报警。主线用粗 0.35~4 毫米、长 1.5~2 米的尼龙线。一端与直钩或钓鲫鱼钩联结，一端拴在摇竿的鱼铃前方 5 厘米处。每根钓线上拴几枚钩，钓钩可用普通钩，也可用直钩（针钩），上面装上钓饵，线端装上一个中等铅坠。要把钓位选在有甲鱼出没的岸边，将钩或针状直钩装饵后，与主线联结，就可投入水中。插入摇竿。这种摇竿可同时制十几根或更多，在钓位沿岸插上一排，竿距 1 米左右。这种钓法，多适于夜钓，也可在黄昏后或阴雨天施钓，白天要找有树阴遮盖的水域，头天傍晚下钩，次日凌晨收线取钩。若该水域有甲鱼，用此法是很有效的。

放钩钓：用一根较粗的钓线作主线，间隔联结十来根多股尼龙线作支线，支线比主线细。在支线的另一端拴上一只角形歪嘴鱼钩。钩上挂钓饵，所用的钓饵有狗肝、猪肝或鱼丁，将肝或鱼丁切成小拇指大小的一块，呈方形，穿在鱼钩上，不露出钩尖。要插两根竹竿，长 2 米左右。竹竿插在河床上。主线的两端拴紧在两根竿的中上部。钓钩在水下 1.3 米左右为宜。每次可放数副钓具。

排钩钓：排钩钓钓具的制作方法是用一根直径 0.5~0.55 毫米、长 60~100 米的尼龙线作主线，一块楠竹块，楠竹块的一侧钻一个小孔。主线的一端拴一把烂锁，投入水中后使主线不移位；另一端穿过楠竹块一侧的小孔后打结拴牢。主线上每隔 2 米左右处拴上一只连接环，作连接支线用。用 10~15 根直径 0.25~

0.3毫米、长0.5~1米的尼龙线作支线。每根支线的一端拴上一只进口6~7号短把鱼钩；另一端拴上一只连接环，扣上主线的连接环。再用一块1~1.5米长两端削成“凹”形的楠竹块，用于缠主线，收、放主线用。这样，一副夜钓甲鱼的特制钓具便做成了。

排钩夜钓甲鱼的方法：前一天傍晚放排钓，次日凌晨收线取鱼。钓饵以猪肝为佳，没有猪肝，鱼丁、螺蛳肉也行。将猪肝用小刀切成拇指大小一砣，出钓前一一穿在鱼钩上，以不露出钩尖为宜。傍晚时，到达目的地后，把缠在楠竹块上的主线拉伸放定于岸边。再把每根支线一一扣在主线的连接环内。先将主线拴废弃旧锁的一端甩入离岸3米左右的水中，然后依次将每根支线放入离岸1米左右的水里。放完支线后，手拿楠竹块将主线拉直，然后把楠竹块放在岸上，用一块大石头压住，排钩便完成了。夜间，当甲鱼将钓饵吃进喉咙，被钩尖刺痛喉咙时，鱼头一缩，钓钩便把甲鱼钩住了，很不容易脱钩。排钩夜钓甲鱼时，钓者不必在岸边苦等，排钩放完后，次日凌晨天亮之前，必须赶到岸边收取甲鱼。因甲鱼怕光，若天亮之后它见到阳光，便会拼命挣扎，往往线断、鱼逃。收线时，若钓上了甲鱼，便轻轻将它拉到岸边，用抄网捞取。切忌用手提线捉甲鱼，因支线拴鱼钩处经过甲鱼一夜的磨损，拉力减弱，一提线捉鱼则易断线、鱼逃。

钓到甲鱼后，如何摘钩是很重要、很关键的，若不注意，很容易被甲鱼咬伤。常用方法有三：其一是用脚用力踩住它的背部，再用一根树枝逗它咬住，将其头拽出，或是用左手的拇指和中指捏住甲鱼后爪的两个软窝，使甲鱼的头自行伸出。一旦伸出，即用右手将脖子卡住，再用左手摘钩；其二是右手提线，将甲鱼提起，待其颈全部伸出后，用左手卡住，右手摘钩；其三是在甲鱼的尾部肉质软处扎一小洞，穿上粗线，使甲鱼倒悬，待其脖子伸出后，卡住脖子，将钩摘掉。若甲鱼吞钩很深，在现场难以摘钩，就只好将钓线剪断，回家处理。

甲鱼被钩住后，会死死扒住水底，若水底有水草、树根等障碍物，那就更难提起，这时切忌急躁，可先与其僵持几分钟，在僵持中用手指弹绷紧的钓线，使它感到疼痛而松开爪子，它一旦松爪，就容易拉上岸来。

十四、哲罗鱼的垂钓

1. 甩懒钩钩哲罗鱼

甩懒钩也就是拉砣钓法，它的钓具组合简单易行，省时省力。钓具为一条三十余米长的大拉力主线，八十余克重的铅坠固定在钓线最前端。自铅坠向后每隔1米左右系一只大号钓钩，一般系5只左右。

钓哲罗鱼（图 2–14）的钓饵以活泥鳅为最佳，因其穿钩后不易死亡，且在水底比较活跃，对鱼来说诱惑力强。穿钩时将钓钩从泥鳅的背部横向穿透。但不能伤到脊骨，以免加速其死亡而失去引诱效果。

图 2－14 哲罗鱼

钓鱼时选阴雨天或每日的傍晚前，将钩线甩入选好的河段，并将另一头固定在岸边的插竿上，竿头系上小铃做报警用。一次可同时施放几副甚至十几副钓具。这种钓法多选在 9 月下旬至 10 月上旬的夜晚。这时冬季将至，水温下降，哲罗鱼大量下行，河水清澈见底，夜钓上钩率较高。

2. **冰钓哲罗鱼**

哲罗鱼冬天也有摄食要求，是冰钓的主要鱼种。冰钓哲罗鱼，能钓上的多个体较小，加之行动迟滞，故对钓具要求不高。冰钓钓饵，可用真饵，也可用拟饵，真饵可用小鱼、鱼肉条等。钓法除一般的竿钓外，还可用手线钓，可挂饵，也可空钩钓，这是将钩放入水中一定深度，手执钓线上下抖动，幅度 1 米左右，引鱼上钩，即使小鱼咬钩，手感也十分明显，可猛提钓竿将它钓起。

3. **手线钓哲罗鱼**

取直径为 0.5 毫米以上的钓线一根，一线一钩，最多不超过三个钩，钩间距 2 米左右，脑线长 30 厘米。钓钩用无锡产环形 411、412 大型长柄钩。该法工具极其简单，使用起来十分方便，携带也容易。选好点后，在垂钓水域的上游，将拴好钓饵的手线顺流冲放到窝位，并将其固定在插入水中的短竿上，在竿顶拴一个小铃，以便上钩听铃。可以一次多放几根手线，守在一边等鱼上钩。

十五、乌鳢的垂钓

1. **天然水域中乌鳢的捕捉**

拖钩：用一条长 100 米左右的绳索，系上数百只钩。作业时，绳的两端分别套在两只船上，将钩沉于湖底，划船前进，带动鱼钩。适于在湖泊的开敞处作业，以捕捉潜伏在淤泥中越冬的乌鳢（又称黑鱼，图 2–15）。作业时间在冬季和早春，即 12 月份至翌年 3 月份，其中以 3 月份的捕获率最高，最多时，一般可捕获数百尾。所捕获的乌鳢一般体重为 0.5~1 千克。

图 2－15 乌鳢

挂钩：挂钩的构造由主线、支线和钩 3 部分组成。主线长一米多，其上安有

8~10 条支线。相距 4~6 厘米。支线长 6~8 厘米，一端与主线相结，另一端结紧钓钩。装备时，先取两根一米多长的竹竿，相对地插在鱼巢两旁，然后将挂钩结在竹竿上。应注意，主线与水面平行接触，把巢中的水草切断（长 3~6 厘米）后覆盖在主线上，以免水草缠绕钩上。再将巢中的卵或仔鱼冲散，促使亲鱼上钩。

诱钩：将诱钩的主线横置在鱼巢上，主线下垂直下挂的支线钩上装有小鱼、虾或青蛙等诱饵，只要惊动鱼巢附近的水面或分散仔鱼，守巢或护幼的亲鱼就会攻击，并吞食诱饵钓钩而被捕捉。

延绳钩：其构造与挂钩基本上相似。主线细长约 350 米，支线长 30~40 厘米，支线间相距 1 米左右。装备时，需要多根长竹竿，两竹竿相距 9~10 米，主线不与水面接触，只是支线的钩端与水面接触，钩上以鱼、虾、昆虫、蛙等为饵料，以引诱乌鳢上钩。注意：事先把延绳钩整理好放在竹篮内。钩安设在近河岸、湖边、芦滩等处所，以提高捕捉效果。

钓捕：用普通的钓钩，也可用大针或铁钉自制。用一根长线，线的一端系在竹竿上，另一端系上钩，在钩上挂一只小青蛙或田螺肉。在乌鳢繁殖季节，利用亲鱼在鱼巢下或幼鱼群下面保护的习性，将钩从卵或小鱼群的上端送下，让乌鳢猛捕食上钩。

鱼叉：在生殖季节专捕亲鱼。手持鱼叉在乌鳢巢边或其幼鱼群处等候，发现亲鱼，猛力将鱼叉对准鱼插下，可捕获。

灯叉：为一种夜间作业的渔具。在一艘快速行驶的小船船首，安置一盏明亮的汽灯，捕鱼者手持鱼叉，站在灯后，当见到乌鳢时，立即投叉捕捉。4~5 月份，在有水草的浅水区作业，所捕乌鳢绝大多数是成鱼。

麻罩（罩阀）：外形为圆锥形，由罩架和罩衣组成。罩架由 4 根等长、等粗的竹竿固着在直径约 1.2 米的竹制罩圈上。竹竿的上端稍弯曲，并用绳子结扎起来，其中 1 根特称“罩柱”，有特制的罩手和其他 3 根相连。罩手旁钉有一小钉，用以系挂到罩衣上的绳子。

罩衣为麻线织成的圆筒形网，网眼 3.3 厘米左右，罩衣高为罩架高的二分之一多。网衣下缘固着在罩圈上，上缘呈锯齿状，相当于齿冠的地方各有小绳，小绳上端集于一总的绳上，这根绳挂在罩手旁的小钉上，拉紧小绳，罩衣就紧贴在罩架上，放松小绳，罩衣向罩圈处下落。并和罩圈间形成一囊，夹捕鱼类。使用时，驾小船 1 只，人站在船头用篙撑船前进，并不时击水，乌鳢受惊，即向水底逃窜，触动泥土，引起浑水上升，此时手持罩手将罩迅速放入起浑处前 6 到 7 厘米，直压水底，鱼即向外冲，马上松小绳，放下网衣，夹鱼于囊内。此法适于在生殖季节、湖泊中 2 米左右深的水草地带作业。用以捕捞亲鱼。

大网捕：在乌鳢生殖季节，当发现鱼巢时，即可用一般的渔网进行捕捉。

抄网捕：5~8 月份，利用仔幼鱼集群的特点，在浅水区使用抄网捕捉。网呈三角形，横杆长 1.5~1.8 米，纵杆较粗，一般二米余，横杆与纵杆成“丁”字形，用麻线结成三角袋形的网兜，网目 4~5 毫米。此网最好在晚间使用，因仔鱼在傍晚行动迟缓，且经常浮于水面换气。发出水泡声，依声音的所在处，将网从底部伸入，向上托起，可将该群乌鳢苗全部捕获。

2. **墩钓乌鳢**

钓取乌鳢最常用的方法是“墩”钓。钓竿用 5 米左右的独竹竿或多节超硬钓竿；钓线用一条 1.5 米长的较粗的多股尼龙软线或丝线；鱼钩宜用有倒刺的长把大钩。既不用铅砣也不用浮漂。“墩”钓是在乌鳢甩子的前后，分为钓“青窝”、钓“黄窝”、追子钓和漫钓几种。

钓“青窝”：每年的四五月份，乌鳢交配后、甩子前，它们会成双成对游到水草茂密的水域或蒲苇丛的边缘浅水区开始做窝建巢，准备产房。在筑巢过程中，它们将选中的窝点内的杂草全部用嘴咬干净，形成脸盆甚至洗衣盆大小的一片亮水。亮水上面漂浮着许多被咬碎的青草屑，这就是乌鳢的产房和进行孵化的窝巢——“青窝”。垂钓者在坑塘、河道只要见到，即可进行“墩”钓。用蛙钩在窝的四周“啪嗒啪嗒”砸一阵，乌鳢从水中蹿上来一口将青蛙吞入口中。乌鳢吞钩的一刹那不仅不应抬竿，而且还要压竿送线，等它吃牢，或见水中有气泡冒出，才迅猛抬竿。

对口钓：每年 3 月底至 5 月初，是运用对口钓法钓取乌鳢的好季节。这期间为乌鳢产卵前的育肥期，需要大量营养而四处觅食。在水草丛生的河渠浅滩，以及芦苇、菖蒲、蒿草繁茂的水区，常可见到它的影踪。特别在晴天的中午时，可隐约见到乌鳢在水草中休息，南方称此种情况为“养清”。发现乌鳢后，钓者应身穿草绿或深色的服装，持硬直长竿，系粗线、大钩，装上大虾或小青蛙为饵，慢而轻地将钩饵放到乌鳢前方 0.3 米（1 尺）左右的水草间，上下轻轻提动几下。由于下钩时对着乌鳢口，易被鱼发现，凶猛贪嘴的乌鳢定会前来抢食吞钩，命中率极高。

钓“黄窝”：雌鱼产卵过后，鱼卵在窝中呈黄米粒的圆球状，远远看去黄黄的一团，所以称“黄窝”。此时雌雄鱼形影不离护卫鱼卵，绝不允许任何来犯者惊扰鱼卵的孵化。垂钓者如能发现“黄窝”，就能较有把握地将乌鳢钓上来。

追子钓：俗称钓“黑儿”。当鱼卵孵化成小蝌蚪般的幼鱼后，它们常常跟随父母到处游动。这个时候正是追子钓的大好时机。由于大乌鳢像潜水艇一样潜藏在幼鱼下方，时刻不离左右。因此，垂钓者只要看到游动的幼鱼群，应及时将饵钩向幼鱼群砸去。"墩"不了几下，大乌鳢护子心切，就会突然蹿出水面吞钩。追子钓在用竿和用线上，都应稍长一些为好。这是为了钓着鱼后便于遛鱼。

3. **钓明与钓暗法垂钓乌鳢**

钓明法垂钓乌鳢：这是春末夏初的钓法。越冬后的乌鳢，从深水游到浅滩边的水草中晒太阳，可以见鱼背露出水面。钓手要做到眼尖、脚轻、不惊动乌鳢，钓者要浅色着衣服，钓饵也要非常轻准确地落在乌鳢前方 8~10 厘米处。活饵拴法一定要得当，以蛙为例，将钩从其背部刺入，钩尖落在蛙嘴中，再将蛙的两条后腿拴在钩柄上，做成跳跃状。乌鳢吞钩后，会吐出一串鱼星，此时切勿抬竿，等吐出第二串鱼星时，才可抬竿。乌鳢性残忍，捕获食物不轻易放松，即使吞不下也不会吐钩，抬竿方向与乌鳢游动方向应相反，这样才不易脱钩。早春蛙少，也可以螺肉、小鱼作食饵。

钓暗法垂钓乌鳢：秋季乌鳢为了越冬，食欲很旺盛，加之秋高气爽，所以秋季也是垂钓乌鳢的好季节。此时的乌鳢一般是早晚藏在杂草的亮水洞、浅水处，中午则到深水处。钓者可将饵钩在亮水洞水面不断抖动。每次抖动后停几秒钟，让活蛙钩在水下 4~5 厘米处，时抖时停，造成动感，此时乌鳢就会咬钩。乌鳢咬钩方式有水面咬和水下咬，即明咬和暗咬两种。在乌鳢咬钩后，不要急于提竿，因为这时乌鳢刚吞钩饵，咬得不牢，待 4~5 秒后，可轻轻抖一下鱼竿，乌鳢以为蛙在挣扎，会咬得更紧，这时再在与其游动方向相反的方向提竿，则万无一失。

4. **懒钩钓乌鳢**

钓具用 10~15 米长、0.8~1 毫米粗的钓线一条，前端和相隔 1 米处，各系带 10 厘米左右长的脑线的大钩，可共做 4~5 条。所选钓场要具备有乌鳢和水草稠密两个条件。

用懒钩是夜钓乌鳢的一种方法。其独特之处是钓饵既不用青蛙也不用泥鳅，专用癞蛤蟆（即蟾蜍）。将其拴在钩上，放在草层上边却能长时间停留并不断爬来爬去，诱鱼效果好。到达钓场后。先将钩子从癞蛤蟆脊背上皮钩过去，并用线绑牢，以免在它的不断挣扎中脱钩逃走。垂钓者下水将钓线一一放在密草上。然后回到岸上再将钓线拴在岸边的固定物上。

懒钩下完后，就可坐在岸边"守钩待鱼"。只要听见"呼啦"的捕食声或"劈里啪啦"的挣扎声，即可收线起鱼。

5. **"趟钩"钓乌鳢**

趟钩制作：主线（多股粗线）100 米左右，脑线用 0.4 毫米或 0.5 毫米的尼龙线，钓钩用伊势尼型 12 号。在主线上每隔一米左右拴一只钩，脑线留 20~30 厘米。布钩时需备酒盅粗细、削尖的木桩数根。

布钩方法：如是不太宽的湾汊，可横穿湾汊布钩，两端用木桩插牢，中间每隔十几米亦需插一根木桩将主线固定一下。若是大水面，则应贴边在适当水深处沿岸一溜排布过去，同样每隔十几米插一根木桩固定。可以边布钩边上饵，也可以布完钩回头再专门挨排上饵。“趟钩”多用于夜钓。

鱼饵：钓乌鳢以幼蛙为饵最好，要活的，钩穿到腿上，比较方便的是用小活鱼，可以自己用各种自制网具捞取，现捞现用。这种方法是使鱼钩在水里成趟排布，固称“趟钩”。如水面条件允许，一次可多布几副趟钩。下“趟钩”一般选在黄昏后、天黑前，钩布好后，第二天早上收钩起鱼。

6. “撅哒钩”钓乌鳢

鱼上钩后，竿体被拉得一撅哒一撅哒的，“撅哒钩”之名正是由此得来。当钓者巡钩至此时，鱼往往已“撅哒”得精疲力竭了，很容易提取。“撅哒钩”是北方民间经常用来钓取乌鳢的钓具，多用于夏季，夏季乌鳢食欲极旺，分散在水草区大量摄食青蛙和鱼虾。在水草区无法下“趟钩”时，通常便采用“撅哒钩”钓法，择草洞或小片亮水下钩。“撅哒钩”的钓竿，是用一根 2 米左右的厚竹片制成，将竹片削成上尖下粗的形状，再将根部削尖，以便插在岸边。

这种钓法不用坠，亦不用漂，钓线不能长，竿斜立着插在岸边，钩饵垂于上层水中或悬浮在半水间均可。一次可布数副甚至数十副钓竿。饵用大蚯蚓、大青虾、小鱼均可。穿钩时要在鱼头前方水平拿着鱼钩去穿鼻孔，这样可尽量保证小鱼鼻梁不被鱼钩倒刺部位胀破。小鱼装好钩后放到水里试试，若小鱼鲜活游动，即可插竿布钩。若是风天，风吹竿线摆，更增“活饵”效果，很能诱乌鳢上钩。乌鳢嘴大，摄食又猛，连饵带钩吞入嘴里后立即回窜，竿体弹力使鱼钩将其钩住。

“撅哒钩”多为夜钓使用，天黑前布钩完毕，次日天亮时起竿收鱼，是一种比较逍遥的钓法。

十六、鳡鱼的垂钓

1. 海竿钓鳡鱼

大鳡鱼（图 2–16）在水中游行时，经常贴近水面，背鳍能将水面划出箭头形的水纹。还有一个更明显的特征是大鳡鱼游过来时，别的鱼会四散惊逃，有的甚至会窜出水面。如果在某个水域有以上迹象，就可判断这里有大鳡鱼。

海竿要竿大尖粗，最好是实心玻璃钢竿，竿的长短一般比岸钓竿要长一些，达3米以上，舟钓竿可短一些，2.5 米左右即可。要配用大绕线轮，线槽蓄线量要能装 0.6 毫米粗的钓线 150 米以上。最好是鼓型轮，它拉力大，装线多，但它不能投远，只能用于舟钓，如在有流水的地方垂钓，可以随流水放线。舟钓岸钓，都要加一个大浮漂，使串钩靠近水面。

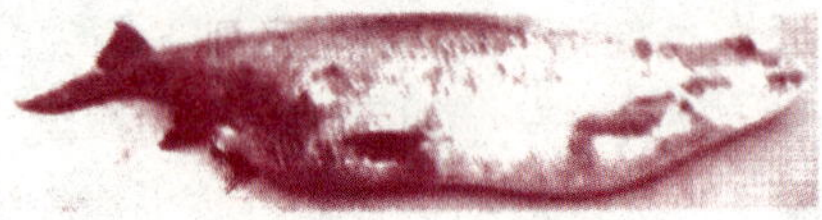

图 2－16　大鳡鱼

钓线应采用 0.6~0.8 毫米粗的高强锦纶线，线的拉力应不低于 16~20 千克。另用一根比主线粗 1~2 号的线，如 0.8~1 毫米粗的锦纶单股线拴钩。鱼钩可采用 6 厘米长的长柄钢钩，每隔 10 厘米拴一只钩，共拴 10 枚鱼钩，在线的末端结一死线圈，既可以另接坠子，也可以接一个大锚钩。这条拴钩的线，全长 1.2 米，最上面接一个特大号转环，与主线连接。

钓饵最好用 15~20 厘米长的活的大白鲦鱼，只在串钩最上面的 3 个钩上挂鱼，下面的钩让它空着。上面的钩挂上小鱼，引诱大鳡鱼来咬，当它咬住上面的钩后，下面 1 米多长的钩靠近咬钩鱼的身体，经几个来回，下面的空钩有的就会钩在鱼体上，甚至几枚鱼钩挂住它，再凶猛的大鳡鱼也是摆脱不掉的。

2. 活鱼诱钓鳡鱼

钓鳡鱼不用打塘子和诱饵，因为它们喜爱追捕白鲦鱼，当一群白鲦鱼在水面上突然受到惊吓并四处逃散，原地留下大鱼转身摆尾的水花旋涡时，这就是鲌鱼在无水草的自水荡子中。

垂钓安饵时，为了保证活的白鲦鱼能在水面上自由游泳，用 3 只钓钩分别钩在 3 条鱼嘴后下方的软组织上，钩尖和倒刺均要刺出它另一边的鳃外，这样，鱼就不致很快死亡还能带着钩子在水面游泳，白鲦鱼饵安好后，用钓竿将鱼放到水边，放松钓线，让鱼互相拉扯着慢慢游向水体中部。这时停止放线，将钓竿前倾，并仔细观察白鲦鱼饵的活动情况。钓线也要适当收拢。

3 条白鲦鱼由于互相拉扯，因此在水面上目标较大。当鳡鱼游经这里发现白鲦鱼饵时，它们就会像饿狼般地蹿上去吞食。当刚发现浮漂没了时，要稳住钓竿，待它把钓线继续拽跑约 5~10 米以后。再甩竿绷钩。这时要根据鱼的大小分别对待，10~20 千克以上的鱼，要准备一两小时解决战斗，1~5 千克的也要半小时左右。

3. 激流钓鳡鱼

鳡鱼有逆水游泳以捕食顺水而下的小鱼的习惯。当汛期水闸放水时，中、小鳡鱼常常争先恐后地群集逆水奋游于闸下游翼墙附近的激流中。钓者持短竿站于翼墙上部，钓线下端只扣一把钩，钩子钩在白鲦鱼或其他小鱼的脊背处，在鱼饵钩上方 40 厘米处，用一只铁螺帽或锡坠缚于钓线上作坠用。垂钓时，使铁坠沉没于水面下 50~80 厘米，使小鱼能在鳡鱼活动的深度漂动。当激流把铁坠冲出水面后，用钓竿提起鱼饵，再放到前边去丢入水下，如此往复若干次，以招引鱼捕食鱼饵。此外，还可顺着水流向下游甩钩放线，放到一定距离再逆水收回，如此往复若干次。当鳡鱼捕捉到鱼饵时，可凭手感来判断它的“重量”和“拉力”。这时要及时放线，待它咬着鱼饵游出十几米，然后突然止住放线器，钓竿向后一拽，钩线即可以把上钩的鱼钩住了。但此时是处在激流中，钓者切不可把上钩的大鱼往上水拉，而应走下翼墙，把鱼牵引到闸下游宽广的并有回流的地方，再缓缓地牵鱼上岸。

4. 真饵浮钓鳡鱼

用真饵浮钓，钩、漂、坠的组合要依钓点水情采用两种不同的方法。钓点水深不超过 2 米，用坠上钩的组合方法为好。用坠子落底，起定位作用，饵钩借助浮漂垂悬于坠子上方。为避免饵钩与主线或系坠子的线发生缠绕，主线、绑钩线和系坠子线要用母子返捻环连接。垂钓时，首先根据钓点水深确定系坠子线所需的长度，使饵钩垂悬于水体中、上层。然后调定浮漂在主线上的位置，使浮漂露于水面。这种组合方法不适于在深水浮钓。另一种是饵钩连接在坠子下方，距坠子 20~25 厘米配活动浮漂。浮漂使坠子和饵钩悬浮水中。坠子的作用只是为了便于投甩。活动浮漂是通过漂尾端的金属小环穿在钓线上的，可沿钓线自行滑动。垂钓时，根据所垂钓的水层深度，用棉线在主线上打一个结，浮漂只能沿线滑动至打结处，但结本身却能自由通过竿上的导线眼。这样钓线几乎可以全部收到绕线轮上，投甩极为方便。饵钩投出后，浮漂在水面；饵钩和坠子下沉至主线上打结处，随即悬浮于水中。不论用哪种组合方法，将饵钩投于钓点后，主线要保持松弛状态。

鳡鱼咬钩，动作异常凶猛，往往浮漂瞬间沉没，接着钓线被拉直，竿体前部下弯。为防止个体大的鳡鱼咬钩时还没来得及提竿，竿线已被拉直而抬不起竿或断线，应在饵钩投出后，调整绕线轮的泄力装置，使出线阻力不过大，以便在拉力大的情况下可自动放线。个体大的鳡鱼被钩住后，会大力冲撞数次，每次可将钓线拉出数十米，经过几次冲撞就可能把绕线轮上储存的钓线拽光。因而在鳡鱼第二次冲撞后，要及时适当地加大出线阻力，以减缓其冲撞速度和缩短冲撞距离。当感到鱼的拉力有所减弱时，垂钓者应挺住钓竿，人往后退，将鱼向回拖。

如此反复进行，鳡鱼的对抗力就会越来越小，直至筋疲力尽后，将其提拉至岸边用抄网或搭钩提上岸。

5. **拟饵甩钓鳡鱼鱼**

用拟饵甩钓鳡鱼的方法，是垂钓者将拟饵钩远投于垂钓水域，待拟饵钩下沉至鳡鱼活动的泳层时，即提竿同时摇轮收线，使拟饵钩在该泳层犹如活鱼游动，诱使鳡鱼上钩。这种钓法，除了钓点要选在鳡鱼常出没的水域外，还应根据水情的不同，在拟饵钩投出后，掌握好摇轮收线的时间和速度。这是使拟饵钩在收线过程中始终沿鳡鱼活动的泳层游动的关键。钓点水较浅，拟饵钩落水后即可开始摇轮收线；钓点水深，拟饵钩落水后要稍停一下再开始收线。水不流动，收线速度要快些；水流动，收线速度要慢些。此外，这种钓法不宜固定在一处投甩饵钩，要不时地沿岸边变换钓位、钓点，反复将拟饵钩投出、收回，直至遇到鳡鱼捕食。鳡鱼咬钩时，垂钓者会突然感到钓竿被猛力牵动，竿体前部下弯，这时要奋力将竿挺起，借助竿的弹力，顺势放线、收线遛鱼。

十七、白鲦的垂钓

1. **水库游钓白鲦**

选择钓点：水库的入水口处，网箱附近，水边餐馆的下水口及近岸 1~3 米处的浅水区等食料丰富的地方都是好钓点。

短竿：白鲦（图 2–17）喜欢在近岸浅水区活动觅食，且自身重量轻，使用短、轻、软调竿钓它为好（一般用 3.6 米以下手竿）。竿短操作方便，鱼咬钩时通过渔线传到竿上的颤动感强烈，并且起竿快，可提高上鱼的速度。

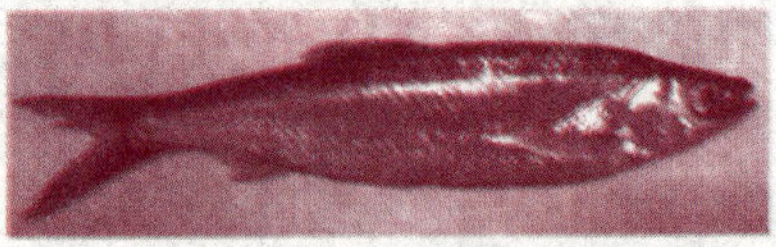

图 2 – 17　白鲦

钓线：白鲦的重量大约 10 克，所以钓线越细越好，线可采用齐竿长。

钓钩：使用伊豆 1 号钩，因为有倒刺，挂蚯蚓不易滑脱。用 1~4 只钩组成串钩，利于提高上鱼率。

轻坠：用铅皮做坠，其重量以抛钩时能拉直钓线略微重一点即可。采用底坠，串钩依次排列固定在坠的上方，这样的组合手感最好。白鲦吃钩快而狠，常呈追抢状，经常处在水的上层；又常随天气、温度、时间的不同而处在水的不同层面。

钓饵：一般情况不用做窝，可直接施钓。需打窝聚鱼时，可用芝麻微炒后压碎同麸皮混合，加入少量蜂蜜充分揉匀，不加水，装食品袋密封待用。到了钓点，撒在水面上即可。

钓饵可荤素两用，红蚯蚓的效果更好些。选用红色细蚯蚓，自头部刺入推到钩柄，自倒刺内侧掐断，让钩尖、倒刺外露。取鱼时，一手抓鱼，另一手握住钩柄，向上直提，目的是有效地保护蚯蚓，尽可能减少挂蚯蚓的次数，提高钓鱼效率。

假饵：其制作方法是用很细的红色丝线绕钩，自倒刺内侧至钩柄绕密垃紧，留少许线头在外。在外的线头在水中似蚯蚓蠕动，有诱鱼效果。假饵钩与蚯蚓钩交错固定在主线上。

钓法：除冬季之外均可施钓。夏秋季白鲦更多，应选择天气晴朗无风时出钓，早晨和傍晚白鲦浮在水面寻食，是垂钓的大好时间。采用无漂游钓的方法，操作方法是：一手持竿，或左或右拉着钩饵在水中慢慢游动，或深或浅，使钩饵上下翻滚，目的是找鱼、诱鱼。只要手上有颤动感，立即起竿，一般都有鱼。但起竿时用力不可过大，以鱼能顺利到达摘鱼处为宜。此钓法竿小且细，不用浮漂，左右游钓随心所欲，可立可坐，不费体力，特别适合年老眼花的老年朋友。

2. **台钓法水库钓白鲦**

钓竿：视水深，一般可用3.6~4.5米的手竿，其中以4.5米的中硬调竿为佳。硬调竿容易拉豁鱼唇而跑鱼，软调竿扬竿速度慢，中鱼率低。

钓线：母线0.8~1号，子线0.4~0.6号。子线要长，一般在28厘米左右，两钩的距离要大，约6厘米。

钩：用丸世3~5号钩效果最佳。袖形钩也可以，但远不如丸世钩好用。因为丸世钩钩条粗细重量合适，钩门较窄，易于吸入。

饵：商品饵或商品饵与颗粒饲料混合使用均可。最好是用雾化效果比较好的东峻、三鱼鲫鱼饵，另外适当加些丸六白鲦粉。饵要软，挂饵要小。小一点的白鲦挂绿豆粒大的饵，大一点的白鲦挂黄豆粒大小的饵。饵大且硬则空竿率高。

浮漂：用达摩3~4号空心尾漂最好。与达摩3~4号漂力差不多的其他孔雀翎空尾漂也可以，调5钓3。实心尾浮漂效果差一些。

钓法：调好漂后，为上鱼快，可在钓位正前方撒三四把用麸子和玉米面调好的诱饵。为了增强聚鱼的效果，还可把饵沾上未和的东峻鲫鱼饵抛向钓点。这样鱼就会越聚越多。到水库钓白鲦，应选水深2~3米的钓位，钓半水。在垂钓过程中，要根据天气、水情、鱼情的变化，调整浮漂，找准鱼层。操竿动作和台钓鲫鱼是一样的。如果扬竿动作太大太猛，加之水深，很容易把鱼唇拉豁。因为是钓半水，鱼吃饵的浮漂动态非常明显，只要浮漂快速下沉1~2目或更多，即可扬竿。浮漂在停漂或突然走漂时扬竿，也可中鱼。

用台钓法到水库钓白鲦，最理想的是风平浪静或微风的天气。如果风浪较大时，可把浮漂调至漂肚处，漂动即可扬竿。

3. **清面钓白鲦**

钓竿：一般在河流、小溪用3.6米软调手竿；钓水库用3.9或4.5米软调手竿。

钓线：用直径0.1~0.15毫米的线。线细隐蔽性好，灵敏度高，上钩率高，并且用这种线钓白鲦拉力已经足够。另外，钓线在长度方面一般与竿等长或稍长10厘米左右。这样的长度比，抛竿准而快，抬竿也快，钓线过长过短都不好用。

浮漂：钓线穿白鸡毛梗做浮漂（散漂）。白鸡毛梗紧实、耐用，鸭毛梗、鹅毛梗次之。用清面钓白鲦，漂最好每节长约2.5厘米，直径粗约0.2厘米为佳。后漂可稍小。

铅坠：用保险丝锤打成铅皮，裹在离钓钩约10厘米远的钓线上。若相距太短，吞钩率低；太长，漂的反应稍差。铅坠在重量上以刚好能把前漂沉入水中约4/5，只留一小点漂尾露出水面（两漂合一漂时同法）为宜。这样的漂，灵敏度高，动作大，易观察，易判断，获鱼率高。

鱼钩：以长柄小钩为宜。柄长易于裹挂清面，上鱼后易摘钩。3号钩也可，但柄太短。

喂窝：用酒糟500克捣细，加豆渣500克混匀即成；或粗粉末状的干饲料加水调成半干半湿状喂窝亦佳。方法是：少喂、勤喂，每次喂诱饵约蚕豆大，每三五分钟喂一次，使窝内不时地有少许食物漂浮和下沉，鱼儿不能吃饱，却又不愿离去，能起到较长时间聚鱼、留鱼作用。

坐钓：白鲦多在表层、上层水域活动，生性胆小，怕人影晃动，坐着钓隐蔽性好，无干扰，有利于窝内聚鱼、留鱼，获鱼率优于站着钓。

清面：笔者一年四季基本上都用清面垂钓白鲦。原料和方法是：用上等麦面粉加少许蛋清或香油再加水用力搅拌3~5分钟，使之成半干半稀、黏性好、延展性好的糊状面，以恰能裹挂在钩上（如豌豆大），不能过于，干了鱼不喜吞钩，且常常钩鱼不牢，跑鱼多；过于清稀，清面易从钩上掉落。用清面钓白鲦的优点是：①吞钩速度快、上钩率高、跑鱼少，一般比用其他钓饵垂钓白鲦收获要好；②挂饵快，上鱼后摘钩快；③面粉随处可取，且清洁卫生、方便；④用清面钓鲦，收获常佳。

在不同水位垂钓白鲦：垂钓时，水下钓线长度在 1 米以内时，前漂与后漂应相距约 30 厘米，前漂用来观察白鲦食饵的情况，判断可否抬竿上鱼，后漂用来固定后段钓线。在鱼试探性食饵时，不会因风或手的关系使后段线牵动前段线，影响鱼儿吞钩而减少获鱼率。水下钓线长度在 1 米或以上时，宜两漂合为一漂，其间留约 1 厘米间距，这时要加重铅坠，方法和原理同前。这样，铅坠重，入水下沉快，钓饵在短时间内即达垂钓层，节约时间。减少了表层小鱼闹钩，增加了大白鲦的上钩率。一般情况下，小白鲦在 0.1~0.8 米的上层水位活动，大白鲦多在 1~2 米深的水位活动。因此，水下钓线深度也应与之相应，垂钓效果才能最佳。通常，大白鲦多在靠岸边的深水区，尤其是水库或水库网箱边。

抬竿中鱼——清面钓白鲦，只有一种信号可以抬竿中鱼——就是前漂（两漂合一漂）下沉黑漂，或基本黑漂就应迅即抬竿，若动作稍一迟缓或超前就会空钩。其他送漂、漂动不停时抬竿，多不能中鱼，这是与钓其他鱼不同之处。

在流水或静水中用清面钓白鲦，若较长时间无鱼咬钩，就要不时地轻轻抬一下竿，拖下线"逗"鱼咬食；若白鲦成群，咬钩频频，只需眼疾手快，快提、快取鱼、快挂食、快甩，就可做到忙而不乱。

十八、鳜鱼的垂钓

1. 小花篮钓鳜鱼

小花篮钓法是利用鳜鱼（图 2-18）有钻洞习性而设计的。花篮是一种腰鼓形的竹编篮子。两头的幔口内陷，有向内的倒须，鳜鱼能钻进去，却无法出来。一般篮长 60~70 厘米，直径 40 厘米，两头细一些的为 30 厘米。在花篮中间系一根 1~1.5 米的绳，上面拴上浮子。

图 2－18　鳜鱼

使用时，在花篮内和两个入口处系上活鱼、活虾、活蛙，隔 5~10 米在岸边或由船上放下去一个花篮。由于浮子漂在水面，所以目标明显，傍晚下篮次日清晨收篮，十分方便可靠。

2. 定点水体浮钓鳜鱼

这种钓法用手竿、投竿或拉砣均可。钓钩连接在坠子上方，以小活鱼为饵，将饵钩投甩于选定的钓点，等鱼上钩。在静水水域垂钓，最好装浮漂。选用的浮漂，浮力应大于小活鱼挣扎时的拖拽力。浮漂的上下跳动，还可显示饵鱼活着或者未被水中杂物挂住等信息。鳜鱼口裂大，咬饵凶狠，咬饵后，浮漂会立即沉没，并且缓慢游动。所以若钓点附近没有很多障碍物，可稍等片刻，当看到松弛的钓线被慢慢拉动时，即可提竿。若钓点附近障碍物多，浮漂沉没后应立即提竿。用拉砣垂钓时，浮漂沉没后，应先快速往回倒几把线将鱼钩住，然后慢慢将鱼提拉至岸边捞起。

在流动水域垂钓，一般不装浮漂。饵钩投出后，需将钓线绷紧。若钓点水浅，用手竿、投竿垂钓时，投出饵钩后，应适当增大架竿的角度或加大钓钩与坠子之间的距离。用拉砣垂钓，将饵钩投出后，应用较长的树枝或自制的长竹叉将钓线架高，或选在陡峭的岸边投甩，使绷紧的钓线与水平面的角度越大越好，以免小活鱼贴底而不活动。鳜鱼咬钩的信息通过竿尖或竹叉反应。当竿尖或竹叉缓慢地下弯时，即可提竿或快速回收拉砣。

3. **戏钓鳜鱼**

戏钓法有两种：一种是以轻巧投竿为钓具，以小活泥鳅为饵，选择岸边可隐约见底的清澈水域。选择水底有较大的石块，石块之间有较宽的石缝或石洞以及有树根等障碍物的地方为钓点。垂钓时，首先根据钓点水的深度，确定所需钓线的长度。一般说，钓线应比水深长一倍，如水深 1 米，则钓线长 2 米。钓线长度确定后，要使饵钩准确地到达钓点，需将饵钩投在钓点前方 1 米处或更远些的水面，饵钩落水后，泥鳅必然向水底暗处下潜。这时要同时往回缓缓提拉钓线，引导泥鳅钻向选定石缝、石洞或其他可隐藏鳜鱼的地方。若钓点隐藏有鳜鱼，它会在泥鳅贴近的瞬间吞食饵钩，当竿有明显的向下拉拽的动作时，要及时用力提竿。提竿后，被钩住的鳜鱼一般会随着提竿动作，从隐藏处迅猛冲出，向深水逃窜。垂钓者感到冲力很猛，应及时放线遛鱼，切不可生拉硬拽，以免断线。若泥鳅被引进石缝或石洞后未见鳜鱼咬钩，可提起饵钩稍改变位置，重新投出，引导泥鳅从另一个地方进入石缝或石洞。鳜鱼不喜欢合群，一般在一个石缝或洞穴中只潜伏一条。

另一种戏钓法是在岸边水较深看不见底的水域进行戏钓。选择水草空隙处、水底有乱石堆或其他障碍物的地方作钓点。用麦穗鱼、鳑鲏鱼或青虾为饵，垂直下钩。饵钩到达水底后，要不时地上下轻轻提动，进行引逗。在引逗过程中，垂钓者若突然感到下拽力时，要用力提竿。若引逗半天不见咬钩，则要另选钓点。这种戏钓法，实际上是在不了解鳜鱼隐藏的具体位置的情况下，投石问路的钓法。若岸边没有水草，可以沿岸边走动边戏钓。

4. **清水钓鳜鱼**

3 米以上长的竹竿 1 根，竿尖宜硬不宜软；竿梢顶端绑一类似过线圈的铁丝圈；标准直径 0.3 毫米的优质尼龙线 1 根，其长度是竿长的 1.7 倍；重量不少于 50 克的空心铅坠 1 枚；选用伊势尼 8 号钩 1 枚；钓饵用小鱼、水蜈蚣、泥鳅均可，尤以泥鳅最佳，但均需鲜活。

鱼线要拴在竿上靠手握的部位，再从竿梢的铁丝圈穿出，好处是一旦挂钩卡坠，便可左手绷线，右手送竿，直至竿尖的铁丝圈触到铅坠时，轻轻一顶即可取回。坠穿在主线上，脑线接在坠的下方，钩、坠的距离保持 10 厘米为宜。过近，失去了隐蔽性；过远，往往坠子进了洞，钩饵还漂在外面。装食的要求是，钩从泥鳅背鳍前的脊上横穿，以露出钩尖、不伤内脏为宜。

在乱石成堆的河滩，人站岸边，选择水下最阴暗、看似最细小的缝隙，将钩饵垂直投入穴窝，竿子轻轻点动。如果有鱼咬钩，手感反应很猛烈，此时应放松几秒钟，待其吞进钩钩牢再提竿。如没有反应，说明此窝无鱼，则另选穴位投钓。

5. 湖泊垂钓鳜鱼

湖泊通常采用海竿自然钓法、手线传统钓法和长竿短线活饵钓法三种。

（1）海竿自然钓法。何谓“自然钓法”，即用海竿、组钩、活坠、面饵，以钓鲤鲫为主，以白天施钓为主。如发现鱼信号——警铃轻微响动，竿梢略微点头，经仔细观察、分析、判断，确认小鱼中钩，此时是上鳜鱼的最好时机，在这种情况下，鳜鱼见到拼命挣扎的小鱼肯定猛扑过去，连鱼带钩吞进嘴里。白天，鳜鱼一般游到较深的水域，必须远投方能钓获。

（2）手线传统钓法。主线采用直径 0.6~0.7 毫米的尼龙线，串钩脑线选直径 0.2~0.3 的毫米尼龙线，鱼钩选千又 1 号或千又 1.2 号均可。拴死坠（或以石代坠）。鱼饵以活泥鳅为主，其次是蚯蚓和虾。

傍晚，鳜鱼游近岸边浅水区捕食小鱼，抛线时切忌远投，一般距岸 15~20 米为宜。或夜钓，或下夜钩均可。夜钩要在日落后下完，翌日日出前先遛第一遍钩，观察“标记”有无异常变化。无异样的钩线暂不起，只起那些中鱼的钩。早 8 时左右起第二遍钩。

（3）长竿短线活饵钓法。竿：选择 4~5 米单节竹竿（竿梢宜粗不宜细），或就地取材。用较直的细灌木条子代替也可。

线：主线直径 0.4 毫米，长 3~3.5 米，比竿身略短些。先在主线距底坠 20~40 厘米处拴一连接环。底坠最好采用石坠，重 100~150 克。

钩：单钩，拴在能上下移动的连接环另一端的环上，脑线长 10~15 厘米。

饵：首选鳑鲌鱼做钓饵，也可用小鲫鱼等。挂钩方法：将鱼钩穿在鱼的背鳍根部，不要伤了肉体，以防致伤而死，活饵变死饵，鳜鱼见了也没兴趣。

正确选择钓点。根据鳜鱼的生活习性，要选择有水草丛和岩石多的水域作为钓点。此外，通过观察也能准确判断鳜鱼的踪迹。如发现小鱼像箭一般不断蹿出水面，这是鳜鱼捕食小鱼受惊逃窜时出现的现象，在此投钩必有收获。

摘钩要把握好分寸。能摘则摘，不能摘就剪。鳜鱼捕食凶狠，咬钩多为吞饵，不是将钩吞进胃里，就是挂在喉咙眼儿上，很难摘钩，即使用摘钩器也往往无济于事。在这种情况下，以用剪断脑线的办法处理为宜，这样可保障鳜鱼的钩伤不再扩大，延长鲜活时间，另外摘钩时要谨慎，提防被鳍刺刺伤。

6. 江河急流钓鳜法

（1）钓具。以手竿（5.4~6.3 米）和竹制轮竿为好。海竿使用得当亦可。钓线直径 0.25~0.3 毫米，海竿钓线可粗些，钩用 5 或 6 号长柄拱背白狐钩，不用浮漂。坠子宜轻，一般为 8~10 克，球形铅坠最佳。线宜长，比竿长出 0.6~1 米。

（2）钓饵。以活虾活鱼做饵。活虾可就地向渔家购买，3~5 厘米长的最好，用竹制虾笼或用塑料纱布缝制成圆筒状，大小以手能宽松探取虾子为宜，装虾并养在河水里。用时将虾的两只钳摘掉，用钩尖顺虾身纵轴刺入虾背部挂住。注意不宜太深，以免把内脏弄伤造成死亡。

（3）钓法。手竿钓法：挂好钓饵后，可直接抖腕抛出，也可手持铅坠抛出饵钩。钓点一般是浪与浪之间平静回旋的水域。钓饵在浪花的顶托下时起时伏，引诱鳜鱼追逐、捕食。竿不离手，注意渔线被水浪冲动的方向，手腕不时地轻轻拉动，以免钩挂水底岩礁。当感到竿梢有啄食，下弹震动时，应迅速抖动手腕提竿。提竿时机必须把握好，太早如点动不下弹，则钩未进鱼嘴；太迟则饵钩入喉太深很难取出。取钩时注意手指勿被刺伤。用手抓鱼要一把抓紧，否则被鳜鱼背鳍毒刺刺中，不但疼痛难忍，还极易发炎红肿。

轮竿钓法：竹制轮竿较海竿快捷，一般竿身较短（1~1.5 米），且韧性远远优于海竿。钩用较大的方钩，系单钩；坠子可比手竿坠子稍重，15 克左右，用小活鱼做饵（以白鲦为好）。用钩挂住小鱼的上颚，将饵钩向急浪中抛出，随浪缓缓放线，并频频回拉。目的是增加大鳜鱼追食的机会，另外也避免钩挂住水下岩礁或其他杂物；一旦竿梢负重并伴有弹震感，应立即抬手拉动轮竿，把鱼钩牢，然后试探着拉动收线。如拉不动，那是鱼进了岩洞，则不用急躁，可左右方向试拉，引诱鱼儿出洞。如索线，则适当放线，不可硬拼。鱼儿能拉动时，则转动绕线轮，将鱼带至岸边浅水，用抄网起鱼。用此法钓到的鳜鱼一般较大。

海竿钓法：基本上用轮竿钓法。但钩可用串钩，坠子用扁坠为好。饵料可同时使用虾和小鱼。饵钩抛出落水的一刹那，应逆水收线，引鱼追赶饵钩。海竿易挂岩石和其他障碍物，容易造成折竿、断线、跑鱼，是其缺点。

十九、鲈鱼的垂钓

1. 海竿钓鲈鱼

鲈鱼（图 2–19）是低温性鱼种，属于近海水域的鱼类，在早春喜游向近海沿岸及河口淡咸水交汇的低盐度区索饵和产卵，幼鱼可以进入纯淡水的河沟和湖泊等水体中生活。海竿宜选用 3 米以上的硬投竿，配中型旋压式绕线轮。钓线用直径 0.4 毫米的尼龙线，线长 100~120 米。坠子重量要依水的流速而定，流速快，坠子要重些；流速缓，坠子可相应减轻。一般坠子重 20~25 克。

图 2 – 19　鲈鱼

海竿甩钓：这种钓法最适宜在流速较急的水域采用。用海竿向上游远处抛出饵钩，等到坠子落底，随即摇轮收线，使饵钩保持在水体中上层游动。收线速度不要过快或过慢。过快，饵钩浮到水面；过慢，饵钩贴近水底，从而超出或不及鲈鱼捕食的泳层。在甩钓过程中，当手感到猛然的下拽动作时，要及时提竿。若未见鱼咬钩，再重复上述操作。投竿甩钓法所用的钓饵除真饵外，还可用拟饵钩和羽毛钩，均会起到和真饵一样的效果。

海竿提钓：这种钓法不同于甩钓法。其特点是饵钩在水中一上一下地活动。垂钓者朝上游将饵钩投出，待坠子落底后，随即收紧钓线，向上提竿，举过头顶，然后放平钓竿，收紧钓线，再作第二次提竿，如此重复这一动作，直到饵钩回到岸边。鱼吞饵的信息也凭手感获悉。

海竿定点浮钓：在流速较缓的水域可采用此钓法。垂钓者将饵钩投出后，等坠子落底，绷紧钓线，候鱼上钩。钓饵悬离水底 30~35 厘米。鲈鱼吞饵上钩时，竿尖即会作出反应。当竿尖颤动或突然下弯时，用力提竿，即可得鱼。

退潮河口拖浮钓：海钓一般都是在涨潮时进行，但鲈鱼在退潮时却逆水而上，争着抢食水面的食物。这时，可用拖浮钓引诱它们上钩。拖浮钓用抛竿，钓组由浮球、钩、坠组成。在江河岸边或码头上将钓组向水中抛出 50~60 米远，使钩饵入水，浮球在上，当它们顺水漂流，流到线拉直时，可放线，也可缓缓收线，引诱鲈鱼来抢钩。钩应在离水面 20~60 厘米处，饵以蚂蚱、蝗虫、活虾、猪肝块或大蚯蚓为好。

2. **手竿钓鲈鱼**

竿体要结实、韧性好、弹性强。手竿长 4.5~5.4 米，玻璃纤维竿或竹制钓竿均可。钓线最好用直径 0.3~0.35 毫米的尼龙线。钓线与竿等长或略长于竿。钓钩选用日本产的伊势尼 515~517 号钩、龟形 815~817 号钩或丸形 915–917 号钩。用手竿适宜钓个体小的鲈鱼。钩、坠采用坠上钩的组合方式，这样，钓饵可悬离水底，在水中自如地活动，诱鱼效果好。为此，手竿垂钓需装浮漂。若夜间用手竿垂钓，要装夜光浮漂。

用手竿垂钓只能选近岸水流平稳的水域作钓点，垂钓的最佳时间是满潮期。一般采用的钓法是定点浮钓，以活鱼作饵，悬离水底 30 厘米，鲈鱼吃食猛，当它吃饵时，浮漂立即没入水中，这时要迅速提竿。用手竿定点浮钓也适宜在夜间进行。夜间垂钓可使用夜光浮漂。当闪烁的亮光突然消失时，即可用力提竿得鱼。

3. **秋找浪花钩鲈鱼**

秋季钓鲈鱼的关键是找“浪花”，也就是找浅滩滩涂有浪的地方，这是鱼儿的集散地。有鱼的地方，是在连刮 3 天 6 级以上的北风过后，风停了深滩的浪也停了，只有浅滩滩涂潮水涌动，浪花滚滚，这样的钓点，才是钓鲈鱼的最好钓点，鱼的密度相对大，咬钩狠，单位钓时也长。

用竿最好是 3.6~4.5 米的长海竿。投竿要准确，要指哪儿打哪儿。找到鱼索饵的地方，钩坠不用拖拽，只要饵随浪动，就会诱鱼抢钩。用坠要比平时习惯用坠略大一些，以保证投竿方向准确，落底定位牢靠。饵要对路，要投其所好。钓浪花，因海中水体混浊，天然饵料相对也多，小虾是钓鲈鱼的上乘之品。上饵时，用钩轻轻穿过虾背，准确投向钓点，有时饵钩不等落底，就有鲈鱼抢食中钩，鱼情好时，往往一竿双鱼。

4. **海钓海鲈鱼**

鲈鱼既有淡水品种，也有海水品种，海水鲈鱼俗称鲈子，此鱼肉质细腻鲜美，是黄海渤海的主要经济鱼类，也是广大垂钓爱好者垂钓的主要对象鱼之一。

鲈鱼生活在近海或河流与海洋的交汇处的两合水中，喜栖息在泥沙底质的水域。通常在水的中上层活动，偶遇特殊情况，例如气候、水质剧烈变化时，也会活动在底层。此鱼喜食小虾、小鱼、沙蚕、蛤肉等，是典型的肉食性鱼类，而且捕食凶猛，一旦发现目标张口就抢，不计后果。

钓场：沿海海岸线长，多港口、码头、河流入海口处等都是钓获鲈鱼的理想钓场。

垂钓时间：每年的 5~11 月都可钓获，9~11 月是最佳垂钓时节。鲈鱼受潮汐影响，一般涨半潮至落半潮时垂钓最佳。每月初一至初五，为大潮汐，此时鲈鱼多，几乎全天都能钓获。初九和二十四为最小潮汐，此时出钓收获不会很大。

钓具：钓竿为抛竿 3.6 米以上（海竿、矶竿）。也可用 4.5~6.3 米的硬调手竿。

钓线：钓鲈鱼线宜粗不宜细，鲈鱼牙齿锋利、捕食凶猛，吞饵（钩）后更是野性十足，力大无比，故选线应以强力防咬为要。以主线线径不低于 0.4 毫米、子线不低于 0.3 毫米的高强度防咬性能高的编织线为好。

浮漂：宜选用大浮力海钓用漂。可自制，方法很简单：取硬泡沫塑料一块。用小刀削成乒乓球或鸡蛋大小，表面修理光滑后，用硬锥穿孔，使主线能顺利穿过，使用时两边加大号太空豆固定即可。有条件的钓友也可选用进口的阿波漂，效果会更好。

鱼坠：①抛竿底钓时应用大坠，作用一是方便远投，二是抗水流。大海中多暗礁，容易挂底，应多备坠以供不时之需，也可用小石块代替。方法是取自行车内胎，剪下宽约 2 厘米的胶圈，将小石块缠紧系在子线上即可。这样在挂底时小石块可挂在水底却不伤及主子线，且不会丢鱼。②浮钓时用坠要根据浮漂配重，原则上用大浮力漂大坠。

鱼钩：宜用大不用小，用长柄钩不用短柄钩，钩条也宜用粗不用细。大号长柄粗钩条钩具有提鱼牢靠、卸鱼方便和不伤线的优势。

摘钩器：备一把摘钩器偶有鱼儿将钩吞入口腔深处时方便卸鱼。

鱼饵：鲈鱼是肉食性鱼，吃荤不吃素，小鱼、小虾、贝肉、沙蚕都是它的美味佳肴，选饵要注重鲜活的原则。

垂钓方法：

a. 抛竿浮钓。选 3.6 米以上海竿或矶竿一支，配多轴承耐腐蚀大型纺车型绕线轮，储强力线 100 米。挂大浮力漂，子线 60~100 厘米，系串钩 4~6 枚，抛至距岸 15~30 米的钓点，挂饵施钓 50~150 厘米水深。鲈鱼吞饵凶猛，发现黑漂时用力提竿即可。若无鱼信号可抖动鱼竿或小幅度摇轮使钓饵形成动态，诱逗鱼儿上钩。较长时间无动静，应考虑调整钓棚深度或转换钓位。

b. 抛竿底钓。在抛竿浮钓的基础上去掉浮漂即成抛竿底钓钓组。底钓钓组可钓多种类型鱼类如黑君、光鱼等。

c. 手竿浮钓。选用 4.5~6.3 米硬调手竿，漂下系双钩，调整钓棚至 50~100 厘米水深即可垂钓。手竿浮钓的优势是可加速抛竿频率，方便上饵卸鱼，若有鱼群时能多钓鱼、快上鱼。

二十、鳗鱼的垂钓

1. 搜洞钓鳗

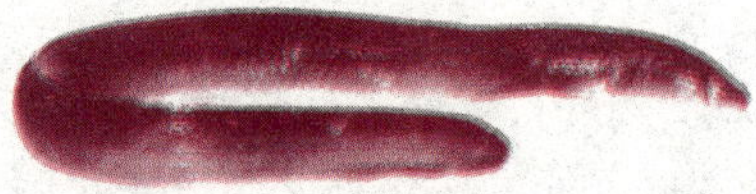

图 2－20　鳗鱼

搜洞钓鳗鱼（图 2-20），需要自制一种搜洞钓具，取一根 2~2.5 米长的竿，顶端固定一根用 40 厘米长、直径 1.2~1.5 毫米的不锈钢丝制成的探头。钓钩用不锈钢丝一头磨尖，弯成钩形，并带倒刺，钩的大小，相同于伊势尼 4~5 号钩，另一端弯成 90° 长 15 厘米，便于用铁丝把它和竹竿牢固连接。钓饵用青蚯蚓、小鱼、小虾均可。垂钓时首先找洞，要在江河的桥、坝、堰、涵洞附近有石头的地方，发现石头缝里有碗口大的圆洞，而且洞口光滑，可判定是鳗鱼的洞穴，这时用穿上钓饵的探钩伸进洞里，上下抖动，引诱它上钩。鳗鱼闻到饵的腥味便一口将饵咬住，拉得竿不断抖动，此时应顺着洞口，迅速把它拉出来。

2. 诱饵打窝钓鳗

诱饵可用麦麸做成饼块投入钓点，钓点应选在水体中较静的岔口、桥洞、河弯旁边，通大河的水沟、池塘的阴暗处，窝宜多打几个。打好窝后，用活饵投入水中沉底诱钓，垂钓者应不时将钓竿稍作移动，使钓饵随之微微移动，以引起鳗鱼注意。鳗鱼很多疑，常常会吞入饵钩又吐出来，一般要经过几次反复之后，才把饵钩吞入。在鳗鱼吞吞吐吐之中，垂钓者应该当机立断，趁浮漂升起，它未吐出饵钩的片刻，迅速地用腕力将钓竿向上一抖，将鱼嘴深深钩住，不让它吐钩出来。鳗鱼被钩住后，会用尾部向四周绞动，以缠绕住水中草蔓及其他水生植物，若有水草被绞住，它就会死命缠紧水草，使垂钓者拉不动竿，此时不可惊慌，更不可放松钓线，应紧紧拉住它，只要能坚持 1~2 分钟，鳗鱼的劲头就会慢慢消失，逐渐松弛下来。这时突然起竿，可以一下子将它提上岸来。钓上鳗鱼以后，立即将它放在地上，用一只脚踩住它的头颈部位，它受压后就会翘起头，张开嘴，这样很容易把钩退下来，然后将它头朝下放入鱼护。

3. 海竿钓河鳗

在大鱼塘里，河鳗大部分栖息、隐藏于离岸较远的深水区，只有用海竿垂钓方可奏效。

钓具准备：准备 2.5~3.6 米中调海竿 3~5 副，配中型旋压式绕线轮，装 100 米 3.5 号线。使用串钩，主线也用 3.5 号，长 50 厘米左右，子线配 3.5 号线，长 12 厘米，绑 12 号左右长把钩，每隔 13 厘米挂一只钩，每串绑 3~4 只钩即可，两头各用一个连接环和圆环固定。终端配 40 克带有系线环的坠，上端加一个 20 克的压线坠，以使串钩甩到目标后贴近塘底表层。钓饵用大平 2 号蚯蚓。海竿操作方法和使用糟食操作方法相同。

注意事项：河鳗上钩后会拼命挣扎，稍有不慎，就会将整个串钩搅乱。因此，必须注意以下几个问题。①河鳗一旦上钩后，就要迅速提竿，并将钓线绷紧往回收，不要让河鳗绞到邻近钓线上。到岸边后要立即提上岸，以防其尾巴卷住岸边障碍物而断线跑鱼。②河鳗黏液特别多，用手很难抓住，在河鳗提上岸后，一手抓住海竿绷紧钓线让河鳗悬空，另一只手用事先准备好的旧布将其包住，抓紧颈部摘钩。③用串钩垂钓河鳗尽量少用抄网，如遇到 500 克以上较大河鳗确实需要用抄网时，应将抄网从鳗鱼尾部抄进（如从头部抄，其他串钩容易挂网使河鳗挣脱而逃），并迅速提离岸边摘钩。

二十一、淡水白鲳的垂钓

淡水白鲳（图 2–21）是全水域杂食性鱼种，游速快，视力好。觅食往往是色当先，味次之。因此最好选用红色或黄色的面食及鲜嫩玉米粒。用红色的虾则明显优于透明的虾。

图 2 – 21　白鲳

钓白鲳鱼采用手竿、抛竿、手把线均可。

手竿：宜选用超硬调竿。竿长以 3.6~4.5 米为好。太长易损竿且不方便取鱼。

抛竿：宜选用 3.6 米以内的硬调竿，钓竿要有较好的弹性。

钓钩用伊势尼型或袖形均可，一般用单钩。钓线的选择，母线宜选用较粗些的，3~3.5 号的最好，子线宜采用细钢丝线或多股锦纶线，由于淡水白鲳有很锋利的牙齿，不能用透明的尼龙线，否则鱼上钩后。尼龙线会被咬断而跑鱼。铅坠用通心扁坠，宜轻不宜太重。浮漂应用信号感觉比较明显的立漂，木质和塑料的都可以。

钓此种鱼以上午 8~11 时、下午 4~7 时是最佳垂钓时间。既可以钓底，又可以钓浮。

手竿钓：将钓饵抛至前方窝点的最远点，让它半悬浮着，水线长度选在水深的 2/3 处即可。若无鱼咬钩，则过些时间将钓钩移出窝点起竿再远抛，若见到立漂快速斜移或出现黑漂，便可立即扬竿。如在鱼塘遇到较大的白鲳鱼时（超过 1500 克），应立即改用抛竿。

抛竿钓：凡在水深 3 米以内的水域使用抛竿时，最佳方式是挂漂，挂漂反应快。当第一反应出现为扬竿最佳时机，此时多数钩住唇边。收线时最常出现的情况是左冲右突，突然没了力量。有的钓友误认鱼已脱钩，其实是鱼朝钓者方向急逃所致，此时更应加速收线。

抛竿钓出现的一种特殊情况是：常常发生的断线不是在绑钩线，而是出现在连接绑钩线附近的主线上，这是遇到鱼群所致。白鲳鱼的特点是一鱼中钩，群鱼救之，是其他的鱼咬断了主线。为防止此类情况发生，解决的办法是在主线上连接一段 1.5 米以上的较粗涤纶线，串坠后结一挡结，然后绑钩（不太影响抛投）。

摘钩：凡 1000 克以上的白鲳鱼上岸，钓者需用脚将其踩住，检查钩的部位。如挂在唇边可用手摘钩，若挂在口腔，需先用粗木棍塞入鱼嘴，迫其上下牙不能合拢，再用摘钩器取出钩。

二十二、虾的垂钓

1. 虾笼钓虾

（1）L 形虾笼。用竹篾编制。竖筒长 25 厘米，横筒长 15 厘米，内径 10 厘米，入口倒须长 5 厘米，孔径 2 厘米，计有 3 个入口，竖筒两头的笼口是固定编制于筒上的，中间用套接方法编成一个整体，以便在笼中安装钓饵，横筒与竖筒的一半固定为一个整体，开口于竖筒内部，另一头由一个圆形篾盖盖住。篾盖可以随时揭开，是用一支竹签别住的，这是盛虾的处所，虾笼用一段红色的细塑料绳扣住两脚，然后拴到一根长长的绳上。

虾笼中的钓饵，主要为煮熟后烤黄的小面团，大小如麻雀蛋。安饵时，每只笼中可安装 3 个面团，都用竹签戳牢，固定于笼口里面 3 厘米处的正中，直对着笼口，使虾可从笼口外边看见。虾笼钓法分陆上作业和水上作业两种。

陆上作业方法：以较粗的线绳作为缆绳，每隔 2 米扣一只虾笼，以 10~15 只虾笼为一组。一个人一般可以操作 10~20 组虾笼。虾笼中的钓饵面团。烤一次可以用 5~6 天。钓虾时间不受天气限制，白天黑夜均可作业。通常在夜间和正常天气下收获多，故钓虾人多于傍晚下笼，第二天黎明收笼取虾。

水上作业方法：用小船装载着虾笼，一人摇船，一人施放虾笼，可以到大面积的江河湖泊和水库中去钓虾。一只船上多者可携带近千只虾笼，并且可以日夜连续作业，并不断地调换新的放笼地点，钓者只需适时收虾、运虾，调换部分新饵就行了。水上作业，应选择有水草的浅滩，如果没有水草，则应尽量施放在青坎浅水区。

（2）竹篓形虾笼。用竹编成的小篓钓虾，效果非常好。这种竹篓编得很别致：用细篾编成茅竹筒般粗的篓子，口大、底尖、篓口直径 13 厘米左右，篓长 40 厘米，有一种篓子的口不装倒须，而是用竹编成一个三角形如钱眼那么大的进口，另一种口，装倒须长 6 厘米、孔径 2 厘米的口，篓子底部用旧布塞住，垂钓时，篓里放些炒香的麸子或羊骨头块等作诱饵。傍晚投放，一次放十几只篓子在池塘边的水中，间隔 1 米左右。次日清晨到池塘边捞起竹篓。拔掉底部塞的布，把钻进篓里的虾倒出。

2. **虾网钓虾**

钓虾网的制法，用竹片做成十字交叉的框架，然后用纱布或塑料窗纱缝成四方形捞虾网，虾网边长 50 厘米 ×50 厘米 ×10 厘米。再把虾网固定在框架上。在框架十字交叉的部位拴上一根 1 米多长的钓线，钓线上端拴一个泡沫塑料小方块，放在水中浮起，既做记号又便于提网上岸。

使用这种钓虾网，网内的中部都拴一个小石块，既可使网沉入水底，又可在提网时中间形成一个凹槽，虾跑不出去。在网底中部拴上一根小线，作拴诱饵用。投放时，可选河塘浅水有草或乱石处，一次放十几个钓虾网，每个网之间相距 2 米左右，过 10 分钟左右提一次。提网的竿可用一根普通竹竿。一端缚上一个用粗铁丝弯成的钩子，对准钓虾网上的浮漂，把它捞出水面。提网时出水面以前要慢提，以免把网里的虾惊走，网出水面后要快提到岸边，以防网内虾跳出，逃入水中。

3. **手竿钓虾**

钩钓虾：秋季虾多，钓鱼爱好者用普通长 5 米左右的软钓竿，直径 0.2 毫米以下的细线，用大头针弯成直径仅 3 毫米左右的小钓钩，钓线末端拴一个小坠，也不用漂，一根钓线上拴十几个小钩，用细小的红蚯蚓作钓饵在池塘、河流的水边钓虾。垂钓时，将钩线抛到水里，把钓线放松，使钓钩都卧在水底，每隔两三分钟提一次竿。因为钩小而锐利，虾吃食时，用螯夹住饵往嘴里送，就被钩住，这时轻轻往上提竿，就被钓上来，有时一次能钓上几只大青虾。

无钩钓虾：这种钓法常用羊肉，拴在钓线的末端。如果将羊肉用酒浸两昼夜，效果更佳。下竿时，将钓食放入水中，虾见到细嫩的羊肉，立即用螯夹住羊肉不放。当钓者看见浮漂徐徐下沉时。就得轻轻地、慢慢地提竿。待钓到的青虾离水面 2~3 厘米时，用抄网连同虾、钓食一起抄入网中。切忌把青虾拉出水面，因为青虾一到水面，马上就会发觉自己上当，松脱食物，随即逃走。所以，一定要用抄网在水面下捞取。

4. **浅水点钓虾**

这是在浅水区域进行钓虾的一种技法。用细线、小虾钩，一般取用半截蚯蚓或蛆虫、米饭粒。竿长 2~3 米，轻柔细竿，线长 1 米左右，无浮漂，钩后有小锡砣，最好制成朝天钩状，以便使饵凸出水底，易被虾发现。每到春末夏初，它们到浅水处觅食，可见其游动和爬行。此时，可拣个体大的，将钩饵轻轻放到其头前 5~10 厘米处，虾即会趋前用第一对螯足捧起啃食，这时起竿，即可钓上。虾个体小、嘴嫩，要用钩尖十分犀利的小钩，提竿要轻，手腕一抖，慢慢提出水面。

5. **垂钓对虾**

对虾大部分时间生活在有泥沙的浅水区，尤喜栖息在海藻繁茂、水下地形复杂的粗糙岩礁底部，或布满石块、海藻、牡蛎的地方，这些地方就是好钓点。对虾以底栖的甲壳类、软体动物及小鱼等为食。钓饵可选择贝类、小虾、小鱼、沙蚕等，其中以用沙蚕作钓饵最好。对虾嘴小，饵料不能太大，须切成粗 0.5 毫米、长 1~2 厘米的细条装在钩尖上。手竿钓对虾可用长 6~7 米的软梢小竿，钓线直径 0.15~0.2 毫米。小钩、小漂、小坠。用不易挂底的坠上钩的组合，钓钩用 6 ~ 7 枚拴成串钩。装好饵后，将饵钩投于海底钓点。对虾吃饵很文静，浮漂多是缓慢下沉，这时不能提竿；如浮漂出现往左右方向移动时，这时可提竿。提竿时不要用力，也不要中途变换速度，提到水面时，不要离水，迅速用抄网接获。

二十三、黄鳝的垂钓

1. **找黄鳝洞的技巧**

钓黄鳝首先要会找黄鳝洞。黄鳝洞大多打在池塘、湖泊、水田或小河沟的靠岸边的水中，由一个上洞、一个下洞和一个窝组成。上洞一般在水面上下约 10 厘米的地方，下洞在水面下 30~40 厘米的地方。洞径因黄鳝的大小不同而不同，小的手指粗，大的可达 6~7 厘米。窝在上洞和下洞之间，呈圆形，直径 10~15 厘米，是黄鳝转身、产卵、孵卵的地方。土质松软处的鳝洞多接近水线，即使淹于水下也是暂时的，黄鳝会不断地改变洞口的位置，使洞口经常处于与水线相平，从而既保持洞内的湿润，又避免为水所灌。识别鳝洞可由洞口的圆润、光滑，位于水线之上 8 厘米范围区域内仔细寻找。发现洞穴后，还要看一看从洞口到水线有无蠕行的痕迹。有时候，黄鳝的洞穴也会在水线以下，这大多是因为涨水，来不及调整洞口的缘故（图 2–22）。

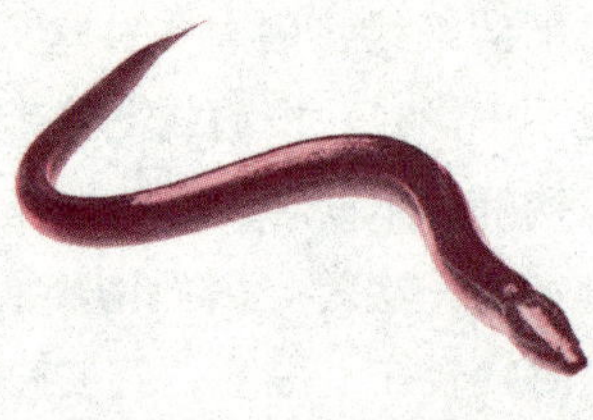

图 2 – 22　黄鳝

河川中的黄鳝洞穴无明显的特征，一般都在水线以下。在一些石头砌的岸边，那些石缝中也是黄鳝爱藏身的地方，常常在一个石洞中藏着数条黄鳝。黄鳝洞如离水面近，或水比较清时，一眼就可以看到。在钓黄鳝时，经常都要用手去摸洞，如果摸到一个洞较深，而洞边又没有淤泥，一般都是黄鳝洞，就可以下钩了。在黄鳝孵卵时，还有一个容易找到黄鳝的方法，就是在洞口的水面上，有一个直径约 10 厘米的、由很细小的白色气泡组成的圈。黄鳝护卵性很强，护卵的鳝很容易钓。

2. 钓黄鳝的方法

短竿钓：竿长 1~1.5 米，等长钓线，钓线直径 0.4~0.5 毫米，大号钩，不用漂、坠，装上黑蚯蚓等钓饵，将饵钩置于黄鳝洞口或石缝处。逗引黄鳝，开始黄鳝因受惊立即缩入洞内，但当它闻到腥臭味后，又会伸出头来窥探，然后突然吞饵并缩入洞内。将竿一提，必得黄鳝。采用这种钓法可多准备几副短钓竿。分别下到几个黄鳝洞穴口，竿脚插入岸边的泥土中。当发现钓竿变位或者松弛的钓线绷紧时，说明黄鳝已吞下饵钩，这时可拉拽钓线，将黄鳝从洞穴内拉出。

钢丝钩探钓：又叫鳝鱼钩钓。是用一根直径 1.2~1.5 毫米、长 0.5 米左右的钢丝，一端磨尖，再弯成中号钓钩大小，另一端弯成环形，将整条黑蚯蚓穿入，然后对准寻找好的洞口或石缝探入，并轻轻搅动、进进退退，然后再往里探进。如果黄鳝洞穴较深，要尽量往里探去，黄鳝灵敏的嗅觉马上就会嗅到蚯蚓的特殊气味，于是游出一口将饵钩含进嘴里，随即就往洞穴里边拖。当手感有拉拽感时，再向前推送一下饵钩，然后顺势转腕，让钩尖朝下钩住黄鳝下颌，随之将其慢慢拉出，若黄鳝较大，这时不要急于将它拉出，可先钩牢稳住，让其在洞里面扭动，当黄鳝力气耗尽，然后将其拖出。

蚯蚓团夜钓法：将准备好的棉线钓竿穿上墨绿色大蚯蚓，使蚯蚓在棉线的末端挤成一团。傍晚时，将穿好墨绿色大蚯蚓的 20~30 副钓竿一一插入黄鳝洞穴岸边，蚯蚓团抛在黄鳝洞穴的旁边。黄鳝晚上出洞觅食活跃，一口咬住，吞食蚯蚓团。钓者应准备好手电筒，每隔 10 分钟左右逐个检查一遍，可以看见黄鳝正在吞食蚯蚓。此时，钓者一手迅速提起钓竿，另一手拿笆笼接住，把黄鳝放入笆笼内。这种钓法，钓者要勤检查，如果时间长了，黄鳝就会弄断棉线逃之夭夭，或把蚯蚓团拖进洞穴，就不容易把它拉出洞外。

竹笼钓法：竹笼钓法是一种夜间捉黄鳝的方法。鳝笼呈人字形或 L 字形，由两节细竹丝编扎而成的笼子连接制成。每节竹笼长 30 厘米、粗 10 厘米。其中一节竹笼的一端有一个直径约 3 厘米的进口，只能供鳝进而不能出；另一端有一个同样大小的出口，与另一节竹笼连通。第二节竹笼顶端装有盖子，用于投放诱饵和取鱼。在 20~30 个竹笼中分别放入一些猪骨头、动物内脏，笼头盖好倒须，笼尾用绳拴牢。傍晚时，将竹笼逐一放于小溪、小河的岸边。黄鳝夜间觅食时，嗅到食物，便从笼头口往竹笼内钻，当它饱餐一顿后想走时，因笼头口有倒须再也出不来了。次日凌晨收笼时，解开笼尾的绳子或取掉笼头的倒须，将黄鳝倒入笆笼内。这种竹笼捉黄鳝的方法只适宜春、夏、秋三季，冬季则不适用。

手捉黄鳝：捉黄鳝的关键是要找准黄鳝的洞穴。当找准黄鳝洞穴后，便用右手中指顺着黄鳝的洞穴往里面推进，一般都能捉到黄鳝。如果未捉到黄鳝，便用手顺洞穴把泥巴挖开，用食指、中指与无名指三个手指错开钳住（中指在上，另两指在下，将黄鳝钳在上下手指之间）。这种钳法很牢，而用平时的大拇指与其他四指分开抓东西的方法去抓，则黄鳝常常容易溜掉。

3. 荷塘逗钓黄鳝

一根罗汉竹的钓竿，长约 1.5 米，去掉竿尖部分只留近腰部有韧性的部分，4~5 号线 2 米，中型钩 2 只，铅皮若干即可。

用粗蚯蚓上满钩，逗钓的蚯蚓要粗，上钩要满，可使黄鳝很快的寻味而来。大雨前后是垂钓良机，在大雨前气压低，气候闷热，黄鳝喜在水中杂草里，从草缝中露出鼻尖换气；大雨过后，黄鳝吃钩猛；晚上也是钓黄鳝的良机。蚯蚓要保持新鲜，不能在水中浸得过久，使之味淡，一般钓 2~3 条黄鳝就要换饵，在上饵时钩尖要露出少许。

“逗钓”关键就在“逗”中，钩放入草缝中后，上下提动或左右摆动，逗引黄鳝，但摆动不可大，以免钩住水草，一旦拉动水草，黄鳝就会溜跑。在逗引过程中如果突感竿上有力，应马上扬竿，手腕用力一抖，就可将其挂牢拉上来。

二十四、马口鱼的垂钓

1. 常规钓法

马口鱼（图 2-23）系一种淡水溪流鱼，肉食性，主食水生昆虫和鱼苗、虾，四季可钓，尤以春夏两季吃钩率高。喜欢栖息在有水草的沙砾浅水区，河道的落水处和有流水注入的地方，这些地方饵料多，小鱼、小虾密集，是最好的觅食场所，也是首选钓点。

图 2－23　马口鱼

手竿有漂定点浮钓：手竿长 3~4 米，钓线直径 0.2~0.25 毫米，中号钩，钓线与钓竿等长或稍长，大漂、小坠，漂的浮力应大于坠重。用手竿挂浮漂，选流水和静水交界处，在静水中用小球形穿心漂钓半水或浮钓。上午 10 时以前及下午 3 时以后，这种鱼最活跃。垂钓时，将钓饵先装于钩上，饵钩应浮于水的中上层。钓者应不时抖动竿尖，马口鱼见到饵钩的抖动，误以为是小鱼或昆虫，遂快速游来捕食，这时浮漂会快速下沉，扬竿即可得鱼。

手竿无漂定点底钓：这种钓法适合在浅溪湍流中应用。用手竿不装浮漂，脑线长 30 厘米左右，拴单、双钩均可，铅坠要能沉底，但不要过重，以在水流冲钓线时能将其带到下游为宜。以小昆虫或用假饵毛钩等为钓饵。垂钓时可持静水浮钓手竿轻步前进，趋近马口鱼游弋之处，将饵钩轻轻投放于鱼群前方 1 米之处，并不时抖动手竿，马口鱼见前方水域中有可口的饵料，会前去捕食。鱼咬钩饵时，竿尖会顺水流方向颤抖，此时提竿必会得鱼。此法亦可用小海竿施钓。

2. **风线钓马口鱼**

风线钓法是以羽毛借用自然风力出线，人竿配合、悬饵施钩、诱钓合一，以马口鱼为钓取对象的一种独特钓法。

风线制作：风线是由钓线、羽毛、钓钩三部分组成。钓线要求使用 1.0 号强力线；羽毛使用沥水的鸭鹅腹下细羽；钓钩用 7 号红袖或溪流钩。风线的制作方法是：在钓线前端先打一猪蹄扣，与竿梢连接。将线放至与竿等长剪断，在剪断处拴钩。在钩上端 90 厘米处打一活扣，取羽毛一根插入至羽毛中间位置后，将活扣两端线拉紧即可。从第一根羽毛开始，每间隔 80 厘米拴一根羽毛，使羽毛均匀地排列在线上，风线便制作完成。

垂钓的饵料：钓马口鱼时一般是到垂钓地点现捉现用。生长在岸边杂草中的各种昆虫都是上好饵料，而最好用的是生长在近岸湿地杂草中的一种小蜘蛛，捉取后放入便于封口和取用的塑料袋内，一次使用不完放置阴凉处，可存活数日。

垂钓地点的选择：在顺风的条件下，首选近岸浅水区，水深不超过 100 厘米，前后无高秆植物和杂草的地方。马口鱼喜欢集群觅食，一般每群十几到二十几尾不等。

施钓方法：发现鱼群后，应远离钓点，及时拴线挂饵。挂饵的方法是用手指将饵捏牢，钩从尾部刺入，从头部穿出，可露钩尖。挂好饵后，将饵随风放出，双手操竿，让鱼饵与水面始终保持在 20~30 厘米高度，通过对竿体的左右摆动，以增大诱鱼面积。当发现有鱼索饵，几条鱼同时跃出水面，应及时送饵入水；见线有下拖现象，应及时挺竿，直接挑鱼入怀。摘鱼后钓钩不可离手，重新装饵或整饵后，可再次施钓。

二十五、赤眼鳟的垂钓

手竿底钓：手竿竿长 5~6 米，钓线直径 0.2~0.25 毫米，中号偏小钓钩，线长与竿等长或略长，小漂、小坠。垂钓赤眼鳟（图2–24）前，先施诱饵，可以手抛，也可用撒饵器施投。一般打窝子2~4个。打好窝子后，将装好钓饵的饵钩投入钓点，调节好深浅，进行底钓。赤眼鳟吃饵时若被钩尖划痛，会立即吐钩，吐钩的速度比鲤鱼还快。所以钓钩钩尖必须锐利，使它一碰到钩尖就被钩住。浮漂稍有颤动就要提竿。

图 2–24　赤眼鳟

手竿甩钓：这是以桑葚为饵，钓取赤眼鳟的特殊钓法。赤眼鳟对桑葚十分偏好，垂钓时，将钩尖从桑葚柄部刺入，再将桑葚推至钓钩的后弯部。若钓点处水清，可以看到三五成群的赤眼鳟游弋在水体中层，觅食落水桑葚。这时，钓者将装有桑葚的饵钩甩向钓点，它们会立刻游来抢食。

海竿底钓：每年3~11月份，都是海竿底钓赤眼鳟的有利季节。钓竿可用1.6~2.4米长的软调竿，采用小型绕线轮，配直径为0.25~0.3毫米的钓线50~70米，钓钩用4~6枚中号钩组成的串钩，钩、坠的组合可采用坠上钩或坠下钩。赤眼鳟咬钩时，竿尖的反应通常是竿尖稍微抖动，应及时提竿，否则鱼儿会吐钩而去。

二十六、桂华鲮的垂钓

桂华鲮（又名沉香鱼、扁青鱼，图2–25）。体形长，似青鱼而侧扁，背青灰色，腹银白色。生长很快，2龄鱼1千克左右，最大的个体可达7千克。主要分布在洞庭湖上游各支流。是广西江河重要经济鱼之一。属植物食性，以吃浮游植物为主，其中又以硅藻占的比例最大，也少量摄食一些绿藻、青苔。它有一个特殊的习性，常在上午9时和下午4时左右，成群浮游在水体上层的岩石或木排周围，用下唇铲食附着的藻类。吃饱之后，躲藏到深水栖息。当地的垂钓者根据这一习性，用挂钩钓法钓取它，挂钩的钓具很简单，用一根长10米左右、粗0.5毫米的尼龙钓线作主线，每隔1米左右结一根长10~15厘米、直径0.4毫米的支线，每根支线上拴一只相当于无锡伊势尼514~516号大小的钓钩。钓饵用2/3煮熟的芋头，1/3米饭混合、揉黏，取葡萄大一团包住钩子，每钩挂一个饵团。先在江河岩石岸边或木排边察看，发现有桂华鲮新铲食的一字形或S形口印，把钓线固定在木排或岩石边，把饵钩垂到距水面15厘米的水下，并靠在石壁或木排壁上。把钩挂好之后，守候在近处。发现钓线被拉动，判断鱼已上钩，即可用抄网把鱼

图 2–25　桂华鲮

捞起。

二十七、“东坡鱼”的垂钓

“东坡鱼”是鲤科鱼类中较名贵的“墨头鱼”，又名“墨鱼”。鱼体圆筒形，乌黑色。传说北宋苏轼（东坡），经常在家乡四川眉山县岷江边洗笔砚，结果将鱼染黑了，故后人称之为“东坡鱼”。这种鱼不仅分布于长江上游各支流，而且云南沅江、澜沧江等水系也不少，它栖息于河水清澈、底层多砾石的急流环境。吸食附生藻类、植物碎屑。常见的个体重500~3000克，是有名的经济鱼类。钓“东坡鱼”的钓饵比较单一，而钓法却多种多样。一种是有饵钓，一般用装有绕线盘的竹制传统“车竿”，以水生青苔为钓饵抛向流水滩中；当绕线盘上的线放出3/4时，又缓缓收线。循此往复，“东坡鱼”就会上钩。二是无饵大钩钓法。其中又分现代钓法和传统钓法。现代的即用玻璃钢海竿，在主线上系若干蜈蚣钩或集团钩拖曳钓。传统的钓法又有两种，一种是在流水中放延绳，利用水流冲击蜈蚣钩。使其左右摇摆，“东坡鱼”在觅食过程中上钩。另一种是，较多的垂钓者用带线盘的竹竿、粗线、重坠、滚钩（晃钩）钓。根据不同季节将滚钩抛向流水滩或流水槽，用较大的力量猛力拖曳。这种钓法，越大的鱼越易上钩。

二十八、竹荚鱼的垂钓

图 2－26　竹荚鱼

竹荚鱼（图2-26）为中上层洄游性鱼类，夜晚抢食水表层的虾和幼鱼，而白天和盛夏多在较深水域活动。因此钓竹荚鱼可在白天，也可在夜里钓；可浮钓、悬钓、拖钓、沉底钓。饵为沙蚕、虾、海蛆、鳗鱼及其他海鱼的幼鱼。

手竿逗钓：手竿选竿长6~7米的中调竿，钓线直径0.25~0.3毫米；中号钩，用4~6枚拴成串钩；脑线长20~30厘米，坠重15~20克，钩坠组合为坠上钩。垂钓时，可先将诱饵撒至钓点，然后将装有钓饵的饵钩甩于钓点。竹荚鱼嘴大且又贪食，见到饵料会大口吞之。这时钓者手感沉重，可及时抖竿，但用力不能过猛。

海竿船钓：要想钓到较大的竹荚鱼，必须乘船到水深10米左右的海域，竹荚鱼集中的地方，如岩礁区周围。钓竿可用1.4~2米长的短竿，配中型绕线轮，可贮直径0.25~0.3毫米的钓线80米左右；用3~5枚中号钩拴成串钩，钩距1~1.2米；坠重20~30克，采用坠上钩。垂钓时，将装有钓饵的饵钩顺船边沉于水底，由于竹荚鱼常在距水底1.5米以上的水域中游动，在坠子到达水底后，要将其向上提起 1 米左右，然后上下提动饵钩，以吸引鱼儿注意。当感到鱼咬钩后，可抖动一下竿尖，使钩尖刺入鱼唇，然后慢慢收线即可。

二十九、黄花鱼的垂钓

黄花鱼（图 2–27）的钓具要求轻便灵巧。手竿长度应在 5.4~7.2 米，中弹性钓竿即可。如用海竿，可配备中小型绕线轮。钓线可选用 4~8 号尼龙线。用手竿时，钓线与钓竿最好一样长。使用海竿时，应配备 4 号尼龙线 100 米以上。钓钩可选用胡弓型 215~217 号、江芦型 617~619 号。铅坠选用茄子形、圆盘形、椭圆形类别。

图 2 – 27　黄花鱼

1. 礁头、防波堤投钓

（1）钓具。钓竿的长度可选 2.4~3.9 米长的软钓竿。钓线采用 0.7 毫米尼龙丝，长约 80 米为母线，钓线的前端接一个转环，在转环上接一段一米长的中线，中线前端再接一个圆环，而后再接一个转环，同钓钩相连。钓坠采用游动式，向下将被圆环卡住。遇到障碍物时，钓坠可自动向上移动，可防止钓坠落到礁石缝隙之中。此外，还可装配成天平式钓钩。在水较深处，为提高垂钓效率，可装配成支线式的两三只钓钩。

（2）钓饵。最好使用沙蚕，也可以用小虾、蚬子和紫贻贝的肉，还可以用已经钓上来的鱼。

（3）钓法。首先观察周围地形，寻找岩礁的一侧在礁洞、各种障碍物周围，作为投钓点，把钓钩投到那里。黄花鱼具有遇到饵料就奔向饵料，一旦咬到饵料又很快返回原地的习性，当觉得钓竿稍变化可能有鱼上钩时，要快点收线，否则让鱼把钓钩拖到障碍物中，钓线将收不回来。

2. 礁头、防波堤探钓

（1）钓具。探钓一般是钓竿越长越有利，可选择 4.5~6.8 米左右的软钓竿。钓线同上，接线方法亦同上，只是探钓用的钓坠一般使用吊锤形，钓线上可多装几把钩，使用钓饵也同上。

（2）钓法。钓点应选择那些礁石陷进去的地方。如洞穴、堆集的岩石及石块的周围。钓钩放下之后，再上提钩坠使饵料稍稍离开海底，然后慢慢上下移动钓竿，使饵料在海水里呈自然状态，诱鱼上钩。若钓了半天，没有鱼的话，可采取打窝诱鱼，即从礁石上采集海蛎等连壳砸碎投到垂钓点，是提高上钩率的一种行之有效的办法。

3. **船钓**

船钓给寻找渔场提供了有利条件，钓具根据海域而定，在浅海垂钓，钓竿长些有利；在深海垂钓则相反，使用短钓竿为好。但不管哪种情况，都要选软钓竿。钓坠要选用吊锤形或薄片形。钓坠的轻重要根据海流的速度和海水的深浅而定。在浅水和没有海流的地方使用轻一些的钓坠为好。黄鱼的警戒心强，即使咬上饵，如果它感觉不正常，也会把饵料吐出来。因此，饵料装钩要使钩尖不外露，由于黄鱼多在饵料飘飘下落或慢慢上升时才奔向饵料吃钩的。进行船钓时，无须投远，钓组抛向钓点以后，使钓钩慢慢沉入海底，要配合船的摇动，把握钓竿，可将钓线轻轻提起，离开海底 20~30 厘米后再放下，如此反复提放，吸引鱼儿上钩。当能明确地感到鱼在咬钩时，不能急于提竿，当鱼拉住钓线游走时，这时鱼已被钩牢，再提竿时即可将鱼钩住。

4. **滩钓**

滩钓是在岸上向海中甩竿垂钓，要求投远，故需长竿，竿长 3.6 米以上；而船钓是驾船出海垂钓，无须投远，一般用 2 米左右的软性短竿即可。这两种海竿均配以中型绕线轮，能贮直径为 0.4 毫米的钓线 100 米以上，钓钩用中号钩，钩组用串钩。串钩拴法是坠上拴 4~6 枚钩，坠下用双钩。坠用茄形或吊钟形，重为 200~400 克。滩钓时饵钩要甩得远，在装好饵食后，将饵钩甩到数十米之外的海域，然后在竿尖上挂上小铃即可，这样一个人可照看多根钓竿。滩钓主要适应浅水区，黄花鱼喜群游，如果在一个钓点钓上一条黄花鱼后，就不要轻易挪动钓点，可在同一钓点继续垂钓，可频频获鱼，如果长时间无鱼上钩，可以换一个钓点。

5. **海竿钓**

钓具：一般用 2 米左右的软性短海竿，配以中型绕线轮，能贮直径为 0.4 毫米的钓线 100 米以上，钓钩用中号钩。

钓技：采用海竿钓时，可以在浅水钓场垂钓，把装好钓饵的钩坠抛到海底，然后把钓线轻轻地提起，让饵钩离开海底 50 厘米左右，再放下去，如此反复几次，使水中的饵钩像活的小鱼一样在运动，引诱黄花鱼上钩，当手感突然沉重时，就说明黄花鱼已经咬钩，此时可提竿，即可得鱼。

如果是在深水处垂钓时，此时要把钩饵抛出超过 50 米的远钓点，当黄花鱼咬钩时，鱼竿会发出铃声，可提竿。

6. **延绳钓**

垂钓黄花鱼的延绳钓的钓具由干线、支线、钓钩、锚和浮漂组成。干线是延绳钓的主要部分，通常用直径 4 毫米，长 50~80 米的棉绳制成。支线用直径 2 毫米、长 2 米的棉绳做成。钓钩是用长柄有刺倒钩，可防止黄花鱼逃脱。

延绳钓黄花鱼一般需要三到五人合作进行，驾船到达预先选好的钓域后，先装好钓饵，然后放线。将主线连着钩饵依次缓缓地放进水中，在放线的过程中，缓缓划动小船，使主线成一直线状排列，放一段主线，系上一个大的浮漂，接着再放主线。待 3 个小时左右就可起钩获鱼了，起钩时，先收起浮漂，然后按放线的逆顺序依次收回干线，遇到黄花鱼就立即摘下。

三十、尖吻黄盖鲽的垂钓

1. **岸边抛钓尖吻黄盖鲽**

钓点选择：岸钓尖吻黄盖鲽的钓位应选择在岬湾内，突兀海中岬角岩礁之上或者堤坝前沿的两侧（也有人采用沙滩抛钓的方法施钓此鱼，但这些钓友多为年龄较大或行动不便者，而此方法效果和钓获量较差，这里不作赘述）。因岬湾的岬角岸礁（崖）的外侧多半是泥沙质地与水下暗礁的结合处，且多为海生小动物，如小鱼、小虾、小蟹等的繁衍地带，这为尖吻黄盖鲽的觅食提供了良好的外部条件，是抛钓尖吻黄盖鲽的首选钓点。

钓具配备：选用 2~3 支 30 号以上的远投竿，竿长 3.9~4.5 米，配中型旋压式绕线轮（能匹配远投轮则更佳，只是该轮价位较高，非一般工薪族所能承受）。主线 5~6 号，线长 100 米以上即可，铅坠重量应在 100 克左右，钓钩可选用伽玛卡兹出产的丸世 12 号或 13 号歪嘴锐钩，支线 3.5 ~ 4 号左右，副线 4.5 号长 55 厘米。

钓饵：为便于远投并防止钓饵中途脱落，一般多采用沙蚕类为钓饵，其中以颜色鲜亮的切段岩虫（肉蛆）和在岸边沙质地采掘的红沙蚕（大连地区俗称“红蛆”）为佳，其他青沙蚕、蛤肉等也可，但是效果稍逊。

具体钓法：将钓组抛出至所选海域后，放线至钓组落实海底，回收主线并将钓线绷紧，钓竿斜插（或架于海钓竿支架上）于岩礁缝隙之中，呈 45° 角倾向海面。也可同时架 2~3 支竿，按远、中、近抛出布局，以提高中鱼概率。然后，钓友可盘坐于岩礁平坦处，静等鱼儿上钩。因尖吻黄盖鲽觅食时多采用“突然袭击”的方式，故反应在钓竿上为竿梢突然颤动，并大幅度弯曲且剧烈抖动不止。此时为最佳起竿时机，应立即提竿后扬，将鱼钩深扎在鱼口之中，然后迅速摇动绕线轮手柄收线。

2. **近海船钓尖吻黄盖鲽**

船钓尖吻黄盖鲽的钓点选择应注重在岛屿、大的礁坨延伸入海的岬角边缘海域，用 50 号左右的船钓专用竿，竿长 2.4~2.7 米，最好配备船钓横向绕线轮。主线 6 号，支线 5 号，钓钩同抛钓要求一致。铅坠应该在 180 克左右。钓饵以新鲜小海虾、虾肉、岩虫及蛤肉为主，以虾为饵效果最佳。

具体钓法是：开轮放线，将钓组下沉至所选钓点海底后，回轮紧线并将钓竿平放在船钓竿架上，或用手持竿让竿体与海面保持平行。船钓尖吻黄盖鲽多采用定位钓钓法，漂流钓也可。垂钓过程中要以静制动，如长时间无鱼上钩，可采用以铅坠撞击海底，形成小范围泥沙“雾区”的方式引起尖吻黄盖鲽的注意。船钓尖吻黄盖鲽的中鱼反应为：竿梢先略微晃动，这是鱼已经靠近钓饵并进行试探性的啄食或者围饵窥探；如果竿体突然下弯并剧烈抖动，说明鱼已吞饵并急速逃走，此时扬竿则必中鱼。船钓时收线放线均为垂直起落，当尖吻黄盖鲽身反弓时，前阻水流产生的阻力更大，如尖吻黄盖鲽随线上蹿，钓手收线时手中的感觉更轻，因此在船钓尖吻黄盖鲽时应采取不断上扬钓竿的方式才能钓鱼入船。

三十一、带鱼的垂钓

1. **船钓带鱼**

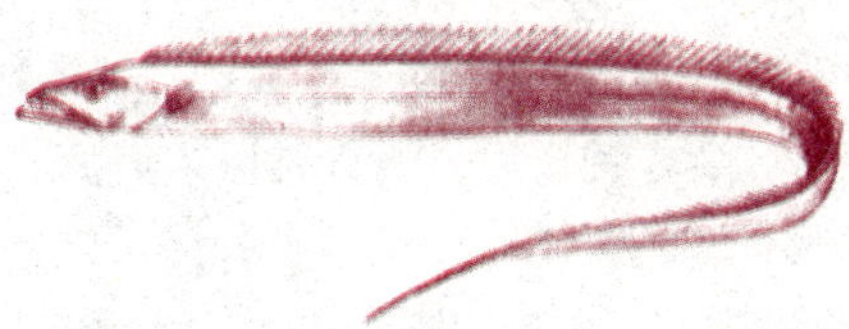

图 2－28　带鱼

船钓带鱼（图 2–28）就是用绳穿海螺壳放入带鱼产卵的地方，按时回收即可。用一块厚度 1 厘米、直径 6 厘米左右圆形的铁，中间焊接上 8 厘米左右高、上有连接钓线孔的铁柱，圆铁的周边等距离地焊接上 6~8 只锻打的 2~3 厘米的顶尖锋利的钩，所有的钩尖都向上方排列并稍向内倾斜。连接孔系上 10 米左右较粗的钓线，钓线缠绕在长方形的木板上。每次出钓要准备 5 套以上。这种钓钩有点像炸弹钩，不同的是每只钩都固定在一个盘上。选择秋高气爽、风平浪静的日子，两人驾驶一条小船，驶到距海岸 5000 米左右、水深 5 米左右、有海沟有礁石或海底有淤泥的地方抛锚即可垂钓。方法是用薄锡纸包住整个钓具，将钩子全部包在当中，沿船边放入海底，可以将带来的钓具全部放入海中，依次固定在船帮上，钓者可手执一根。当带鱼看到活动着的白色锡纸，就会迅速游过来，用 8 条带吸盘的触腕将钓具紧紧抱住，由于锡纸薄、钩尖锋利，而带鱼两腕之间的连接膜又很薄，钩尖即刺破锡纸扎入连接膜中，这时带鱼越疼越缠绕，越缠绕越钩得厉害，当有手感即可提绳取鱼。

2. **岸钓带鱼**

最常见最简单的钓法是手抛石子钓法。就是钓线头上缠紧一块小石子，用力抛投海中，缓慢收线。带鱼看到石子活动，误认为是猎物，即扑上抱紧石子，这时手一定不能停下，一旦石子不动，带鱼就会跑掉。当接近岸边，要猛一用力，将带鱼拽至岸上。钓鱼人一般不采用此法，而是采用抛竿钩钓法。钓组一般采用串钩。上中下系三钩，中、上两钩单钩挂海钓饵，如海蚯蚓、沙蚕等。下钩是将三钩捆绑紧，钩尖向外，钩外方包上锡纸诱钓带鱼。带鱼吃饵动作迟缓，竿尖反应不大，往往只是稍动几下，再无动静，不像其他鱼儿中钩那样反应迅速有力，所以要经常提竿收线，如果手感沉重一般是钓上带鱼。

3. **拖钓带鱼**

这是一种适合钓取下层带鱼的钓法。拖钓的钓具较简单，一般不用钓竿，只用一个绕线架，缠绕直径为 0.5~0.6 毫米、长 50 米左右的尼龙线作主线，下端拴一只连接环，环下绑上坠子，再绑上一只连接环，下面再接脑线。由于带鱼的牙齿特别尖利，故拴钩的脑线不能用尼龙线，必须用金属线，如多股不锈钢丝线或铜丝线，在金属线下拴上钓钩，钓钩用特制的长把带鱼钩。也可以在钓钩的末端固定一铅块，铅块连同钓钩一起。重约 20 克。每根拖钓的钓线，一般可系两只钓钩。

装好钓饵后，将饵钩沉入海底，人坐在船尾，一次可投放多根钓线，在放钩时，要注意使钓线互相平行，否则会互相缠绕。船在航行时要避免急拐弯，免使钓线缠在一起。垂钓时，可用手反复拖拉钓线，若手感沉重，就要敏捷地收线。拖钓的钓法，一般适用于带鱼的旺食期，钓点选在近海岸的 10~20 米深的浅水区。

4. **海岸夜钓带鱼**

岸钓每人可操抛竿 6~8 支。可用 4~6 米长的大抛竿，大摇轮。每只绕线轮蓄线 150~200 米，线径不小于 0.40–0.45 毫米；钓组宜用防咬线、钢丝布线或大力马线，8–12 号伊势尼钓钩，拴成间隔 3 厘米的 7 门串钩。铅砣用 70~100 克重的。钓饵用新鲜或冷冻的沙丁鱼、鲲鱼、秋刀鱼等。一般饵鱼 10~20 厘米长。为钩上饵时，饵鱼头向下，把 5~7 门钩依次分别钩穿饵鱼两侧背、腹部，使钩柄紧贴于饵鱼身体，钩尖向上向下间隔开，钩尖外露。饵鱼安好后。正好与钓组形成垂直线，既便于抛投，又便于带鱼吞饵。如果饵鱼太小，每副钓组可挂上两条小鱼或细长鱼肉块。为了吸引带鱼可在饵钩上方，附加小型诱饵笼、诱饵袋，内置虾、蟹、鱼内脏等，增加腥味；另外带鱼身上具有反光的特点，也喜爱具有发光的食物，可在钓饵上方装上一支发光棒，几只夜光珠或小银球，使不同钓组在幽暗的水下，不但有“味”，而且有“光”。抛竿时应尽力把钓饵抛得远些。可采取密集型底钓方法。尤其在涨潮 3~4 分至退潮 3~4 分的满潮水位，带鱼群较易接近海岸线觅食，上钩率高。

5. 坛子钓带鱼

坛子用黏土塑制，风干后烧制而成。坛孔圆形、方形均可。坛高 30~35 厘米，直径 25~30 厘米，周围留三四个圆形孔，孔径 15~20 厘米。

坛子上边扣上系绳，系绳长度要根据垂钓点海水的深浅而定。系绳上边扣以木板浮标。坛子既是钓钩也是钓饵。垂钓时，将坛子用船装运到多带鱼的海区，一个个地下到海底，让浮标漂在海面上。下坛子的“阵势”为圆形、方形或排成纵列均可，要根据海床情况和带鱼的分布、栖息场所而定。

由于带鱼偏爱居住在坛坛罐罐之中，他们见到这样漂亮的“房子”，自是喜出望外，立即会缩小身体钻进去据为己有，将触腕往外一伸，身体往当中一坐而被钓上来。

6. 放线钓带鱼

钓具用一根几百米的尼龙线，每隔 1 米左右拴 1 枚钓钩，钓钩宜大不宜小。拴钩的脑线直径为 0.4~0.45 毫米，脑线长 15~20 厘米。垂钓前，应在海边沙滩上仔细观察，努力寻找带鱼活动的痕迹。如发现沙滩上有马蹄状的洞，洞口泥沙微微隆起，有时还冒出气泡，这种洞穴越多，说明该海域的带鱼数量多，可选为钓点。

垂钓时，先把钓饵装于钩上，再把装有钓饵的几百米长的尼龙绳拉直、展开。在落潮最大的时候将尼龙绳安放在水边，两头用大石块压住，或系于牢固的木桩上，中间也要辅助固定，以防被潮水冲走。随着潮水的上涨，带鱼随潮水游至近岸沙滩觅食，见到钓钩上的可口饵料，会用它的 8 条带吸盘的触腕将饵料牢牢“抱”住吞吃，从而被钩住。当潮水退去时，带鱼就暴露无遗，到时可轻易取之。

7. 海竿钓带鱼

钓具：可用 2~3 米长的海竿，配上绕线轮，每只绕线轮蓄线 100~150 米，线径 0.5 毫米；用 8~12 号伊势尼钓钩，坠子 70~100 克。

钓饵：用新鲜或冷冻的沙丁鱼、鳗鱼、秋刀鱼等，一般饵鱼 10~20 厘米长。

钓技：先坐船划到20~40米深的近海海域，把钩饵抛在海水的中上层，当放线到60米时，接着开始收线，收到30米左右，再开始放线，就这样收收放放，同时小船也缓缓向前行进。一直到在某个水层钓到带鱼时，以后每次都把钓饵投放在这个水层。一旦发现手感沉重或铃声大作时，要及时提竿，快速收线。有趣的是，有时钓上一条带鱼后，还可能会发现有第二条鱼咬住第一条鱼的尾巴，甚至第三条鱼也咬住第二条鱼的尾巴，被一起钓上来。

三十二、乌贼的垂钓

乌贼在我国的渤海、黄海和东海均有分布。每到春、夏时，它们便从外海深水区游到近海浅水区活动，在近海岛屿及岩礁附近产卵、繁殖，这时是垂钓乌贼的最好时机。乌贼有结群活动的特点，并有较强的趋光性，喜在码头、船旁有灯光的地方游弋或觅食，这些地方应是好钓点。

乌贼食性较广，对食物不大挑剔，以小虾为主要饵料，小鱼为次要饵料。钓饵主要有两类，真饵和假饵。虾蛄、对虾、长臂虾等都是理想的钓饵，黄鲫、青鳞鱼等小鱼，猪肉、鱼干也可作为钓饵。另外乌贼视力不强，用木头、塑料、铝箔等做成的拟饵也可垂钓乌贼。

1. 竿钓乌贼

钓竿可用手竿，也可用海竿或两用竿，既可以乘船远钓，也可岸边近钓。如果是用海竿钓，可选择竿尖较软的中硬竿，配以小型绕线轮，钓线用直径为0.35~0.4毫米的尼龙线。不用浮漂，宜用重坠，坠子的重量在60~80克。钩可用特制的锚钩，将钓饵安置在里面的几个锚钩上。装饵时，将穿饵针刺穿饵料，再用绑饵线从上到下绕7~8圈绑紧即可。一切安装好后，把饵钩放入水中，同时有节奏地提起和放下，并随时改变提拉节奏，使饵料在水中犹如活鱼虾游动一样，引诱乌贼上钓。乌贼靠触腕抓住饵食送入口中，一旦抓住后便紧抓不放。当手感有重量时，说明乌贼上钩了，即可收线得鱼。

2. 真饵提钓法

垂钓乌贼的饵料通常有斑鲦、鲲鱼及各种海水鱼类的幼鱼，但是最好的还是虾蛄，拴饵时，先将虾蛄从尾节的部分切断，再用穿饵针从尾部中间穿过，然后将绑饵线从头到尾绕8~9圈。

这种钓乌贼的方法适用于白天船钓，乘船出海后，选择预先找好的40~60米深的水域，将装上饵料的钓具放入水中，当饵钩入水后，要不断地将饵钩提起、放下，再提起、放下，如此这般多试几次，目的是引起乌贼的注意力，引诱它上钩。当乌贼发现饵料后，便会用它那特有的十几只腕足，狠狠地将饵抱住，此时饵线有强烈的沉重感，表明乌贼已经上钩了，这时要慢慢地摇轮收线，要注意的是此时不要轻易改变收线的速度和方向，以免引起乌贼的警觉而惊走。待提到接近水面时，要迅速用抄网捞住。

3. **深海探钓**

除产卵期外，乌贼多在深海中栖息，这时要乘船出海垂钓。由于海水较深，需用海竿，竿长 1.5~2 米，配小型绕线轮，钓线直径 0.3 毫米，贮线约 100 米；可用钩，也可不用钩；可用真饵，也可用拟饵。

探钓时，将饵钩下至海底，然后随着小船的缓缓前进，有节奏地将饵钩提起放下，并不断改变节奏的快慢，当手感到有重量时，即可匀速收线，不能时快时慢。若某钓点钓到乌贼，说明该处会有一群乌贼，可连续钓之。

4. **夜钓乌贼**

乌贼在每年 4~6 月成群游到沿岸浅水区产卵。港口、堤坝、栈桥、岸边停泊的船只附近都是理想的钓点。乌贼有趋光的特性，垂钓者用诱鱼灯诱集，可以大大提高上钩率。

垂钓乌贼并无特别要求。钓钩的样式特殊，是一种双爪或多爪锚钩，最多可在一钩上设计 12 个爪。市场出售一种专钓乌贼的拟饵钩，其构造也类似锚钩。我国北方沿海的渔民常采用一种无钩钓法：把一条白色小干鱼或一团烟盒里的锡纸拴在钓线上即可。虽然方法简单，对付乌贼却很有效。

夜钓乌贼以用小鱼、鲜虾作饵，若用虾蛄则效果更佳。垂钓时将钓组沉入水底，不停向上提动，引诱其吞食。乌贼吃饵时先用腕紧紧抓牢食物，然后送到口部。当乌贼抓住钓饵时，无论是否被钩住都会随着垂钓者的提拉，被扯向水面，而多数情况是并未被钓钩刺中。因此，钓乌贼时一定要用抄网在水中捞取，如果贸然将其提出水面，便会松开触爪逃掉。

三十三、黄姑鱼的垂钓

图 2－29　黄姑鱼

黄姑鱼（图 2–29）有明显的季节洄游，每到生殖期都是它的旺食期，特别是夜间，索饵强度更大。黄姑鱼有喜潮汛的习惯，在涨半潮、落半潮的时候，它们游向岸边觅食。

黄姑鱼以食底栖甲壳类，如虾类、蟹类为主，也捕食各种小鱼、贝类、头足类等，垂钓时可用这些饵料作钓饵。而沙蚕是钓黄姑鱼的最佳钓饵。如红沙蚕、青沙蚕、海蜈蚣等作钓饵效果均很好。

钓黄姑鱼可利用其产卵期结群岸边觅食的特点，在黄昏以后进行夜钓。在盛夏最热的时候，黄姑鱼在中午前后咬钩猛烈，这是其有别于其他海鱼的另一个特点。钓黄姑鱼也可应用各种钓技：海岸手竿钓、岩礁远投钓、舟船定钓和行钓、涉水游钓、延绳钓等。

1. **滩钓黄姑鱼**

钓黄姑鱼的主要方法是滩钓，它是站在岸边抛投的一种钓法。钓竿可选用4.5~7.2 米的玻璃钢竿，配以中型绕线轮，钓线直径为 0.35~0.4 毫米，钓线长度 150 米左右。钓钩可选用中号钩。坠子用 200~300 克重的圆盘形或扁圆形通心活坠。

滩钓黄姑鱼时，一定要掌握潮汛涨落的时间，黄姑鱼常在大潮汛时，成群游到岸边。在农历初一、十五的大潮汛时，选择涨半潮到落半潮的时间，把装好钓饵的饵钩投到距离岸边 30~50 米远的钓点，再挂上小铃或凭手感静候鱼儿上钩。滩钓时，由于有海浪拍击，要善于排除海浪的干扰，正确地辨别出鱼儿咬钩的信号。另外，在钓到鱼后收线时，海浪会使钓线时松时紧，若手感较轻时，应加速收线，否则鱼儿会被回浪卷入波谷而脱钩；若手感沉重时，则应放慢收线速度，否则也易跑鱼。如果 15 分钟还没有鱼咬钩时，就要换一处钓点试试，如果在一处钓上了鱼，可以不挪动地方，继续垂钓，必会源源不断地上鱼。

2. **船钓黄姑鱼**

除黄昏时可于海岸用手竿或抛竿以坠下双钩的形式钓取外，钓取黄姑鱼的主要方式是舟船行钓。船钓黄姑鱼首先是辨声，因同样会发声的还有白姑鱼和其他一些鱼类；其次是舟随鱼行时，下钩是赶鱼群之头，还是追群鱼之尾要看情况而定。此外，鱼群的大小虽可凭声音的强弱来判断，但水深水浅对声波的传递极易使人误判，故而，钓黄姑鱼需要有经验的人领头才能有大的收获。船钓用手竿、海竿和手线钓均可。手竿和海竿的竿身都不宜很长。其他钓具，如绕线轮、钓线、钓钩、坠子等均与滩钓相同。垂钓时，乘船出海来到钓点，将饵钩顺船旁放入海中，直至底部，然后一上一下地提拉饵钩，黄姑鱼个体不大，但咬钩凶猛，一旦咬钩，很难脱逃，它重量不大，所以起水较易。

3. **岩礁夜钓（包括堤钓、矶钓）黄姑鱼**

在将钩抛至预定水域后，要缓慢地、有间歇地收拢钓线，即一个位置无鱼咬钩时不能久等。可利用收线作远近的调整。在矶头垂钓，钓鱼人要移动站位，走几步停一刻，看有无鱼咬钩，如此走一段、守一刻，探寻鱼群的位置。当第一尾鱼钓起后，应赶紧下钩，抓紧时机在鱼群未走尽之时争取多上鱼。黄姑鱼的咬钩除表现为扯线和响铃之外，更多的反应信号是钓线的松弛下垂，即鱼衔钩后游向近岸。因此，夜钓时应选用首节白色的抛竿，并尽量使竿身倾斜度指向夜空，用仰视来观察竿梢反应。

4. **海湾滩钓黄姑鱼**

在海湾里钓黄姑鱼通常都是晚上进行。每天黄昏时分到天黑以后，两个小时左右是黄姑鱼咬钩的第一个高潮期，第二天凌晨到日出前这一段时间是钓黄姑鱼的又一个黄金时段。这两个时间段除了一点海流也没有时鱼不咬钩外，其余的时间都很好钓，往往多数鱼儿都是在这时钓起的。除了这早晚两头外，晚上其他时间也可以垂钓。这还得看潮流的变化情况：大潮汛当急流缓下来时以及开大流前的缓流时段，黄姑鱼很易咬钩。中潮汛除了涨潮海流最急的时段鱼不咬钩外，其余的流水都可以钓。小潮汛海中流水，应在海流稍大些的时候钓鱼。

钓黄姑鱼一般都使用两节海竿。海竿长两米左右，每人 3~4 支，竿梢不宜太硬，钓坠 100 克左右，钩用 303 号或 302 号，主线直径 0.5 毫米，钩线直径 0.4 毫米，长 100 厘米。每支竿通常只拴一只钓钩。黄姑鱼一般体重 200~700 克，所以无须使用抄网。

钓黄姑鱼最好的钓饵是扁食和管食，沙食也可以。扁食钓鱼最好但却容易腐烂。沙食不耐水泡，色味也稍逊。垂钓者使用管食最常见。管食栖息于潮间带泥沙质的海滩中，身体外包有一层纤维质管囊，深入海底达 30 多厘米。人们用特制的铁锨落潮时拦腰挖取，带着泥黏沙码放好，置于阴凉处，近一个星期可保鲜活。同时，顺着头部向下从管囊中挤出，放到木粉盒里起水分，起过的管食有韧性，顶水泡，耐鱼咬，身上闪烁荧光，是很理想的钓黄姑饵。管食挂钩时，可先掐去头部半厘米，再将鱼食直穿入钩柄上的钩把线上，不露钩柄。挂好鱼食后可依次向船前方二三十米处抛出，待钓坠落底后，在船上放牢竿子，固定绕线轮，静等鱼儿来咬钩。钓黄姑鱼除了向船前方抛竿外，还可以斜向往两边抛竿，一般这种钓法应在流水相对大一些的时候用：当钓饵落入水底后，海流冲着钓线会带着坠饵顺着水流缓慢而断续地移动，起到鱼饵找鱼的作用。在黄姑鱼主动觅食以后伏在海底不动时，这种钓法很有效。

海流较大时，黄姑鱼咬钩表现在竿梢上是先点头，再猛然下弯，或是突然直接大幅下弯，垂钓者应掌握好时机。在竿梢点头时马上用手握住钓竿，不宜抬动钓竿，抬竿会使坠饵在海流的冲击下飘起来，应见竿梢下弯时迅速提竿。起钩的要领是：快、准、不狠。海流小的时候，黄姑鱼咬钩表现在竿梢上，往往只是时断时续地点头，这时，垂钓者可以拿起钓竿，收线，注意不要将钓饵、钓坠拖离钓点，等手感鱼儿咬钩时即刻刹钩。如果此时鱼不咬钩，可稍往后拎拎竿，让鱼饵动起来，这时黄姑鱼往往便会迅速向前吞而食之。

三十四、河鲀的垂钓

1. 河鲀的常规钓法

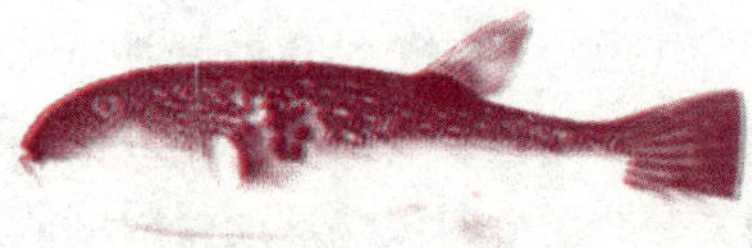

图 2 – 30　钓河鲀

钓河鲀（图 2–30）多用海竿，因鱼个体较小，钓竿可选用竿身较硬、竿尖较软的竿，配以小型绕线轮；钓线直径为 0.35~0.4 毫米，脑线直径为 0.25~0.3 毫米；钓钩用小号钩即可，一般用 2~4 枚钩拴成串钩，钩距 15~20 厘米；坠子重为 100~200 克，拴在钓线的最下端。

钓河纯的钓饵，可用较大的蚯蚓、虾、蟹、鱼等小动物。河纯生性呆笨凶狠，但在摄食时却有与其他鱼类不同的习惯，而且味觉很灵敏。当它发现食物时，会用板牙将饵物咬住吞进口中，接着迅速向后退缩，一边退缩一边品味嘴里食物的滋味，若食物味道不好，就会立即吐出，掉头就走。所以垂钓者在准备钓饵时，一定要选取新鲜而有光泽的动物性肉食，否则，它即使咬进口中，也会很快吐出后逃走。

在装好饵食后，将饵钩甩投到钓点。河鲀因喜近岸处活动，数量又多，故垂钓时一般不用乘船出海，只需在海岸上甩钩。这种鱼在游弋时只要见到饵食，就会冲过去将饵食吞食进去。如果饵食太大，口小吞不进去，它就会将其咬成适当的小块，然后再吞进去，它们不会衔着厮咬。所以在甩钩后，在坠子接触海底后还要继续放线，直到最上面的饵钩到达海底。当估计最上面的饵钩到达海底时随即提竿，这是钓河鲀的独特之处，它并不用等到竿尖弹动时才提竿。如此这般反复提动钓竿，提过 3~5 次后将钓组提出水面换饵再钓。

2. 沉底拖钓河鲀

此法常用在近岸泥沙底质的海域内进行的矶钓与船钓。①钓具准备：使用 2.7~3.6 米矶竿或者筏竿，直径 0.3~0.4 毫米钓线，15~25 克重的坠子，防咬线绑 7~11 号小斜钩一枚即可。②饵料准备：一般垂钓当天到菜市场买 500 克左右的鲜虾、鱿鱼或者贝肉等就可垂钓大半天。河鲀嘴小，宜将所购饵料剪成 5~10 毫米的小段状挂于钩上。③垂钓方法：到达预定地点后，抛竿于 20~30 米范围水域内，在判断坠沉底之后，让坠稍作片刻停留之后，开始均匀收线，此时要注意观察竿尖的变化。通常情况下，河鲀在追食中钩之后，只稍作抵抗就会顺着收线方向自由前游。如果遇上个头较大的河鲍则要认真遛鱼，不能有半点马虎，然后借助抄网收鱼入护。如果不怕晕船可以选择船钓，在主线下端间隔 20 厘米绑上两枚小钩，可提高中鱼的概率。船钓的最大优点是不轻易挂底，但也要求船在离海岸一定距离停船抛锚，以防噪声扰鱼。垂钓方法同前。

3. **守株待兔钓河鲀**

当在某一地方连续三五次钓上同一种类的鱼之后，可将这一天的收获与体会写在垂钓记事本中。并标注在自绘的海图大致位置上。河鲀一般生活在近岸礁石旁，或者在水深 3~20 米的沙石地质底层水域游弋，当选好钓位（礁石间狭小水域）之后，按照前述方法准备好垂钓工具与饵料，只是将竿改为 2.1~3.0 米，坠加重到 30~40 克，垂直放饵于水中，以逸待劳，等待收鱼。最有趣的是在海水相对较清之时，你可以在 2~4 米水深范围内直观到河纯吃饵中钩的全过程。其景妙不可言。

4. **脱钩再钓河鲀**

垂钓中所钓之鱼脱钩的事会经常发生，原因不外乎绑钩不牢，挂入不实，脑线被咬断和拉断三种原因所致。而河纯天生长着锋利的门牙，经常会咬断普通渔线而逃跑，但在逃跑当中只要再遇到食物又会果断食之。因此，在垂钓工具与饵料准备上与“守株待兔”法相同，不同的是在脱钩之后，要以最快的速度挂饵（事先准备好虾段等饵）抛竿，迅速在河纯脱钩之处半径 1 米左右的水域重新快速下竿，此时的河纯又见意外来食必抢而捕食之。此法对于垂钓单尾游弋的河纯效果明显。

三十五、石斑鱼的垂钓

1. **海水石斑鱼的垂钓**

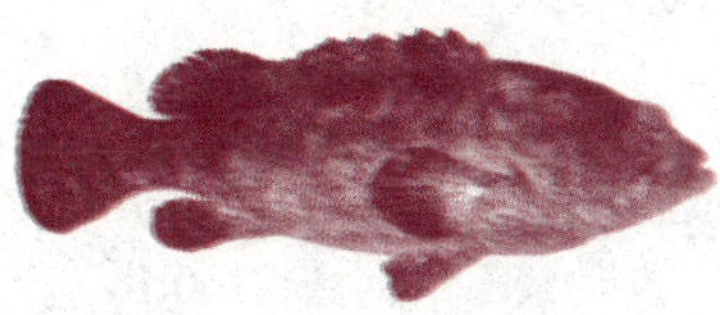

图 2－31　石斑鱼

钓石斑鱼的关键在于选择钓点，石斑鱼（图 2–31）在暮春和夏季移居到浅水区，但水深仍在 30 米左右，在 20 米水区钓到的通常以小个体的居多。石斑鱼在近岸处，水深在 10 米以下，个体多在 3 千克以下。可选择风微浪小、水质清澈的岩礁地区，于背流的缓流区在砾石和礁丛之间下钩。石斑鱼的产卵期是 4~6 月，产卵后的石斑鱼索饵强烈，最佳钓季是 6~10 月。自晚秋至春，石斑鱼藏身深水礁洞内，此时就很难钓到了。长 3~4.5 米的硬海竿，配以中型绕线轮，能贮直径为 0.5 毫米的尼龙线 100 米左右。石斑鱼牙齿尖利，很容易把尼龙线咬断，脑线应用不锈钢丝，它由连结环与主线相连。钓钩用钩条粗、钩尖向内弯的岩礁钓鱼钩，坠子用 80~100

克的吊钟形坠。钓石斑鱼时要选择潮小、风小的天气，潮水流速小、垂钓时间长，收获自然多些。

石斑鱼的味觉和嗅觉灵敏，性虽凶残，但咬钩谨慎而挑剔，喜摄食鲜活的鱼虾。故以小鱼和鲜虾为饵时，钩尖刺入的部位应接近尾部，以使饵保持鲜活游动才能诱鱼上钩。有些地方以活泥鳅为饵就是要造成饵鱼的翻动游泳，提高上钩率。

船钓：船钓时多用短海竿或手线钓。母线用拉力 18 千克（40 磅）或线径 0.6 毫米以上尼龙线，下接连接环，坠为 60 克通心坠，置于母线末端、连接环之前；坠下以钢丝代替子线，系单钩或上下双钩，也可加置单翅天秤，在翅尖系钩。垂钓时，把船划到岩礁区，选择岩礁众多、水流缓慢的水域，顺船边将饵钩投入海底，然后轻提饵钩，再徐徐放下，如此反复。石斑鱼的咬钩有先叼后吞的特点，在向饵发起冲击衔钩后会急速后退。当手感知鱼儿吞饵时，不要急于抬竿，反要放松钓线，只有当手感钓线被有力地下拖时，方能立即收线。

岩礁钓：这是指在海边沿岸多礁石海区采用海竿底钓。矶钓使用抛竿要选择加强型的超硬调鱼竿和强劲绕线轮，拽力钮的控制应旋到极限，否则是耐不住鱼的冲击的。岩礁处水较深，不用远甩，可用 2 米左右的短竿，中型绕线轮；钓线直径 0.5 毫米，长 100 米，脑线应用金属线，以免为石斑鱼的尖牙所断；钓钩用粗大结实的中号钩。当饵钩入水后，将线收紧，每隔数分钟将钓线回收数米，以诱鱼吞食，当钓竿有明显下弯时即可扬竿。由于水底地形复杂。易发生钩、坠卡底现象，可采用浮钓，即在主线上挂上大漂，使饵钩离开水底，随海流缓缓漂流。鱼儿吞饵时，浮漂先是往下一沉，然后再缓缓下沉。当浮漂完全入水时即可迅速提竿。

2. 淡水石斑鱼的垂钓

（1）钓具。钓竿：采用弹性好、强度高的 2.5~3 米的三节手竿。

钓线：以直径 0.1~0.15 毫米细软的为宜。

鱼钩：采用铁锚 323 或 221 长柄鱼钩。

食饵：以荤食为宜，蚯蚓、蛆、动物内脏、肉丁或米饭粒均可。

（2）垂钓技巧。石斑鱼在有石缝、石洞的水溪处生活，争食性很强，垂钓应在这些地方。在浅滩地带选钓址，观察一下就可以很快找到，但在深潭水深的地方选钓址，单靠眼观察就困难了，需要先用鼻子闻闻有没有鱼腥味，再从整条水域了解在浅滩处是否钓到过石斑鱼，可以试钓一下再把钓位定下来。钓址选择对垂钓效果十分重要。

一年中垂钓石斑鱼的最好时节为春夏季暴雨过后，山溪水色由浑变清、似清非清时为最佳垂钓时机。一般鱼钩上饵料不必勤换，只要有一点食就可钓到石斑鱼。拴饵时钩尖要求外露。石斑鱼为下层鱼类，山溪水流一般较急，所以坠、浮一定要搭配好，坠钩距离 0.5 厘米左右，最好使用卧漂，这样咬钩时反应灵敏。下钩后，见浮漂略有下沉感，或见漂部分突然的或左或右、或上或下、或送上来或沉下去，都应立即提竿。提竿时要求先用腕力重提一下，以便钩钩住鱼嘴，然后再将鱼提出水面。

若不装鱼漂，可以凭手感提竿。垂钓石斑鱼需要勤提竿，每隔 10 秒钟要提竿一次，若 45 秒钟之内无鱼上钩，就该换换钓位了。垂钓石斑鱼的原则是找鱼上钩，而不能等鱼上钩。要求做到眼明手快，竿不离手，眼不离漂。

3. **溪钓石斑鱼**

溪流中的石斑鱼，雌的全身有青白相间斑马纹，称“青石斑”；雄的鳍呈暗红色，称“红石斑”。溪钓石斑鱼春、夏、秋三季都可以，而以春季为最佳钓期。

浅滩钓：最好是涉滩而钓，先备一个口径高度均为 10 厘米、两面拴有绳子的竹筒，筒内装饵料，饵料有水鳖虫、蚯蚓。另备一只钓鱼篓。浅滩钓用的竿线长度均以 2.5 米左右为宜。钩用细针特制，钩尖朝天，没有倒刺；坠圆，绿豆般大小，中间割条缝，把拴好线的钩柄卡入，用钳子夹紧。圆坠嵌小钩，在急流浅滩中能随水滚动，不会被石块卡住，不用装浮漂。垂钓时，钓者腰系竹筒，胸前挂鱼篓，一手执竿，一手扶篓，涉滩而钓，下钩后，采取轻提、慢拖、巧拉等手法，反复动作，逗引鱼儿咬钩。当手感颤动，有鱼咬钩，应立即拉起，同时托篓去接。

潭底钓：需用长竿长线，装浮漂铅坠，钩坠分开，钩有倒刺。也用石蛆、水鳖虫或红蚯蚓做钓饵，因水鳖虫体小易碎，极易被鱼叼走，用水鳖虫做饵下钩浮漂一动就要提竿，稍一迟缓就会脱钩跑鱼。潭底钓也不必撒饵打窝，找石斑鱼经常潜伏的深水处和块石间下钩。石斑鱼很机灵，看到人影竿影就不咬钩。

浑水钓：用长竿长线和重坠，不必装浮漂，用石蛆或红蚯蚓做钓饵，水鳖虫则不宜做浑水钓饵。浑水钓不必撒饵打窝，选流速缓慢溪底沉沙较多的水域下钩。选位抛钩后，用石块在岸边压住钓竿，让竿的梢离水面 50 厘米左右，凭钓线、竿梢动静判断是否有鱼咬钩，如钓线绷紧或放松或竿梢抖动，都是鱼儿咬钩的信号，应及时提竿。

三十六、黑鲷的垂钓

1. 船上击竿钓

图 2－32　黑鲷

船上击竿钓黑鲷（图 2–32）的主要工具是一条小船和一根较粗、较长的竹竿。将船驶到钓点后将竹竿插入水底，露出水面这一端系上绳索稳定小船，一手拿小物敲击竹竿，一手把住鱼竿施钓，敲击竹竿的手不停地敲，握鱼竿的手上下提动，两竿距离 70 厘米左右，有鱼咬钩时也不要停敲竹竿，这样黑鲷咬钩会凶猛一点。但这种方法适合白天施钓，并最适宜在港湾内施钓，因为停泊在港湾内一带的渔船常常把吃剩的东西倒进大海，所以黑鲷常在渔船一带迂回觅食。

2. 台钓黑鲷

黑鲷喜栖息于浅海礁石与沙滩交汇地带，礁石堆通常是其藏身、嬉戏、觅食的场所。港口一般呈“C”形，水深大多在 4 米以上。必须把钓点选在离港口入口较远，边上乱石堤空隙较多或工字预制块空隙大，波浪较小的背风处，通常在“C”形港口的腰部，这里既无过往船只干扰，又可避免大风掀起的大浪影响，同时还是虾、蟹聚集的好位置，自然成为台钓黑鲷的最佳钓点。

台钓用具是 4.5~5.4 米硬调手竿 3 ～ 4 号主线，2~3 号脑线，整套线组长过钓竿 30 厘米左右，脑线最好 1 米左右，2~3 号伊势尼钩，10 号左右长风漂，其余配件与一般台钓组合相同。黑鲷喜食腥饵，在风和日丽或台风过后的晴天，先在钓点下一两团大诱饵，然后在诱饵团左右 1.5 米下钩饵底钓。钩饵大如枣，必须着底，浮漂调得钝一些。当浮漂沉入水即黑漂就扬竿挂鱼，并迅速将鱼拖离海底，以防黑鲷钻入石缝，断线跑鱼。

三十七、黄鳍鲷的垂钓

手线码头钓：在码头垂钓，最好用手线，沿着码头边或船边沉底垂钓，也可用海竿和手竿垂钓。手排三五个，每个手排用直径 0.15~0.19 毫米的蓝色强力尼龙线缠上 100 米，钓钩直接绑在线上。朝天钩的本身带有铅坠，落入海底后，钩上的坠子藏于淤泥里，而食物包着钩尖朝上，露出食物来。钩饵入水后一手拿排，一手轻捏钓线。两只手之间要留出约一米余长的钓线。当感觉捏在手中的线拖动时，不可捏紧也不必松线，等一阵，待经两次钓线下滑且手指感觉有连续的麻感时，用力提线可将鱼钩牢。由于朝天钩钩尖锋利，食物又好入口，是手线钓黄鳍鲷（图2–33）的首选钓钩。

图 2－33　黄鳍鲷

手竿岸钓：如果在岸边石头堆等处垂钓，用 5.4 米以上的硬调手竿，主线直径 0.45 毫米，脑线直径 0.3 毫米，脑线长为 50 厘米。铅坠流水处用 6~7 克，静水处用 3~4 克为好。在离钩 40 厘米的地方加坠，钩用 9 号长柄钩，再加一立式棒型细漂。也可以不加浮漂，全凭手感拖钓，达到饵找鱼的目的。如果钓线加上浮漂后，因铅坠较轻，鱼饵会随着海流的流动而移动。同样达到钩找鱼的目的。

在手竿加漂垂钓应注意几点：①当浮漂刚沉入水中时，先不要急着起竿，因黄鳍鲷生性刁滑，它此时在观察动静并没吞入。浮漂在沉入水中几秒钟后，没有上浮，而且在移动，此时迅速提竿，可将鱼钩牢。②在静水中垂钓时，可做左右或扇形移动，诱鱼上钩。饵钩入海底后，将线绷紧，当落底 10~20 秒钟后无反应，可向左右、上方轻提钓竿，再徐徐落下。上下及左右移动的距离在 30~40 厘米。一旦发觉竿尖拉动或轻微抖动，说明有鱼试探，此时不可提竿，可擎竿不动，待竿尖再度抖动或拉弯时，即可抖腕抬竿。

三十八、雀鲷的垂钓

雀鲷因其习性近似麻雀喧闹不休而得名，大多成群结队分布于近岸珊瑚岩石、港口、防波堤以及海水养殖网箱周围水域。它们在海洋鱼类中属“小个子”，其成鱼最重的也不超过 250 克，通常称之为“斑马鱼”或“小花鱼”。

钓饵：雀鲷属沿海常见鱼，其食性较为广泛，不论是鲜虾、冻鱼、沙蚕、贝肉、鱿鱼，还是玉米、面粉颗粒等均来者不拒。但通常以小虾去头尾，然后分成小段垂钓为上，亦可去虾皮挂钩。雀鲷天生嘴小吃食快，干净利索特别精明。因此，在出发前要有意识地将饵料剪成玉米粒或黄豆粒大小。保留好剪去的虾头虾尾以做诱鱼之用。

钓前准备：垂钓雀鲷的准备工作一般包括两个方面：一是工具准备。垂钓雀鲷大多使用灵敏度较高的软竿。2.1~3.6 米的手竿、海竿或两用竿均可，也有的钓友根据地形特点的要求而使用 6.3 米以上的手竿。主线大多使用 3 号或是 3 号半线（直径在 0.28~0.30 毫米），脑线用 2.5 号线或与主线同等均可。钓钩以 7~9 号斜钩为宜，钩尖一定要锋利。由于近岸珊瑚礁石居多，加之潮水的涌动，如是沉底钓法，需要备用钩 10~20 枚，可省去钓点绑钩的时间。铅坠重量在 15~20 克为宜，这样能够做到平稳入水，起到立竿见鱼的效果。同时，鱼护、取钩器、剪刀、抄网等必备工具须带上。二是饵料的准备。通常情况下，500 克小虾可满足一位钓者垂钓 5 小时以上，虾饵去皮与否均可上鱼。

钓技：雀鲷吃食一般在离水面二十厘米至三五米不等的范围内，在同一时间、同一地点垂钓雀鲷，有的可得鱼几十尾，而有的则一鱼不上。因此，垂钓雀鲷需把握三点：一是落竿后不定时地抖竿和轻轻提竿。由于雀鲷是成群抢食，在抖动的当中经常将其挂住。二是挂饵要露出钩尖，且饵料不宜过大。去虾皮的虾肉饵可露出钩尖 1 毫米左右。带皮虾段则露出 0.5 毫米为宜，同时将事先准备好的虾头虾尾撒入水中诱鱼。三是时间选择有讲究，雀鲷不论在潮涨潮落或是平潮的任一时间皆进食，但最佳垂钓时间在 4~11 月，正午阳光直射时最好避开。

三十九、青鲷的垂钓

青鲷是名贵的海鱼，沿海渔民把单尾重 300 克以上的称青鳞加吉（大青鲷），250 克以下的称海鲋（小青鲷）。

1. 钓时

垂钓季节，每年谷雨到立夏前后，是第一个垂钓旺季。每年小暑到大暑前后，人们船钓青鲷，常有所获。每年处暑至小雪，尤其白露至立冬季节，是垂钓青鲷的第二个旺季。钓谚有“春钓湾，秋钓边”的说法。就是春季深水处鱼多鱼大，多用海竿钓和船钓，浅水处鱼少鱼小，极少人用手竿垂钓。秋季，许多鱼到海边觅食，深水、浅水都有鱼可钓，手竿、海竿、船钓都适宜。每天日出、黄昏、刚涨潮、涨半潮、高潮前后、落半潮，为垂钓佳时。

秋季，每逢六级以上北风连刮两天，风前、风后，大小青鲷成群结队，到海边觅食，用手竿、海竿海边垂钓，常有大获。北风最好刮两天，如只刮一天或连刮三天，鱼就不多。北风过后，继而五级左右北风，许多大小青鲷不断在海边觅食上钩。霜降季节以后，不论风向、风级等因素，大小青鲷（包括其他可钓鱼类）到海边觅食。白露至小雪季节，夜间、海水浑、日出、黄昏，常有大小青鲷到海边觅食。

2. 钓饵

（1）海蛆（沙蚕）是首选钓饵，称万能钓饵。海蛆通常有两种：①在囊管中生长的名叫管蛆。②没有囊管，在沙、土中生长的名叫沙蛆。两种钓效相同。红色海蛆比起其他颜色钓饵，鱼更喜食上钩。

（2）小红虾（鹰爪虾）。去除头、皮，留肉为饵。海竿垂钓时必须拢缠虾饵。①取 2~3 厘米长的块段，穿在钩上，用细白线轻轻拢缠五六圈，以保证在投钓时甩不掉钓饵。②用缠虾饵器拢缠虾饵。为了掌握时机，减少垂钓时麻烦，在钓前数天，用缠虾器，把虾饵缠好备用。缠虾饵器制作很简单。截取 5 厘米长的筷子一段，一端分两边对称，共缠上两根缝衣针，两尖并齐，露针长 3 厘米左右。双针顺直插入虾肉块，用细白线拢缠五六圈，然后取下，把小红虾分 20 只左右为一小包，用塑料袋盛装封严，放入冰箱冷冻层备用，可保鲜几个月，用多少，拿多少。在大北风前、中、后，海水混浊时，青鲷往往拒食海蛆，而喜食虾饵。在正常情况下，小虾饵与海蛆钓效一样。

3. **钓技**

船钓法：最好用一两米长的硬调海竿，手线提钓法太累人，况且鱼线勒手。距岸 500~2000 米海域可钓。钩选用钩门宽 12 毫米左右的短把钩，青鲷狡猾，拒食长把钩饵（其他鱼长短把钩皆可）。主线用直径 0.5 毫米左右的强力尼龙线，拴钩线用直径 0.4 毫米的尼龙线，拴色线用直径 0.4 毫米尼龙线，青鲷力大，劣质线容易断线跑鱼。坠重 300 克左右。缺坠时，可用方形或长方形铁块、旧大螺帽、海边卵石等代坠。方法是：用自行车内胎，剪成 3 厘米宽的套圈，套于卵石坠体，拴上连接线，与主线连接。在海底礁石处，一旦塞坠，用力一拉，坠体就脱落，荐换新坠。施钓前，多准备几个坠体和套圈备用。鱼多食底钩，靠坠处装两只钩多钓鱼，垂直投饵。鱼咬钩时，手感明显抖动，即适时提竿。青鲷背鳍有硬刺，手被刺后，又痒又痛，所以要用摘钩器摘鱼。

海竿钓法：主要用于海边投钓。每人用两支海竿，竿长 4~5 米。钩用钩门 6~10 毫米宽的短把钩。主线和拴钩线用直径 0.4 毫米左右的强力尼龙线，主线粗了容易被海流带动，使坠、饵移位。坠重 250 克左右。

投饵问路法：青鲷觅食距岸时近时远。初到钓位，投远、近两个饵着点。例如 5 米和 100 米，哪里鱼多就集中投向哪里。有“鱼吃一条线”的说法，就是鱼常在离岸一定距离处觅食。

手竿稳拿法：小青鲷刁钻，吃食后，钓者提竿稍晚，就会饵空鱼走。所以宜用双手持竿，一只手食指轻拢绕线轮前主线，鱼咬钩时，稍有抖动，手感便知，当即提竿，十拿九稳。

双管齐下法：海水浑出钓时，携带虾、蛆两种钓饵，让鱼吃啥有啥。准备两三套带连接环的钩组，挂好鱼饵备用。上鱼后，摘下带鱼的钩组，换上带饵的钩组，迅速投饵，然后利用空闲，摘鱼挂饵，节约时间。利用水势起大鱼。钓到大青鲷时，遛鱼拉到海边水与陆连接处，要在潮水涌进时，起鱼上岸。否则，海水退行，拉力加倍，容易断线，折钩跑鱼。

4. **探钓法钓青鲷**

岸钓青鲷采用“探钓”是较为实用的一种方法，因其操作方便灵活，上钩率较高，为广大钓友所喜爱。

钓具配备：带旋压式绕线轮 3.9 米以上中硬调海竿 1 支，挑担式天平 1 副，铅砣 1 枚，50 克左右，主线直径 0.4 毫米，脑线直径 0.3 毫米，“长海”牌弧形钩或伊势尼 5 号钩 2 枚。

钓饵：红沙蚕、沙蚬肉、去头皮小毛虾。

钓位与钓法：最好选择大潮汐时期，钓点选水深 2~3 米，海底暗礁纵横、海生植物及牡蛎和贻贝生长较多处。手执钓竿选准钓点垂直放线至海底，然后上提至钓线绷紧。由于岸钓均在岩礁边，随着海浪涌动、拍击，鱼饵在水中随天平摆动，形似活物以诱鱼吞食。青鲷的吃食动作可分为窥探、抓食、掉头横窜几步。故在竿体与手感上反应为：竿梢轻点——竿体抖动——竿弯入水且主线横拽。此时应立即提竿，青鲷必向相反方向挣扎，不必遛鱼，直接提竿均可获取。竿体受力大小因鱼的大小而弯曲程度不同，执竿手感如同有人拽线状，应快速起鱼，其拽力随主线上升而渐渐减少，随势挑于岸上可获。

四十、中华乌塘鳢的垂钓

1. **钓点选择**

图 2－34　乌塘鳢

选在渔港码头、作业港码头、过海长堤闸口及沿海防潮堤等处的石礁区，以海底为泥底或泥沙杂合底，潮涨时石礁能充分淹没，潮退时石礁能大部分显露的近岸海区为好。一般来说，石礁区有鲉鱼的海域，就有乌塘鳢（图 2–34）存在。钓乌塘鳢以初一至初五、十五至十八的大潮期为佳，此时潮水的涨退起落较大，潮间较长，有利于布竿钓鱼。

2. **钓具组合**

选长 1 米左右的有一定弹性的竹制钓竿，配 0.25 毫米强力线，长约 1.5 米，拴中号坠钩，无须浮漂，组合起来即可，该钓法每人可持 5~10 把竿。

3. **钓法钓技**

以虾为饵，整只挂钩较好。乌塘鳢通常随潮水的上涨而上游觅食小鱼、小虾、小蟹，因此适于钓涨潮，在潮水退尽时下钩，潮涨满时收竿。下钩时，随潮水涨退选钓点，下钩点可选在浅水区（1米左右深度）的石洞石缝中，或预计潮水涨至该点能成为水下石洞石缝的地方，然后把钓竿插在石缝中固定好，绷紧钓线，守竿待鱼。当潮水淹至钓竿时再把竿往上移另选点下钩。乌塘鳢上钩时，可见竿梢晃动，此时即可提竿，因该鱼吞钩较牢，钓者无须担心其会脱钩。

四十一、六线鱼的垂钓

六线鱼是北方沿海常见的小型鱼类，是堤钓和海湾休闲活动的主要对象鱼。钓六线鱼的饵以沙蚕为上，小虾次之，沙蚕中又以海蜈蚣为佳。六线鱼主要分布在我国北方沿海，早春时喜结群在浅海礁石附近及水草丛中游弋、觅食，特别喜欢藏身于海底的石缝或窟窿中，或躲在海草丛里，这些地方都是好钓点（图2–35）。

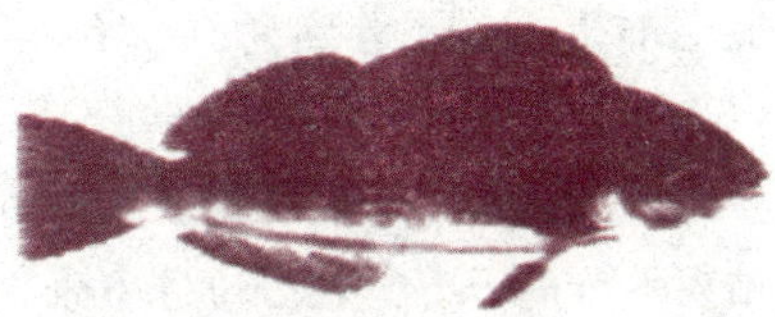

图2－35　六线鱼

沙滩钓：六线鱼个体较小，又喜趋岸边活动，故可用滩钓。钓竿应选用4~4.5米中调竿，配中型绕线轮，贮直径0.35~0.4毫米钓线100米左右，中号钩，坠重100克左右，采用坠上双钩。滩钓可选择在海湾处、江河入海口处；或长有水草的沙滩，尤以凸凹不平的沙滩为佳。将装好钓饵的饵钩甩至钓点后，支好竿，挂上小铃，当听到铃声，且竿尖弯成弓形，即可大力扬竿。

船钓：船钓无须远投，可用2米左右海竿，其余钓具与滩钓相同。垂钓时，将船划至岩礁区和水底有障碍物的水域，将挂好钓饵的饵钩投于钓点，轻提慢放，当手感到有鱼吞饵时，可适时放线，使六线鱼放心吞食，这时感到拽力突然增大，便可扬竿得鱼。

手竿钓：六线鱼多在近海处生活，数量多，又贪食，故可采用手竿钓。钓竿宜用6~7米的中调竿，钓线直径0.35~0.4毫米；配中号钩，吊锤坠，上下双钩，不用浮漂。垂钓前，可往钓点撒些诱饵，然后把饵钩投于钓点，待其沉底，缓慢上提饵钩再徐徐放下，如此反复。六线鱼生性狡猾，见到饵料时总要多次试探，吞吞吐吐，只到确认无危险时才放心吞饵，因此在手感到有鱼咬钩时，不要急于提竿，可稍等片刻，当手感到下拽力度加大时迅速提竿，以免它钻入洞穴中。

四十二、比目鱼的垂钓

沉底钓：比目鱼（图 2-36）生活于沙质浅海底、砾石水区。平时喜栖息在 30~50 米深的海域。产卵期前后，比目鱼会游向浅水区，在有碎礁石的海湾里活动，因此，可把钓点选在岩礁旁有碎礁石的水域，或海藻繁茂、水深 1~2 米的水域。比目鱼为肉食性鱼类，钓饵有沙蚕、海蜈蚣、蛤蜊肉、小虾、小鱼等。它贪食，但吃钩极慢。如用抛竿，感到竿梢频频颤动时，是比目鱼咬钩，但不能立即提竿，要等到动作变大，竿已下弯时提竿。一般从发现吃钩到可以提竿，需 50~60 秒。如果提竿时绕线太慢，或松了一下线，使鱼体碰到海底礁石上，比目鱼会立即从皮肤中放出一种像胶水一样黏的液体，把扁平的身体一侧立即粘在礁石上，再也难以拉扯下来，感觉如同钩住海底一块大石头。钓者如猛用劲，会将鱼嘴拉破，而鱼则迅速排出液体清除黏液，脱离礁石，钻入沙中。因此，在吃钩 60 秒左右后，要快些摇动放线器拽鱼，使鱼无法贴近海岸，这种钓法就叫做“慢钓快提比目鱼”。

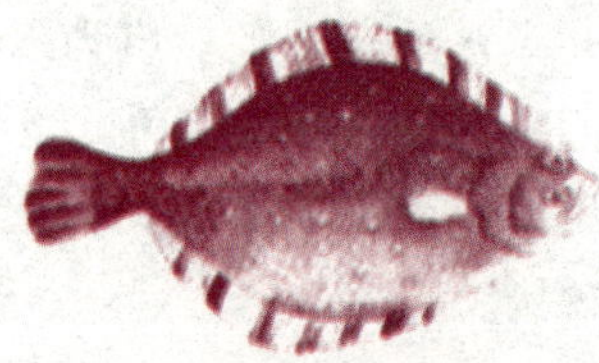

图 2－36　比目鱼

滩钓：滩钓钓竿用 3.6~4 米长的中调竿，配中小型绕线轮，钓线直径 0.3~0.35 毫米，坠重 50 克左右，小号钩。在装好饵后，将饵钩甩至礁石区或海藻繁茂处。比目鱼吃食习惯较特殊，它发现食物时，先用嘴尖叼起，一动不动，这时竿尖轻微抖动。它要将饵食含在嘴里约 1 分钟，待无异常时才放心吞饵，然后游走，这时竿尖被拉弯，应快速收线。

船钓：将船驶至礁石区、人工渔礁投放区，或藻、贝类养殖区垂钓。船钓可用 1.8 米以下的短海竿，其余钓具与滩钓相同。

岩礁钓：岩礁区海水较深，可用手竿钓，手竿长 5.5~6 米，中调竿，细线、小钩、上下双钩。装饵后投于钓点，开始微动时不要提竿，当出现黑漂时，应快速提竿。

四十三、黑鲳鱼的垂钓

1. 几种常见钓法

黑鲳鱼（图 2-37）常栖息于岩礁缝隙或洞穴中，故可选择礁石林立的岩礁区、海堤边有间隙和裂缝、或有砾石堆积的海区、或水底有障碍物的海域为钓点。

由于黑鳕鱼常栖息于近岸浅海，常用诱饵有虾壳、海蛎肉、鱼肉糜等，钓饵有沙蚕、小鱼、小虾、海蟑螂、鸡鸭肠等。

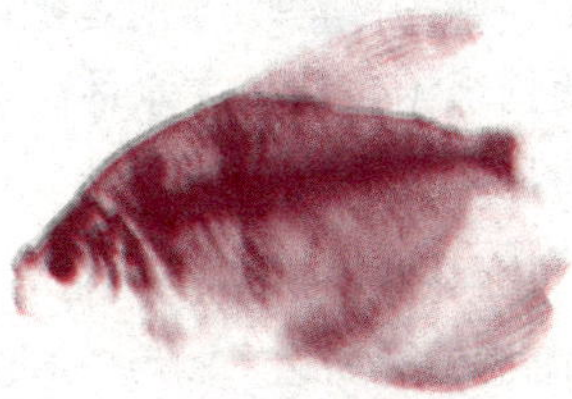

图 2－37 黑鲪鱼

船钓：若岩礁区离岸较远，可乘船去垂钓，海竿长度改为 2 米左右即可。在岩礁区里，将饵钩沉于海底。然后提提放放，以吸引黑鲪鱼。黑鲪鱼咬钩后，要迅速提竿，使之不至于再蹿回藏身地。

拖钓法：拖钓法就是将钓组准确地抛向钓点，待砣沉入海底后，把钓线绷紧，然后将钓线一“拖”一“收”，再一停，然后再继续重复上述动作，使钓饵始终处于“动”的状态，“逗”钓黑鲪鱼。值得一提的是，如果在“拖”的时候，有黑鲪鱼半途咬钩，而你又没钩住钩，也不要着急，要立即把砣沉到水底，黑鲪鱼多会再次光顾。上述方法，我们俗称“领黑鱼”。

垂直提钓法：当垂钓船正好停泊在钓点上方时采用此法。将钓组顺船边垂直沉到水底，然后上下提动钓组（上提约 30 厘米），变死饵为活饵，诱黑鲪鱼上钩。此动作要领是“提”要快，“松”要缓。所以，重复此动作的目的，就是模拟小鱼在自然水域中的逃生动作，达到诱钓黑鲪鱼的目的。此钓法在山东烟台俗称“创黑鱼”。上述两种方法，关键都要围绕一个“逗”字下工夫。

2. 夜钓黑鲪鱼

由于黑鲪鱼生性胆小，光线强烈时多在水深流急的区域藏匿，岸钓浅水区数量较少。即使有靠岸的少部分鱼群，也多数隐居在礁石的缝隙中，猎食不积极。与垂钓其他鱼种相比较，白天黑鲪鱼的中钩率并不高，夜钓不失为一种高明的举措。具体时间是在黑鲪鱼洄游到浅水区的季节里，待太阳落山后光线昏暗时起，至翌日早晨天刚放亮之间。

饵料鲜活：不论使用何种饵料，活的总比死的强，鲜的总比已散发恶臭的要好。总之，蠕动越强烈越好。小泥鳅、六线鱼等收集容易且价格低廉的钓饵是钓友的首选。

技法灵活：垂钓技法灵活多变主要是指用竿的形式。可手竿矶钓，在礁头水略深处上下提动钓钩，带动饵料在水体中上蹿下动，逼鱼开口。还可以抛竿矶钓，向远处延伸钓场范围几十米至几百米不等，搜寻较远处水域中的鱼儿。亦可以在沙滩边缘抛竿拖钓，钓点广阔舒适，打几竿换一下方向，寻找黑鲪鱼。

运动施钓：运动施钓是把饵料鲜活与技法灵活结合在一起的垂钓方法，是人为地使钓组（饵料）在水体中慢速运动（活动）起来，将部分鲜饵料扮演成活饵料的角色，将活饵料的蠕动表现得更加强烈，使其在具有形感、味感的同时更加具备动感。诱骗饥不择食的黑鲳鱼中钩。

3. 湾钓黑鲳鱼

（1）近岸钓法。近岸采用抛竿钓是较为适用的一种方法，因其操作方便灵活，上鱼率较高，为广大钓友所喜爱。

钓具配备：带 3.6 米以上中硬调海竿一支，配备鼓式或旋压式绕线轮。主线直径 0.4 毫米，应贮线 100 米以上，脑线直径 0.3 毫米。此鱼嘴大，钩用长海牌 304 号最好。铅坠 80~90 克即可。

钓饵：沙蚕（管蚕）、小红虾（市场有售）。

钓位与钓法：岸钓对潮汐变化时间必须心中有数，只有做到有备出海，方能有鱼可钓。就钓时而言，一般选择大潮汐时期（小潮汐也可，但效果不如大潮汐时期）。因为鱼儿都有随着来潮向岸边游动的特点。钓点为海底有礁但不太密，礁上多有空隙和海生植物及较多牡蛎、贻贝、小鱼、小虾生长处，也就是黑鲳鱼既有藏身之居，又有觅食之处的鱼类“居民生活小区”。施钓时，准确将钩钓饵抛向钓点，在一般情况下，要求尽量甩得远一点，待坠和钩饵落于水底后，收紧钓线，但不要拖拽，要手持钓竿，耐心等待，此种钓法叫做不拖钩钓或者叫做呆钓。不拖钩钓，全凭手感灵敏，反应迅速，持竿要注意力集中。黑鲳鱼吞饵是一口咬定，鱼信号一般情况下比较明显，手感反应为猛力一提拽，钓者即可大力提竿，迅速刹钩收线。起鱼要一气呵成，中间不能停顿，否则，暗礁易把坠挂住，不仅耽误时间，而且容易造成断线、丢坠跑鱼的后果。如起鱼时手感很重，说明鱼的个体较大或一竿多鱼，此时摇轮更要用力加速，方能保证起鱼成功。

（2）船钓法。近海船钓是海钓活动中最为惬意、最为刺激、钓感直接、体能消耗相对较小的一种钓法。因活动范围大，钓点选择面广，其鱼获量大、鱼获个体相对也大而深受广大沿海钓友的青睐。

一般 3~5 人一条船，由熟悉钓场的知情善钓者引路，将船开到水下暗礁纵横的水域，找准钓点，抛锚定位，以免发生“跑位”。这种钓法叫做定点船钓法。

钓具配备：钓竿最好选用 2.7~3.6 米长的软调海竿，配备中型绕线轮，大钩粗线，并配备抄网和摘钩器，坠可略大于岸钓用坠，一般 100 克铅坠即可垂直落于海底钓点。

把握潮汐：船钓选择潮汐时期与岸钓恰恰相反，多选择在小潮汐时期（落5分潮到涨5分潮之间，当地渔民叫“钓小潮”），是不可多得的垂钓时期。渔谚有“半潮时节鱼上钩”的说法，说的就是这个道理。小潮汐时，海水流动相对平稳，鱼儿也从岸边随着落潮洄游到深水岸礁处。这期间，船钓才容易找准“鱼道”，此时下钩，可以取得事半功倍的效果。

钓法与钓饵：进行船钓时，又可分为抛竿钓和逗钓两种方法，抛竿钓与岸钓大致相同。这里不再赘述。逗钓，采用垂直提钓法，其中最关键的一点是不能让钩饵卧底等鱼。施钓时，手执钓竿，松轮放线，探明海水深度。当手感到坠已触底，即将钓线慢慢上提30厘米左右，再缓缓放下，再提起，反复提钓，使钓饵处在轻微的暗流之中频频活动，形似活物以诱鱼吞食。钓饵用沙蚕和小虾，有经验的钓手都是先用沙蚕问路试钓，把小虾留做“后手”。待沙蚕饵开始上鱼，即可把小虾拿出来挂钩。在咬钩高峰期，往往竿竿上鱼，钩钩不空，其鱼信号反应较岸钓更为强烈明显。

第三章　钓鱼的多种技法

香鱼钓法

香鱼（鲇、年鱼）：青鱼目（鲱）的溯河鱼，以日本为中心，栖息于中国和朝鲜半岛一带，是东亚的名产鱼，体长 30 厘米，背茶青色，繁衍于河川，稚鱼期入海，待来年春天再回溯于河川，急流中生息，湖泊也是繁殖场所。然而湖泊并非香鱼成长的好地方，常移向鱼饵丰盛的河川、大海，香鱼成长更快，故多采用移植放养的饲养方法。

1. 年鱼　指寿命为一年的鱼，香鱼即为年鱼，也有极少两年成长的香鱼，这类香鱼称为越年鱼，也叫鲇。

2. 食性　幼鱼时喜食浮游生物，待到成鱼时，变为以石头表面积存的石垢（硅藻）为主食。

一、香鱼的饵钓

钓香鱼，不是随意在任何河川中都可垂钓的，应选择在许可垂钓的饲养香鱼的水域，或在没有限制的河川中垂钓。

1. 饵料　用竹荚鱼、鲕、鲣的肉块和糖虾作饵料垂钓。

2. 撒窝　利用罐头盒四壁开些小孔眼，填进竹荚鱼的碎肉沉入河底，碎肉随水流而冲放出来，以此诱集香鱼。

3. 垂钓方法　常在河底多石的地方进行垂钓。在没有撒窝时，也可以投些饵料于河底。

鱼线要拉直，不要使其松弛，鱼一咬食，浮漂立即晃动，恰是提竿的好时机。

二、毛钩钓香鱼

用毛钩钓香鱼需要将鱼饵钓的渔具改用毛钩。采用这种方法，从钓鱼解禁期到禁钓期都可以钓到中等个乃至大个的香鱼。

鱼竿使用长约 3.6~4.5 米，软梢占 3/10 的鱼竿。钓具全长一般要比鱼竿长约 30 厘米较为方便。

1．垂钓方法　垂钓点常选在河底多石的地方。钓具要调节到能沉在河底漂动，渔线甩在上游，绷紧后冲流到下游。

球形浮漂出现动作时，应及时提竿。香鱼咬钩的习性是拖力大，向下沉漂。由于香鱼毛钩上没有倒钩，所以当香鱼碰到水底石头上时，可能会使鱼脱钩，应予以注意。垂钓点应选择大石头的四周，甩竿拖行。

2．毛钩　常用的香鱼毛钩，多为红色系列的。当毛钩被冲流到下游仍不见鱼上钩时，可再次投向上游。这样多次投竿就会奏效。当试过多次仍钓不上来时，可重新选择新的垂钓点。大的香鱼有时会挣断毛钩的钩线，因此要有抄网备用。

三、浅滩毛钩钓香鱼

1．钓点　钓鱼点应选清溪流，水不深（水深不超过 50 厘米），石底的地方。

2．钓具　钓具的组配与在浅滩上钓鱲鱼和丁斑鱼的渔具相同，而不同点仅仅是使用香鱼专用的毛钩。装钩方法可参照钓鱲鱼和丁斑鱼项目。

3．浅滩垂钩　毛钩常使用红色系列和绿色系列的毛钩。如日本胜罔毛钩的夕映、蓝狮、新先驱、山茶花、初桥赤底、红熊、棕熊、清水、五郎等，一般装 7~10 个钩。

4．垂钓方法　立于岸边向对岸甩竿，然后从站立位置用鱼竿向岸边拖拽渔线。其要点是在水流中不要使渔线与渔具松弛。为使香鱼抢食，要不紧不慢拖拽渔具。

有时一次可钓两尾或三尾香鱼。由于毛钩没有倒刺，所以不能向空中扬竿，否则会使鱼脱钩逃窜。应当用鱼竿将鱼拉到岸边，再用抄网托鱼上岸。

钓到一尾时，需引遛到脚跟前不慌不忙俘获香鱼。钓不上来时，可移向下游或上游垂钓。

四、潭内钓香鱼

潭钓是指深水域的垂钓。其垂钓方法是在深水域将毛钩沉下、提起，诱鱼上钩。这种钓法是毛钓的发祥地——日本石川县金泽一带的垂钓方法，也叫石川钓法。

1．渔具的组配　如上图所示，使用带卡扣的转环便于拆装渔具。调节器可用来缠绕渔线调节长短，使铅坠沉底后高于底面 20 厘米。

末梢线使用 0.6 号的尼龙线约 2 米与上端的渔线连接。

末梢线上结两个爷们扣用于拴接毛钩，并在拴铅坠的位置也打一个爷们扣。

铅坠要用 2 号的尼龙线结一个爷们扣穿入到铅坠的中心孔中，用钳子将孔捏紧以固定尼龙线扣。铅坠下端的毛钩是用染成蓝色的柳木塞予以固定，即柳木塞上端劈一开口，夹住毛钩的脑线，再缠绕几圈，将其插入铅坠的底孔中。

2. 垂钓方法　将渔具慢慢投入上游水域，让铅坠沉到水底。达到水底后待 2~3 秒钟，慢慢提起渔具。这时候，使渔具稍微加速，从水底以 30 厘米的间隔提动和停止，使毛钩像鱼虫在河中游动一样，可诱鱼上钩。这样上下操作，使鱼竿移动 6 个位置。然后提竿，再甩向上游水域进行重复操作。

香鱼在我国洄游于浙南、闽南及台湾海域之间。它一生可分为海里生、淡水长两个阶段。据资料查考，清代乾隆 54 年编纂的《雁山志》中记载："香鱼，雁荡山五珍之一也。不腥，肉极细，生雁山溪涧与潮水相通处。春初时生，随月而长，五月以后可长到五寸许，始取以粥诸人，味极清美。凡荡水入江处皆有之，以石门潭为盛。生于阁口溪者为上品。"

香鱼爱占据地盘，过短期的定居生活。据说每尾香鱼约占一平方米的活动范围，从不轻易离开所占据的地盘。因此，每年春末、夏季，形成了"香鱼渔汛期"，是在溪流垂钓香鱼的好时机。

五、香鱼的囮子钓（1）

香鱼有争斗的习性，若另一尾香鱼进入其范围，香鱼之间就会发生争斗。人们利用这一习性进行垂钓，即为囮子钓。投下园子香鱼的钓具，用鱼竿送到香鱼吃食的水域诱使香鱼与作为囮子的香鱼发生挤斗，从而使鱼挂在鱼钩上，也称以香鱼钓香鱼。

1. 鱼竿　囮子的专用鱼竿在渔具店里有卖的。小河川一般用 6 米长的鱼竿，大河川一般用 8 米长的鱼竿。竹制鱼竿，有利于判断是否上钩，玻璃纤维竿则不够敏感。

2. 囮子钓所需用具　除携带囮子用的香鱼缶、圈子筒、抄网以外，由于河底滑，还要备妥草鞋等。

3. 囮子钓的钩具　渔具店备有加工拴接好的全套钩具，供初学者使用。渔具店出售从锚形钩到囮子鼻环 5 组一套的钩具。

鱼钩部分是关键，钩尖应经常保持锐利。可用拇指指甲检查钩尖，如碰在指甲上发滑，则应更换新的鱼钩，或用砺石将钩尖磨利。

4. 铅坠　携带的囮子不够活跃时或投入急流中时，需要使用 0.5~5 号的铅坠使囮子沉入水中，即使是新购来的囮子，由于经过养殖而使囮子具有浮性，所以也要用铅坠沉入水中。

六、香鱼的囮子钓（2）

1. 囮子的鼻环安装　从罐中把作为囮子的香鱼移入抄网内。值得注意的是直接用手捉拿香鱼，会使其受惊挣扎。这是因为手的温度高，而鱼的体温与水温相同，所以要把手浸在水内约 20 秒钟，待手的温度降低后再捉拿香鱼。

握手的方法如上图所示，用拇指与食指挡住鱼的两眼，则香鱼会变得温顺些。

鼻环是个圆形的，若不顺着鼻孔向里穿，一旦发生意外会刺破出血，损伤囮子。

穿进鼻孔后，朝对侧推挤，即可装好囮子。

2. 囮子的投入　装好倒刺卡钩之后，将囮子投入水流中心，使鱼头稍露水面，即简便送入下游。

3. 鱼竿的操作　将囮子送入钓点后，应张紧渔线使鱼竿尖子稍微弯曲，以免铅坠卡入石缝中，并等待上钩。初学者不可能随心所欲地操竿移动囮子，但可以使鱼竿和身体一起移动。

在水流缓慢处，囮子一点点游向上游，人应一步步向上游移动；当在水流湍急处，可以相反向下游移动。

4. 上钩　如竹制鱼竿会有先兆，一旦上钩，则应立即收拢鱼竿。使鱼竿立着慢慢向下游移动，靠向岸边。

七、香鱼的无饵钩滚钓

（蜈蚣钩粘钓）

1. 鱼竿　竹制的和玻璃纤维制的等专用鱼竿在渔具店里有售。标准鱼竿全长为 6.3 米，以软梢占 2/10 为理想。

2. 钩具　制作成与上图所示的样子。渔钩以日本矢岛型和狐型较适用，初期用 7.5~8 号钩，盛期用 9 号钩，晚期秋季香鱼用 10~12 号钩。

3. 钩的数量　单钩拴连用 8 个，双钩拴连用 6 ~ 7 个为标准。有时钩还会挂在水底石头缝中，易损失，因此一天用钩量需准备 30~40 组。

自己拴接钩具时，不论选用单钩还是双钩，渔具店都有良好产品出售。

4. 钓法　站在河岸上，把鱼竿垂直竖起，利用铅坠的反作用力，使钩具甩入对岸下游。

铅坠沉入河底后，立即向下游方向拖拽鱼竿。在拖向岸边过程中，感觉铅坠有滚动声响，应轻轻抬起改变钓点。每次操作，铅坠碰到水底石头以 3 次左右为宜，其上钩效果最好。

5．上钩　如果鱼上钩，从鱼竿尖子可以知道鱼一个劲儿地向下拽。由于渔钩无倒刺。应把鱼拖到岸边后，用抄网提上岸来。

八、香鱼的剜钓法

在不能用无饵钩滚钓的大石缝内或狭窄的地方，可用剜钓法钓香鱼。在买不到香鱼囮子时，欲想用囮子诱钓香鱼，也可以使用这种方法获得囮子。

这种方法有立式剜钓和卧式剜钓两种钓法。

1．鱼竿　鱼竿标准长度为 5.4~6.3 米，使用的鱼竿尖子要比滚钓的尖子稍软些。

2．钩具　钩具与无饵钩滚钓的钩具相同，铅坠使用银杏式铅坠，钩具末端装上开口菱形铅坠。

3．钓法　立式剜钓适用于瀑布的落水处或深潭等深水域，将铅坠轻轻投入水底，待数秒钟后垂直提起鱼竿。

初学者总以为使劲往上剜钓，就能钓上来。其实，这是误解。往往轻轻摆晃钩具才能钓上鱼。卧式剜钓法适用于急流或有大石头的水域。

铅坠的大小，以能沉到水底为佳，使沉入水底的渔线不打弯，待 2~3 秒后轻轻晃动抬起鱼竿，使钩具擦过大石头的表面。

铅坠的大小，以能沉到水底为佳，使沉入水底的渔线不打弯，待 2~3 秒后轻轻晃动抬起鱼竿，使钩具擦过大石头的表面。

剜钓是为了钓到吞食石垢而争斗的香鱼，在没有钓上来时，可以重新将钩具放回水中，反复操作。若仍不上钩，可稍移向上游处垂钓。钓香鱼不论使用哪种钓法，均应选择在水下乱石多的河川内垂钓。

哲罗鱼钓法

哲罗鱼属鲑科鱼类，体大者可超过 1 米，一般多在 30~50 厘米。

1．习性　哲罗鱼白天栖居于水草繁茂的深水中，待小鱼游近，蹿出捕获吞食。因此，可以使用饵钩、拟饵钩进行垂钓。

2．饵钩　可用蚯蚓、泥鳅、小鱼、乌贼等作饵料。鱼饵一定要活饵才上钩。

小型哲罗鱼一咬钩，即四处乱窜，大型哲罗鱼则急速游向下游。这种鱼咬钩有很强的拖拽力，应待鱼遛得疲惫时再拖上岸。由于鱼齿锐利，在卸钩时应注意别挂伤手。

3．拟饵钓　关键是要贴河底拖拽拟饵钩。使用旋转拟饵钩时，要选用躯体较重的声波式拟饵钩；使用匙式拟饵钩时，则要重的、迅速下沉且操纵灵活的拟饵钩；栓塞式拟饵钩，以唇形能诱鱼上钩，并受到好评。

嘉鱼钓法

嘉鱼是栖息在溪流最上游的鱼类，属鲑科青鱼目的陆封鱼，躯体带淡色斑点或小红点，体长 30 厘米。在溪流中生息，也在常年水温 16℃以下的湖泊中生存，属冷水鱼。

垂钓的季节，从 3 月起可到 10 月份，达 8 个月之久。可采用有饵钩钓、毛钩手钓、拟饵钩诱钓等方法。

1．鱼竿　使用 3.6~4.5 米的溪流鱼竿，软梢部分占竿长的 1/5。

2．有饵钩钓　使用 1.5 号渔线，钩线用 0.6~0.8 号的线，长 30 厘米，渔线装视标，饵料用蚯蚓、河虫、葡萄虫等。

3．毛钩手钓　嘉鱼游入浅滩时是毛钩手钓的最好季节，当夏季不宜用饵料钓时，这种方法可奏效。

4．拟饵钩诱钓　适用于湖泊、溪流的落水处和深潭中。常使用 3~5 克重的金银色旋转叶片的拟饵钩。

鳝鱼钓法

鳝鱼，是温热带的淡水鱼，多栖息于河道、湖泊、沟渠、塘堰及稻田中。日间潜伏于洞穴中，夜间外出觅食。肉食性，喜欢活饵料，耐饥饿，能吞吸空气，借口腔及喉腔的肉壁表层辅助呼吸，可适应缺氧的水体，离水不易死亡。黄鳝具有性逆转的特性，第一次性成熟前均为雌性，产卵后，卵巢逐渐变为精巢。雌鳝达到性成熟最小个体长约 34 厘米。产卵在洞穴中，亲鱼有护卵的习性。

黄鳝产量高，分布广，其肉味鲜美，具有特殊风味，深受人们欢迎。

鳝属于夜行性鱼类，一般都在夜间垂钓。在混浊的河里或阴天时，也可以白天垂钓。钓鳝的方法有两种，投钓和穴钓。

1．投钓

传统的信铃投钓法是在线轴上或放风筝用的绕线架上，缠绕坚固的渔线，按上图所示拴接钩具，用手投钓。渔线拉紧后，插在带有信铃的竹签上。

当鱼上钩，渔线牵动竹签，信铃鸣响。这时收线，将鱼提上岸来。这种方法可在桥上投钓，也可在岸边投钓，富有独特趣味。

钓点，可选择在河流深水域或岸边石缝周围。秋天是捕钓的旺季。

现在，也流行使用手轮鱼竿钓鳝鱼。饵料为蚯蚓、小香鱼块、鳟鱼块、蛭、河虫等。

2. 穴钓

鳝鱼分布范围极广，其钓鳝的方法也随地区不同而各有巧妙的办法。其中最有代表性的方法就是穴钓。鳝鱼具有定居的习性，一旦决定了自己的巢穴，只要它居栖的洞穴不被台风或大水冲垮，鳝就不会舍弃自己的巢穴。

穴钓鳝鱼的钩具组配，与其他鱼的钓具完全不同。用一根自制的 80~100 厘米的竹竿，其前端装一金属夹头，将装有饵料的三腰形 13 号鱼钩夹持在竹竿前端。钩上的渔线顺竹竿握在手中。

穴钓的饵料，与投钓的饵料相同，为蚯蚓、小鱼或鱼块、蛭、河虫等荤饵。

鳝出入于所栖居的洞穴是非常容易发现的。将装有饵料的钩棒轻轻插入这个洞穴中，鳝就会猛力咬钩。把渔线稍松开一些，会很顺溜地被鱼拉紧。这说明鱼已上钩。若操作慢慢腾腾，就会使鳝鱼钻到洞穴深处而拉不出来。当鱼体拖出洞穴一半时，应拉紧渔线，用另一只手握紧鳝鱼，提到岸上。

以上两种方法，其钓期在初夏开始直至 10 月底为盛期。冬季和春季，鳝的索食变差，非常难钓。

杜父鱼钓法

杜父鱼属冷水性鱼类，多栖居在河川上游水域。喜食动物性活饵，如河底生长的河虫（蝼蛄、蜉蝣、蝼蛄幼虫）和幼鱼等。

在清澈的河里，常常可看到游动在河底大石之间的杜父鱼，形状如同虾虎鱼，但虾虎鱼下腹部有吸盘，而杜父鱼没有吸盘。雄鱼体长约 12 厘米，雌鱼约 10 厘米。

产卵期在每年春季 3~4 月份，在石缝中产下大量黄色鱼卵，盐渍后可用来做钓鳟鱼的饵料。

有经验的钓者即使没看到杜父鱼，也会判断在圆石头下面，沙砾被清扫得很清洁之处，就是杜父鱼栖居所在之地。

垂钓方法有两种钓法，一是手感钓，另一种是视钓。由于在急流的底层石头之间垂钓，两种方法均需要使用重的铅坠。

钓具使用2m左右的软梢占1/5的鱼竿，饵料使用河虫类、地蚕、蛆虫等。

在清澈的河里，如果水面平静，会清澈见底，就能看到杜父鱼的游动。可把钩具投在上游，然后送到鱼的跟前。这样，杜父鱼就会很快来抢食吞钩。

鲤鱼钓法

鲤鱼是底层鱼类，多栖息于底质松软、水草丛生的水体。在天然水域中，索饵期多活动于湖泊的沿岸带和江河底层，生殖期游向岸边水草茂盛处产卵，冬季在水域深处越冬。杂食性，喜食软体动物、环节动物、水生昆虫、蜉蝣甲壳类和虾，也食幼嫩草类、植物种子和食饵残屑。鲤鱼系草上产卵鱼类，卵具黏性，黏附于树根、水草等附着物上发育。鲤鱼适应性强，耐寒、耐低氧，可在各种水域中生活，为广布性鱼类。

鲤鱼的养殖历史悠久，经过长期人工筛选，现已培育出许多优良品种，浙江的红鲤，深受人们喜爱。

鲤鱼生息在全国各地的河川、湖泊中，有许多人喜欢钓鲤，这是因为在河鱼中，鲤是喜庆的象征，最有魅力。

冬天鲤鱼潜入水温较高的深水区，处于冬眠状态，不怎么好钓，但每天也有人去钓冬鲤。

钓鲤的旺季是从4月份开始，这是因为鲤鱼为蓄积体力产卵，觅食也就十分活跃。

秋天大雨或台风后，河里水量增大，河底的饵料被冲走。因此，就得寻觅投放的饵料，也是钓鲤的最好季节。

1．鱼竿　在沼泽或河川的水流缓慢处采用浮漂垂钓，可使用溪流用的4.5~5米硬调鱼竿。如果是甩竿投钓，可使用带手摇轮的3.6~3.9米鱼竿。

2．渔线　使用8号渔线。6号梢线及3~5号钩线。

3．鱼钩　除用鲤鱼钩外，还可使用日本的海津型、伊势尼型、丸精I型等鱼钩。

4．鱼饵　鲤具有杂食性，喜食小动物或昆虫等。一般骗诱食饵多用蚯蚓、甘薯块等，也吸吞钓饵和炼制饵料。因垂钓者习惯不同，使用的种类很多。

使用炼制饵料时，若混合养鱼场投放的配制饵料，其效果最佳。

鲤成群游动，其洄游路线基本保持一定，若能看准这一洄游路线，可称为钓鲤名家，收获必然很大。一般钓者应在垂钓的实践中，探索竿、线、钩、漂、坠、饵、水情、钓点等各种规律。

水面常常冒出水泡的地方，其水下常有鲤存在，可选作钓点，使用鲤鱼喜食的饵料可频频奏效。

实践证明，在钓鲤的水情、天气正常，饵料对口的情况下，成败的关键在于捕捉提竿时机。即浮漂反映出的鱼摄食入口将要游走的一刹那，大约 1/50 秒的时机，通过大脑判断鱼吞钩后，吐钩前的最佳提竿时机，敏捷地运用手腕抖竿提鱼。

一、摇轮手竿钓鲤方法

钓大型鲤鱼，只能使用手摇轮鱼竿钓取。有诱钓法和吸吞式爆炸钩钓法，其使用的鱼竿和手摇轮均相同，只是钩具和饵料不同。

1．诱钓法　铅坠部分要做成游动式的，铅坠的大小以不被水流冲走为宜，重量需保证饵料沉于河底。在大河里需要远投时，则铅坠仍需要重量大的。

拴双钩的钩线长度需一致，以便鱼咬到一只钩后，在挣扎时另一只钩挂到鱼嘴的周围，使鱼难以逃脱。

2．甘薯块的制作　把甘薯煮熟后，在阴暗处放置 3~5 天，使之发黏。待使用时，切成 1 厘米左右的小方块。

3．吸吞式爆炸钩　自己制作吸吞式群钩，可按上图拴接鱼钩。市场出售的爆炸钩，中间拴有螺旋弹簧，可使素饵不脱落，另一根长线钩用来装设蚯蚓、小虾、田螺等荤饵。这样，使用荤、素钓饵让鱼任意选食，上鱼的机会也就增大。

4．炼制饵料　将土豆泥 5 份、米糠 3 份、蛹粉 2 份的配比原料，放入一个盆内加水调制成耳垂般的柔状饵料。鲤鱼日常喜欢吃惯的饵料，若配上当地常用的食饵，则效果更理想。装在钩上的素饵大小，以蛋黄般大小为宜。

二、立漂钓鲤

用竹竿钓鲤，只能钓起 40 厘米长的鲤鱼，相当于用钓鲫鱼的玻璃纤维竿的能力。钓大型鲤鱼，则适用壁厚的溪流用玻璃纤维鱼竿。

竿短，不能承受强的拉力，所以需要鱼竿全长在 4.5~5.4 米左右。这样，鱼竿的弹力可以减弱较强的拉拽力。

1．钩具的拴接　使用有浮力的筒状浮漂，铅坠使用 20~25 号的扁形坠。拴接成游动坠。钓线长度在 15~20 厘米左右，拴接 2 只鱼钩，钓线全长可比鱼竿长出 30 厘米。

2．饵料的装设　在两只鱼钩上可分别装上土豆块、炼制饵料、蛹等各种食饵。

3. 钓点　寒冬季节，鲤多集中在深水处，所以要钓深水潭。春暖季节，鲤鱼洄游于岸边斜坡处，钓点应选择在水藻和胶泥少的岸边。

4. 鲤的引遛上岸　鲤鱼习性是越用竿拖引靠岸，越会向相反方向逃窜。引遛上岸的秘诀，就得利用鲤的这一习性，按照鲤的游动方向拖拽鱼线，鲤就急转向相反方向逃窜，引遛至精疲力竭时再拖近岸来。

在引遛过程中，这种操纵是钓鲤最富有情趣的过程。

草鱼钓法

草鱼又名鲩，古称缓。生活于中下层水中。为草食性鱼类，所以又叫草鲲。3~4 龄鱼可达 4~5 千克。草鱼性成熟后，于每年 4~7 月份繁殖，产漂流性卵。生殖季节，成熟的亲鱼背青灰色，腹银白色，胸鳍条上出现红色珠星。

草鱼是我国淡水养殖的优良品种，也是一种大型鱼类，生长快，最大个体可达 40 千克以上。

草鱼卵漂流于河流中需 40~50 小时孵化，所以在短程小河里不能繁殖。

草鱼喜食苇、菰、芭茅等水生植物，虾等也可作饵料。

秋至冬，在河流下游深水域越冬；5~6 月随雨季涨水，向河的上游移动。在湖泊、养鱼池、水库均有放养。

从有利于繁殖来看，每年 5 月 20 日到 7 月 19 日两个月为解禁期，可以垂钓；其他月份均为禁渔期，以保护水产资源。

1. 草钩的拴接　除芦苇、菰外，还可用稻、麦、芭茅等的幼芽和嫩叶直接拴在鱼钩上。其铅坠通过转环系缚在最下端，渔线的主干一般系缚 3 只鱼钩。

2. 甩竿投钓具　与钓鲤的钩具拴接方法相同，但钩线要粗一些。饵料可使用土豆块、炼制饵、田螺、蛔蛄、虾的剥皮肉等。

3. 咬钩和提竿　鱼竿尖子有轻微抖动，此时有鱼上钩。当钓到 5~20 千克的大型鱼，为避免脱钩应请伙伴协助将鱼提上岸来。

鲢鱼钓法

鲢又称白鲢，是我国四大家鱼之一，头大，吻钝圆、口宽，鳞细小，鱼体侧扁，背部青灰色，两侧灰白色，腹部银白色。喜活动于中、上层水域，性情活泼，稍受惊动便跳跃出水面。捕捞时常从网上跳过，从不会从网底逃走。鲢鱼喜生活在肥沃水中，是主食浮游植物的鱼类。

鲢鱼也是大型鱼类，在天然水体中，5 千克以上的个体很多，最大可达 35~40 千克。池养生长快，1 龄鱼达 0.5 千克以上，2 龄达 1 千克左右。抗病力强，成鱼很少病。2~3 龄性成熟，在水温 18℃以上时即可产卵，产卵在 5 月上旬至 6 月下旬，产漂浮卵。池养可进行人工繁殖，是我国池塘养鱼的主要品种。

鲢鱼与生存在泥中的河蚌和蚬共同生活，到了春天，在这些贝类的吸管中产卵，当孵化后游出吸管时，把贝的卵带出来。因此，只要有贝的地方就有鲢。

鲢多集聚在落水口处、河岸拐弯处、木桩四周等河底多变化的地方，以及障碍物的周围。

1. 鱼竿　钓鲢鱼的鱼竿有手感钓竿和浮漂钓竿两种。手感钓竿 5~10 节，每节长约 24 厘米连接起来，软梢占 1/5；浮漂钓竿使用 1.8~3.6 米长的软梢竿。

2. 箱式鱼笼　可制成小型专用的鱼笼箱，也可使用小型冷藏钓鱼箱。

3. 鱼钩　市场上渔具店出售的有带红色钩线的鲢鱼钩。型号有极小型钩，适于钓小鲢鱼；半月形和三腰形钩，适于钓 3 厘米左右的鲢鱼；新半月形钩，适于钓中等大小的鲢鱼；流线型钩，适于钓大个鲢鱼。

4. 铅坠　使用专用铅坠，铅坠两端有渔线环和钩线卡环。

5. 剪刀　最好使用纺织工的轻便剪刀。当使用吉丁虫作钓饵时，用来剪断饵料。

6. 钓饵　池塘钓鲢鱼，用发酵的酸饵是绝招。不论池主投喂什么样的饲料，在肥水中的鲢总爱觅食腐酸微臭略带甜味的钓饵。投出这一招，就不会空手回家。

一、鲢鱼钓具的拴接

1. 手感钓具　在鱼线上装设 3~4 个视标，可用鸟类的羽翎芯或赛璐珞管等制作。当鱼咬钩时，视标上下移动或转动，以便觉察及时提竿。鱼线下端系缚一铅坠，其重量应根据流速大小决定。

鱼钩用 3~4 厘米长的钩线拴接在铅坠下端的卡扣上。

钩具的全长，以在握着鱼竿手柄时食指应能触到铅坠为宜。这样，当钓到鲢鱼时，一提鱼竿就能用手提鱼，便于摘下钩来。

2. 立漂钓具　使用辣椒形浮漂，并使用片状铅坠调节浮漂露出水面约 3 厘米。用于缓流中垂钓。

3. 沉漂钓具　在渔线上装设 3~5 个塑料 2 号球形漂，或用鸟类的羽翎芯制成蜈蚣漂，适于在缓流水域垂钓。

4. 速沉浮漂　在水流湍急处或深水域使用，渔线装有小型穿通铅坠，使钩快速下沉。装设的这种钓具也适于在宽阔水域垂钓。

5. 甩竿投钓　为了在水流急或深水域垂钓，作者设计一种改良式的钩具拴接方法，以便于远投。

二、饵料的装设

1. 吉丁虫的装钩　吉丁虫是蛾科昆虫的蛹。到了初夏，孵化为成虫到处飞舞。其鳞粉附着在皮肤上会引起炎症，开始发痒。

取作饵料时，要从凹端挤破，露出里面东西，用镊子薅掉毛。用手指轻轻捏着躯体，用剪刀将其头部斜切下来，放置于卫生纸上吸净汁液。外出垂钓时，应准备 20 个左右备用。

使用吉丁虫的皮作饵料时，从切口处把鱼钩伸进去，沾上黄色体内膏状物，使钩从切口内侧向外插，使皮旋转再穿刺一次，用剪刀剪切成绿豆粒大小的粒状小球。冬天，手冻僵时，进行这种操作是非常辛苦的。

另一种方法，是使用丁吉虫的长肠。把肠子挂在钩尖上，捏着吉丁虫将肠子绕在鱼钩上。这种饵料，鲢鱼很喜欢吞食。

2. 炼饵的制作　鲢鱼属杂食性鱼类，使用炼饵也能钓鲢鱼。若事先用炼饵撒窝，可以有效地诱集鲢鱼。这种炼饵可用生鸡蛋黄拌入少量面粉炼制而成，或者把鸡蛋黄煮成半熟，制成胶状体使用。

容器可使用胶水瓶，或装在塑料袋内。这样，使用起来很方便。

三、看漂钓鲢鱼

浮漂钓法的特征是当手感钓法在近岸渔获不佳，鲢鱼栖于水域远处时，使用浮漂钓法可以扩大垂钓范围，而且可以获得大型鲢鱼。但缺点是水中有枯萎菰等障碍物时难于操作。

1. 立漂钓　适于在水流缓慢处，鱼钩靠近水底，浮漂顶部调整到露出水面 3 毫米左右，可以经常钓到小鱼。

2. 沉漂钓　将铅坠和鱼饵调节到接触水底，操动鱼竿使鱼饵上下、左右舞动，引诱鲢鱼前来就饵。

3. 上钩信号　鲢鱼上钩时，浮漂的动作不明显，当有轻微的颤动时，应立即轻轻用手腕抖竿使渔线张紧才不易脱钩。否则，稍有迟缓，鱼就会吐钩逃走。即使这次失败，也可马上送钩饵入水，等待下次上钩。

当浮漂频频颤动之后，又快速拖向深处，则会意外地钓不上鱼来。最初的小颤动是上鱼的时机。

在使用红虫子钓饵时，红虫子失去体液变成白色，则鱼不会来就饵吞食，应及时更换红虫子。使用面食饵，挂在钩上应稍小一些，如黄豆粒大小即可。

四、鲢鱼的手感钓法

连连上钩的秘诀，主要考虑以下五个要素。即选择鲢鱼的活动场所、钓饵的装设、适合鲢鱼个体的钩具、引诱的方法以及技艺等。

钓点　使用鱼竿垂钓时，在鱼竿达到的有效范围内没有鱼就钓不上来。所以应选择好钓点，如选在菰草下、桩的周围、落水口等水底有变化的水域。

可望到的某一钓点有 20~30 尾鱼，但投下钩具却不见上鱼时，应选择另一场所。一般有鲢鱼的钓点，下钩就会及时上鱼。

垂钓方法　轻轻投下钩具，当铅坠沉底时向上提高 2~3 毫米待鱼上钩。鲢鱼吃食时，视标会转动，或渔线出现横向拖动。这时，轻轻提竿试试铅坠重量。若有小型鲢鱼，会有哆嗦感；若有中型以上的鲢鱼，渔线传递到手上的感觉是有较重的拖垂感，应沉着地轻轻拖引上岸。

鱼咬钩却钓不上来，主要原因可考虑鱼钩太大，鱼饵不适当，鱼不索取饵料，抖竿方法不当，鱼脱钩等。这时，可更换小钩，改变钓饵，使引诱动作再轻些，或移动变更钓点。当情况好转时，投下钩饵数 5 下就会有鱼上钩，这种方法叫“计时钓”。

鲶鱼钓法

鲶鱼为淡水鱼类，有好几个品种，均栖息于水体中下层，尤喜欢在缓流和静水中生活。性情不活跃，属夜行性，白天隐居于近岸水草丛中或洞穴里，在黄昏和夜间外出觅食，以小鱼、虾、青蛙等小动物为食。雌鱼体长 20 厘米左右达到性成熟。4~6 月产卵，卵黏附在水草上。长江一带最大鲶鱼可达 2.5~5 千克。肉鲜嫩、少刺，为群众喜食的鱼类。分布于全国各主要水系。

鲶鱼除使用青蛙作钓饵的蛙饵钓之外，还可以使用拟饵钩钓捕鲶鱼。

1. 蛙饵钓法　使用硬梢溪流鱼竿，长 4.5 米，用 8 号渔线 3 米拴接大钩，在钩柄处用捆扎线将青蛙后腿并齐缚牢，再将鱼钩穿刺在青蛙背脊上，钩尖露在外面。在水草丛、木桩周围等鲶鱼隐蔽处操动蛙饵在水中跳跃或游动，鲶鱼发现钓饵后，便会吞下钓饵。在一天之中，以早、晚钓鲶鱼的时机最佳。阴雨天，即使在白天鲶鱼也会出来觅食。当鲶鱼咬钩时，应沉着冷静地用竿送饵，让其充分吞食之后，即可大力提竿，拖鱼上岸。

2. 真饵钓法　使用手竿，在竿尖子拴渔线处系缚一小铃铛作鱼信，8 号渔线下端环扣上系缚 5 ～ 10 号铅坠，用支线拴接 14~15 号鲈鱼钩。钓饵使用蚯蚓、水蛭（蚂蟥）等动物性饵料。特别是用水蛭作钓饵，因属腔肠软体动物，体质坚固而有韧性，可以连钓好几条鱼不用更换饵料，省事省时。将钓饵送到木桩、水草根部周围，除了鲶鱼之外，还会钓到鳝鱼。如果不用铃铛作信号，也可凭渔线张紧所传递的信息和手感信号或观察尖子颤动情况，提竿拖鱼。

3．拟饵钩钓法　使用模拟青蛙形状的拟饵钩，或使用潜底的拴式拟饵钩，通过手摇轮鱼竿投入水中。在藻类、木桩等障碍物周围中下层水域拖拽拟饵钩，诱鱼吞食上钩。目前使用拟饵钩还没有开拓出专门钓鲶的方法，会意外地钓上来黑鱼或黑鲈。专门钓鲶时，可以使用拖拽动作缓慢的拴式拟饵钩，或潜于底层的深水拟饵钩。

虹鳟鱼钓法

虹鳟属鲱目鲑科的硬骨鱼，体长约 1 米。背部苍黑色，腹银白，全身多黑色斑点，原产美国加州。

虹鳟是世界上养殖最广泛的优良品种之一，以肉质细嫩味道鲜美而驰名国际市场。亩产可达 5 万千克以上。它属冷水性鱼类，要求水质清澈，沙砾底质，含氧量高和流量大等饲养条件。

1959 年朝鲜赠送我国虹鳟鱼，现已在十多个省市高密度强化饲养，效果良好。全国盛行钓虹鳟，因其垂钓简单，谁都能钓得上来，而且肉味鲜美。在一年中，常设的虹鳟钓鱼场有多处对外营业开放，只有雪多的地区仅冬季停止营业。钓鱼场多数均利用溪流，其环境优美。有独自一人去钓的，也有团体垂钓的。在天气晴朗温煦的日子里，常看到一家老少在河滩上进行烧烤野餐。用拾来的柴火，累起石头盐烤鲜鲜亮亮的虹鳟。这是多么有趣的垂钓活动。

1．虹鳟的放流　钓鱼场根据购票的人数，在上午和下午向溪流中投放虹鳟。当接待团体钓鱼时，可以委托投放大型鳟鱼，以享受引遛大鱼的乐趣。单位和家庭参加活动时，让其多投放些中型鳟鱼，妇女和儿童也能体验垂钓的乐趣。

2．钓具和钓鳟方法　初学者可以使用球形漂钓具，熟练者可以使用手感钓具，按照要领，也能钓上石斑鱼和嘉鱼。

最近，年轻人趋向于喜欢拟饵钩钓法和毛钩的假饵钓法。

一、虹鳟的鱼竿与钩具

在虹鳟钓鱼场可用 3.6 米鱼竿就能垂钓。河流宽阔处构筑了河中砂洲，便于登洲进行钓鱼。

1. 鱼竿的软硬度　鱼竿尖子太软，鱼上钩后游动，会使钩具与别人的钩线缠在一起。应选用软梢占 3/10 或 2/10 的鱼竿。例如真饵钓使用 NFT 公司的浦风 370H 型、大绵映 40H 型、奥林匹克千岁型鱼竿等。

拟饵钩钓法，使用超轻型鱼竿。当用苍蝇毛钩钓法时，可以选用 7 尺的鱼竿配上手摇绕线轮。

2. 鳟钩和钩具　渔具店出售鳟鱼专用的鱼钩。由于虹鳟嘴大，要选用宽度大的鱼钩，以防上钩的鱼脱钩逃窜。钩的倒刺要小一些，这样可以使用鲑鱼子作饵料。使用金色钩能使钓饵醒目。

带线的鱼钩，其钩线有 0.4~1 号数种。一般，河里刚投放新鱼时，应选用粗的钩线，当鱼厌食时，改用细的钩线，这样会钓得更多。提鱼时，应使用抄网。

在急湍的溪流中垂钓时，钩线长度为 20~30 厘米，使用 1~2 号铅坠拴接成游动式钩具，使其沉在河底进行诱钓。

二、虹鳟的钓饵

鳟鱼多为养殖鱼，除野性化的鳟鱼以外，都不吞食水生昆虫类的饵料。在垂钓时，使用一种饵料，鱼也会厌腻不上食，应准备 2~3 种食饵。一般，鳟鱼喜欢的饵料是葡萄虫、鲑鱼卵、金枪鱼等。此外还有柳虫、栗虫、虎杖虫、蛆（钩上挂 3 只）、椿象、金枪鱼肉、墨鱼肉、鱼肉、鱼肠、炼制饵、小鱼等。特别是活的小鱼将钩挂在尾巴上，投入水中游动，更能诱惑虹鳟上钩。

钓饵最好是放在腰挎式分格的饵料箱内，准备 2~3 种钓饵。越是新鲜的饵料，越易诱鱼吞食。

三、渔笼、冷藏箱、抄网

钓鱼场，多数是利用当地溪流构成 500~10000 米的一段溪流作钓鱼场，或将池塘改造成溪流状态，也有直接利用池塘作钓鱼场的。

1. 渔笼　在进行游钓时，腰间挎上渔笼等，可便于移动。当固定在一处进行垂钓时，使用网笼或帆布底网笼较方便。

2. 冷藏箱　为保持鱼的鲜度，将鱼腹的内脏剥除，用冰块冷藏带回家去。

3. 抄网　使用专用的抄网较方便。其网身较深，若钓得少量鱼，这种网具可兼作网笼用以盛鱼。

四、虹鳟的钓法

虹鳟的活动水域刚投放入水的鱼，由于水温和环境的改变，不会马上咬钩吞饵，需待2~3分钟后才能钓得上来。刚投放的鱼，多聚集在浅端和深端缓流深层处，垂钓时，从上钩时起，20分钟左右是垂钓者决一胜负的好时机。

当虹鳟适应溪流环境时，多潜入急湍的浅水域中，钓点也就相应要改变到急流浅处。脱钩的鱼，暂不会再咬钩吞饵，会一直留存到第二天，这种鱼叫残存鳟鱼。第二天，鱼饥饿又会觅食，所以熟知的垂钓者，会一大早去赶开场的垂钓。

当钓鱼场投入新鱼之后，应从深水区上游向下游轻轻漂钓。

1. 看漂钓的抖竿时机　鱼吃食时，浮漂微微颤动就立即抖竿，往往会因挂钩松浅，造成鱼脱钩逃窜。应在浮漂颤动之后，当浮漂被拖入水里再抖竿提鱼。

2. 手感钓的抖竿时机　鱼上钩会有拖动渔线的手感，而且渔线上的视标也会转动。这时，应利用鱼竿尖子向下送饵20~30厘米，然后抖竿提鱼。

3. 起鱼上竿　鱼有相当大的拖拽力，当向远处拖拽时应握紧鱼竿把手，鱼回头向岸边拖拽时顺势提竿上岸。

五、残存虹鳟的钓法

钓鱼场投放虹鳟之后，垂钓者经过一番决一胜负的垂直钓，逐渐鱼不再咬钩吞食。投放的近半数鱼自由地在水底游动，即使上钩也是零零散散的。不再觅食索饵。

要钓这种残存的虹鳟，应将钩具从垂水洼处送入河底，再随水顺流而下。

当虹鳟厌腻原来的钓饵时，更换另一种饵料也是好办法。鱼对活动的钓饵感兴趣，不妨向上游方向拖动钓饵，鱼引起注意就会追逐钓饵。

此外，将钩线换成0.4号的细线也会奏效。

六、残存虹鳟的诱钓方法

钓残存的虹鳟，需要有引诱的技术。当你将钓饵送到鱼的跟前，鱼却不光顾钓饵，逃窜到另一方向。钓这种鱼怎么办？

远处的鳟鱼常常会涌向距食饵近的鳟鱼前头，抢食钓饵。利用这种远处鳟鱼食欲急增的习性，可以瞄准河中的一尾鳟鱼诱钓。

①最初在远离鱼的位置流放钩饵。②然后向另一侧远离鱼的位置流放钩饵诱钓。③使流放的钩饵靠近鱼。④从大石头处，真正地送饵诱鱼上钩。